读客文化

一战小人物口述史

Peter Hart
[英]彼得·哈特　著

徐萍　译

VOICES FROM THE FRONT

河南文艺出版社
·郑州·

图书在版编目（CIP）数据

一战小人物口述史 / (英) 彼得·哈特著 ; 徐萍译 . -- 郑州 : 河南文艺出版社 , 2022.8
ISBN 978-7-5559-1026-8

Ⅰ . ①一… Ⅱ . ①彼… ②徐… Ⅲ . ①第一次世界大战 - 史料 Ⅳ . ① K143

中国版本图书馆 CIP 数据核字（2020）第 208329 号

一战小人物口述史

著　　者 ［英］彼得·哈特
译　　者 徐　萍
责任编辑 李亚楠
责任校对 丁淑芳
特约编辑 刘芷绮　许凯南　沈　骏
策　　划 读客文化　021-33608320
版　　权 读客文化
封面设计 张王珏　陈　晨
出版发行 河南文艺出版社
印　　刷 河北鹏润印刷有限公司
开　　本 710mm × 1000mm 1/16
印　　张 24.5
字　　数 300 千
版　　次 2022 年 8 月第 1 版　2022 年 8 月第 1 次印刷
定　　价 68.00 元

谨以此书献给那些殒命他乡的人，

那些已经逝去很久的人，

那些年轻时就已逝去的人。

——彼得·哈特，2015年8月8日

前　言

这是一部讲述英国军队参与第一次世界大战的口述历史，是基于我在20世纪80年代和90年代早期为帝国战争博物馆（IWM）的声音档案所做的183次对退伍军人的采访。采访的时长不等，从30分钟到惊人的22小时都有；录音内容总是引人入胜，尤其是自最后几位退伍军人去世后，它们现在成为前线真实声音的唯一来源。它们从未被“遗忘”；这些录音是帝国战争博物馆的工作人员为扩大我们的历史记录而设计的。

在第一次世界大战期间，因为各种事件的重压，人们无法完全掌控自己的生活。杰出的政治家、政客、实业家、工会主义者、将军和海军上将，都被一股似乎使个人的努力相形见绌的力量削弱。数以百万计的军队进入战场，显然，人类的地位已经下降到与船只、枪支、弹药、谷物、马匹、石油和钢铁一样的“资源”水平。这是一场“大兵力”作战的战争，对20世纪历史进程的推动产生了催化作用。帝国覆灭，其他国家陷入瘫痪，新的竞争者开始重新定义战后的权力平衡。强大的经济被战争带来的债务拖垮。时至今日，关于这场战争的理解对于把握席卷中东和巴尔干自相残杀的冲突至关重要。它改写了世界版图，也从根本上影响了所有那些被卷入战争旋涡的人的生活。在这本书中，我试图把个人拉回舞台中央；他们的声音对于所有愿意倾听的人来说，都极为响亮，极为清晰。

我们的退伍军人在第一次世界大战中积累了极为丰富的经验。这是一场席卷西欧和中欧大部分地区、包围了中东大部分地区、深入非洲的全球性冲突，同时第一次世界大战也深入到远东和美洲的边缘地区。这些退伍军人目睹了当时的破坏和混乱。第一次世界大战提出了迄今为止在现代战争中遇到的一系列最棘手的军事问题，炮兵和战壕、铁丝网、机枪一起统治着战场。那些饱受咒骂的将军并不是“蠢驴”，即使他们没有犯错误，在战场上击败德军的主力也必然让成千上万的人付出生命的代价。

堑壕战不断变异造成了未曾预见的问题、陷阱和误区，前进的每一步都遭到新防御战术的反击。战壕里的条件已经成为苦难的代名词：泥泞和鲜血，死亡和毁灭，勇气和牺牲，无望和绝望。随着布雷从一开始的小规模扩张到能够在一眨眼的时间内炸毁整个山脊的大型地下活动，古代的术语、战技和武器从几乎被人遗忘的围攻战时代重新走出，成为人们关注的焦点。第一批坦克隆隆地穿过战场，速度缓慢且不可靠，但仍然是未来的有力信号。毒气制造出可怕的进攻方法——甚至人们呼吸的空气也变成了对敌军的攻击。

在海上，庞大的舰队在北海和地中海迎面相遇。所有国家的希望和恐惧，都与定义了当今军备竞赛的无畏战舰技术奇迹般地联系在一起。当他们在战斗中搏斗时，成千上万的人在几分钟内失去了生命，但不知何故，一切似乎都没有改变。较小的巡洋舰从大西洋漫游到太平洋，横跨印度洋、黑海、波罗的海和中国海域，甚至一直到北极和南极海洋。翻滚的海浪下面，潜艇威胁着海上航道，击沉了运兵船、商船、班轮，甚至医院船。伪装的武装船只——也就是所谓的“Q”船——试图利用潜艇指挥官足够绅士的杀人手段，让船员和乘客有机会逃脱。虽然争论激烈，但实际上双方都延伸了长期存在的战争规则，直到他们崩溃。

在船只上方，一场空战正在激烈地进行。自世上第一架飞机成功起飞仅仅十多年后，可携带无线设备的、支持陆军的作战飞机的发展，意味着战争深入前线战壕的后方，目标可以首先被精确定位，然后被高空观察员指挥的炮弹摧毁。对城市的轰炸很快模糊了平民是非战斗人员的传统观念。这是战争的升级——每个人都将面临新的世界末日。

口述史是奇怪的新事物。它可能就是博物馆里很久以前录下的陌生人虚无缥缈的声音，录音过程可能冷漠无情，就像步入自己的过去。自始至终，我的目标都是让这本书变得非常个人化，反映我亲身经历的故事，而不是从二手书中收集那些久远的资料。对我来说，这本书是真实的生活。当我坐下来听我在二三十岁时（大约30年前）所做的录音时，我的思绪又回到我采访过的无数老兵们的前门、大厅、厨房和起居室里。这些人确实经历过恐怖，目睹过我只是在书里阅读过的一战灾难性事件。在他们之中，有的富有，有的贫穷；有的身体硬朗，有的奄奄一息；许多人热情好客，但也有一些人紧张或退缩——至少一开始是这样。许多人长期独自一人，这或许是对一个不再重视经验的社会的一种控诉。各式各样的茶和咖啡，精致的餐巾和瓷器，破碎的杯子和肮脏的杯子，普通的饼干和精美的蛋糕，这些都是了解他们的一部分。他们坐在对面的椅子上，这些椅子记录了一个世纪以来家具设计的潮流，你可以清楚地听到有些磁带上的吱吱嘎嘎声。有些房间加热到像生了火炉一般温暖，而另一些房间极度寒冷——令人担忧。当我们开始录音的时候，当他们讲述自己故事的时候，我坐在他们对面，看着他们的脸，观测他们的肢体语言。大多数人很快就会忘记了自己所处的时间和地点，沉浸在他们的过去，带着你走过他们的一生。

然而，虽然口述历史学家可能会对受访者产生个人情感和深深的钦佩，但一旦采访被记录下来，就像其他任何历史来源一样，它就会成为需要评估的证据。对口述史进行有力的辩护，首先必须认识到它对于纠正错误观念极为宝贵，那些错误观念的形成是缘于对于传统的历史证据不加批判地研究，具有讽刺意味的是，这些传统形式的历史证据包括后来被载入军队史的《部队战争日记》。有时，这些证据的主要作用是帮助高级军官免除对他们在战斗中表现的任何可能的批评！这就解释了为什么那么多次都会出现这样的现象，这些数字甚至令人难以置信，即某个军团的“撤退”必须与同一战线中的下一个军团“相一致”。即使是普通的日记，也可能非常不准确，常常错误地给人一种作者置身于事件中心的印象。最后，信件的语气和内容在很大程度上取决于读信的人。在给母亲的信中，士兵们对他们面临的风险轻描淡写，对同龄的男性则夸大其词，对女友则坦白地说大话。很少有人会详细地提起战争的恐怖——虱子、恶臭，尤其是痢疾等疾病给他们带来的羞辱。即便提到诸如此类的事情，也是使用含糊其词的委婉语言进行掩饰，而不是直接暴露真实情形。

那么，口述史有什么好处呢？如果你想知道一战中的战士们过着怎样的生活，那么这本书肯定是你能读到的最接近他们生活的书籍。口述史揭示和解释了所有定义时代精神的基本要素，让你能感受到人们经历的波折。有些元素人们非常熟悉；但其他一些人们曾经司空见惯的习惯现在看起来很陌生。一则有趣的轶事可以透过复杂的情节，揭示真实发生过的事情，这种方式通常是干巴巴的叙述无法做到的。但最重要的是，采访中透露出的被战争所强化的情绪。只要有时间考虑，无论男女，都会对自己的真实想法敞开心扉，不受压力的束缚，不去遵从既定的观点。从口述史的访谈中可以很明显地看出，他们中很少有人会对战争充满热情，很多人只是单纯地感到恐惧。这让他们“超越巅峰”的勇气显得更加非凡，尽管这大大削弱了官方认可的观点，即小伙子们“渴望再一次痛击德国鬼子”。可怕的悲剧经常暴露在亲人或伙伴的痛苦回忆中，他们在战争中被杀害、蹂躏或精神崩溃。

口述史给我们提供了非常需要的多样性，所有的人性都云集于此。事实上，我在采访中遇到了各种各样的人，那些安静的、戴着眼镜的人，就像是未经加工的钻石，还有一些迟钝的《圣经》读者、知识分子、古怪的人，甚至还有少数人仍然“酗酒”。对于那些能够战胜敌人的人来说，可以问大量的问题；紧张型的人则必须深入挖掘。许多人毫发无伤地渡过了难关，但也有一些人身负重伤，他们的生活被毁或发生了永久改变。很少有人会保存他们当时的书信，所以如果没有这些采访，他们的经历就会消失，就会被遗忘。

然而，不可否认的是，口述历史存在问题，通常是对于那些认为口述历史是“证据”的人来说的。特别是，级别较低的退伍军人天生就不太可能了解当时的军事战略和战术。因此，对于将军们在想什么，或者应该做什么，他们并不像权威人士那样了解。的确，有些人对自己关于事件的回忆缺乏信心，开始利用战后书籍或流行电视节目中兜售的观点。这些错误的记忆可能成为他们的现实。也有一些可悲的幻想家，他们多年来一直对自己的功绩撒谎，无法分清真假。这些案例通常可以通过采访和历史分析相结合分辨出来，坦率地说，当退伍军人是不可靠的线人时，这一点通常显而易见。然而，口述历史的一个非常真实的问题仍然存在：战场上的人们承受着巨大压力，经常处于休克状态，也由此引发了精神上的混乱和错位。其结果是，他们对实际战斗的记忆往往是模糊的，有时像做梦一样，甚至可能经历了一段记忆丧失，只是依赖于他们后来被告知的事件经过。目击者的陈述往往在事件发生几分钟后就会发生根本的变化——更不用说几十年后了。因此，对于口述史的“行动”故事，总是需要仔细检查其内部矛盾，并与其他证据来源一起进行比较。就很多方面而言，采访最好是用来了解在战争中的感觉，而不是描述真实发生的细节。

归根结底，口述史并不是证词——“口述史”这一词提供了一种完全不必要的崇敬烟幕，再加上法律证词的硫黄味。相反，作为证据的来源，采访绝不完美，老兵们也不是圣人。使用口述史时，你必须持怀疑的态度。但这肯定是任何历史研究的基本原则之一：如果一件事实在令人难以置信，那么在没有大量可靠证据的情况下，不要相信它——无论消息来源如何。最后，历史证据由许多部分组成。口述史只是整体图景的一部分，但它确实发挥了重要的作用，因为它使记录变得人性化，并在现实生活中提供了坚实根基。仅仅依靠当代的文献，你对战争的观点最终会以一种纯净的浪漫而告终，但这种观点明显地淡化了大多数人经历的恐怖和道德上的矛盾情绪。

所有保存在帝国战争博物馆录音中的声音现在都沉默了。2009年，哈利·帕奇（Harry Patch）和亨利·阿林厄姆（Henry Allingham）去世，他们是生活在英国、经历过一战的最后两名退伍军人。我采访的这些老兵都挺过了20世纪20年代和30年代的战争和经济困境。他们在之后的岁月里也经历了婚姻和为人父母的各种欢乐和挑战。有些人在第二次世界大战中再次服役。大多数人一起变老，身体虚弱，通过英国皇家军团或他们非常珍视的军团联盟来重新体验他们的友情。慢慢地，几乎不知不觉地，他们消失了。大多数人都很感激他们有机会享受完整的人生；他们的许多同伴被剥夺了这样的机会，年纪轻轻就去世了。许多人对于自己能活下来而他们的许多战友却没有而感到内疚。牺牲一词似乎是陈词滥调，但一战的死难者确实牺牲了他们的明天：在这场大屠杀中，他们损失的不仅仅是几个小时、几个星期、几个月，而是60年、70年甚至80年的生活和幸福。这本书是出于退伍军人对他们死去战友的深切感激之情而写的，所以本书要献给：那些殒命他乡的人，那些已经逝去很久的人，那些年轻时就已逝去的人。

目　录

1

圣诞节前结束战斗

第一次世界大战的起因并不简单，但是我们可以运用简单的术语进行表达。欧洲被政治和经济对抗所困扰，这既反映了欧洲大陆的血腥历史，也反映了大陆上民族国家相互冲突的野心。不可否认的是，这些民族国家很少关心公共福利，只关注自己的野心。1914年，欧洲的和平面临诸多潜在的隐患和威胁：巴尔干半岛的火药桶，分离民族主义野心的兴起，各大帝国之间的殖民压力，德国人对被敌人包围的不安全感，法国决心从德国手中夺回失去的省份，经济决定论使主要的资本主义经济体陷入恶性的、赢家通吃的竞争之中，甚至是越来越愿意诉诸暴力，这种暴力似乎渗透到从国内政治到艺术和文学的方方面面。这一切都颇为真实。这其中的任何一个因素，无论是单独的还是共同的，都有可能引发战争。但事实是，它们最终都并非导致战争的主要原因。

1914年8月的战争是由德意志帝国带来的潜在威胁造成的。德意志帝国是一个军国主义国家，一直都在积极寻求并确立对欧洲的统治地位。在德皇威廉二世（Kaiser Wilhelm II）盛气凌人的形象背后，存在着对欧洲现状的真正威胁。现代德国是在战争的铁砧上锻造出来的，首先是其1866年战胜奥地利，然后是1870—1871年法国令人震惊的惨败。最终到1914年，德国军队以高效的征兵制度为基础，成为世界上最强大的军队。它有一个存在已久的总参谋部，掌握了——至少是自己满意的——研究战争的艺术。步兵、骑兵和炮兵都配有精良的武器装备，定期训练和地面训练使他们的军事技能提高到了惊人的程度。德国经济蓬勃发展，渗透全球市场，英国和其他仍然保留特权垄断的国家成为德国的竞争对手。到1898年，拼图上的最后一块出现了：德国连续出台的海军法律开始了一项军舰建造计划，这对英国皇家海军的卓越地位提出了严峻挑战。

伦敦并没有忽视德国的崛起。1815年，拿破仑时代的法国在滑铁卢战败，使欧洲摆脱了单独强权的统治。大国之间处于平衡状态——不是和谐状态——但至少是一种粗糙的平衡，阻止了任何国家获得霸权。19世纪的大部分时间里，英国皇家海军能够控制海洋，它庞大的殖民帝国覆盖全球，英国显然是世界上最强的国家，但它不愿意投资帝国的统治力量，以至于军队极为虚弱。德国的崛起改变了一切。任何一个称职的英国政治家都知道，英国绝对不能允许欧洲出现一个国家的单独霸权，因此法国被德国永久击败的威胁是英国不能容忍的。

英国人的态度发生了潜在变化，其迹象很快就显现出来。1904年，关于殖民地问题的《英法协约》形成，通过允许两国在非洲和中东明确界定不受限制的势力范围，消除了许多历史冲突。1907年签署的《英俄公约》发出了一个更为严重的信号，表明形势正在发生变化。20世纪的大部分时间里，英国和俄罗斯一直在进行“大博弈”，争夺从波斯到西藏的中亚大片地区的权力和影响力。如今，德国离本土更近的威胁意味着这些对抗被一项协议所埋葬，该协议设法界定了双方都满意的边界和“感兴趣”的领域。

由于它的两个主要竞争对手都安全地“躲在”宽松的三国协约的帐篷里，英国开始探索与德国的战争可能意味着什么。逐步进行的军事安排使得英国与法国的关系更加密切。这是一场权宜之计的联姻，因为这两个国家既有各自的长处，也有各自的弱点。德国海军的威胁如此巨大，以至于皇家海军不得不召集所有军队在北海面对德国的公海舰队。因此，达成了一些协议，英国将负责保护法国的大西洋海岸线，而法国海军将集中力量确保英法在地中海地区的利益。秘密的参谋部谈判也在进行中，以保证英国军队提供一支远征部队在大陆上与法国并肩作战。从法国人的角度来看，与英国远征军（BEF）站在法国一边战斗的象征意义相比，英国远征军实际人数的贡献微不足道，但这清楚地表明，在适当的时候，大英帝国的全部力量将投入战斗。

1899—1902年的布尔战争使人们注意到英国军队的种种缺陷，最明显的缺点是它的规模不够。在4年的时间里，约有45万人被部署到南非，但即使如此大规模的动员也根本无益于全面的大陆战争，那将是一场重量级的战争。然而，这一错误永远无法在和平时期得到解决，因为英国政府既没有认真提高税收的决心，也没有实行征兵制的政治意志，而征兵制将与德国在平等的军事基础上竞争。任何改善军队的改革都必须在现有条件下进行。在维多利亚和爱德华时代，军队在上流社会中得不到高度重视，这当然是有害无益的。虽然关于“红色警戒线”，人们会觉得感伤，但这掩盖了人们对于那些实际上不得不维护帝国之人的命运的漠不关心。

因此，英国军队的服役条件有时很糟糕也就不足为奇了。兵营里的住宿条件常常很差，缺乏基本设施，食物勉强够用，工资很低。但在这方面，不单单军队是这种状况，因为爱德华时代的英国，社会环境相对比较恶劣，军队仍然为那些被不幸的个人境遇和世俗工作所困的年轻人提供了一条出路。来自霍恩丘奇（Hornchurch）地区的年轻的威廉·霍尔布鲁克（William Holbrook）就是其中之一。父亲去世后，霍尔布鲁克的家庭便接受过一段时间的教区救济。1908年秋，他15岁，在做了蔬菜水果商、农场工人和家仆之后，已经准备好接受一些不同的东西。从霍尔布鲁克在参军过程中的经验来看，对征兵是否符合法律要求的态度似乎仍然比较宽松。

他曾在军队里当过园丁，经常给我讲关于印度的故事，以及他所见过的印度王公贵族的故事。我想："这就是适合我的工作！"于是，一天早上，我没有去上班，而是去了邮局，在那里我看到了广告，"军队招募新兵：东汉姆区南教堂街30号"。我找到了那个地方，敲敲门，一个女人打开房门，问我："你有什么事？"我回答说："我想参军。"她说："你今年多大？"我回答说："15岁！"她说："15岁，你不能参军，必须达到18岁才可以。进来吧，我给你沏杯茶——你在这儿等一下，等我丈夫回来，你和他谈谈。"大约过了一个小时，他进来了，是一位穿着军装、戴着卡其布帽子的英俊男子。他看了我一眼，说："他到这里做什么呢？""他想参军。""目前你不能参军，到你年满18岁的时候，我会把你派到英国最好的军团，但是在那之前不可以。"我想，我一定看起来很可怜，因为最后他说："靠着门站立。"于是我靠着门站立，门上有英寸的标记。他说："你知道吗，你的个子很高。"我当时的身高是5英尺8英寸。他说："你能讲一个善意的谎言吗？能说自己是17岁吗？"我回答道："当然可以！"他说："好吧，明天早晨你跟我来。"第二天早上，他带我去斯特拉特福（Stratford）看医生。轮到我进去时，他说："脱衣服。"我脱掉了所有的衣服，我从来没有在别人面前脱过衣服，所以一开始我有点紧张！他说："左脚和右脚交替跳。"我照做了，但是我从来没有听说过交替这个词汇，不知道是什么意思。于是我开始跳起来。"另一只左脚，你这该死的傻瓜！"我想："我来对地方了！"从来没有人这样对我说话！不管怎样，我通过了。[1]

——威廉·霍尔布鲁克

在他再次成为平民之前，他会听到更多类似的话。

英国军队可能规模不大，但正规士兵训练有素。训练的标准是一流的，因为所有的新兵都经历了阅兵式，在把他们重新塑造成训练有素的标准士兵之前，试图将他们作为个体分解。他们特别注重火枪射击，射击的准确性和速度都受到高度重视。训练有素的正规射击选手，每分钟可射击15发子弹。无论是步兵、工兵、骑兵、炮手还是军医，他们都被灌输了这样一个理念：他们是英国军队中最优秀部队的一员。这可能看起来很老套，但它的巨大优势在于它的有效性。

在这里发生的第一件事是洛克上尉（Captain Lock）向我们解释了我们帽子徽章上的字。他说道："这是你的帽子徽章。下面有一句拉丁格言，'In Arduis Fidelis'——在困难中保持忠诚——是从拉丁语翻译过来的，这就是团队精神。"换句话说，你在战场上是为了别人，对他们保持忠诚。这也是过去在战场上我常常对自己说的话，"孩子，不管你有多害怕，都不要辜负你帽子上的徽章"，这的确颇有益处。[2]

——担架手威廉·科林斯（William Collins），

基地仓库，皇家陆军医疗队，麦格里戈兵营，奥尔德肖特

在一场大陆战争中，这个仅有25万人的精英部队力量微弱得近乎无关痛痒。合乎逻辑的选择应该是，部队应配有同等资质的军官、军士教官和训练有素的士兵，并以此为基础创建一支强大的新志愿军，然而，为了实现这一点，英国不得不违背它对法国的承诺。因此，英国远征军被适时地派往西线作战，由此导致的必然结果是，后来大量的军队训练任务被留给那些重返军队的老兵。

然而，1914年之前，英国军队里又增加了一层重要的人员。这是1908年霍尔丹（Haldane）改革后创立的地方势力，当时的"志愿"部队体系脆弱得几乎摇摇欲坠。它允许郡内的每个团建立额外的领土营，招募当地的"兼职"士兵，年龄在17岁到38岁之间。战争爆发时，这些士兵可能会被征召在本土服役。这些"国防自卫队"每周至少有一晚要在当地的训练馆接受基础训练，每年还会动员一次，参加为期两周的夏令营。他们的假定角色是在英国远征军被派到海外之后取代常规部队。他们的军官将是老牌正规军和年轻人的混合体，这些年轻人通常是在大多数公立学校开办的军官训练团（OTC）中开始了解军队生活的。西里尔·丹尼斯（Cyril Dennys）就是其中的一位，他的父亲是一名印度军

官，曾是莫尔文学校（Malvern School）OTC课程的学员。

他们准备的战争方式有点像布尔战争：非常强调步枪；根本不注重炮兵；根本看不见机关枪。先是排成纵队进行作战，然后分成几队进行小规模战斗，这和布尔战争时的情况非常相似。[3]

——西里尔·丹尼斯，OTC，莫尔文学校

公平地说，应该承认布尔战争是英国军队最近经历的冲突。

1914年那场跌跌撞撞的战争从头到尾都是一场悲剧。1914年6月28日，塞尔维亚民族主义者加夫里洛·普林西普（Gavrilo Princip）在萨拉热窝刺杀弗朗茨·斐迪南大公（Archduke Franz Ferdinand）是导火索。事件的确切顺序和动机将永远被争论，但很明显，在随后的外交危机中，德国没有为通过谈判达成和平解决方案而努力，而是选择无条件地支持它的盟友奥匈帝国，并积极鼓励他们威胁塞尔维亚。事件以7月28日奥匈帝国对塞尔维亚宣战达到高潮。随着大规模的动员和反动员开始，这一进程变得不可逆转。

德国人准备打仗。他们的战略建立在施里芬计划的基础上，在西线寻求快速解决的同时，阻止俄国在东部的缓慢动员。它设想的是，在一股强大的军队向南挺进之前，横扫比利时和法国北部，强力推进到巴黎，最后包围法国军队。对英国来说，德国入侵比利时一举澄清了混乱的问题，令英国不再犹豫。它毫不含糊地表明，德国政府的真正性质及其不惜任何代价称霸欧洲的野心。然而，英国仍有相当程度的反战情绪，16岁的男学生哈罗德·宾（Harold Bing）证实了这一点。

1914年8月2日，星期日那天，我听说特拉法加广场将举行一次大规模的反战示威游行，凯尔·哈迪[4]是演讲者之一，我从家里走到特拉法加广场——行程大约11英里——参加示威，听了凯尔·哈迪的演讲，随后当然也是走回家。这或许表明一定程度的、类似孩子气的对反战事业的热情。这是一次令人激动的会议，有大约一万人参加，而且这些人肯定

愿者们一起训练，现在要一起去打仗。那是一段奇怪的快乐时光。

8月5日凌晨两点左右，邮局的人过来了。我哥哥已经安排好了，把他带进了自己的卧室。他在外面弄出了声音，然后把电报发了出去。我立刻下去叫醒拉文纳姆的军士长，他派人到周围的村庄，告诉他们必须加入进来。当地的服装商店马上就开门了，这样人们就可以把他们的全套行头都购买完毕。整个村庄都被吵醒了。人们觉得自己已经融入历史，非常兴奋——就像节假日一样——所有人都在走来走去。我们在九点半左右到市场上游行，队伍排得满满的。我哥哥不得不提前离开，前往贝里圣埃德（Bury St. Edmunds），所以我负责这个支队。我们在市场上游行，周围挤满了人。救世军组织的乐队都来了，于是我们和乐队一起向车站行进。爸爸妈妈和我们在那里说了再见。我的3个兄弟和表弟在战前都是地方自卫队的成员。我们前往贝里圣埃德，向旧兵营进军。每当一个面色冷漠的人进来的时候，我们都会和他们打招呼，嘲笑他们，说："你迟到了！你害怕战争吗？"这是美好的精神。我不知道这是否明智，但整个精神状态都是狂喜的，鲁伯特·布鲁克（Rupert Brooke）在诗中的表述完全正确。[9]

——中尉埃里克·沃尔顿，萨福克第5团第1营

在这样的氛围下，许多地方自卫队成员非常热衷于放弃他们只能在国内服役而不能被派往海外参战的权利，这并不奇怪。主流情绪是对自己、朋友和领土地位的骄傲，尽管许多人在不知不觉中签下了自己的生死契。地方自卫队的身份至少代表了对未来的一小笔投资，然而自卫队的大部分军力直到1915年才被投入使用。1914年夏天，弱小得可怜的英国远征军的正规军将不得不面对德国军队的强大力量，参与决定世界未来的西线战争。

2

1914年：一支军队的阵亡

当英国人匆忙涌向征兵站，或者正在谨慎思考做出选择的时候，1914年8月5日，英国的正规军已经被动员起来，这是依据军官们准备的详细计划采取的行动，军队驻扎在各个级别的司令部里面。英国远征军正要前往法国，承担其分配的任务，充当法国军队的左翼，准备参加后来被称为边境之战的战役。4个步兵师被立刻派遣出去，于8月17日抵达法国，其他2个师则坚守在英国，以应对德国可能发动的对英国本土的攻击。对于大多数战争而言，师是基本的作战单位，也是能够部分自给自足的单位。最初的正规师由4个步兵旅组成，每个步兵旅有4个营，每个营有1000人。炮兵部队包括9个炮兵连（每个连有6门大炮，炮弹重18磅），3个榴弹炮连（每个连有6门大炮，配有4.5英寸的榴弹炮），1个重炮连（4门大炮，炮弹重60磅）。当然，每个师还配有工程师、医疗和后勤支援单位，并配有骑兵中队。两个或两个以上的师组成一个陆军兵团。

英国远征军由陆军元帅约翰·弗伦奇（John French）爵士指挥，尽管他是一名杰出的骑兵指挥官，在布尔战争中表现出色，但是作为高级军官，他的经历过于简单，而且就大体而言，他的脾气非常暴躁，这意味着他被提升为英国远征军的指挥官有点过头了。第一军由道格拉斯·黑格（Douglas Haig）中将率领，第二军由霍勒斯·史密斯-多里安（Horace Smith-Dorrien）中将率领。

当英国远征军动员顺利进行的时候，所有预先制订的详细计划都取得了进展。准备就绪的电报及时发出，警告海报已经张贴出来，通知也刊登在报纸上面。每位预备役军人都有自己的个人指示、文件和一份去他们团部的铁路通行证。

预备役人员应召入伍。我们营里的人不得不上交我们所有的备用装备，包括第二套卡其色服装、皮靴和仪式制服，留下的只是我们的军装、大衣、小装备，几双袜子，一堆罐头，诸如此类的必需品。其他的东西都上交存储起来，以备日后之需。我们有了第一批预备役的人员，他们大约是在战争爆发之后的第三天加入到我们的行列。[1]

——中士托马斯·佩因廷（Thomas Painting），

国王皇家步枪军团第1团

一切都非常顺利。然后，铁路部门使用大约1800辆特别列车把士兵运送到南安普敦（Southampton），在那里，运兵船只正在等候出发。

我们被带到南安普敦，走出火车站，来到码头，登上轮船。我们收到了急救包，把它放在束腰外衣的小口袋里。里面有绷带、安全别针和一管碘酒。程序是，先在伤口处涂上碘酒，用绷带包扎，然后用安全别针加以固定。我们还收到了工资单，以及一份来自基钦纳（Kitchener）的宣传单——上面提醒我们是英国士兵，是代表国家形象的使者。在某种程度上，它读起来就像是牧师写给周末去巴黎狂欢的教民的建议，当然我指的是关于酒类和女人诱惑的建议。普通的战士完全没有可能沉浸于这样的幻想——不论去哪里都是如此。基钦纳就像是埃及的酋长，他习惯于那样的事情——但我们是即将要投入战斗的！[2]

——二等兵巴兹尔·法雷尔（Basil Farrer），皇家陆军医疗队

许多士兵刚一抵达法国，就收到了一份关于他们未来行为的警告，非常严格。

我们站好队列，然后有人宣读了《暴动法》，《暴动法》是国王法令中关于军队服役时罪行和惩罚的部分。毫无疑问，这是对每个团的命

令——指挥官必须向部队宣读这一命令。他读到的各种罪行的清单相当长，涉及很多行为，但每一个行为的惩罚都是死刑。所以如果我们触犯这些条款，就不存在不知情的问题。[3]

——二等兵巴兹尔·法雷尔，皇家陆军医疗队

从港口出发，英国远征军又一次被迫转移到莫伯格（Mauberge）周围的集结地区，在那里，它将整齐地排入强大的法国军队左侧的指定位置。与此同时，超出任何个人理解的重大事件正在他们周围迅速展开。

当法国军队对阿尔萨斯-洛林（Alsace-Lorraine）和阿登山区（Ardennes）发动灾难性的大规模进攻时，英国远征军和邻近的法国第五军却发现自己陷入了一场巨大的冲锋所带来的破坏力之中。皇家陆军航空队（RFC）执行了几次侦察任务，但令人遗憾的是，他们的许多报告没有得到认真对待。

那天早上，我从莫伯格出发，我们被告知去一个特定的地区——东部——我们还被告知应该能够看到正在前进的德国军队。当我们越过自己的区域时，我看到的不是几支奇怪的德军部队，整个区域都是成群结队的灰色军服——前进的步兵、骑兵、运输队和枪支。事实上，这个地方看起来好像到处都是德国人。飞行员和我都大吃一惊，因为这比我们一直在寻找的目标不是多一点点——它比我们想象的要多得多。我完全被吓坏了。伴随着飞机的呼啸声，我们飞回来并且着陆了，中队长把我塞进一辆汽车，把我带到几英里外的城堡里。当我们到达的时候，有人把我们领了进去，我们走进了一个房间，里面有许多上了年纪的绅士，他们都穿着金色的花边衣服，还有其他的衣服。这些都是高级将领，这是约翰·弗伦奇爵士正在举行的私人会议。有人告知我们的到来，于是他说道："好的，这是来自飞行军团的一个男孩，过来，坐下。"我被安排坐在他旁边，非常害怕。然后，他说道："现在，说说吧，你都去了哪里，你是一直在

飞行吗？你都做了些什么？”他叫来一个人，说：“过来看看这个。”我给他看了一张标注出来的地图。他说道：“你去过那个区域吗？”我回答说：“是的，先生。”我描绘了所看到的一切，他们非常感兴趣。然后他们开始阅读我估计的数字，我觉得他们的兴趣减退了——他们似乎互相望着，耸耸肩。我又试了一次，他看看我，说道：“是的，这的确非常有趣，但是依据我们的信息来源，我并不认为你看到的人数有那么多。我非常理解，那可能是你的想象，而非事实。”[4]

——中尉尤安·拉巴格里蒂（Euan Rabagliati），

皇家陆军航空队5中队

德国的第一和第二集团军冲过比利时边境要塞，横扫法国军队的左翼。1914年8月23日，他们在蒙斯战役中遭遇了英国远征军。

英军占领了防御阵地，第二军团的防线从蒙斯镇（Mons）延伸到蒙斯-康德运河（Mons-condé canal）。在蒙斯战役中，德军在集中使用火炮和机枪方面的高超技能迫使英军在几小时内撤退。尽管如此，几个英军营还是对自己的表现做了很好的评价，表明英军燧发枪团能对粗心大意的德军部队造成致命的一击。年轻的二等兵威廉·霍尔布鲁克来自皇家燧发枪团第4团，他发现自己身处尼米运河大桥附近的一个非常狭窄的地方。

我们在河岸上——仅有一点覆盖物，其余什么也没有，没有壕沟。地面崎岖不平，多山，地上有好几处隆起。机枪在我左边的桥上。大部分战斗在23日早些时候开始，炮弹、机枪和步枪隔着运河进行射击。他们正在接近运河岸边，非常近，浪花涌了过来。我们的同伴们跑得很快，从河岸来的射击更像机关枪的射击，与德国人的射击完全不同，我们的射击很可怕。每个人都在按被教导的方式进行射击，每分钟15发。他们正在被增援，没有从运河岸撤退，而是尽最大努力越过运河，当时有很多人。我所在的地方有一些伤亡，桥上的伤亡最惨重，相当多的人或死或伤。迪斯（Dease）中尉[5]是机关枪队的队长，一开始他并没有和他们在一起，但是当事情变得非常微妙的时候，他在受伤了大约三次之后，仍然走到枪口边。戈德利（Godley）[6]正在射击。迪斯死在了那里，戈得利掌控着机枪。那儿离运河岸边很近，有几个村里的孩子在那儿，我记得戈德利对他们大喊："快离开那里，离开！"这些孩子大概距离他50码，正好在射程之内。当敌人开始过桥的时候，戈德利有了足够的意识，他拿出枪托，把枪扔到水里，这样当我们撤退的时候，德军不能用我们的枪对付我们，但他在那里被抓住了。[7]

——二等兵威廉·霍尔布鲁克，皇家燧发枪团第4团

英国人的撤退与邻近的法国第五军的撤退是一致的。但是在法国和德国军队之间的巨大冲突中，英国远征军仍然是一个相对次要的角色。这是国与国之间武器的战争。

英国远征军从蒙斯的撤退井然有序，但很快就被德国第一军压得喘不过气来。结果，第一军和第二军的部队发现，当在莫尔玛森林（Forest of Mormal）的两边行军时，他们已经被分割开来。到这个时候，一些部队，特别是那些预备役军人，开始显出疲态。因此，无论对错，史密斯-多里安主动决定第二军必须抵抗，进行战斗。选定的战场从勒卡特镇（Lecateau）向前延伸了10英里。几乎没有时间进行挖掘。

我们在这条路上列队，有人告诉我们给自己买些头罩。在抵达山脊之前，我们还没来得及准备好头罩，就在大约四分之三英里外，毫不夸张地说挤满了身穿灰色军服的德国人，他们向前推进，我们接到了快速开火的命令。四分之三英里，对于步枪来说是一个极端的射程，但是我们快速地向这些前进的德国人射击，每分钟15发子弹，他们分成了6人或者8人的小组，穿过玉米田，玉米就在稻垛里面。我们快速射击时，他们躲在稻垛后面。嗯，我们接到命令，要向这些稻垛开火，我们就这样做了。大约过了一个小时，他们就从山脊上撤退了，我们向他们藏身的地方挺进。在这些稻垛的后面，我们发现了许多死伤的德国人。[8]

——二等兵亨利·达利（Henry Dally），
皇家恩尼斯基伦燧发枪团第2团

德国人很快就对第二军暴露在外的侧翼产生了兴趣，于是英军不得不部署为数不多的预备队，以备行动。

德国兵成群结队地到来了。我和我的排长，一位名叫坎贝尔（Campbell）的绅士，还有一位叫约翰尼·费尔（Johnny Fair）[9]的中士在一起，他被杀死了。我们在一片玉米地里列队。我这辈子再也见不到这样的画面——这些德国人真的成群结队地来到这里，然后就被射击致死。但他们还是不断地蜂拥而至。他们有足够的力量最终把我们赶出战场。战争意味着什么：当你看到我的连队军士长西姆（Sim）中士，嘴上受了伤，流着血回来的时候，你才能明白这一点。[10]

——二等兵查尔斯·迪查姆（Charles Ditcham），

阿盖尔郡和萨瑟兰高地第2团

战斗有时很激烈，英军伤亡人数高达7812人。据估计，德国损失约2000人。

随着大撤退的继续，士兵们越来越疲惫，支撑他们的后勤安排也在瓦解。

当你从配给车走过时，你的口粮就被吃光了。你会被分配到重达7磅的听装咸牛肉。我们过去常常能够轻而易举地打开听装的罐头，边行军边吃饭。你必须把它切开，尽可能直接地把它端出来，你不能指望一个男人携带一听7磅重的罐头，尤其是在炎热的天气里——这是一项非常辛苦的工作。嗯，定量配给包括牛肉、饼干和水，没有时间吃其他东西。[11]

——中士托马斯·佩因廷，国王皇家步枪军团第1团

预备役人员遭受的更多。他们的健康状况令人担忧，他们没有机会“穿上”他们的军用靴，所以脚很快就严重擦伤和起泡。更糟糕的是，一旦他们脱下靴子，脚就肿了起来，经常无法再穿上靴子。

我们一边走一边接人。最初的掉队者是团中的一员，他们因为一些事情而在撤退中被困住了——他们没什么大碍。但是也有很多人在撤退中落伍，于是不得不救起他们。我们不得不拿着他们的来福枪。有些人

病情严重，有些后备役军人已经40岁了。我看到一对：他们的脚流血不止，情形很糟糕。他们解开绑腿，扔掉靴子，把绑腿套在脚上，穿着绑腿往回走。到了圣昆廷（St. Quentin），我们停了下来。他们的处境很糟糕；一些人坐在路边哭泣。那儿有一家玩具店，布里奇斯（Bridges）[12]走进了这家玩具店，把这只鼓从橱窗里拿了出来——我不知道他有没有付钱！他走出来，说道："来吧，我们现在没事了！"他敲响了鼓，把他们聚集在一起，他们在鼓声后面行进。一个扶着另一个；健康一点的扶着年长的人。有些人被甩在了后面——你不可能把他们都找回来。[13]

——二等兵威廉·霍尔布鲁克，皇家燧发枪团第4团

那些无法找回的人被抓获。他们一次次地撤退，这是一次为期两周的撤退。

然后，在英国远征军撤回到马恩河对岸之后，突然一切都变了。在马恩河战役中，当德军右翼横扫巴黎东部时，法国总司令约瑟夫·霞飞（Joseph Joffre）对德军右翼发动了协同反击。英国远征军发现自己正在缓慢地与法军一道前进，进入了两支德国军队之间的巨大缺口。9月9日，德国人害怕灾难，不情愿地开始撤退。

盟军阵营中充满了乐观情绪，认为自己已经开始向胜利进军，德国即将被打败，战争几乎就要取得胜利。在欧特韦讷（Hautevesnes）的一次小行动中，托玛斯中士心情异常兴奋，似乎取胜已经大有希望。

我们组成一队，向德军发起进攻，德军包括一个突击营、一个步枪营，构成和我们一样。他们走在一条很隐蔽的下沉式道路上。我们不得不在一片玉米地上行进1500码，这块玉米地已经被砍伐和清理干净，只剩下一点短茬，完全没有掩护。一部分人在另一部分人的掩护下向前推进，当一部分人射击时，另一部分人跳跃行进，以让德国兵无法抬头。当我们走到离他们不足200码的地方时，我的连队带着刺刀从他们的侧翼进入，德国兵举起白旗投降。我们把他们绑起来，解除了他们的武装，问道："你们为什么投降？"他们回答说："嗯，你们的射击太准

了，我们都不敢抬头朝你们开枪。”[14]

——中士托马斯·佩因廷，国王皇家步枪军团第1团

撤退仅40英里后，德军在俯瞰埃纳河（Aisne）的圣母山脊的制高点占据了阵地。德国人在这里挖掘战壕，坚守阵地，准备在此迎接那些追兵。

第二天早晨，我们出发要跨过埃纳河。天哪，这可真是艰难的一跨！工程师们要做的就是从一边到另一边架起一座桥——10～15英尺的距离。我们必须走过这些木板——我走过的时候天已经黑了一半。桥没有栏杆，只是光秃秃的木板。走过的时候，木板一直在晃动，没有支撑，也没有可以抓住的绳子。当你把一只脚放下去的时候，你身体的重量好像都在上面，当你抬起脚的时候，木板就跳了起来，在你把一只脚放下去之前碰到了你的另一只脚。这是地狱一般的工作。一两枚炮弹呼啸而来。你可以听到下面二三十英尺河水咆哮的声音。我们有几个人掉下去淹死了。八九百人走过一块木板，真是不可思议！[15]

——二等兵威廉·霍尔布鲁克，皇家燧发枪团第4团

当他们终于到达另一边时，英国远征军发现他们面对的是沿着山脊蜿蜒而下的德军据点，他们有充足的火炮支援，可以向进攻的英国步兵发射炮弹。但德国的反击很快就被击溃了。9月14日黄昏，双方出现了明显的僵持局面，英国人正在挖自己的战壕。

挖掘非常粗糙，不像是在挖掘永久坚固的支撑体。我们每人都有挖掘工具，我们趴在地上，艰难地一点一点地挖掘，必须把头部掩护好，当身体一点点地陷进去，上面只露出头盔的时候，基本上就完成了挖掘。把每个人挖掘的壕沟逐渐连接起来，就形成了一条战壕。战壕只是能够提供简单的掩护，并不像之后的那样复杂。[16]

——中士托马斯·佩因廷，国王皇家步枪军团第1团

一等兵乔·阿姆斯特朗（Joe Armstrong）记得一件令人毛骨悚然的事，这件事在某种程度上似乎有点好笑，但同时也非常残酷地说明了为什么英国和德国战壕之间的鸿沟很快就被称为“无人区”。

壕沟大概有4英尺深，就是这样，前面有沙袋。我们和德国战壕之间生长着一些土豆。有个人说："如果他们把我长眼睛的那部分脑袋炸掉，我就吃点这些土豆！"他从战壕里爬出来，找到了土豆，但一颗炮弹把他的头从肩膀上炸掉了。这种情况真的发生了，虽然听起来有点不可思议，但这的确是真实的。[17]

——一等兵乔·阿姆斯特朗，皇家北兰开夏军团第1团

他们逐渐加固战壕，挖得更深，改善战壕前的护墙。没有人想到，这不仅仅是一种暂时的权宜之计，大多数人都希望在第一时间恢复攻势。

随着双方在埃纳河上空盘踞，"奔向海洋的竞赛"开始了，法国和德国军队都在努力寻找并开发北部的一个开放侧翼。当他们迎面相遇的时候，就会挖出粗糙的战壕，然后再试一次。他们不是在向大海狂奔；远不是这样的：他们在对手的侧翼还没到达大海之前就迅速让其转身。与此同时，英国远征军的部队仍在埃纳河的战壕里，直到约翰·弗伦奇爵士要求把他们移到法国防线的左翼。在这里，他们将更接近海峡港口，从而缩短延伸的交通线路。10月1日，英国远征军被适时地分阶段派遣到法国北部和佛兰德斯（Flanders），在那里许多人将在不知名的比利时城市伊珀尔（Ypres）丧生。

伊珀尔标志着向大海进发的最后阶段，双方都做了最后一次孤注一掷的尝试，试图包抄对方。对于德国人来说，如果他们能突破海峡，那么肯定能越过海峡港口。但英国和法国也有突破战略地位关键的罗勒斯（Roulers）铁路枢纽和奥斯坦德港（port of Ostend）的愿景。伊珀尔本身无关紧要，但它为双方保卫了通往关键目标的大门。在亨利·罗林森（Henry Rawlinson）中将的指挥下，新成立的英军第四军于10月14日抵达，10月19日黑格的第一军也加入了。他们打算向梅宁（Menin）发起进攻，结果却发现自己正好处在德军最后一次进攻的道路上，当时德军的

阵营里只有缺乏训练的士兵。接下来的战斗将非常可怕。

德军袭击了黑格的第一军，该军团位于梅宁路两侧的伊珀尔正前方。德国人推进得很顺利，有时似乎就要彻底突破了。一等兵乔·阿姆斯特朗在兰吉马克区（Langemarck）皇家北兰开夏军团服役。他记得一件悲惨的事情。

有人告诉我们固定好自己的刺刀。我和一个家伙在树篱后面，准备和其他人一起离开。突然，炮弹袭来，几乎把他的腿炸掉了，只是被几块皮挂着连在一起。我抓住了他。他用完了自己水瓶里的水，使用了绷带。他也把我水瓶里的水用完了！用了我的绷带。我不知道止血带是什么。我把他扛在肩上，放在一棵树下。他是一个伦敦人，他说："老兄，你可一点都不像纨绔子弟。"我能做什么呢？你知道他做了什么吗？他抓住剩下的腿，把它扔了出去！我后来不得不离开他，毫无疑问，如果没有担架抬着，如果没有恰当使用止血带，他一定会死的。止血带或许可以让血液凝固，挽救他的生命，但具体怎样我就不知道了。[18]

——一等兵乔·阿姆斯特朗，皇家北兰开夏军团第1团

然后，他发现自己身处一个战壕中，它是在一次短暂的反攻中从德军那里夺来的阵地。

沙袋正好对着我们。把沙袋放在另一边太费劲了。把德国人的尸体放在那里要容易得多——我和其他人一起这样做了。来复枪和胳膊肘撞在了一个德国人的尸体上。我的工作是带一伙人，在一个农家院子里把这些尸体埋掉。有四到六个人参加了这次活动，但他们似乎首先想到的是把那些闪闪发光的手表和口袋里的钱拿出来。我抡起来复枪，说道："第一个拿走任何东西的人，我要把他那该死的脑袋劈开！"[19]

——一等兵乔·阿姆斯特朗，皇家北兰开夏军团第1团

虽然第一次伊珀尔战役常被描绘成了一场步兵战斗，但炮弹如雨点般落在双方部队身上，双方都清楚地感觉到炮兵的存在。

一天早上，德国兵用重炮弹攻打了我们排4次。第一次击中了壕沟，

滚了进去，好吧，我们把它们挖出来，挖好了沟渠。我的一个伙伴躺在后面，我看不见他身上有伤口，但他动不了。我想，爆炸把他的身体甩到了战壕的墙上，他的脊椎脱臼了，因为他的下半身没有了知觉。我们对此无能无力。最后一枚炮弹落到了我自己身上：它把排里的弹药炸得飞溅开来，在我面前把我的来复枪炸得粉碎，把我埋在壕沟里——但是竟然没有伤到我！他们把我挖了出来。[20]

——中士托马斯·佩因廷，国王皇家步枪军团第1团

10月31日，战斗达到了白热化的程度，德军开始向在赫罗维尔特村（Gheluvelt）坚守阵地的第一师逼近。德国人迅速制伏了一等兵乔·阿姆斯特朗和皇家北兰开夏军团第1团。

天亮之前什么也没发生。在200或300码远的地方，我看见有身影在灌木丛中移动。我进行了快速射击。坦白地说，现在回想起来，我希望我没有击中任何人。后来我们听到我的左边有吵闹声。直到大约11点，我们才知道发生了什么事。他们冲破了我们的防线，横扫而过，占领了我们的炮兵阵地，占领了总部，把我们全部包围了。负责的军官看到他们从这边来时，试图从那边匆忙逃走，但还是碰见了德国兵——他又以最快的速度跑回去了。否则，你能做什么呢？根本没有任何意义——抵抗就是自杀。我和其他人在一条战壕里。和其他人一样，我爬了出来——差点被刺刀击中，因为我的枪拿在手里，直到我把它扔下去，——在被抓的情况下，你不知道该怎么做。他们让我们再往前走一点，把我们围成5个人一组。我嘴里叼着一根烟斗，当军官向我走来的时候，他看到了我的侧面，看见了烟斗，抓住它，想把它拔出来。我想："天哪，这是我的烟斗！"我咬着它，不想让它被拔出来。我身后的泰勒（Taylor）下士喊道："放开那该死的烟斗，你这个傻瓜！"时机恰到好处，因为几乎在我放手的那一瞬间，他的左轮手枪已经抵住我的太阳穴。我距离死亡只有一步之遥。[21]

——一等兵乔·阿姆斯特朗，皇家北兰开夏军团第1团

德国人似乎准备好向前挺进，冲破伊珀尔防线。但在关键时刻，伍斯特郡第2团对格鲁夫特城堡（Gheluvelt chateau）的小规模但绝望的反击似乎扭转了局势。一等兵威廉·芬奇就在那里，处于非常不利的位置。

冲锋开始了，号角一响，我们就得往前冲，仅此而已。你知道当一群人在足球比赛中进球时，他们会多么激动，会引起巨大的骚动，这就是冲锋开始的方式。当然是喊叫，尽可能制造更多的噪音。在冲锋期间，我不能告诉你发生了什么。我们都去找德国人，冲向德国人——他们离我们非常近。一路上我都能控制自己，但发生了什么我永远也说不出来。[22]

——一等兵威廉·芬奇，伍斯特郡第2团

当他们到达格鲁夫特地区时，芬奇突然运气不佳。

德国兵在梅宁路对面用机关枪朝我开了一枪，我在树篱的另一边。就在那时，我的腿被击中了。当我跌倒时，我大声呼救。我不得不仰面躺着。我刚站起来，德国兵就击中了我的后背，金属罐救了我，使我的脊椎骨不致折断。不管怎样，我在呼救，一个家伙走到我身边，我一个人躺在那里，他把我的衣服脱下来，把我的裤子剪下来，绑在我的膝盖上，然后在我大腿处打了第二个结。我看到血从他的肩膀流下来，他也被击中了，我对他说："看在上帝的分上，离开我！我不会有事的。"但他还是尝试完成了系在我大腿上的结，然后说："好吧，芬奇下士，我会回来把你带回去的。"[23]

——一等兵威廉·芬奇，伍斯特郡第2团

芬奇无助地躺在战场上。

在雨中，我抓住了这块德国油布，并拿它盖住自己。突然，在清晨的阳光下，这块布从我身上被揭了下来，一个德国军官站在我旁边，手枪对准我的头。我喊着说："可怜可怜我吧。"他搜查了我。我说："好吧，我现在不能再伤害你了！"在他检查的时候，他掏出了我的钱包——里面有两个孩子的照片。我问他要水喝，他不愿意。他走开时还威胁我。[24]

——一等兵威廉·芬奇，伍斯特郡第2团

芬奇又落单了，他试着把自己拖到沟里去。

只有几码远，但似乎是一种拖累自己的地狱之路，无论如何，在那只受伤腿下的枪支的帮助下，我手部和肘部并用，终于把自己再次弄进了沟里，我在那里躺了三天半的时间，没有被发现。我口袋里有一块手帕，下雨的时候，我把它放在遮盖我身体的油布里，放进水坑里，不停地把它塞进嘴里，然后吐出来。我躺在沟里，水在我身下流淌。躺到第三天的时候，我自言自语："上帝保佑，我希望今天能被找到。"就是这样，我真的被发现了——德国人的油布被掀开了，有两把刺刀对准了我的头。我冲那些拿着刺刀的家伙喊道："可怜可怜我，我是英国人！"他们说："什么风把你们吹到这里来呢？你是哪个团的？"我告诉他们："伍斯特郡。"他们两个是冷溪近卫队的成员。他们走了，带着担架回来，把我放在上面，抬到他们的营地里。[25]

——一等兵威廉·芬奇，伍斯特郡第2团

芬奇的腿上有6颗子弹。他是一个非常幸运的人，从这样的磨难中幸存下来。

11月2日，托马斯·佩因廷中士在梅宁路的阵地上向前移动。他和他的手下发现了一小片没有连接在一起的浅沟，前面没有防护铁丝网。作为一名职业军人，佩因廷已经竭尽全力。

我让小伙子们跳进战壕。然后我们躺着休息了几个小时，一直坚持到第二天黎明，向德国兵射击。我们遭受了猛烈的炮击。最后只剩下我们四个人留下来共用一把步枪，其他的人都死了。德国兵一定是在某个地方突破了防线，抵达了守卫的左翼和我们的右翼——从后面包围过来。在抵达我们这里之前，他们一定已经击溃了我们的支援连队。没有什么好指挥的，每个人都对自己负责——德国兵在150码开外。我看到我左侧的排在继续前进。我想："好吧，这很有趣。他们没有告诉我就走了。”然而，他们被发现了。三个德国兵绕过战壕来到我身后。一个用步枪指向我，一个用左轮手枪，另一个用刺刀。好吧，我刚把枪里的子弹射击完毕，准备再放五发子弹进去。后膛是开着的，我不能开枪，因为里面什么都没有。我的枪托还在后面，位置很糟糕。德国兵给了我放下步枪的机会。他可以从背后开枪打我，也可以用刺刀刺我，但他给了我一个机会，让我把步枪放下——我不得不放下枪支。这是我生命中的最后一个念头！我想我可能会被杀死或受伤，但我从未想过被俘虏。我的心都碎了。我觉得如果是单枪匹马地公平斗争，我比德国兵优秀，这一点你应该知道。但情况就是这样，你对此无能为力。[26]

——中士托马斯·佩因廷，国王皇家步枪军团第1团

佩因廷和其他的幸存者在敌方的押送下离开了队伍，他们到达了一个小山谷。

我们的炮兵开火了，敌方当场毙命。声音不大，但这是一次大规模的扫射，弹片到处都是。子弹开始乱飞，一名德国军官曾经说过：“啊，英格兰人，英国炮兵一点用都没有。”但他在临死之前却没说过这句话——我们对他太客气了！[27]

——中士托马斯·佩因廷，国王皇家步枪军团第1团

佩因廷也有机会看到英军在德军推进时对德军的处决，当时德军的尸体散落在战场上。

作为一名穿越德国防线的士兵，我很高兴地见证了德国士兵的死亡人数，以及他们为成功所付出的代价。但作为一个人，我想：“看看这个。看看这些困扰着妻子、母亲和情人的家伙吧。”[28]

——中士托马斯·佩因廷，国王皇家步枪军团第1团

德国人继续向前推进，偶尔也会遭到反击，但他们仍在向伊珀尔逼近，无情地从一个山脊移动到另一个山脊，从一片树林移动到另一片树林，从一个村庄移动到另一个村庄。11月11日，另一场令人绝望的德国突击，击中了皇家燧发枪团第4团。

第二天早晨，他们向梅宁公路方向追赶我们，距离大概是100码。那是普鲁士的护卫队发动的袭击，他们体型庞大，非常残暴，有成千上万人。在半明半暗的地方，你几乎看不见他们。不仅如此，他们还隐藏在树林和灌木丛中，根本没有明显的火力发射场地。直到他们离你很近，你才能看到他们，听到他们的声音。你或多或少在开火，但不知道你在射击什么。他们把我们赶出战壕，杀了麦克马洪（McMahon）上校[29]。我大概距离战线20～30码。一位名叫查内（Chaney）的下士说："上校被杀死了。""被杀死了，不！就在这里吗？"他说："是的。"天啊，吓得我魂飞魄散。我把他看成是父亲一样。查内把上校的小笔记簿和左轮手枪给了我，我知道他真的死了。接下来好几天，我都不知道自己该怎么办，剩下的人也不知道该怎么办。当他被杀的时候，就好像有人把整个营都消灭了一样，他们对他评价很高。没有其他军官让他们有这样的感觉。我们被赶回去，你看德国兵走了多远，他们跑到我们的包扎站杀了我们的医生麦格雷戈（Macgregor）少校，当时他正在照顾伤员。我们后退了，当我生日那天早上（11月12日）到来的时候，我们已经没有军官了，900人只剩下34人。[30]

——二等兵威廉·霍尔布鲁克，皇家燧发枪团第4团

英国人已到了山穷水尽的地步。他们中的许多人在三个月的大部分时间里几乎一直在坚持不懈地工作。部队开始瓦解，黑格和他的指挥官要求采取极端的防御措施来保持防线的完整。各营、各连甚至各排都在战场上乱转，以填补空缺。在第一次伊珀尔战役中，英国远征军遭受了超过5.4万人的伤亡，使战役以来的总损失接近9万人。1914年8月参加战争的正规军不复存在，德国人也几乎精疲力竭。他们在伊珀尔战役中损失了大约8万名士兵，而许多人在毫无准备的情况下被推进的新编队中，充满了没有经验的预备役人员或刚刚完成训练的战时志愿兵。有时他们的战术退化为大规模的攻击，而这种攻击只会加剧他们队伍中的屠杀。最后，他们失去了动力，战斗于11月22日结束。德国人几乎突围而出，

但英法两国在伊珀尔前面仍有一个浅浅的突出部分。

伊珀尔的最后僵局带来了战争的新阶段。任何一方都没有更多的侧翼可以利用。前进的唯一方法是正面进攻准备好的防守位置。没有人有任何相关经验，他们都在最血腥的战场上一起学习和成长。12月18日至19日，第15野战连的一名精干军官菲利普·尼姆（Philip Neame）中尉在纽夏贝尔区（Neuve-Chapelle）发动了一场疯狂的夜间袭击，他在其中一场行动中一举成名。

我走到前线，开始向德军投掷炸弹，整个事件就是这样开始的。我们的步兵都挤进了我们占领的壕沟里，德军从两个不同的方向向我们投掷炸弹。于是我有了一份差事——我是那里唯一一个知道如何点燃炸弹的人。我迅速叫人把所有可用的炸弹都送到我这里来，并叫两三个步兵——西约克郡部队的步兵——留在我身边，待在我旁边的一条战壕里，以防德国人向我们冲来。然后我开始向德国人朝我们投掷炸弹的两个方向点燃并投掷炸弹。我很快就遏制住了德国人从右边的一条壕沟里朝我们这边的轰炸，那是战壕的一个分支，从那里投掷的炸弹没有炸到我们，而此后那里再也没有带来任何麻烦。大量的炸弹直接从我面前飞过，那是德国人从二三十码外扔过来的。我以最快的速度向比较容易瞄准的目标投掷了几枚炸弹。为此，我不得不站在踏台上，这样我就能准确地看到自己扔的东西。每次我站起来，德国的机关枪都朝我射击，但幸运的是，他的速度有点慢，我总是设法在机枪子弹射过来之前把我的炸弹扔下去。不管怎样，在我投掷了一两颗炸弹之后，我听到了德国人在战壕里的喊叫声和尖叫声。然后，我得到一个消息，说所有的英国军队都回来了，我们将要回去了。我扔了两三枚炸弹，作为对德国人的最后告别——真的是为了让他们安静下来。[31]

——中尉菲利普·尼姆，第15野战连，皇家工兵团

尼姆在猛烈的炮火下撤退，一边走一边帮助一些伤员。当然，他的各种勇敢行为并没有被忽视，他被授予维多利亚十字勋章。菲利普·尼姆在

战争期间一直服役，后来晋升为中将。

堑壕战，以及随之而来的恐惧，是未来的常态。在战壕中战斗的“古老风格”几乎没有什么荣誉和荣耀，一种无情的新暴行将在未来的岁月里占据主导地位。但在12月底，闪现了人性的最后一丝光辉。圣诞节似乎在一瞬间打破了这两个宿敌之间的坚冰，解冻了他们之间的关系。

时间是11点。我们一直站在射击踏台上，没有人开枪。于是，一两个家伙从上面跳了出来，另外两个站在壕沟里，准备好了来复枪。他们其实完全不需要这样做。当这两个家伙站起来的时候，其他人跟在后面，最后我们几十个人站在战壕顶上。地形比较开阔，你可以伸展腿脚，在坚硬的表面上奔跑。我们用绳子把一个空沙袋捆起来，在上面踢来踢去——当然是为了取暖。德国兵——他就在绳子后面的冰池里溜冰——我们能看出来他是怎么开始的，轻柔地走到另一端，然后又来了一次。我们没有混合在一起，其间我们也在踢足球，都是在上面进行的。一些德国人拿着报纸走到他们的线网前面，他们挥舞着报纸。我们部队的一个下士去拿报纸，径直走到线网前，德国人跟他握了手，祝他“圣诞快乐”，并把报纸给了他。当然，我们一个字也看不懂，所以只能交给军官。下午5点，是下午茶的时间，有人在我们的战壕顶上走来走去。没有开一枪，停战于1点结束。从战壕里出来，从两堵黏土墙中间出来，又走又跑，真令人愉快——那是天堂般的感觉。[32]

——二等兵乔治·艾舍斯特（George Ashurst），

兰开夏郡燧发枪团第2团

艾舍斯特是最近来的，他是新训练出来的一员新兵，他们要用新血液给老的正规部队补充物资。不远处是二等兵亨利·威廉姆森（Henry Williamson），他是首批抵达前线的本土部队之一，在正规军最需要的时候支持他们。

一个德国人开始唱《平安颂》，然后有人说：“过来，英国兵，过来。”我认为这是一个陷阱，但我们中的一些人立刻走过去，去到我们之间的铁丝网。那是五股铁丝，挂着空的牛肉罐头盒，发出嘎嘎的声音。我们很快就交换了礼物。我们看到的所有无人区都是灰色和卡其色的，有人在抽烟，有人在聊天，有人在握手，有人在交换姓名和地址，以便在战后互相写信。德国人开始埋葬冻僵了的尸体，我们捡起我方的尸体进行埋葬。木的小十字架用钉子钉在一起，是非常小的十字架，用擦不掉的铅笔做记号。他们把德国人叫作“Für Vaterland and Freiheit”，意思是“祖国和自由”。我对一个德国人说：“对不起，你怎么能说自己为自由而战呢？你们发动了战争，我们才是为自由而战！”他说：“对不起，英国同仁，但是我们正在为我们的国家争取自由。”我还说过：“这里安息着一位上帝所知道的无名英雄。”“哦，是的，上帝站在我们这边！”但是我说：“他在我们这边。”这带给人巨大的震撼，我开始认为这些家伙就像我们自己一样，我们对于战争的感知是一样的。他们说：“战争很快就会结束，因为我们将赢得俄罗斯的战争。”我们说：“不，俄罗斯将取得压倒性胜利。”“好吧，英国同仁，我们不要在圣诞节吵架了！”[33]

——二等兵亨利·威廉姆森，伦敦团第5团第1营，伦敦步枪旅

当然，这种状况不可能持久。这些人并不是真正渴望结束战争的“和平活动家”；他们的动机更多的是出于好奇心，是一种伸展双腿的欲望。但他们身后是其他一些人，他们不太关注当下，他们需要重申自己的国家优先事项，让每个人都尽快互相射击。

通过口头传达，我们得到进入战壕的命令。“大家都回到战壕里去——每个人都要回去，”有人喊叫着，“每个人马上回到战壕里面去。”当然，我们中的一些人根本没有注意到。后面的将军们肯定看到了，有点怀疑，他们下令用一连串的枪开火，用机关枪开火，军官们用左轮手枪向德国人射击。于是，战争又开始了。[34]

——二等兵乔治·艾舍斯特，兰开夏郡燧发枪团第2团

战争持续了将近四年之久，枪声才再次得以沉寂下来。

3

准备好参军了吗?

1914年8月5日，基钦纳勋爵被任命为战争国务大臣。毫无疑问，作为当时最伟大的英国士兵，他的任命在全国都很受欢迎。基钦纳对于形势的评估十分直白：他意识到，击败拥有庞大的陆军、强大的海军和经济充满活力的德意志帝国，将是一项漫长而痛苦的任务。在接下来的几年里，将需要数十万人，甚至数百万人服役。他认为，不能指望地方部队为集结军队提供基础支撑。相反，他试图招募50万名士兵，每个部分包括10万名，这些士兵将按顺序从K1编到K5，形成一个与现有军团相联系的全新“勤务营”结构。自那以后，在大众的印象中出现了一场声势浩大的招聘活动，那是由阿尔弗雷德·利特（Alfred Leete）设计的一张标志性海报，上面画着基钦纳的头像，长着小胡子，突出的是一只伸长的手臂，上面非常明确地写道：“国家需要你们。”然而，在最初的几个月里，这没有什么必要——男人们正以前所未有的数量涌向征兵站。

不久，到处都有征兵处，迅速增长的军队被安排在训练厅、征用的工厂、教堂、学校或帐篷营地里面。到处都是熙熙攘攘的景象，人们正在接受基本训练。霍勒斯·卡尔弗特（Horace Calvert）年仅15岁，在布拉德福德（Bradford）的一家小型通用工程公司工作。对面是一个被军队占领的溜冰场。卡尔弗特被迷住了，他和新兵们混在一起，到1914年9月，他觉得他不能再等了。

这令人非常兴奋。我在当地的图书馆里读了那些冒险故事，把它看成是一次大冒险。我没有去上班，而是把工作服放在脏衣篮里，穿着更好的衣服出去了。我走进兵营，排队等候。仅仅一个小时的时间，医生对我的身体进行了全面检查，资料被拿走，然后完成了宣誓。士兵们得到了国王的酬金，我被授予一个号码：3274。我只是说了一句："我18岁了。"就这样。[1]

——霍勒斯·卡尔弗特

实际上，法定的参军年龄是19岁。然而，不管潜在新兵的年龄有多大，只要他的身材、外貌、体格和智力符合要求，就有可能被录取。哈罗德·海沃德（Harold Hayward）年仅17岁，却遇到了一名愿意合作的从事招募工作的中士。

我来到科尔斯顿大厅，希望能加入这个城市新成立的营，叫作"布里斯托尔自己人"，官方的称呼是第12营，即格洛斯特郡团。我走到桌前，征兵的中士坐在那里。我知道入伍的年龄是19岁，如果我说实话，一点好处都没有——所以我想说我19岁，而不是17岁半。但他没有问我"多少岁"，而是问："你是什么时候出生的？"我脱口而出，说出了一生中经常说出的数字——1897年2月12日。征兵的中士回答说："好吧，你这个年龄，我不知道我们能不能招收你。"他一定看到了我悲伤的表情，于是说道："但如果你走出科尔斯顿大厅，绕着大楼跑三圈——你回来的时候会大3岁。"这对我来说是个足够好的提示！当我回来时，他说："你多大了？"我说："20！"于是我就加入了军营。[2]

——哈罗德·海沃德

报纸和每周的战争画报杂志以一种无情的方式反复灌输他们的思想。越来越多的海报出现，呼吁简单的爱国主义，或意图羞辱那些"后退"行为。乔治·科尔（George Cole）是西汉姆煤矿（Seaham Colliery）的一名矿井风门开关管理员兼马车夫，到了1915年1月，他已经承受了太多的压力。

11月份的时候，我满18岁。新年的时候，我看到这个人加入了军队，那个人加入了军队，另一个人又加入了，所以我去了，在1月28日加入了军队。我看到了一张海报，我现在好像仍然能看到它：一个受伤的人躺在地上，另一个人头上缠着绷带站在那里，上面写着："他们永远不会来了吗？"于是我加入了。在锡厄姆演习大厅的人是乔·纽比（Joe Newby），他的住所和我家只隔着五六户人家。我进去的时候，他看着我说："我知道你的名字；我知道你住在哪里。"随后，他就转移了话题，问道："你是19岁吗？"我回答说："是的！"他说："好吧，我知道你在说谎，不过随你便！"他知道我不是19岁，但他对此置之不理，我就加入了。他在战争中被杀，他的名字是公园里战争纪念碑[3]上的最后一个。[4]

——乔治·科尔

即使他们没有立即加入，年轻人也会发现从前线传来的戏剧性新闻，再加上同龄人群体的各种各样的影响力，是一个强有力的组合，会对他们产生一种诱惑。这种情况在后来被称为伙伴营的地方小社区中尤为明显。他们在学校、工厂车间、矿井下，甚至是足球场所建立的友谊，都对他们产生了难以抗拒的吸引力。詹姆斯·斯内汉姆（James Snailham）在橡胶工厂里度过了无聊的工作日，周末的时候才真正开始自己的生活。虽然他只有16岁，但他已经成为当地足球队的核心球员，甚至还为普雷斯顿北端队（Preston North End）踢过一场比赛。

在我看来，我生活中唯一的目标就是足球。我在乡村球队威特利伍兹（Witley Woods）的乔利和普雷斯顿联赛中踢球。有一个星期六，比赛结束后，我听见比我大的小伙子们在说，他们明天早上就要入伍了。比赛结束后，我们换衣服的时候，他们说："吉米，我们要去参军，你和我们一起去吗？"他们比我大，但我在足球队里有一个固定的位置。我说："咦，我不知道，我想我会的！"我想和那些一起踢足球的小伙子在一起。当时我只有16岁。我们从3英里外的村子出发，去了乔利。最后轮到我了，我是这群人中的最后一个。里格比（Rigby）医生说："我的孩子，你到底在这里干什么？”他看得出我很年轻。我说：“先生，他们要参军，我每个星期六都和他们一起玩，我想和他们一起去。”他说：“回家吧，晚饭后再回来，我让你通过。”于是，我走开了，在附近转来转去。我想和那些小伙子在一起——他们要走，我也要走！我回来了，他直接以“A1”让我通过了。就这样，我加入“乔利一伙人所在的团”，它隶属于“阿克斯顿一伙人所在的团”。我们球队的11个人都去了。[5]

——詹姆斯·斯内汉姆

那位医生的行为将永远改变这位年轻的、充满热情的足球运动员的生活。

在所有的战争狂热中，民众对德国人的情绪是如此强烈，以至于有时会发生针对在英国和平定居的德国侨民的不幸袭击。这可能是由某些事件引发的，或者仅仅是纯粹的仇外情绪和对在其社区中蓬勃发展的外国人的腐蚀性嫉妒。厄尼·罗兹（Ernie Rhodes）在埃克勒斯（Eccles）棉纺厂当学徒时，就见证了这样的袭击。

一群年轻人拿着整块的或者半块的砖头，从窗户那里扔进来。他们一直在袭击这些房子，到处都是砖头。我可以看到架子上所有的威士忌都被打坏了。然后他们来到这里，我一直跟着他们。不知道到底是怎么回事。你会搞混的，有二三十个人，也许更多。他们上了教堂街，去找糖果商，糖果商是德国人。在那里，他们做了同样的事情，进行了打砸。他们去了克罗斯基斯（Cross Keys）附近的一家酒馆，但酒馆老板已经准备好了，他有一个电动水管，他把它对着他们。还有肉店老板——每个人都喜欢他的食物，但他回德国去了，他们都说他一定是被叫回去了。他的妻子是一个英国女人，但是他们还是把那个地方砸了，把所有的东西都砸了。他们开始抢劫！我没有像他们一样砸东西。我从不碰任何东西，也从不扔砖头。他是个好屠夫，而她是个了不起的女人——他们太过分了。[6]

——厄尼·罗兹

之后，他的主要情绪将是挥之不去的内疚。对于这种令人不快的事件，他的反应肯定不只是他一个人所独有的。

当这些“男孩”去打仗时，他们的家人就会留下来，尽可能地应付生活。在大多数工薪阶层家庭中，如果政府没有采取一些缓和措施来帮助他们的话，工资的损失将是一个严重问题。雷纳·泰勒（Raynor Taylor）还记得，当他的兄弟阿尔伯特·泰勒（Albert Taylor）加入东兰开夏郡第7团时，他的家庭经济如何得以维持。

1914年9月，正当年的小伙子阿尔伯特参军，战争对我们的影响更大。工资是一天1先令，很长很长一段时间都是1先令。当一个人参军时，如果他愿意，他可以给他的受抚养人分配一定数量的钱。可以每天分配到6便士，这样就可以每周提取3先令6便士，而不是7先令——阿尔伯特就这样做了。现在，政府在这3先令6便士之外又加了一些钱，以弥补他的缺席。妈妈得到了这些钱，从某种意义上来说，她得到的更多，因为她不用养他，而她还能得到钱——尽管我们从没想过这方面的问题。当他前往法国的时候，我们感到自豪，而且是非常自豪的。我妈妈总是给他写信，但他不善于沟通。收到他的来信时，这封信的三个部分基本是他在上一封信中说过的标准用语：“亲爱的爸爸妈妈，很高兴地说我一切都好。”他遇到了一个我们认识的人，在同一个部门会有一到两个人，“比尔·麦琪没事，也很好”，信件都非常短。[7]

——雷纳·泰勒

一旦一个士兵“投入战争”，他的家人就不会经常看到他。休假的频率很低，这对泰勒一家来说是重要的事件，1915年阿尔伯特回到了魂牵梦绕的“英国本土”。对他的弟弟来讲，他在很大程度上是“归来的英雄”。

他是这个地区最早休假的人之一。那是在夏天，我们躺在床上，有人敲门。我们睡在后面的房间，我的父母睡在前面的房间。我爸爸站起来从窗户往外看，我现在似乎都能听到他的喊声：“是我们的阿尔伯特！”我们的阿尔伯特从法国回来休假了。如果你看到他，那么情形就是——黏土几乎快到眼球了——他刚从战壕里面出来。我妈妈说："快点开门，让他进来。"我爸爸下楼去，打开前门，他当时仍然穿着衬衫。当然，我们也想看看情况，他是否带回了纪念品。他带了，他带回了德国头盔上的铜钉，我们觉得这太棒了！他并没有赞美它，或使它变得可怕——他只是告诉我们这是什么——我们倾向于赞美它。他是这个地区最早休假的人之一，引起了轰动。在我去上班之前，我站立好，握着他的步枪。我一路跑着去上班，告诉他们阿尔伯特是怎么回家的。早饭后，阿尔伯特来到磨坊——他们都停下工作来看他。[8]

——雷纳·泰勒

不久，见到那些休假回家的士兵就成了日常生活的一部分。人们很高兴看到他们，但他们不再是引起社区的好奇心所在。不幸的是，并不是每个人都能活着回家休假。厄尼·罗兹的哥哥工兵哈里·罗兹（Harry Rhodes）在西线服役。

1915年，有报道称他失踪了，此后我们再也没有听到过关于他的任何消息。我们收到了来自陆军部的电报："失踪，估计在伊珀尔被杀。"[9]我们都深深陷入了悲痛之中。他就是大家所说的好孩子，既不抽烟，也不喝酒。他总是说："我永远不会结婚，妈妈，永远，永远，我会永远待在家里，与你和爸爸待在一起！"这是一个可怕的打击，也是我选择入伍的原因。想到他是被一个德国人杀死的，我非常痛苦——我失去了我的兄弟，这是德国人干的。我只能说这些。我一定非常愚蠢。你看，我被这一想法所困，他们希望你是这样，我的脑海里充满了复仇的想法。[10]

——厄尼·罗兹

正规军和早期志愿者第一次伤亡的消息，对于当地社区影响极大。在那之前，每个人都可以分享一种安慰性的幻觉，这一切都是伟大的冒险。艾伦·肖特（Allen Short）在伦敦东部做店员时，他的一个老朋友在行动中去世。

1915年5月，当地教堂的一个男孩在费斯图伯特（Festubert）被杀。战争的冲击到来了，这是我们所知的当地的第一次伤亡。他的名字叫阿尔弗雷德·欧内斯特·考索恩（Alfred Ernest Cawthorne）[11]，住在阿伯特公路。他是我们家的朋友，是个邮递员，是个非常好的人。我认识他的两个兄弟，他们工作很努力。大家表达了自己的慰问，但他们都是工人阶级，没有多余的钱来拿给任何一个遭受苦难的家庭。教会可以尽其所能对他的家人进行安慰。[12]

——艾伦·肖特

随着时间一年一年地过去，报纸上没完没了的死亡名单就是一长串年轻人的名字，他们的生命在壮年时突然停止。报纸上刊登了他们非常模糊的照片，每个名字都是一个哀伤家庭的悲剧。但不知何故，这种公众同情开始消退。数量实在是太多了。

在整个战争期间，由于各种因素的影响，自愿征募的人数一直在波动。每月的总数是数十万人决定的总和，每天都要做一次又一次的决定。然而，人们越来越明显地看到，需要某种强制性的因素来确保所需的源源不断的征聘。1915年5月，征兵的年龄上限从38岁提高到40岁，但这仅仅是在修补问题。向征兵迈出的第一步是1915年7月的《国家登记法》，强制征召所有年龄适合服兵役的人。人们发现，将近340万人有资格服兵役，另有160万人从事技能型的、具有机要性质的工作。1915年10月11日，德比（Derby）勋爵被任命为招募总干事，仅仅5天之后，他就引入了同名的德比计划，以提高招募率。每个年龄在18岁到40岁之间的男性都可以选择自愿参军，或者在随后的强制计划中被征召入伍，并有义务参加登记。根据婚姻状况和年龄，男性人口将被分为46个群体。为了鼓励那些担心自己对家庭和受抚养人责任的人参军，同时引入了战争抚恤金。一旦正式登记，这些人将继续过平民生活，直到被征召入伍，但从今以后，他们将有权佩戴饰有红色王冠的灰色臂章，以表明他们已经登记。

他们发现寻求志愿者非常困难。人们意识到他们可能会经历一段非常糟糕的时期，战争不会是一场突如其来的胜利。为了避免不必要的怯懦想法或不必要的烦恼，如果你加入德比计划，你将拥有一个卡其色的带有王冠的臂章，你可以戴上它或把它放在口袋里。如果有人说："你为什么不加入呢？"你可以说："我已经加入了，正在等召集令。"我想，我们都不想让别人为我们而死或者为我们而战。我们觉得，如果要做出牺牲，就得自己去做。我从来不想参军。我从来不想要条纹。我总是觉得我会做正确的事情，但我不会做更多。我不会为了做一些英勇的事情而冲出去被杀。我只会尽我所能，不让别人取代我的位置。[13]

——维克多·波尔希尔（Victor Polhill）

德比计划的结果好坏参半。另有21.5万名士兵冒险入伍，自愿参军；218.5万名士兵经过了体检，如果有必要，他们将参加未来的征兵。西博尔德·斯图尔特（Sibbald Stewart）是一名1915年11月注册的士兵，尽管当时他在埃尔斯维克军械厂（Elswick Ordnance）6英寸炮弹区从事一份可以免于征兵的工作。

我们早上6点开始工作，一直到晚上6点。在机器上工作12个小时，然后夜班就开始了，有人接替了我们的工作。每台机器在24小时内连续工作，这是超负荷的运作。工厂里到处都是生产线——从一个部门到另一个部门。我们从铸造开始。它们很粗糙，准备好了，但我们得把6英寸高的爆炸炮弹的内部擦干净。炮台被放在一台车床上，然后用砂纸抛光，这样流入的液体就能顺畅地流动。他们走到一台车床前，在那里完成了外面工作，铜带在另一台机器上，然后雷管被放在突出部分。撞击雷管被放入炮弹的后端，这是进入灌装厂前的最后一件事。[14]

——西博尔德·斯图尔特，埃尔斯维克军械厂

不过，尽管德比计划在争取像斯图尔特这样的男性注册方面取得了部分成功，但仍有38%的单身男性和不少于54%的已婚男性未注册——他

们并非机要行业的从业者。

战争带来的挑战如此之大，只剩下一个可行的对策：强制征兵。因此，在德比计划的赞助下，从1916年1月开始了一系列强制性的征召，直到1916年3月，所有18岁以上的未婚男性人群都被召集起来。与此同时，随着1916年1月27日通过的《兵役法》，全面征兵制度开始实施。这就意味着，从1916年3月2日起，每一个19岁或以上、未满41岁的男性公民都自动应征入伍，进入预备役，在《陆军法》的保护下，他们被带到预备役。征兵的豁免权将由特别设立的法庭严格控制，在签发豁免证明书之前，法庭将单独审议每一案件。可以豁免的4个主要原因是：具有国家重要性的工作，由于特殊的财政、商业或国内义务而造成严重困难，健康欠佳或出于良心反对从事战斗服务。每个阶层的召集将通过公告和个别通知相结合的方式进行。强制征兵的形式是对没有响应征召或协助逃避征召的人施加严厉惩罚。

强制的因素引起了几个不同团体的反对，这些团体在政治、宗教和知识领域提出了不同的反对意见。在社会主义政治阶层中，支持战争的人和工党及独立工党内部的反战分子之间存在分歧。和平主义者组成了不服兵役的团体，其成员资格对所有出于正当动机拒绝携带武器的政治和宗教意见开放。我从未采访过一位拒服兵役者，因为大部分工作都是由玛格丽特·布鲁克斯（Margaret Brooks）和林恩·史密斯（Lyn Smith）[15]为帝国战争博物馆进行的。以下是他们工作的摘录，说明了那些发现自己无法接受服兵役的人所承受的压力。

你会发现，非征兵团的队伍是由各种各样的人组成的。有各种各样的宗教团体，从救世军到基督复临安息日会教徒；英国国教，罗马天主教徒；没有限制。它是各种类型的横截面。除此之外，还有更具政治头脑的：独立工党，不同程度的社会主义者，以及普通的政党。然后是一群非常好奇的人，我过去称之为“艺术思维”。有很多男人没有任何组织或依附，但我应该称他们为“美学团体”，包括艺术家、音乐家等。

他们对战争有一种可怕的反感，这种反感只能单独表达出来。当然，非征兵团体与和平主义运动之间也有分裂。他们是最喜欢争论的人。你会发现很多观点，这似乎是和平主义者与生俱来的。把他们带到这一步的是，他们都是个性很强的人，当遇到个性冲突时，几乎不可避免地会产生强烈的意见分歧。[16]

——霍华德·马腾（Howard Marten）

很快就组建起两千多个法庭，这些法庭由被认为是公正的、在社区中有良好声誉的成员和一名穿着制服的军事代表组成。当一名基于道德原因的拒服兵役者申请豁免时，法庭将试图决定四种选择之一：拒绝豁免之前，判断他的诚意和动机；只免除战斗的义务；有承担同等国家重要工作的条件的和完整的豁免。因此，有两种类型的基于良心拒服兵役者很快就会被识别出来：一种是愿意接受其他形式的服务或工作的“备用主义者”；另一种是不愿意接受任何形式的服务或工作的“绝对主义者”。

我第一个受审的地方法庭是充满敌意的。他们见识不够，理解力不强。虽然我不会说我是一个绝对主义者，一个无所事事的人，但我不准备在军事指导下做任何事情，也不准备以非常有限的方式被豁免。我认为人们会有这样的印象，不想应征的人是不会打架的人。不仅仅是这样；这是反对让一个人的生活由外部权威来指导。在我被法庭拒绝后，我被押往地方法院等待军事护送。然后我被交给一名军事护卫，被带到米尔希尔军营。然后，要面对的第一件事就是穿上制服。你看，你要么接受制服，接受它，要么坐在地上或躺在地板上被踢来踢去。我还没准备好做有损尊严的事。我对负责的士官说：“看看这里，我想你已经接到命令，要强制性地给我穿上制服。我不反对穿制服，但它不会改变我的态度。”我就这样妥协了。[17]

——霍华德·马腾

在面对法庭的大约16 000人中，约9000人接受了其他形式的服务，3300人在非战斗部队服役。

绝对主义者发现国家决心摧毁他们。通常，他们会被逮捕，被带到军营，并被关进警卫室。一旦他们违反了任何命令，他们就会被军事法庭审判，并被判处监禁，通常是112天的苦役。然后，一场扭曲的“猫和老鼠”的游戏开始了。当基于道德原因拒服兵役者被释放后，他几乎立刻又以逃兵的身份被捕，并再次被送上军事法庭。1917年，弗朗西斯·梅内尔（Francis Meynell）被关押在亨斯洛（Hounslow）军营，他决定进行绝食抗议以结束僵局。

刚开始的几天，我往嘴里灌了点水，然后吐了出来，以为这样不会影响到事态的发展。但后来我的医生朋友来看望我，说，这样不行，我会吸收它，所以我不得不放弃。痛苦的事情是我的舌头干了，它就像腐烂木桶里的一小块木头。这是非常不愉快的体验，是在绝食抗议的后期发展起来的——在第9天或第10天的时候。在绝食抗议的整个过程中，我幻想着飞到天堂，也幻想着步行回家——我的精神状态肯定不正常。从心理上来说，从自己的身体状况来看，确实进入了一种精神愉悦的状态。这存在造成脑损伤的危险，尽管我当时对此了解不多。我想，我从来没有感到我必须停止绝食，虽然我变得越来越虚弱，但我的绝对心态变得更加坚定。我想这将是一件迅速了结的事情——从兵营中释放或者死亡。我希望殉道者也有同样的感受，但把我当成殉道者实在可笑。[18]

——弗朗西斯·梅内尔

霍华德·马滕也发现自己陷入了可怕的困境，有一段时间，军队似乎打算把他当作一名“真正的”逃兵。

我认为有一种非常明确的举措，他们将通过派遣我们到法国来打破我们的抵抗。如果他们能让我们进入火线，就有权力判处死刑，就是这样。第一项惩罚是停止支付三天的工资，但由于我们本身就拒收工资，这算不了什么。然后我们被给予28天的野战惩罚。当时，现场惩罚是一件很讨厌的事情。在最极端的情况下，一个人可能会被绑在炮架上，这一点都不令人愉快。但通常情况下，他会被送到所谓的野战军营，在那里，4天里有3天会被捆绑。他们可能被绑在栅栏上，或者用绳子绑上，他们的胳膊伸开，脚绑在一起，或者他们可能背靠背地被绑在一起。形式不同，会持续两个小时的时间。这并不是一次愉快的经历。然后我们就永远被威胁要判处死刑。我们一次又一次地被赶出去，读着通告：有些人在前线违抗命令被判处死刑。这一切都是为了吓唬我们。最后，在第二次军事法庭审判后，我们被带到阅兵场，一大群人在巨大的广场上排队。我们被带到广场的一边，然后在其他人的护送下一个接一个地被带到广场中央。我是第一个！一名负责进程的官员宣读了各种各样的罪行和不端行为：拒绝服从合法的命令，在布伦（Boulogne）不服从，等等，诸如此类！然后说道："法庭的判决是被枪毙。"接着是一阵停顿，一个人想："好吧，就是这样！"然后，"由总司令确认"，是双面密封的。随后又长时间地停顿了一下，"改为十年劳役。"宣读死刑判决给你一种置身事外的感觉。这很奇怪。这是一种非个人的感觉；也不能对你个人产生影响；你好像局外人一般在观看整个过程。这非常奇怪。[19]

——霍华德·马腾

到战争结束时，约有6000名不肯服兵役者被判处不同期限的徒刑。在强硬的绝对主义者中，大约1300人继续拒绝任何形式的服务或合作，819名出于良心拒服兵役者被监禁了20个月或更长时间。在此过程中，约69人死亡，另有39人出现严重的精神问题。在第一次世界大战中，出于道德的反对不是一项容易的选择。

撇开招募问题不谈，要将英国军队从一支常规的小规模殖民地军队转变为一支能够与德国军队匹敌的全面大陆军队，必须付出诸多的努力，其努力的规模难以夸大。从一开始，他们首先面临的是赶上、追上已经在全速奔跑的对手。我们必须明白，这不仅仅是军队规模的3倍甚至4倍。到战争结束时，大约有400万人在服役，与之形成对比的是最初的25万人。对每一级的军官的要求是，使没有经验的士兵掌握付诸行动所必需的军事和指挥技能。年轻志愿者潮流般涌入军队，但能够留下来指导他们的经验丰富的正规军官和士官太少了。

在一个简单的层面上，存在一个后勤上的噩梦，成千上万的人涌向全国各地的征兵站。仅仅在8月的几天内，参军的人数比通常一整年的人数要多。他们的住宿、服装和装备都必须为战争做好准备。由于人数太多，旧的正规军仓库和兵营根本无法应付，各种各样的公共建筑、空荡荡的工厂和教堂大厅里都临时安排了住宿。尽管做了这些努力，仍有成千上万的人与普通家庭生活在一起。对于与之相关的士兵而言，这可能是一次非同寻常的经历。许多人被视为借住家庭的一分子。

我住在一个老农家里，他的家里还有妻子和女儿。除了我以外，还有两名皇家海军陆战队员住在一间小茅舍里。他把猪和鸡养在花园里面。那里非常非常土气。周末他也得工作，要喂养家禽牲畜、打扫卫生和挤牛奶。他每周的工资是12先令。他给我们提供自制的熏肉和用这种可爱的熏肉油煎制的防风草。他给我们提供好吃的食物，我以前从来没有吃过，我们每个人都像身处大酒店一样。[20]

——二等兵托马斯·贝克（Thomas Baker），查塔姆营

然而，对于一些养尊处优的年轻军官来说，工人阶级生活的窘迫现实是一种冲击，这些年轻军官被要求担任宿营官员。马尔科姆·汉考克（Malcolm Hancock）中尉的感受更多一点。

每周，我的工作职责之一就是到我的营队所在的各个地方去，给这些人发工资。他们大多数住在后面的小街，住在带有小花园和阳台的房子里。他们见到你很高兴，因为你带来了钱。但几乎所有房子里的气氛都令人感到压抑，你恨不得用刀把它劈开。你看，无论发生什么事，从来没有打开过窗户——这是第一条规则——屋子里可能有一堆火在燃烧，可能有四五个人在一个房间里——空气很闷。所以我们用潜水的方式屏住呼吸，迅速完成任务，然后就飞快地跑出来。[21]

——中尉马尔科姆·汉考克，北安普敦郡第4团

许多部队最初住在帐篷里，但随着冬天的临近，不得不建造数以千计的棚屋，当然，这反过来又需要数百名供应商来把它们建起来。

陆军在制订每一名新兵都应接受的基本训练方案方面遇到了相当大的困难，这些训练方案已编入一系列手册中，概括了从布尔战争和随后的实地演习中所得到的经验教训。然而，从根本上讲，人们仍然严重依赖一种由来已久的方法，即通过在游行广场上进行数小时的徒步训练，向一群人灌输纪律和团队精神。这些士兵还接受了一项旨在训练他们体能的训练课程。许多工人阶级的年轻人营养不良，体育锻炼、改善饮食和呼吸新鲜空气的结合通常会对他们的整体身体状况产生奇效。然而，有些人非常怀疑训练者的动机。

我们有一名一流的水手哈里斯！哦，他是一只猪，真正的猪！我们常常出去行军和训练，“右转，左转，前进，插刺刀！”每次我们走到泥边，他就会命令我们：“躺下！”说实话，我们都湿透了。他似乎想让我们躺在泥泞的地方。我无论如何也弄不明白，他为什么是个这样的人。[22]

——见习水兵乔·默里（Joe Murray），胡德营

提高整体健康水平最简单的方法之一是行进里程，它从几英里开始，随着新兵的耐力逐渐提高，将逐渐增加到长距离。许多人觉得这很难承受。

这个月份非常炎热，我们大汗淋漓。我们携带了大约60磅的弹药和装备，还有步枪，身上起了水泡，但是每天仍然要跑15～16英里，每小时休息10分钟。我们躺在地上，气喘吁吁，水瓶已经见底了，村里的人们，戴着太阳帽的女人，他们带来了苹果和成罐的水，我们经过了前面的几个营，他们的总部设在伦敦的一些较穷的地区。我清晰地记得，他们面孔惨白，许多人生着疖子，躺在那里，看起来精疲力竭，阳光照射在树篱上，有成百上千的人。[23]

——二等兵亨利·威廉姆森，伦敦团第5团第1营，伦敦步枪旅

部队在行进的时候，允许他们唱歌。歌曲种类繁多，但在战争早期，这些歌曲通常是当时流行的曲调，或者是略带讽刺意味的拙劣模仿。1914年9月，著名海员亚瑟·沃茨（Arthur Watts）加入皇家海军志愿军预备役，发现自己在水晶宫的皇家海军局（RND）本博营服役。

我们常常是在行进的路上，用《教会唯一的根基》的曲调唱着歌：

我们是弗雷德·卡尔诺的海军，

我们属于皇家海军局的人，

我们不能战斗，无法射击，

完全一无是处！

但是，当我们到达柏林的时候，

德国的皇帝会说：

“哦，哦，我的上帝，

多好的一批孩子啊，

这是那些皇家海军局的孩子们吗？”

他们会向我们愉快地挥挥手。[24]

——一等水兵亚瑟·沃茨，本博营

埃里克·沃尔顿中尉满怀深情地回忆起当时的悦耳歌声，那是士兵们在山间和山谷中穿过当地的乡村行军时所唱的歌曲。

我们常常一路唱着歌，整个纵队都在唱歌。所有的窗户都开得很大，还有乐队，等等。我不知道是谁开始唱的，但是萨福克第5团是这样唱的：

我们是萨福克郡的孩子们，孩子们！

我们是萨福克郡的孩子们，孩子们！

我们有自己独特的礼仪，

我们使用自己的制革机，

无论我们走到哪里，我们都受到尊敬。

当我们沿着电车线路行走的时候，

街边的门和窗户开得很大，很大，

我们可以喝啤酒，

从木桶里倒出来的啤酒，

我们是萨福克郡的孩子们！

当然还有，

我们喝一品脱！

我们喝一品脱！

我们喝一品脱！

沃尔顿先生会付钱的！

当我告诉他们要振作起来，要聪明起来，让他们生气时，他们就会唱：

一个小孩将带领他们，

轻轻地带他们上路吧！

当然，一个18岁或18岁左右的男孩指挥着比他大一倍的人是很可笑的。我们彼此之间非常友好；我们都是当地人，他们认识我，我也认识他们。[25]

——中尉埃里克·沃尔顿，萨福克第5团

在这种情况下，军队里的纪律并不那么严明；一些军官会保持自己的尊严，但更多的人有足够的意识接受这一点。虽然这条路线从来都不受欢迎，但它锻炼了士兵们的意志，使他们习惯了在服役期间长途跋涉。

每个步兵都必须学会如何使用步枪。大多数都配有李-恩菲尔德马克三世步枪，这是一种性能非常优良的步枪，即使在恶劣的条件下也很可靠，是士兵的重要象征——是任何武器的关键特征。快速栓动装置使技术娴熟的人能够以极快的速度射击。乔·皮卡德（Joe Pickard）在15岁的时候终于加入了军队，并在比特接受了诺森伯兰郡燧发枪团第21团的步枪训练。

最终你会被标记上你是哪种类型的射击。你每次开枪都有记号——冒失鬼、接近靶心、环外命中，诸如此类。就像所有的事情一样，小道消息总是不绝于耳。我们的目标是得到二等射击资格，而不是一等射击资格。如果你得到一等射击资格，你就会成为狙击手。我记得开枪的时候，一个中士站在我身后，他说："继续加油，太棒了。"我的另5枪完全偏离，从靶子上面穿过，他认为这简直太恶劣了，说道："我知道你在做些什么！"[26]

——二等兵乔·皮卡德，诺森伯兰郡燧发枪团第21团（临时）

他们还必须学会使用刺刀——一种附在枪管上的18英寸长的刀刃，在近距离战斗中用来制造可怕的效果。它可能看起来已经过时了，但它仍然被认真对待。

一个戴着红标签的、红脸膛的少校做了一个关于刺刀用法的可怕演讲。他说，他检查过那些被刺刀杀死的人，以及刺刀被不必要使用的情况。因为刺刀是开槽的，如果你用刺刀刺一个人，然后试着缩回去，通常是很难的，因为肉会闭合——你必须让它弯曲。如果你不加扭转就退出，外部可能会关闭，它不会流血，只会在内部流血。当刺刀出现凹槽，扭转它，允许空气进入；然后血液会自由流动。[27]

——二等兵巴兹尔·法雷尔，约克郡第2团

他们还被教导如何使用手榴弹，或所谓的"炸弹"，这个旧武器几乎已经废弃不用了。但堑壕战给手榴弹带来了全新的生命力。他们提供了清除壕沟和掩蔽所的明确办法，这些地方封闭的边界放大了手榴弹致命的爆炸效应。1915年推出的米尔斯手榴弹，钢壳设计，是第一个有效的碎片手榴弹，这些碎片非常致命。

有人告诉你米尔斯炸弹的机械原理：它的作用是什么，它有多么致命，你得多么小心。炸弹呈椭圆形，大约有拳头大小，有锯齿，顶部有一个带手柄的环。手环可拉动，你把手环拉下来，就压在了手榴弹上。那下面有两个突出物，穿了一个孔，那两个孔里装了一个销子。当你把针拿出来的时候，你仍然会把手柄拿下来，因为手柄一松开，引爆器就会启动，5秒钟内你的手榴弹就会爆炸！所以如果你把它扔出去，你需要把别针拿出来，扔出去，扔出去的时候，你松开把手，它会飞走，5秒钟后就会爆炸。你侧身站立，用手臂甩出手榴弹，就像板球投球手一样，在顶部释放手榴弹，然后立即蹲下，你不能等着看它落在哪里。[28]

——二等兵雷纳·泰勒（Raynor Taylor），

格拉摩根义勇骑兵队第2团第1营

起初，部队进行的战术训练很简单。

我们的许多训练都是以布尔战争为基础的。这是最近的一场军事实战。如果我们攻击假想的敌人——感谢上帝，他们是虚构的，请注意——他们会在100码开外的河岸边排队。所以，你们的前进顺序延长了，在开阔的田野上，每一个人之间相隔一两码的距离。你命令，“冲”，然后“下来”。每个人都卧倒，我想这样你就不会挨枪子儿了。与此同时，你完全处于敌人的视野范围之内。你可能有两次这样的冲杀。最后50码，你冲了过去，每个人都喊道：“好极了！”我不知道这是不是要把敌人吓死，但肯定是自杀。这就是我们进攻的基础——当然，我们不可能活下来。[29]

——少尉马尔科姆·汉考克，北安普敦郡第4团

但是，随着战争的发展和岁月的流逝，战术演习变得越来越复杂，并专门为新的堑壕战条件定制和设计。这些人被教导如何使用致命的武器组合。

我们学会了如何清理敌人的壕沟，如何把他们从壕沟里面赶出来。你不是在战壕里，你在战壕上方的地面上，前面和后面各有一位军士，后面是携带着米尔斯炸弹的投弹手和几名拿着固定刺刀的士兵。下士喊了一声“扔”，那人把炸弹扔进了前面的战壕里。它爆炸的时候，两个步枪兵用他们的刺刀在壕沟周围猛冲——你就那样一点一点地清除敌人的战壕——用炸弹和刺刀。我们练习在刺刀固定的情况下跳进战壕，在

你跳进去的时候把它推进战壕另一边的沙袋里。[30]

——二等兵乔治·汤普森（George Thompson），

达勒姆轻步兵第3团

新战争需要的士兵远多于快速步枪。这是一场复杂的战争。

步兵一旦完成了基础课程，就可以接受更多的专业训练。如果他被认为是合适的，他可能会被选为维克斯机枪的指导员。这是马克西姆机关枪的发展，该机关枪在19世纪晚期首次被分发给英国军队；到了1914年，每个营配备了两挺。它是一种可靠的武器，很少受到严重拦截，它也发射过同样的子弹带。短式李-恩菲尔德式步枪使用303发子弹。它是致命的，不仅在直接火力模式下，而且在间接火力下也是如此，有效射程可达4500码。二等兵诺曼·爱德华兹（Norman Edwards）很高兴被选进他所认为的精英团队，成为其中的一员。

这是一件相当重的武器：水冷的枪管，还有一个独立的三脚架。1号发射，2号携带三脚架。每一组有4～5个人。他们必须携带250发子弹的子弹带。我们从正规军那里继承了这首歌：

你可以谈谈你的步枪，

你可以喋喋不休，直到你窒息，

但这些都微不足道，

对于我们现在拥有的枪，

格言是，

它是所有力量的骄傲，

只要让骑兵任意驰骋，

那些混蛋，就得滚蛋！

你抓住两个把手，用拇指按下了操纵杆，那东西就会快速地发出“嘭，嘭，嘭，嘭”的声音。你慢慢地越过了目标。我们请了一位经验丰富的正规机关枪军官做报告。他告诉了我们所有提高射击能力的方法：如何转动轮子来抬高它，哪一个高度子弹会飞得更远，等等。讲解完毕，他说："下士，继续训练吧。"下士说："对不起，先生，我想我最好还是不要那样做——我实际上是个蔬菜水果商！"[31]

——二等兵诺曼·爱德华兹，格洛斯特郡第6团第1营

战争后期，维克斯机枪集中在新组建的机关枪兵团，机关枪连为每一个步兵旅提供支援。维克斯机枪废置后，引进了重量轻得多的刘易斯枪，以便在各营内提供直接机关枪的支持。

我们每个排都有刘易斯枪。你可能是1号、2号或者大量的携带肩筐的人。我在刘易斯枪组里面是2号。1号负责开枪，我是负责装子弹的人：卸下一个弹夹，然后再安装上另一个。整个排的人都在装卸挂篓。篓里有47颗子弹，他们把子弹放进去，递给我一个完整的弹夹。他们总是说："如果你遇到1号故障的情况，怎么办？"就在那时，射击会停止！好吧，这个想法是拉回手柄，旋转弹药，然后继续。"如果下次它还是不好使，第二次它还是不好用，你该怎么办呢？"那么只好扔掉带血的机枪，再来一把新的。[32]

——二等兵约翰·格兰格（John Grainger），
第5营（预备队），国王利物浦军团

故障或"堵塞"是刘易斯枪常见的问题，但这些人已经学会了故障处理技能。刘易斯枪是一个重要的火力补充，因为它增加了步兵排的火力，部队不再局限于每分钟15发子弹的火力。

皇家野战炮兵迫切需要大批新炮手。尽管如此，他们还是没有留下足够的炮弹让新兵练习。结果，许多人在15磅重的旧炮上学会了炮身钻床。士兵们可能已经掌握了一些基本的训练方法，但炮兵们对专家的需求很大：皇家炮兵需要充足的中士和初级士官来运行炮兵连；它需要能够理解三角原理和射击学科学原理的军官，反过来他们也需要足够聪明的助手来帮助他们绘制复杂的弹幕表格；炮兵还需要训练有素的信号员、司机和骑手。虽然他们尽了最大的努力，但在战争初期派往前线的炮兵部队往往在各个层面上都缺乏，必须是"边干边学"才能补齐其余的兵力。

当步兵、骑兵和炮兵都在接受训练时，陆军还必须训练数以千计的新军官，带领他们投入战斗。对于太多的新军官来说，这简直就像是瞎子摸黑，他们比普通士兵知道得仅仅多一点点而已。其中一位就是年轻的少尉诺曼·狄龙（Norman Dillon）。1914年9月，他被委任为诺森伯兰郡燧发枪团第14团的成员。他与部下的第一次见面，效果还算不错。

当我到达伯克翰斯德（Berkhamsted），我遇到了副官，他说道："哦，你就是掌管连队的人。"右边是250名穿着破旧便服的男人，还有一两个胸上系着勋章带子的老人站在他们面前。我不知道如何解散这支连队。我灵机一动，走到其中一人面前，立正，说："谁在指挥这群人？"他回答说："是我，我是下士拉比，曾经参与过南非战争，这是我的勋章。先生，你能接手这支连队吗？"他让我一直站着！我不知道该如何解散这支连队，也不知道该怎么办！我不自觉地使用了军队的传统用法，对这个家伙说："好吧，让我看看他们是怎么走的；是继续行进，还是解散队伍呢？"他迅速解散了连队，我松了一口气。我去了W. H. 史密斯公司，他们在车站开了一家书店，在那里买到一本军事训练手册。幸运的是，它非常明确，提供所有的从头到尾的演习运动。我拿着一盒火柴，把它们放在饭桌上，代表各个部分、排和连，并且凭着记忆进行了一两次行动——到了周末，我已经把这个连队折腾了一个底朝天，前后行进，向边缘行进，换着方式进行。我对自己感到很满意，我想士兵们从来没有意识到我只是比他们领先一步！[33]

——少尉诺曼·狄龙，诺森伯兰郡燧发枪团第14团

狄龙是一个意志坚定的人，但不像他那么足智多谋的军官却陷入了困境。众所周知，年长的、更聪明的、更有经验的军官，他们的鼓励对青年部下的适当发展至关重要。在这方面，埃里克·沃尔顿中尉似乎很幸运，他得到了出色的指导，很好地达成了人们对他的期望。

我们有一个很优秀的副官，一个叫劳伦斯的人，是喀麦隆高地的上尉。他总是一再强调，军官的首要职责是照顾他的部下。我们就是这么

做的。在我们自己吃饭之前，我们必须确保下属得到食宿安置。如果你照顾好你的部下，他们也会照顾好你。[34]

——中尉埃里克·沃尔顿，萨福克第5团第1营

军官的意图也许是好的，但对于普通士兵来说，军官似乎是遥不可及的人物。他们可能从心底里对自己的部下感兴趣，但任何交流都必须通过“适当的渠道”进行。

当时，有一个坚持的原则，就是要以正确的方式称呼军官。如果你站在队伍里，一位军官跟你打招呼，你就要说出“长官”。你永远不会和一位军官主动进行谈话；如果他先说话，你就回答他。有一次，军官问了我一个问题，我回答了，但是没有说“长官！”，军士长喊道：“要说长官。”所以我不得不说：“长官！”这终于使他满意了。[35]

——二等兵雷金纳德·约翰逊（Reginald Johnson），诺福克第4团

扩张的规模如此之大，以至于英军在每一级指挥上都缺乏经验丰富的军官。每一个营都必须与旅和师结合在一起，所有支援部队都必须与德军作战。在现代战争中，个别单位不能单独作战。他们对生存和成功的依赖，来自于一个训练有素的组织，每个人都知道他在做什么。太多的师团会被派往海外，但他们缺乏基本技能和真正的综合训练。

这并不是全部的工作，士兵们在训练和没完没了地准备装备检查之间确实有一些空闲时间。他们就餐的食堂提供了历史悠久的“面包和茶水”（蛋糕和茶），有些甚至是“湿漉漉的”场所，男人可以在那里买到一品脱啤酒。有些人把仅有的一点点钱拿去赌博。

打牌赌博是件大事。铺上一块大约一码见方的大布，上面的牌有王冠、锚、黑桃、方块、红心和梅花。然后他们会在任何一个上面下注，把你的钱投进去。那个家伙会有一个骰子，扔了它，然后付钱给那个接住骰子的人。以前有一首老歌，他会这样唱道：

谁会对旧骰子有点兴趣

谁会想要旧王冠的

衣衫褴褛地来到这里

然后可以乘着汽车出去

他们有自己的诡计，就像杂耍演员一样。有些人最后会变得囊空如洗。你每次都输——这是一场赌博——有骰子。它会在营地某个安静的角落里进行。宪兵会过来的，届时会有一个逃兵！[36]

——二等兵伊沃尔·沃特金斯（Ivor Watkins），

南威尔士边疆第59团（训练储备）金梅尔营

一旦他们可以穿制服成为士兵，这些人通常被允许离开营地和兵营进入当地社区。许多人只是闲逛，参观茶馆、电影院或剧院，但也有很多人抓住机会去酒吧喝酒。他们的工资可能很低，但有些人似乎总能找到喝醉的方法。二等兵托马斯·贝克记得，他看到一名喝得醉醺醺的海军陆战队员踉踉跄跄地走进查塔姆兵营，他感到很害怕。

一天晚上，彼得·卡尔（Peter Carr）非常紧张地走了进来，军营里的灯光熄灭时，他还在唱着歌。彼得上了床，有人把它做了一些手脚——他重重地摔了下去。“天哪，”他说，“我要把你们全都打死！”他从床上下来，把步枪装上子弹——我们能听到他在黑暗中装子弹的声音——他向天花板上发射了5发子弹，那是枪里的全部子弹。幸运的是，子弹穿过了上层甲板的地板，没有打到床上的任何人，子弹从屋顶出去，把瓦片打掉了。那是一个潮湿的夜晚，水流开始从顶层甲板倾泻而下，从他们的床上倾泻而下，从我们的甲板上倾泻而下。不到五分钟，卫兵就把彼得抓了起来，把他的衬衣脱下来，放到冷冻的房间里。他被关押了5天，对他的惩罚真的很轻。[37]

——二等兵托马斯·贝克，查塔姆营

随着酒精而来的是肉体的诱惑。许多年轻的新兵对女性知之甚少，甚至一无所知。尽管他的军衔很高，但威廉·戴维斯（William Davies）中士只有20岁，在萨里的布鲁克伍德营（Brookwood Camp）与柴郡第8团一起接受训练时，他肯定会胆怯地放弃任何机会来扩大自己的小小经验。

我们乘火车回来，在进入布鲁克伍德车站之前，它会在其中一个车站停很长一段时间。每当它停下来，总是有一群女孩试图和我们说话。我们中士都在一个隔间里。有一个女孩走过来，她穿着一件绿色的裙子——她非常漂亮。她把头伸进来，说："我想我愿意和你一起出去！"于是我说道："你得问问我爸爸！"那是对另一边的年长上士说的，于是她闭嘴了！[38]

——中士威廉·戴维斯，柴郡第8团

其他一些男人，比如二等兵厄尼·罗兹则瞪着眼睛，看着更多世故的男人勇敢地把当地的女孩约出去。

当我们在斯卡伯勒（Scarborough）的时候，那里有一位年轻的女士，我们常常在这座桥上看到她，她可能仅有16岁或者17岁。一天晚上，一个家伙说他已经和这个女孩约会了——哦，我们都嫉妒——确实是这样！他打扮得漂漂亮亮地去见她。不管怎样，他去了。没过多久他就病了！他尝到了所谓的"苦头"。我认为他简直糟透了。他被带走了，再也没有回到我们身边。这对我有好处——因为她看上去很可爱。我总是想："好吧，听着，如果这就是你和女人在一起做爱带来的风险——我不必为此烦恼了！"我太担心自己的身体了。[39]

——二等兵厄尼·罗兹，曼彻斯特第5军团（预备队）

当然，只要有机会，人的本性是不能长期被压抑的。因此，由于梅毒和淋病在军队中肆虐，性病的发病率急剧上升。

这些人的训练时间长短不一，而且往往比手册上推荐的6个月要长得多。这是不可避免的，因为缺乏制服、教员和适当的设备而造成许多混乱。最终，这些人都得到了训练，他们的营也已经准备好——至少在理论上是这样——去打仗。对许多人来说，第一个迹象是高级将领甚至国王自己的一系列仪式性视察。一等兵汤姆·威廉姆森和诺福克第5团第1营的人不得不在瓢泼大雨中等待相当长的一段时间才能与皇室见面。

国王乔治五世来到科尔切斯特检阅兵营。那是一个非常潮湿的早晨，我们站在游行队伍中，大概站了两个小时。国王出现了，从排头走到排尾，说道："解散队伍吧，他们真是一群男子汉！"他充分暴露出了自己的人性，想让整个过程尽可能快速结束。他在忍受我们，就像我们在忍受他一样。我们当然非常高兴，但是也有人觉得受到了挫折——毕竟我们已经等了很长的时间。[40]

——一等兵汤姆·威廉姆森，诺福克第5团第1营

当他们走出城镇和村庄的时候，他们在漫长的训练中已经成为一个整体，他们的分离常常是一种情感上的分离。

那天，我们四人一组在圣奥尔本斯的大街上前进，乐队奏乐引导我们向车站走去。沿着伦敦路往下走大约四分之三英里，就到了老米德兰车站。很好，我们都去了。路的两边都挤满了人，肯定有好几百人。乐队开始演奏的时候，这些人在两边一路跟着我们，对着队伍中的男人大喊大叫，可能是他们的妻子。没过多久，她们就加入了队伍，想帮助那家伙拿着步枪、背包和装备。这是一件不同寻常的事。我们根本无法保持队伍的整齐，做任何事情似乎都是徒劳无益的。她们想表达对我们的爱戴——我们代表了保卫国家的军队。我想每个人都意识到了这一点。我们继续往前走，来到车站。[41]

——中尉马尔科姆·汉考克，北安普敦郡第4团

虽然他们可能不知道自己要去哪里，但他们知道自己要去前线：无论是西线，加里波利、美索不达米亚、巴勒斯坦还是萨洛尼卡。他们对自己的训练很有信心，但他们也知道自己不可能全部生存下来。当威廉·戴维斯中士和柴郡第8团离开时，他目睹了一个心酸的画面，对他产生了极大的震动。

当我们离开布鲁克伍德时，一些小伙子的亲戚来给我们送行。"金杰"·哈普（'Ginger' Harp）[42]，我的军士长有妻子和两个小孩——那是

两个小男孩。当我们步行去车站的时候，金杰对他的妻子说："我不会离开太久的！"我对自己说，"我想帮助他，我要看到他回来"，但他当然没有回来。[43]

——中士威廉·戴维斯，柴郡第8团

火车把他们带到港口，在那里他们登上了运兵船和渡船，将他们带到战场。很少有人有过出国经历，离开自己的祖国是一种情感上的痛苦，因为他们太清楚自己可能再也不会回来看望家人了。

我们被挤得水泄不通。9月25日，一个美丽的月光之夜，我们在南安普敦的水中飘荡，那天晚上我们唱了《故乡》：

故乡，故乡，
我出生的地方，
世界上最可爱的地方，
我要离开你，
叹息里，回忆起那古老的歌唱，
也许岁月悠长，
也许是一辈子的时光，
亲爱的故乡的土壤，
再见，故乡……

我常常在想，我们船上成千上万的人当中，有多少人能够再度看到他们的故乡。[44]

——信号员吉姆·克劳（Jim Crow），
炮兵B连，皇家野战炮兵第110旅

4

1915年：西部战线

新年带来了一种新认识：在可预见的未来，堑壕战中穴居人的存在将成为新的常态。壕沟系统仍然相对简单，但很有效，它看起来几乎无法穿透。在战壕内，防御的步兵可以用步枪最大限度地射击前进的部队，同时又能免受任何还击。横越无人地带的带刺铁丝网可能很稀少，但它们仍然有效地减缓了进攻部队的速度。在这一点上，机关枪为战术组合增加了集中火力，向它们无助的目标扫射。炮兵的使用相当原始，然而步兵在战壕中集结，或穿越无人地带，在瞬间就会被摧毁。

西线对双方的将军来说都是一个不可能解决的问题。他们如何打破这个综合防御系统？最终需要的是一种方法：当攻击部队暴露在外时，可以防止防御步兵和炮兵开火。但这需要各种复杂的射击和武器技术的发展，而这些技术在未来几年只会成为战争科学的“果实”。结果，伟大的军队被无人区隔开，继续陈列在从瑞士到北海的战壕里。

新沙佩勒（Neuve Chapelle）之战

英国人第一次真正地试图突破德国人在新沙佩勒的防线，是道格拉斯·黑格爵士指挥的第一军试图将村子周围的突出部分铲除。一场猛烈的轰炸旨在摧毁德国的前线：在2000码的前沿，至少有340支枪集中起来，用于第四军和印度军的袭击——在正面攻击中，每6码就有一支枪。在前线地势较低的部分，德军的战壕很大程度上仅限于5英尺厚的沙袋路障。英国人的枪支是秘密携带的，并尽可能不引人注目地关注他们的目标。这也是第一次适当利用皇家陆军航空队的潜力拍摄将要袭击的区域，使用新出现的摄影解释艺术来揭示德国炮兵连、机关枪哨所和总部。

3月10日7时30分，开始有35分钟的“飓风”轰击，使用榴霰弹把德国的带刺铁丝网切成无害的小碎片，由多层沙袋组成的护堤沟渠被高爆炸炮弹炸裂了。许多防御部队被杀或士气低落——这正是英军的意图。障碍一解除，部队就过去了。

虽然有些地方出现了交通阻塞，但前线很快就被占领了。但当军队试图利用他们的战利品时，一切都开始出错。通信问题成倍增加，造成了可怕的混乱：预先安排的炮兵排期、步兵的迫切需要、指挥官在不充分了解事实的情况下面临生死抉择所遇到的实际困难，所有这些问题都出现了。在利用早期的成功进行任何尝试之前，出现了很长一段时间的拖延。

随着英国的攻势失去动力，德国人利用了这一拖延，在发起一系列尖锐的反击之前，增加了他们的储备。在这种混乱之中，中尉约翰·韦德伯恩-马克斯韦尔（John Wedderburn-Maxwell）被派去担任临时观察哨。

我不得不和步兵一起上去，用他们想要的火力支援他们，保护他们抵抗德国的反攻，看看发生了什么。我上去了——这相当困难。你可以想象这个地方被摧毁了，到处都在开火——一些步枪在开火，大量机关枪在开火。突然，我的那位非常年轻的通信兵倒下：死了。我遇到了一个来自第三排的好朋友，名叫艾伦·霍恩比（Alan Hornby）。艾伦和我坐下来，看着这些沉重的炮弹从德国人那边飞来，德国人当时意识到这是一件非常严肃的事情。你能听到炮弹飞来的声音，“呜——！！”你看到一个黑色的东西撞到地上，一团巨大的黑烟随之升腾起来。然后，我和那个喀麦隆“运动员”起来了。我们用SOS的炮火击退了几次反击；每次我们的步兵向前移动，都要调整你的SOS保护装置。我负责6支枪。“运动员”发现德国人杀害了他们的俘虏或其他什么——不管怎么说，他们确实把他们的愤怒发泄出来了，我知道他们真的把他们能俘获的一切都杀了——这太野蛮了。[1]

——中尉约翰·韦德伯恩-马克斯韦尔，

炮兵第5连，第45旅，皇家野战炮兵

余震平息后，很明显，尽管已经了解很多，但行动还是失败了。新沙佩勒的残余物已被捕获，所有向奥伯斯山脊推进的努力都被证明是代价高昂的失败。第一军遭受了可怕的11 652人的伤亡，德军大约8600人。很明显，任何突破的机会都取决于英军在更广阔战线上的进攻，将使得德国人很难弥补由此造成的差距。然而，这将需要大量的人员、枪支和炮弹。对于英国人来说，还有一个难以忽视的事实：德国人也从新沙佩勒的战斗以及南方与法国人的激烈战斗中吸取了教训。他们现在意识到，仅用一根带铁丝网的绳子不足以保证前线的完整性。当英国人发起下一次进攻时，德国人的防御能力有了很大提高。

第二次伊珀尔战役

德国在西线将采取守势：1915年，他们的主要战略目标将是东线，决心要把俄罗斯从战争中赶出去。然而，他们仍在寻找任何可能打破僵局的方法，他们首选的解决方案是毒气。他们进行了各种有关催泪气体的实验，最终决定在伊珀尔地区进行氯气的大规模试验。在那里，朗格马克区不幸的阿尔及利亚第45师及其毗邻的法国第87师面临着大约168吨致命毒气。4月22日17时，黄绿色的氯云在微风的吹拂下向法国阵线飘扬，法军先是不明白究竟发生了什么，接着是原始的恐慌和混乱的逃散。阿尔及利亚和法国士兵完全没有毒气防护，氯气很快发挥了作用，造成燃烧和窒息的感觉。毒气先是刺激了士兵们的气道，然后填满了他们的气道，破坏了他们的肺组织。对于盟军来说，幸运的是，德国人没有预料到他们的实验会如此成功，因此没有分配足够的储备来完成攻击。德国步兵也只有简陋的呼吸器，当他们看到氯气对法国人造成的伤害时，他们本身想要超越最初目标的积极性便被打消了。

新近抵达的加拿大远征军第1师的两个旅，在前线位于法军的右翼，因此，没有走到毒气最严重的地方。受影响更严重的是加拿大预备役旅，他们向前推进，排成梯队，试图缩小不幸的法国人空出的4英里差距。

我们看到一片绿色的云向我们走来，慢慢地沿着地面滚动，它的后面是一群灰色的德国人，穿着灰色的制服，戴着某种口罩。他们看起来很奇怪，我们很好奇，“这究竟是什么呢？看起来和以往的不一样。”我们只是感到非常痛苦，没有人能够穿越这些云层，如果我们硬性通过，那么我们将战斗至死。受伤的军官告诉我们，一定要活着出去，为了国家，我们一定要面对他们。我们对整件事情感到非常气恼，没有人能够穿越过去，我们甚至连必要的装备都没有。然后，我们其中的一个曾经是药剂师的男孩闻到了氯气的味道，他建议我们在手帕上小便，或者在绑腿上小便，或者其他任何可以防止肺部吸入氯气的东西上小便。好吧，我们知道必须坚守阵地，因为在前线的是我们自己的孩子，他们没有崩溃，也没有逃跑，我们和德国人之间有很大的差距。我们不能离开——所以我们就用挖沟工具继续挖下去。[2]

——二等兵威廉·安德伍德（William Underwood），

皇家蒙特利尔团第14营，加拿大远征军

加拿大人做得很好，随着英国援军的到来，他们的孤军奋战并没有持续很长时间。援军中有第50师。

口述史确实让记录者可以追随自己的兴趣。在我早期的采访计划中，我似乎特别着重地记录了第50师的幸存者，这可能违背了我是东北部人的家庭背景。这一地方师全部是在达勒姆和诺森伯兰郡征募的，他们在伊珀尔以西的地区完成训练，被派往西线，于4月22日晚抵达。当形势的紧迫性变得明显时，部队被迅速派往前线。

在远处，天空被照亮，我们可以看到德国炮弹落在伊珀尔城。这条路位于帕博格宁和伊珀尔之间，有11英里——到处都是难民，他们正赶往帕博格宁。难民主要是老人、妇女和儿童。队伍鸦雀无声，只是往前行进，他们的精神似乎崩溃了。他们有各种手推车，有的有两个轮子，有的只有一个。有些轮子甚至都不是圆的，只是用木片钉在一起使它尽可能圆一些——非常简陋。他们大多带着被褥和私人物品。孩子们也抱着尽可能多的东西。我不知道他们是怎么从我们身边挤过去的，他们低着头，彼此之间什么也不说，一个字也不跟我们说。我们到达了市场。铺满鹅卵石的广场对面，神父的大厅灯火通明，一片狼藉。炮弹落下，弹片四处乱飞。我们想："好吧，这就是战争！"[3]

——一等兵杰克·道根（Jack Dorgan），
诺森伯兰郡燧发枪团第7团第1营

他们将被直接投入抵抗德国人前进的战斗中。

在对脆弱的防线进行进一步的毒气攻击后，德国人又一次突破防线，占领了伊珀尔前面的圣朱利安（St Julien）村。这将是第50师第一次攻击的重点，战斗的高潮是第149旅在4月26日下午的正面攻击。随后的攻击，据说是在第一次世界大战中第一次由单独的地方旅发动的攻击，这一点值得怀疑，而且，我们也不能自欺欺人地认为他们已经准备好接受考验。

中午，我们接到了集合的命令。我们背着行军包，行军整齐有序。我们不知道要去哪里，但我们要去攻击圣朱利安。没有人有机会去侦察我们的所在地点，我们只是盲目前进。我们对此地一无所知，军官们也是如此。[4]

——陆军下士乔治·哈伯特（George Harbottle），
诺森伯兰郡燧发枪团第6团第1营

没有任何适当的侦察，必然会带来毁灭性的后果，事实证明了这一点。

造成巨大伤亡的不是敌人对我们的攻击，也不是我们对敌人的攻击，而是一长排的后备铁丝网，宽约10码、高约4英尺，中间只有一个缺口。加顿（Garton）[5]是一位勇敢的军官——他有铁丝割刀，站在那里试图切出另一个缺口——当然他被杀了。我直接穿过缝隙，第一排和第二排的大部分人也都是直接穿过缝隙的——那时他们没有瞄准我们。然后，当其余的营试图通过这个缺口时，他们被机关枪和炮火杀害。[6]

——陆军下士乔治·哈伯特，诺森伯兰郡燧发枪团第6团第1营

诺森伯兰郡是外行，他们以最艰难的方式学习战争丑陋的真相。杰克·道根有过一次可怕的经历。

当我们前进的时候，一些人被射中，受伤甚至死亡。匹克（Pick）中士躺在田野中央，大声呼救，咒骂着，哭泣着，请求帮助。你可以看到一些小伙子上前帮助他，因为如果他们不这样做的话，他们就只能在旁边的田地里躺着，死去了。然而，他仍然不停地大喊着要人帮助他。我们只能继续前进，我们的目标是圣朱利安。担架抬着我们的伤员到处跑，只能把死者的事情先放在一边。我们一群人躺在树篱后面休息。我们从未见过敌人；从来没见过可以射击的人。一颗炮弹正好落在我们中间。当我振作起来时，我发现自己躺在一个弹坑里。还有一名士兵，和我一样，没有受伤，但还有两名士兵伤势严重，于是我们大声呼叫担架人员。另一个人对我说："杰克，我们不都在这里！"于是我从弹坑里爬出来，发现两个同伴就躺在离弹坑几码远的地方。他们被同一个炮弹炸飞了，腿被炸掉了。我能看到他们的大腿骨，我将永远记得他们雪白的大腿骨，他们的腿都没了。二等兵杰基·奥利弗（Jackie Oliver）[7]就是其中的一位，他再也没有恢复知觉。我对身后的人喊道："告诉'里德'·奥利弗，他哥哥受伤了。"于是里德走过来，站在那里看着他的哥哥，他躺在那里——没有腿——几分钟后他死了。但是，另外一位二

等兵鲍勃·杨（Bob Young），[8]直到最后一刻都是清醒的。我躺在他身旁，说："鲍勃，我能为你做点什么吗？"他说："把我的腿伸直，杰克。"但他没有腿！我摸了摸骨头，他很满意。然后，他说："把我妻子的照片从我口袋里拿出来。"我把照片拿出来放在他手里。他躺在那里，一动也不能动，一只手也举不动，一只手指也举不动，但他把妻子的照片放在胸前。这就是鲍勃·杨的去世过程。今天在门宁门纪念碑上，他们的名字被记录下来，但是没有属于自己的坟墓。自从战争以来，我已经见过很多次这样的名字了。杰基·奥利弗和鲍勃·杨的名字就在那里。当我站在那里看着他们时，我有时会想："我的名字也可能出现在那里。"现在我想："70年后我还能在那里，我是多么幸运啊！"[9]

——一等兵杰克·道根，诺森伯兰郡燧发枪团第7团第1营

很明显，他们无法再继续前进了。

当时，我们能够看到自己的前线在山下，而德国的前线在山坡上面。我们按照既定的顺序走下去，最终到达了自己的前线——他们说："这到底是怎么回事？"他们根本无法理解，我们为什么要走上来。我照例问了三个问题："你被攻击了吗？范围是什么？你们缺少弹药吗？"他们说："低下你的头，别管敌人在哪里，弹药很充足。"他用脚踢了踢那两大箱炸药。他们并不感兴趣。当夜幕降临的时候，我们又被命令回去——我们根本就没有前进。这是最糟糕的事情，所有这些家伙都白白牺牲了。[10]

——陆军下士乔治·哈伯特，诺森伯兰郡步枪军团第6团第1营

于是，在这令人扫兴的结局中，前进的队伍发出了气急败坏的喊叫。那天晚上，诺森伯兰郡营的人从前线撤退了。他们遭受了大约1954人的伤亡——几乎是全旅人数的三分之二——而这一切显然都是徒劳的。在他的晚年，杰克·道根对事后他的长官记录这件事情方式感到非常痛苦。

沃森·阿姆斯特朗上尉讲述了鲍勃·杨和杰基·奥利弗被杀的事

件。他在书中写道：“据我所知，鲍勃·杨死时正在唱‘蒂珀雷里’（Tipperary）。”[11]这简直是胡说八道。鲍勃·杨死的时候，我正好在现场。他死去的时候，手里拿着妻子的照片，他从来没有唱过“蒂珀雷里”，他的声音越来越微弱，直到他的嗓子突然哑了。上尉想暗示的是诺森伯兰郡人的士气是如此高涨——但事实并非如此。[12]

——一等兵杰克·道根，诺森伯兰郡燧发枪团第7团第1营

幸存者被召回到他们出发的地方。虽然道根和他部队中的其余成员还会有更多的战斗，但他们很少会遭受如此痛苦的损失。

4月30日，二等兵乔治·阿舍斯特（George Ashurst）和兰开夏郡燧发枪团第2团推进到伊珀尔地区，作为第4师的一部分，帮助英军防线左侧的加拿大人。与此同时，英国人正准备从佐内贝克周围暴露的突出中心地带战术撤退到距离伊珀尔2英里的安全防线。这个时候，毒气攻击的风险已经被了解，但是可用的缓解措施仍然很少。

他们告诉我们，当我们进入战壕时，可能会被毒气攻击。所以给军士们发了红色的绒布，有1码的，有2码的，非常有弹性。我们必须把绒布折两三次，用松紧带把它系在头上——如果毒气进来，就用它盖住嘴巴和鼻子。我也得到了一块，但是放在我背包的底部。我从来没有感觉到烦恼，我也没有把它分开，或者与人分享。小伙子们说：“他们不会释放毒气，不会的。”他们没有遭受到毒气的困扰，我也没有。[13]

——二等兵乔治·艾舍斯特，兰开夏郡燧发枪团第2团

尽管他们信心十足，但德国的下一次进攻确实会在另一次毒气袭击之前展开。5月2日，在相对平静的一天之后，兰开夏郡的燧发枪团在事发的时候都很放松。

大约五点差一刻的时候，我到连队指挥部去喝杯茶。我刚倒完茶，前面的哨兵就喊道：“长官，你能过来看看吗？”我起身往外一看，在600～800码远的德国战壕外，巨大的喷射机和黄色的云朵像水管里的水一样喷射到空中。当气体从这些喷射气流中上升到空中时，聚集成一团

云，然后落在地上，开始向我们滚滚而来，在它后面还有一丝微风。我们很清楚那是什么——我没有喝到茶，我们必须忙碌起来。一个叫杰基·林恩（Jackie Lynn）的人，是和我们一起的机枪手，正在把他的枪从原本的位置拿出来，放在护墙上，然后站在后面——没有戴上他所谓的防毒面具。我以最快的速度回到我的排，警告所有路上的人迅速行动起来。唯一能做的就是试着把这些绒布东西盖在我们的嘴巴上，然后开枪。我们必须把绒布弄湿，但是在突发时刻，没有把它们弄湿的充足资源。我知道有些家伙把它们泡在茶里；他们中的一些人的水瓶里有一些水，然后倒在上面，但是我们中的很多人只是把它们直接浸入厕所里。这是唯一可行的方法，虽然并不令人愉快。[14]

——少尉维克多·霍金斯（Victor Hawkins），

兰开夏郡燧发枪团第2团

其中一名燧发枪团的队员极为狂躁，试图从盘旋在他们身边的毒气中逃生。

我并不介意承认这一点，关于在手帕上小便，我并不是很介意，但是我认为这种保护不是很充分，所以我来到了战壕里面的一个厕所。你知道，那只是卡在洞里的一个便桶，我把头伸进去，我确定是这样的。我停留了很长时间，直到不能再屏住呼吸，才上来，吸了一口气，又下去了。[15]

——二等兵阿尔弗雷德·布朗菲尔德（Alfred Bromfield），

兰开夏郡燧发枪团第2团

霍金斯试图让他的士兵向云端射击。

我们很快就被这团浑浊的黄色云雾包围了，什么也看不见。我们真的不知道德国人会不会在毒气后面跟着过来，所以我们放下了所有的东西，继续射击。我一定很幸运，因为它对我的影响不像对我的手下那么严重，但即便如此，我还是不喜欢它。我们有一个很棒的医生，一个叫威廉·蒂勒尔（William Tyrrell）[16]的爱尔兰国际橄榄球运动员，他在战壕里走来走去，对德国人的这个肮脏诡计感到怒不可遏，尽他所能——在当时，能做的其实是很少的——为士兵们做事，包括试图教他们举起呼吸器，等等。最后他走到我战壕这边，在我感到非常绝望的时候，他走过来对我说："你好吗，小伙子？"我的表现不是很好，说道："对于这种状况，我不知道自己还能忍受多久。"真的有话要说。我想，也许他会说："哦，我们要坚持一下，老伙计！"但是他没有这样说，而是转向我说："好吧，如果你不能坚持——把你的步枪给我，让我来！"我对他说这句话真的很生气——也许他是有意这样做的——这句话把我猛地调动了起来，我想："好吧，如果你能，我也能。"我毫不怀疑，那句话和他的榜样对我产生了巨大影响。[17]

——少尉维克多·霍金斯，兰开夏郡燧发枪团第2团

鉴于威廉·蒂勒尔对霍金斯的强硬态度，看到他随后向陆军部调查委员会提交的1922年的弹震症的证据，真是令人惊讶。在这里，蒂勒尔提到了他自己的经历，他被一个爆裂的炮弹埋了之后，感到极度紧张，不断哭泣。"我知道这件事情经过好几个月才会到来。我总是充满恐惧，很难掩饰这种恐惧。那是我证据的主要来源。是对恐惧的压抑，对恐惧情感的压抑使人的思想和力量承受最大的负担。"[18]

然而，许多兰开夏郡的燧发枪团并没有等着毒气把他们淹没，为了安全，他们选择了逃跑——但谁又能因此责怪他们呢？

我们在战壕里，在预备队的战壕里，不是在生活中，而是在前线，你们不需要直接战斗，你们前面的人在对付德国兵。"那是毒气，它们正往这里飘来！"它看起来像棕绿色的东西，不太厚，你能看穿它。这些从前线战壕里出来的小伙子们正在路上，越过我们的头顶，他们奔跑着，从毒气中跳出来，一起跳过战壕，向伊珀尔跑去。大家手里紧紧握着手帕，咳嗽、呕吐。有那么一两个人想爬到战壕后面，但是长官站在那里，手里拿着左轮手枪，"回去！你们回去！坚持住！"他刚阻止一个人从战壕里出来，就在他做那件事的时候，另外一个人从战壕里钻了出来——跑开了。我们都已经受够了，"我们现在要被毒死了！"我们

必须呼吸，它就这样进入了我们的肺部。呼吸成为令人讨厌的事情——会引发咳嗽和呕吐。我们不停地呕吐，黄绿色的东西从喉咙里冒出来。一个声音传来："撤退！"我想这是一个受伤的士兵喊出来的，不是来自什么权威。那军官一定以为那是官方消息，我没看见过他接到什么命令。我跳上了战壕后面，越过了它。德国兵用机关枪的子弹和像地狱炮弹一样的炮弹把这个地方炸得四散开来。有一小块东西打在我的脖子后面。和我在一起的有两个人，我们三个人一起跑开，尽可能地远离毒气。我们走着，跑着，尽量一分钟试着喘一口气，然后再来一次。我们扔掉了我们的装备——甚至我们的步枪——扔了很多东西。我们不知道他们是否在进攻，我们甚至不介意。如果有人追踪我们，我们也不知道，也不会介意。我们进入了伊珀尔。法国人冲出来，给了我们盐和水，但是我们无法吞咽，没有什么区别——它不会让我们感到恶心——但是我们无法喝下它。这些东西不断从我们的喉咙里涌出来，喉咙里不断渗出绿色的泡沫。[19]

——二等兵乔治·艾舍斯特，兰开夏郡燧发枪团第2团

逃跑也不是无懈可击，因为当他们奔跑时，气体会跟着他们，随风跟着。然而，如果他们留在原地，毒气很快就会从他们身上过去。霍金斯和其他一些人在前线战斗。其中有二等兵约翰·林恩（即前文中的杰基·林恩）[20]，霍金斯看见他把机关枪拖上护墙。尽管他几乎被氯气覆盖，但他还是坚持了下来，继续开火，并阻止德军前进。

我们在气体云里待了大约15分钟。突然间，有一个人呼吸到了新鲜空气。这是一种最美妙的感觉，令人陶醉。就在那一刻，我转过身来，看见了杰基·林恩。他持续开枪，一直坚持到最后，担架抬着他从我身边经过，他脸色发青，奄奄一息。实际上，5分钟之后，他就去世了。我从来没见过像这样的蓝色的小伙子。这是我见过的最可怕的东西。气体的作用是在人的肺里形成一种泡沫状的液体——许多人死得很快，其他人很快就被从肺里冒出来的野兽般的泡沫淹死了。5点钟开始的时候，

我们有250名士兵，很快就减少到40～50人。一些人死了，一些人奄奄一息，其他人则躺在地上。[21]

——少尉维克多·霍金斯，兰开夏郡燧发枪团第2团

士兵约翰·林恩因其勇敢的行为将被授予维多利亚十字勋章。

在伊珀尔，战斗仍在继续，目的是守住占据的对作战有利的地形，许多只是小山丘或山脊，在地图上几乎看不出来，但在英军防线的后方能很好地观察到。胡奇和圣所伍德的致命战斗使这些名字深深铭刻在成千上万英国家庭的记忆中。在60号山的“山顶”上爆发了一场如此激烈的战斗，那不过是在伊普斯-科明-里尔线附近的铁路切割处挖出的人造土丘。但是，伊珀尔被认为是无价之要地，因此，当德国军队在5月5日的一次毒气攻击后翻越这座山时，他们下令进行反击。二等兵亚历克斯·汤普森（Alex Thompson）于这一年4月征召加入国王苏格兰边境第2团，他刚刚抵达这里。现在，他要投入战斗了。他们将在22点越过边界——经过20分钟的轰炸，事实上，轰炸更多的是对德国人的警告，而不是对他们自己一方的援助。

我们这一方不断进行炮击。但是炮弹落得太近，没有炸到那些铁丝网，距离那些铁丝网还有很多码。我们在前线战壕里。你只是觉得，“好吧，就这样吧——成败在此一举”。我们都准备好了要开火，只携带了弹药和步枪，所有的装备都在战壕里，然后我们收到了命令：“越过顶部，冲锋！”于是我们越过了顶部，固定了刺刀，冲上前去。我们前进了5～10码，他们中的一些人没有走过这么长的距离，因为他们被杀死在战壕里面。你看，这就是你的训练，继续前进，向着德军的战壕前进。对德国人来说，这就像馅饼里面的肉，在铁丝网里，每个人的速度都在加快。那边有德国人，那边也有德国人，他们拿着机关枪，到处都是德国人拿着机关枪！他们就像割草一样向我们进攻。火势迅速、持续，机枪扫射，弹片爆裂。你想知道下一个被射杀的是谁吗——下一个被射杀的是我。我觉得自己被炸到了，倒在地上，“天哪，我一定是被

击中了！”我的左臂中了一颗爆炸性的子弹，它把我的左臂从前臂切开，正好到前臂，另一颗子弹正好在我手腕上方击中了我的拇指——切断了我的肌腱。然后我在这边找到了另一个——炮弹爆炸——弹片。我的胃左边被射出了一个洞，不断流血。肩膀上有弹片。所有这些都是在几秒之内发生的，一束炮弹接着另一束炮弹。我被打翻在地。我有点迷糊了，对自己说：“好吧，我是这样来的——所以我还是这样回去吧！”于是我用一只胳膊支撑，沿着地面匍匐回来。我知道自己被击中了，但当时我不知道后果如何。炮火一直在持续——仓促混乱。除了自己身上的鲜血，我什么都看不到——我浑身沾满了鲜血。我设法爬回了战壕，几个男孩把我拽了下来。[22]

——二等兵亚历克斯·汤普森，国王苏格兰边境第2团

60号山又被敌人占领了长达2年之久。

战斗仍然在继续。现代战争的可怕似乎是持续不断的，令人难以理解。我曾有幸在马丁·格林少尉（Martin Greener）的家中采访过他，巴姆博格城堡的阴影笼罩着他的屋子。他讲述了他在贝尔瓦尔德（Bellewaarde）湖北部战壕遭到袭击的事情，那是一段可怕的经历。他在达勒姆轻步兵第9团服役，这些轻步兵为了获得经验，曾暂时服役于东萨里郡第2团的正规军。5月24日，德军开始了可怕的轰炸，最后以毒气攻击告终。

黎明时分，他们开始发动猛烈攻击。我们听到了嘘嘘声，你可以听到这种该死的东西冒出来。然后，我们看到可怕的、巨大的、绿黄色的云飘过来了，大约20英尺高。喷嘴正好对准战壕的正上方。没有人知道脑子里应该想什么。有一些人双脚刚踏进战壕，我们便让他们马上回到地面上去。毒气很快便在战壕中弥漫开来，我们也终于知道它是什么：许多人开始窒息。它的味道像是甜洋葱的味道，它阻止你的呼吸，非常可怕。有声音传来：“无论如何，不要下来！”如果你走到了战壕的底端，你就会遭到它的全面冲击——因为那东西密度很大。德国兵以为毒

气会把我们干掉，他们要做的就是在那之后冲击过来。所以过了很长时间才见到德国人。我们开了枪，但是这种气体影响了步枪——步枪上的螺栓是铜绿的——你可以用枪，但速度要慢得多。我们只有一把机关枪，那是没用的。我失声了，说不出话来，被呛着了。它使你的大脑迟钝，你不知道发生了什么。[23]

——少尉马丁·格林，达勒姆轻步兵第9团

尽管如此，达勒姆和他们的邻近部队都设法击退了德军的进攻。

地雷战，一种从大围城时代起就被遗忘的技术，也在西线复兴。1914年12月20日，德国人在纪梵希地区引爆了10枚小型地雷，随后又对印度军团控制的防线进行了爆炸攻击。英国的反应是迅速的，因为在英国有数百个煤矿。他们发出了特别呼吁，要求矿工们加入专门成立的皇家隧道工程公司。萨帕尔·乔治·克莱顿（Sapper George Clayton）就是应招者之一。

德国人开始了这场比赛。他们首先炸毁了我们的战壕，我们被紧急要求尽快赶到那里，给他们点颜色看看。在离开查理矿坑工作的两周后，我和其他志愿者一起站在了前线的战壕里。

——萨帕尔·乔治·克莱顿，175隧道连队，皇家工程师

双方都试图在前线和敌人的堡垒下埋下巨大的地雷，隧道在无人地带之下蜿蜒而出。第一批英国地雷于1915年2月17日在60号山脉地下被引爆。克莱顿本人当时正在挖掘隧道，这些隧道被推进到胡格城堡（Hooge Chateau）的德军据点。

胡格城堡曾经是比利时的一幢大房子，但现在只剩下地窖了，房子被击垮了。我们的目标是钻德军的空子，对他们予以还击。法尔布雷斯（Fircbracc）中尉让我们进入圣所森林（Sanctuary Wood）的前线战壕时，说道："我想我们应该把竖井沉在这里。"他询问我们："你们自称是矿工，难道你们没有沉过东西吗？"但在我们的行业里，从一个煤矿到另一个煤矿，都有专门的分工。他是一名澳大利亚军官，他已经习

惯了只在浅滩勘探金矿。“好吧，我们尽力按你说的去做吧！”我们进行了插入，开始下沉一个4平方英尺的竖井，侧面用木料支撑，一直下降了25英尺。有一个绳梯，我们就是这样爬上爬下的。底部有水：我们必须弄个水泵。它由一个手柄操作，竖井上有一根管子，一直延伸到沟渠的低处，水可以从那里流出。我们有工具、镐和铁锹。我是挖掘隧道那个人的伙伴，任务是把挖隧道的人挖出来的土运出来。你得拿着沙袋让他去装，把沙袋拖出来，放到井底。然后，沙袋被绞车拖上来，一次两三个，然后被带到地势低洼的地方。我们直奔德军的战壕，这是两点之间最短的距离。有时候，我们行动非常迅速，工作的地层很容易开采——主要是一种灰色黏土。我们有一位测量师约翰·沃诺克（John Warnock），他是一位格拉斯哥人。他掌握方位，我们在他的指示下工作。你用蜡烛照出的光和你想象的一样好。蜡烛晃来晃去，表明空气正在减弱。在你自己注意到它之前，可以顺便说一下，蜡烛是燃烧着的——一种微弱的光。空气中没有氧气。我们正在远离自然的空气，但是铁匠的风箱把这一点纠正过来了！地面放风箱，管道伸向下面——能够给你充足的空气。当我们把它挖出来的时候，把木材放进去。它从头到尾都是密密麻麻的。你可以把它立起来，发出很小的声音，它可以自己固定在周围的土地上，不需要任何锤击。一旦你把它用木头砌好，就不会有更多的泥土掉进去，就像被密封在盒子里一样，不会有倒在你身上的危险。我们一星期工作七天，三次八小时轮班，不分昼夜地工作。我们躲进地窖：能够听到他们用德语咕哝，听到他们的脚步声走下台阶，你甚至能听到他们瓶子的碰撞声——他们可能一直在喝啤酒——听到啤酒杯和检波器发出的叮当声，检波器可是个精密的仪器。我们不得不把脚裹得严严实实的，也没有考虑过要不要说话，以免被他们听到声音。我们找到了炸药和弹药。我们带了很多东西进来，进行了包装。堵塞物很重要，否则就会撞到阻力最小的那条线上。你必须把堵塞物弄得紧一些，就像前面或上面的东西一样，否则就会吹错方向。

我们需要三到四天的时间才能完成任务。使用装满的沙袋、树干和任何我们能得到的东西——把它固定在里面。我们放了一个雷管，然后就把电线拉回来，穿过竖井，进入支护壕沟。当胡格城堡被炸毁时，从我的战壕里往外看，我离它大约有250码远。一声沉闷的巨响，你能感知得到！像地震！你看到泥土在上升，它震动了地面，炸出一个大洞，就像一个采石场。[24]

——萨帕尔·乔治·克莱顿，175隧道连队，皇家工程师

胡格城堡于7月19日7时引爆，造成一个120英尺宽的坑，坑深20英尺，周围还有15英尺高的堆积物和碎石。英国步兵向前冲锋，完全出其不意，很快就巩固了阵地。

随着这种布雷业务的扩大，英军还试图利用已经在前线服务的采矿专家的经验和技能。马丁·格林少尉就是其中之一。在战前，他一直在接受见习采矿工程师的培训，因此，他是布雷官的理想人选。双方都开始了反布雷行动，为了炸毁对方的地下通道，引爆地下爆炸弹。

德国人开始轰炸我们的战壕。我们知道，如果他们要布雷，就得把那些废料处理掉。我们常常让炮兵炮击那些废料，看看那是什么材料：是不是黏土。如果是蓝黏土，你就知道他们在布雷。于是我们开始反布雷。我们把竖井往下推，它们被称为漂流物。这些隧道将有4英尺高，连续不断地被木结构包围着。我们能够看到每个移动开始的过程，但是你总得下去看看究竟发生了什么。负责的军士会一直报告情况。你开车出去，一直在听。每隔几个小时，你就会停止一切，使用这些检波器，然后你倾听——从泥土中传来的声音。你把东西放进耳朵里，机器就靠在黏土表面上。我们停止布雷，倾听并试着找出噪音的确切来源。然后慢慢地向它靠近。当你认为你已经足够接近它的时候，我们就会把它炸飞，这是经验问题。在那块蓝色的黏土中，我们知道声音是如何传播的——而且传播得很慢。两三码的蓝黏土几乎就是一道屏障。炸药装在大圆筒里，你得用沙袋把它们装起来。你把雷管绑在上面，把引线插到

沟里，放到爆炸装置上。这是一项伤脑筋的工作。[25]

——少尉马丁·格林，总部第151旅

逐渐地，攻城开采的老技术开始渗入普通的使用中。

1915年7月30日凌晨3点15分，德军在反攻中及时夺回了胡格。那天晚上，戈登·凯里（Gordon Carey）中尉和步兵第8旅的士兵们挤过狭窄的战壕，在前线执行任务。

我们等待着那些第一次看到这片可怕景象的人，我们当时深陷其中。我们继续行进的时候，我感觉很不好，觉得一定是出了什么问题，觉得有些事情正在发生，有些事情正在酝酿。好吧，在死一般的沉寂之后，当事情发生的时候，我在离火山口最远的地方，如此戏剧性，如此突然，我完全无法连续思考。我脑子里闪过的第一个念头是，世界末日到了，今天是“审判日”，因为突然间整个黎明都变成了可怕的深红色。然后，当我开始恢复知觉的时候，我确实看到四五股火焰从我一分钟前走过的沟渠中穿过。感谢上帝，那时，它没有击中我。伴随着可怕的嗞嗞声，在火焰的边缘有一种讨厌的油腻黑烟，然后我开始有一点点意识，可以进行思考，我爬上战壕后面的地面，看看能不能看到发生了什么。就在那时，我意识到德国人正向我的战壕进军。光线很暗，但我能看到小伙子们在蹦跳，我毫不怀疑，他们一定是正好在我们人的头顶上跳舞，而我们的人什么都不能做，只能躺在战壕的底部，等待火焰熄灭，它刚刚停了下来。德国兵一定是带着刺刀跳下去的。[26]

——中尉戈登·凯里，步兵第8旅

这是战场上首次使用液态火，由德国火焰喷射器发射。步兵第8旅被这出其不意的一击打得措手不及。新的战线很快形成了，然而，这对于第8旅来说，不足为奇。火焰喷射器成了另一种他们需要对付的武器，是不断壮大的武器库中新增的一种武器而已。

5月初德国展开攻击之后，伊珀尔周围的战斗没有什么实际意义。

但在突出部的血腥战斗一直持续到夏天。德国人最初的进攻几乎是突然爆发的，但他们无法利用这一短暂的很有希望的局面，因为他们的大部分预备队都在东线进攻俄国人。德国人被英军防线的脆弱所诱惑，但无论他们释放了多少新的恐怖手段，仍然被战壕和铁丝网以及现代化的火力所挫败。战争事关选择，德国最高司令部的选择最终导致了他们在任何一条战线上都没有取得决定性的胜利。第二次正式的伊珀尔战役从4月22日延长到5月31日，英军的伤亡人数接近6万人，德军损失约3.5万人。伊珀尔可能是一场“士兵”的战斗，在威灵顿时代，这意味着只有几个小时的折磨；然而到了1915年，它持续了几个星期，甚至是几个月的痛苦。伊珀尔几乎给基地里的每一个士兵的生活投下了阴影：他们几乎不知道这只是刚刚开始。

奥伯斯岭和费斯伯特战役

当约瑟夫·霞飞在1915年意识到德国主要力量将集中在东线时，他策划了一系列主要的春季攻势，试图夺回在西线的主动权。首先在阿托伊斯（Artois）地区取得进展，法国人打算占领维米山脊高地，然后进攻杜埃平原。英军在1915年5月9日通过第一军对奥伯斯岭（Aubers Ridge）的辅助进攻参与了一场小规模的战斗——本质上是为了分散德国的兵力。英国远征军有很多问题需要解决：他们仍然缺少炮弹，前面的地面相对平坦，有开阔的防御阵地，德军已经大大加强了战壕，铁丝网挡住了去路。因此，黑格策划了两场攻击，形成钳形攻势，汇聚在奥伯斯岭的步兵用625门大炮轰击了40分钟后开始进攻。虽然听起来令人印象深刻，但集中起来的炮兵力量仍然远远不够，因为到那时，德国人不是仅有一条战壕，而是三条。英国步兵在5月9日5时40分发动攻击时，遭到重型机关枪的屠杀。二等兵帕特里克·霍里根（Patrick Horrigan）目睹了在弗洛梅尔（Fromelles）附近的德兰格雷农场（Delangre Farm）发生的一起英国地雷爆炸，这是北方钳子的一部分。然后轮到他们了。

那里有爬到上面的小梯子。当爆炸物从土堆上滚下来的时候，“噗噗噗！”，这些可怜的德国人陷入土中。我们越过了顶端。我们团里的人都在外面，我可以看到他们分成小队。我在一个弹坑里看着德军的防线。在我周围，所有这些家伙都被击中头部。我记得那个中士戴着一副野战眼镜，我说：“你能看见什么，你能看见什么，把那该死的眼镜给我们！”我开始往下看，看能不能看到这些子弹是从哪里来的。就在那时，我的头也被击中了。他们是了不起的神枪手。惠蒂（Whitty）队长对我说：“去吧，霍里根，你最好离开。”我开始爬行。我没有必要站起来跑，他们击中我就像眨眼一样容易，所以我决定爬行。我头上缠着白色绷带，子弹在我面前飞行——我必须转过身往回爬行。当我挣扎着回去的时候，看到我们的轰炸机正试图把德国人炸出战壕。最后，我到达了安全区域。上校在那里拿着电话说：“看在上帝的分上，再派些机枪手和轰炸机来！”[27]

——二等兵帕特里克·霍里根，伦敦第13团（肯辛顿）

在同样注定失败的南部进攻中，国王利物浦第9团的一等兵威廉·艾丁顿（William Edington）被调往英国前线，准备进一步进攻，但同时也要确保防线免受德国可能的反击。

我们的排长是中士，他身材魁梧，大约6英尺高，脸色红润，是个很好的人——多年来他一直是我们的地方自卫队士兵。他带我们出去，走了五六步的时候，我看见他像木板一样直直地倒在地上。我想了一会儿，“他到底在干什么？”我不知道这是不是什么新的花招！这几乎是瞬间发生的——我给你讲述的时间比当时花的时间还要长。我突然意识到发生了什么——他被击中了，后来死于伤口。看到这一切发生得这么快，我们吓了一跳。我是一等兵，我要对身后的人负责。虽然我自己也吓了一大跳，但我意识到自己不能停下来，于是我绕着这个俯卧的中士走过去。我们在继续，除了轰炸声，什么也听不到。这只是一个继续下去的问题，如果你没有被击中，你是幸运的；如果你被击中了，你就无能为力了。我们面前的护墙被炸出了几个洞，我们必须设法挤进下一批防护墙。我们在相当规则的田野上行进。春天来了，当时是5月份，绿草长得很好，如果没有战争，这将是非常美丽的一幅图景。德国人在防护墙中发现了这些缺口，然后开始炮击。当我们到达那里时，一颗炮弹在很近的地方爆炸了，那又快把我们吓死了。在那一天之前，我从未见过人的尸体，这是一种可怕的经历。但是，在经历了早上的第一次战斗，承担起作为一等兵的责任之后，我渐渐有了信心，那天结束的时候，我很平静。[28]

——一等兵威廉·艾丁顿，国王利物浦第9团

当天晚些时候，由于德国人对英军前线发起猛烈的进攻，组织新一轮进攻的疯狂尝试被进一步打断。5月10日，攻击停止，没有取得任何进展，大约有11 000人伤亡。

奥伯斯岭战役是彻底的失败。一个星期之后，即5月15日开始的费斯伯特战役再次上演的悲剧更加悲惨。黑格认识到德国防御工事的力量无法被短时间的“飓风”轰炸所克服，因为他没有充足的枪支或炮弹使其具有足够的破坏性。取而代之的是，在仔细观察的情况下，进行为期两天的系统轰炸，以最大限度地发挥每枚炮弹的作用。但是更长的轰炸期意味着第一军牺牲了出其不意的要素，德国人也因此做好了战斗的准备。从根本上说，无论如何使用火炮，火炮数量仍然太少，炮弹供应状况因其所拥有的火炮中普遍存在的劣质“哑弹”而恶化。当步兵进攻时，即使在他们早期取得一些成功的地方，通信问题和部署后备部队时间上的困难意味着德国人很快就稳定了局势。即使在收复失地的时候，这也常常只是因为德军已经撤退到一条新的战线上，处于更有利的战术位置。整体上的失败感如此强烈，以致它已渗入政治舞台，引发了英国的“炮弹危机”，这将引发赫伯特·阿斯奎斯（Herbert Asquith）领导的

自由党政府垮台，以及他与保守党组成的新联合政府。任命前财政大臣大卫·劳合·乔治（David Lloyd George）为第一任军需大臣，显示出人们对炮弹短缺的重视程度。

卢斯之战

1915年，英国远征军的规模一直在扩大，到8月，约翰·弗伦奇爵士指挥了大约28个师（11个常规师、6个领土师、7个基钦纳师、2个加拿大师和2个印度师），总共约有90万人。尽管英国远征军在很大程度上仍是法国（拥有98个师）的初级合作伙伴，但它正慢慢成为一支重要的力量——至少在数字上如此。不幸的是，尽管6个月的基本训练可以做出一个士兵的粗略复制品，但对于军官和士官们来说，情况显然不是这样。他们需要时间来吸取指挥的经验教训，获得必要的经验和自信，以便能够应付极端的战斗条件。特别值得一提的是，过多的新旅、师和兵团意味着战时缺乏合格的参谋人员，无法为现代军队作出极为复杂的安排。在整个决策和行政过程中缺乏经验，加上通信系统完全不足，在战斗中造成了致命的拖延和混乱。从本质上说，这些新军官试图在与德国军队的强大力量近距离作战的同时，学习战斗技能，这必然会带来灾难。

随着英国远征军规模的扩大，它从法国接管了更多的西部前线，从拉巴塞运河向南延伸到卢斯镇。这片平坦的土地上主要是采矿村庄和它们的矿渣堆，这将是下次进攻的地点，这次进攻是为了配合法国计划9月下旬在阿托伊斯（Artois）和香槟区发动的大规模秋季进攻。英国的作用相对较小——黑格领导下的第一军的6个师团进攻卢斯，在那里位于阿托瓦的法国第10军投入了17个师中的左翼。然而，对英国人来说，这被普遍视为“大推进”。英国人在开始之前又一次陷入困境：德国的前线得到了极大加强，他们的支援线不再是后顾之忧，而是用自己的权力精心策划的防御工程。第二道防线被放置在了英国野战炮兵射程之外，被隐蔽地安置在一个相反的斜坡上，有自己完整的、15码高的铁丝网。再后面是另一排战壕。这些防御工事的纵深意味着很难在一次攻击中突破，因为炮兵必须向前推进才能突破第二道防线和第三道防线。由于德军同时也在推进自己的增援部队，黑格的第一军显然面临着艰巨的任务。

为了避免在相对狭窄的战线上进攻的危险，所有6个师都排在队伍中，以使攻击的宽度最大化。但是，这只是提醒人们注意这样一个事实，即没有足够的大炮资源来进行充分的轰击，以覆盖如此广泛的战线。因此，它决定使用大量烟幕弹掩盖正在发生的事情，并释放氯气来弥补9月21日开始的4天的弹幕不足。再一次，为了保证德国战壕被摧毁，一定要避免所有的意外。在气体释放的过程中，受到大量的牵制，它的有效性取决于正确的风向，因为在如此大规模的攻击中，不可能对于开始时间进行灵活的调整。

9月25日的黎明给英国人带来了意料之中的失望，当时风力不足，勉强能够输送气体。黑格没有做出恰当的选择，只能抱着最好的希望继续前进。毒气释放得很充足，但步兵发现在穿越无人区的时候，气体更多的是阻碍而不是帮助自己。在休伯特·高夫（Hubert Gough）带领的部队袭击的地区尤其如此。

我们发动了可怕的轰炸，试图冲破铁丝网，然后毒气被释放了，我们的步兵全都戴着“三K党式的”头盔行进，他们用一个小口器直接安装在头上。他们不能逗留，必须冲锋。他们吃力地走了将近800码的山路，身上装满了弹药、步枪刺刀等，他们觉得自己快要窒息了，于是他们摘下了头盔。不幸的是，就在那一刻，风向改变了——不仅改变了，而且开始反击，毒气没有越过德军的战壕，而是保持静止，好像有什么东西回到我们的步兵那里。这导致了可怕的死亡。[29]

——炮兵军士庞巴迪·约翰·帕尔默（Bombardier John Palmer），
炮兵118连，第26旅，皇家野战炮兵

二等兵沃尔特·库克回到了面对霍亨佐伦要塞的预备队，第9师已经设法在那里安营扎寨，但现在面临着一场可怕的战斗。当伤员们涌进来时，他被分配了一项特殊任务。

我要给每一个受伤的人注射破伤风疫苗。有人让我用擦不掉的铅笔在他额头上画一个大大的“T”字。我有一两个相当大的注射器，每个破伤风血清都装在一个木盒子里。盒子是用大头针固定的；盖子必须滑开，药瓶必须打开，注射器必须装满，注射必须进行。问题是我没有足够的注射器，其次是这些木盒子聚集在我的脚周围。成千上万的人进来了，我没有活动的空间，没有人帮我把东西弄出来，没有人给我一个新的注射器。事实上，虽然没有人能逃脱额头上的“T”，但我觉得有些注射肯定有点疼！[30]

——二等兵沃尔特·库克，皇家陆军医疗队

第四军在前线取得了一些成功，第15师和第47师占领了卢斯镇，并向70号山挺进。一上了反坡，他们就遇到了几乎完好无损的德军第二道防线，没多久就被迫撤退，没能守住那座山。在这一点上，战斗仍然处于平衡状态，可能会受到预备役部队新划分的影响。不幸的是，仅有的两个后备师是由约翰·弗伦奇爵士直接控制的，他们被困得太远，无法在天黑前到达前线。当他们终于到达时，下士吉姆·戴维斯和皇家燧发枪团第12团在进入火力线时遇到了受伤的士兵。

早上，我看到的第一件事情就是下来的受伤的士兵。从机动救护车开始，然后是马车救护车，然后是步行伤员。我从来没见到过这么多受伤的士兵。其中一个小伙子问道：“上面总是这样吗？”一个士兵说：“只有星期六是这样！”我们还是摸不着头脑。[31]

——一等兵吉姆·戴维斯，皇家燧发枪团第12团

随着新的部队投入战斗，霍亨佐伦要塞周围的战斗逐渐升级。

我们的目标是占领霍亨佐伦要塞，那里是以环状形式存在的沟槽系统。德国人在一边，我们位于另一边。我们行进到一个交通战壕，那里

挤满了从前线回来的伤员。当时情形非常恶劣：有一个人的肠胃暴露在外面，还在走着。我们从那里拐过一个弯，来到了前线。我们的卢卡斯（Lucas）上尉挥着剑说："冲啊！"我很高兴我们这么做了，因为我可以说我曾经向敌人发起过进攻。我们上了山顶，我拿起手枪，小跑着向防御阵地走去，不知道会发生什么事。在我们要去的地方，前方有一个高大的德国人：德国兵把炸弹递给他，他把炸弹扔向我们。在我旁边的那个人脑袋被打掉了一半，但是我继续前进。我们到那里时，德国人已经撤退了。所以，尽管我们进行了冲锋，但并没有导致任何刺杀。我掉进了战壕，发现只有我一个军官。卢卡斯的膝盖受了伤，另一个人也死了。我开始集合人们，然后去看我的侧翼是什么情况。我们一直待在那里。我和一个大块头的德国人在防空洞里蹲了一个晚上，那个德国人坐在盒子上，肯定已经死了，另一些人躺在两边，都死了。我不是一个勇敢的人，但我并不烦恼，我只是做了该做的事情。[32]

——少尉威廉·希尔德雷德（William Hildred），

约克和兰开斯特联队第1团

第二天，9月28日，卫兵被派往攻击70号小山脉。近卫步兵第4团的二等兵沃尔特·斯宾塞（Walter Spencer）给我们讲述了一个精彩的故事，讲述了他们如何完成对卢斯的占领，并继续前进和上升的过程。

有许多死去的高地轻步兵仍然挂在旧的德国铁丝上——我不是感到特别害怕。我们都有点沮丧——我们年轻的时候没有意识到战争是如此激烈——他们是我们见过的第一批阵亡士兵。卢斯的顶端仍然被德国士兵占领。空中耸立着一座煤矿，叫作塔桥。那是我们不得不继续前往的地方。[33]

——二等兵沃尔特·斯宾塞，近卫步兵第4团

这个营分裂成几个连，穿过卢斯的街道前进。

海伍德（Haywood）准将对我说："你的指挥官呢？"我回答："长官，我认为他已经被毒气熏死了！"他说道："去他的毒气！"他确实是

这么说的。有些人受到氯气的影响，他们戴上了防毒面具，这取决于他们。那顶旧衬衫头盔是一顶布兜帽，上面镶着人造镜片，可以透视。它还有一个鼻夹，这样你就不能用鼻子呼吸了，你呼吸的所有空气都必须通过进入你嘴里的管子——很抱歉，效果不是很好。我没戴头盔，周围没有足够的毒气，你当然可以闻到它的气味，但它并不足以引起任何麻烦。我们的队伍被拉长——每个人之间间隔4～5码——进入地窖，投掷了几枚米尔斯炸弹，以防周围有德国人。如果你下去，那里有德国人，他们会在你抓到他们之前干掉你。但是，如果你没有下去，而是投下炸弹，你就置身地窖之外——而他们却深陷其中。[34]

——二等兵沃尔特·斯宾塞，近卫步兵第4团

德国人退到70号小山。

快到晚上的时候，天已经全黑了，我们躺在村子上方的空地上。德国兵点燃了这些灯，想看看是谁在走动，有一盏灯正好落在我背上。它把我的背包直接烧了一个洞，我不敢动，以防德国兵把机关枪对准我。幸运的是，它很快熄灭了——我对此无能为力。我们在那里躺了两到三个小时。天完全黑了下来，我们冲向一条德国人的交通战壕。机关枪的射击很激烈，但没有炮火。你看，我们在一座山上，他无法让炮弹落到想要的地方。机枪在扫射我们，你可以看到有人倒下，而你唯一能希望的就是自己不会成为下一个。你可以听到子弹呼啸而过，但只要子弹没有击中你，就没事。我们试着挖得更深一些——只有2英尺6英寸深——我们试着尽可能多地寻找掩护。我们的工作就是用挖洞的工具挖得更远。我们挖了1码到4英尺深。第二天，我们一整天都保持那个姿势。我们只能躺在那里；这是一种可怕的姿势——躺了几个小时却动弹不得。德国兵有很多机关枪。他们加强了前线战壕，准备发动攻击；我们在那里的时候，他们并没有成功——第二天晚上米德尔塞克斯郡的部队成功了。[35]

——二等兵沃尔特·斯宾塞，近卫步兵第4团

在这场战斗的这个阶段，几乎没有任何真正成功的机会。德国人已经增加了他们的预备队，而像70号山这样仅仅在战术上具有重要意义的战斗只具有局部价值，其结局不会产生什么重要影响。像一战中许多伟大的战役一样，这场战争将持续数周，德国人正在进行反击，试图夺回他们失去的任何领土。战争结束时，英军损失约61 000人，“大推进”失败。

战场上散落着数量惊人的尸体。

另一个问题是如何处理周围众多的死尸，这只能在黑暗的掩护下完成。在光天化日之下到无人之地去冒险，是在寻求即时的死亡。在战场最终被清理之前，晚上的葬礼是一个持续了几个月的特色。每个营都有一份非常令人不适的任务。我的连长是斯隆上尉（J. E. Sloane），他曾是格拉斯哥高地部队的一员，但现在HLI服役。1915年12月的一个寒冷的傍晚，几乎整个连队，包括上尉本人，都参加了一场特殊的葬礼，来纪念东萨里郡第7团的士兵。每一方都小规模地、小心翼翼地走出战壕，通过简单地将死者拉入土坑或弹坑中来处理他们。这不是一件令人愉快的工作，有时胳膊会从尸体上脱落下来。尸体上覆盖着一层薄薄的土，这层土是用挖洞工具挖出来的。在尸体被真正盖住之前，主要的任务是找回在他们脖子上发现的身份牌。这些东西被切断，收集起来，并在适当的时候送回总部。所有的工作都必须四肢着地才能做，直着站立就会招致灾难。此外，德国人灯光频繁，天空中有了这些灯光时，必须立即保持安静。所以这项工作是缓慢的、艰苦的和困难的。[36]

——少尉乔治·克里奇（George Craic），高地轻步兵第12团

法国的主要攻势也失败了：这是盟军的又一次惨败。损失了这么多的人，实在没什么可说的。很明显，随着德国防御系统日趋复杂，尽管英国可以通过付出极大的努力来突破——占领前线，占领堡垒——但他们无法突破这个系统。更多的德军战壕，更多的铁丝网，更多的堡垒仍然横亘在他们面前。在约翰·弗伦奇爵士以总司令身份部署预备役部队

的战斗结束后，围绕这一问题爆发的争议引起了许多的不满。他的地位很快就岌岌可危。政治家和军队都抛弃了他，1915年12月10日，道格拉斯·黑格将军取代了他。英国远征军将迎来一位新的领导人来应对1916年的挑战。

5

向东突围：1914—1918年

反对土耳其和保加利亚的各种战役有着可怕的相似之处。1915年，英国的东方派系，包括当时的财政大臣大卫·劳合·乔治和英国海军大臣温斯顿·丘吉尔，认为横越西线的堑壕战只会带来僵局和无休止的屠杀。相反，他们把目光投向了英国更古老的海上作战的传统，如此作战的目标是在冲突的边缘地区进行狙击，避开主要战场。他们的战略重点是土耳其和巴尔干半岛，但他们的计划忽略了现实，未能正确评估现有的盟军实力、后勤状况或任何反对势力的实力。在加里波利和美索不达米亚对奥斯曼帝国（土耳其）发动的战争清楚地揭示了雄心勃勃地发动一场战争所带来的问题。

战争开始时，德国向土耳其频繁示好。这与英国的麻木不仁形成了鲜明对比，当时丘吉尔单方面征用了英国造船厂正在建造的两艘土耳其无畏战舰。更不幸的是，地中海海军部和当地海军指挥官的无能，使德国巡洋舰戈本（Goeben）号和轻型巡洋舰布雷斯劳号得以逃脱。这两艘船于1914年8月10日通过达达尼尔海峡，很快被"卖"给了被认为是中立的土耳其人。因此，土耳其不可避免地加入战争。1914年10月29日，戈宾率领土耳其舰队对黑海的俄罗斯港口发动了一系列袭击，最终触发了这场战争。

加里波利战役

加里波利战役是一场愚蠢的冒险。1915年1月1日，俄罗斯向英国政府提出要求，英国政府迅速作出回应。当时，俄罗斯在高加索地区感受到了土耳其进攻的（但也是暂时的）压力。英国战争委员会没有选择有礼貌地拒绝，而是提出了海军示威的折中方案。这种利用海军力量帮助盟友的看似无辜的企图，被证明是一系列事件的开端，最终将导致数万名盟军士兵丧生。丘吉尔雄辩的口才使他的政治家同僚们相信，一股过时的前无畏级战舰的力量可以冲入达达尼尔海峡，并通过出现在君士坦丁堡迫使土耳其投降。这一决定表现出集体的无能，无法集中于英国真正的敌人，即公海舰队和德国军队。他们想找一场容易一点的战斗，于是加里波利战役便开始了。

从一开始，这一战役就被证明将是虎头蛇尾的战斗。舰队最初试图通过粉碎土耳其防御海峡的堡垒来施加压力，但当这被证明太慢时，他们在1915年3月18日发动了全面进攻。当盟军舰队驶入海峡时，二等兵威廉·琼斯（William Jones）是英国皇家海军陆战队的一员，正在配备二流武器的前无畏舰乔治王子号上服役。

我是下层甲板上一个6英寸口径大炮小组的成员，那里共有8名船员，还有2名负责弹药装卸。我们在那里待了11个小时，它大约14英尺宽、12英尺深。里面非常闷热。一些人穿着很暴露。我当时穿着游泳衣和一双笨重的靴子，以防炮弹砸在你的脚趾上。我们被禁止外出，任何事情只能在这个空间里面解决。安装炮弹是一件相当繁重的工作，因为炮弹重达112磅。你打开大炮的后膛，把后膛拉回来。轮到4号了。他把炮弹放在了指示符号的上面，拿起一把锤子，把它猛击回去，6号带着一个圆柱体过来，送进了管子，把它安装到位。2号关闭了后膛。“准备！”当你刚刚远离大炮，1号炮手就开火了。于是后膛再次被打开。运用手臂拿下萃取器，它在弹药筒的后面，把它扔到一边，我可以保证它是炽热的。然后，整个过程再进行一遍。[1]

——二等兵威廉·琼斯，乔治王子号海军舰艇

的确，英国人也有大炮，但此时土耳其人已经有了一个综合防御系统，在堡垒里准备好了重炮，海峡对岸是层层雷区，山里隐藏着一队榴弹炮，海峡里装着鱼雷管。如果盟军舰队碰巧通过海峡，还有戈本和其他土耳其舰队在等着他们。这一天，是灾难性的一天，盟军触碰了几天前未被怀疑的另一排地雷。一艘法国舰和两艘英国前无畏舰被击沉，其他几艘船遭受严重破坏。总的来说，将近三分之一的舰队在一天之内就完成了战斗。在此之后，不可避免的是，在舰队有机会突破之前，必须进行大规模军事行动来清除土耳其堡垒。

海军向以陆地为主的军事行动的转变过于随意，地中海远征军部队的集结过于随机和仓促，这些部队由伊恩·汉密尔顿（Ian Hamilton）将军全面指挥。29日，皇家海军局澳大利亚和新西兰军团（ANZAC）和第42师（东兰开夏郡），一个迷途的印度旅和几个法国师——这绝不是一支同质的部队，而是由不同国籍的人组成的有趣的混合体，由正规军、殖民地军队、陆军部、海军预备役人员和新兵组成。大多数师训练不足，缺乏现代战争所需的足够火炮。最糟糕的是，他们根本不知道自己要做的事情有多么困难；的确，当他们期待着轻松战胜被大大低估的土耳其人时，一道金色的光芒弥漫着远征队。4月23日，诗人中尉鲁伯特·布鲁克（Rupert Brooke）死于败血病，这是死亡投下的早期阴影，他当时在皇家海军部胡德营服役。布鲁克被葬在斯基罗斯（Skyros）岛。见证者中有二等兵托马斯·贝克。

对我来说，这是很可爱的景色——许多未经开垦的、长满灌木的石质荒地——非常荒凉——还有巨大的绿色蜥蜴在周围跑来跑去。我以前从没见过蜥蜴，但在斯基罗斯到处都是。它曾经是一个很可爱的天然港湾：一个狭窄的入口，位于两个高高的岩石峭壁之间。那里一定很深，很多船只都被困在那里。我们在那里时，鲁伯特·布鲁克去世了，他下

葬时我离他只有50码远。当然，那时我们不知道鲁伯特·布鲁克是谁。他自己的几名军官、几名士兵和皇家海军陆战队为他举行了一场普通的小规模仪式。我们就在几英尺外。反正他也不太老——他根本就没看过加里波利的战斗场面。[2]

——二等兵托马斯·贝克，查塔姆营

直至今日，布鲁克一直葬在那里。

汉密尔顿和他的参谋人员决定在加里波利半岛周围进行一系列复杂的登陆和改道，以迷惑土耳其最高指挥官。在两次主要的登陆中，至今最令人难忘的是澳新军团在加巴特佩（Gaba Tepe）以北的登陆。第一批上岸的部队要在夜间登陆，占领前三个山脊，以获得一个安全的桥头堡。然后，整个部队会冲出来夺取马尔特佩（Mal Tepe）山，这座山俯视着基利德巴尔（Kilid Bahr）高原前的低地，是俯瞰海峡防线的关键高地。第二轮登陆将于黎明时分在加里波利半岛顶端的海勒斯（Helles）半岛进行，法国人则在亚洲海岸的库姆卡莱登陆。

1915年4月25日凌晨4点30分，澳新军团在夜间登陆，现场一片混乱。尽管澳大利亚第3旅的第一波到达了他们预定登陆地点的北部，但他们或许很幸运地来到了一个相对隐蔽的海滩，即澳新军团湾（Anzac Cove）。最初的几艘船几乎没有遇到任何阻力，但随后他们发现自己面对的是一个异常困难的地形，那是不规则的、断裂的山脊和沟渠。在他们身后，第二和第三波的士兵面临着来自靠近加巴特佩的土耳其大炮和潜伏在山上俯瞰海滩的狙击手越来越强的火力。

我们在加利卡河（Galeka）上排队，等着舰载艇和驳船回来。加利卡的老水手长走了过来："你们有什么信要寄吗？有人有在开罗买的那些脏明信片吗？如果有的话，你最好把它们放在甲板上，因为如果你被击中，它们就会被送到你的近亲那里去。"这时，我觉得自己像一只环尾负鼠一样勇敢，我真希望除了在加利卡河上，我还能在别的地方。船最终停在了岸边。我们都配有步枪、铁锹、弹药和背包——我不知道我们是怎么从绳梯上下来的——因为不知道前面是什么而感到紧张和兴奋。我只是觉得筋疲力尽。当我上船的时候，第9营有三个人被杀了，没有时间把他们抬出来，所以我们不得不小心翼翼地走过那些家伙。然后我听到小“米迪”拉着三艘船的声音。这是一个孩子的声音，我想：“如果这声音对他来说足够好，对我来说也足够好。”我们挤在一起，弹片纷纷落下，机关枪轰轰作响，当这艘帆船抵达海岸时，我们后面的船只被拖到3～4英尺深的水里。有人说：“滚出去！”于是我们就出来了。我们扛着铲子、步枪、背包和弹药，像受祝福的大象一样沉重。到处都有第3旅的伤亡人员。我们拼命地跑到一处避雨的地方，扔掉背包，扔掉铁锹和镐，真是受够了。然后有人说：“好吧，你们上去！”我们就上了山坡。[3]

——二等兵弗兰克·布伦特（Frank Brent），

第6营，澳大利亚武装部队

他们设法爬上了小山，却发现第3旅已经被困在了第二山脊上，而不是按原计划通过占领第三个山脊来巩固桥头堡。土耳其人最初只召集了一个左右的连队，但在破碎地形的帮助下，他们进行了艰苦的战斗。狙击减慢了澳大利亚人的进度，当土耳其预备队到达时，整个行动开始瓦解。

我听见有人说：“这对我们没有好处！来吧，头朝下，屁股朝上，冲下去！”我们这样做了，我们清除他们，用刺刀刺他们，向他们射击，其他人跑了。过了一会儿，第8营的一个家伙说：“看，看那该死的灌木丛。它在移动！”我们看着它，那显然是一个狙击手，他打扮得像棵圣诞树。他的头和肩膀上都伸出了树枝，整个人都像一丛灌木。当我们击毁他的时候，他就一点也不像灌木丛了。一个家伙喊道：“你们这些杂种，跟我来！”我旁边的人是罗比·罗宾逊（Robbie Robinson）[4]，我营中的一个下士。他听了这话大笑起来，我能看到他现在咧着嘴笑——接着他的头落在我的肩上，一个狙击手射穿了他的颈静脉。我真的认为那是我经历的火的洗礼，因为罗比的血溅了我一身。[5]

——二等兵弗兰克·布伦特，第6营，澳大利亚武装部队当澳大利亚人远未达到他们最初的目标时，土耳其人占领了高地。那天结束的时候，游戏结束了；遍布各处的土耳其人俯视着被关在桥头堡里的澳新军团，桥头堡只有1000码深、2500码长。澳新军团几乎没有机会突围；事实上，主要的问题是土耳其人是否能冲下来，把他们扔进海里。

4月28日晚上，汉密尔顿来到了皇家海军陆战队的海军旅，让疲惫的澳新军团士兵有机会休息。海军陆战队大部分是新近招募的新兵，当他们在第二山脊上占领阵地时，许多人都被周围的环境吓到了。他们有少量伤亡，但在4月29日下午，土耳其人发动了攻击。

土耳其人在下午开始大规模进攻。他们从灌木丛里出来，就像兔子一样向你扑来——哦，我的天——我们颇为艰难地击退了他们。有两个人给我装弹药，我不停地开枪。枪管变得非常热，直到我无法点火，我不得不等到第一个冷却下来。但到那时我们已经平息了攻击，否则它就会非常非常黏，因为当你拿不动步枪时，你会陷入困境，而且它们会变得非常热。我想，如果你错过了一个，你可能会找到下一个人。请注意，你没有太多的时间瞄准目标，你必须继续工作。战斗几分钟就结束了。他们伤亡惨重。他们最后没有走到50码以内。[6]

——二等兵托马斯·贝克，查塔姆营

土耳其的袭击主要发生在夜间，以避免遭到海军炮火的袭击。机枪手列兵约瑟夫·克莱门茨（Joseph Clements）在前线。

旗帜飘扬，军号吹响，他们成群结队地过来了。我把机关枪固定好，坐在那里射击，左右摆动着枪，没有瞄准，但你不会错过目标。不超过200码，那么多人集中在一起，他们没有展开，没有空间让他们展开。我在射击，2号看到带子在转动，于是从盒子里再拿出一根带子准备好。你看不到效果——你只是向一个大物体射击。它看起来不像单个的人。战斗突然结束了。他们只是转过身去，再也没有人在那里了。[7]

——二等兵约瑟夫·克莱门茨，迪尔营

土耳其的袭击使得他们自己也被毁灭了。澳新军团和他们的英国援军在沿着第二山脊的一系列连锁哨所的基础上，设法建立了一条连贯的防线，每个哨所都能以致命的炮火覆盖其他哨所。土耳其人并没有完全放弃逃跑的希望，在5月2日晚上发动了进攻。澳新军团的三个营袭击了莫纳什山谷的顶部，当他们失败时，英国海军陆战队被命令前进。

我们的军官理查兹（Richards）上尉命令我们爬上陡坡，我们就匍匐在那里，就在山脚的末端。他喊道："向200米处开火！"他站在那里，当着敌人的面，不停地喊着说："来吧，伙计们！"突然，我看到他右肩胛骨下面有一个巨大的三角形切口，他面对着土耳其人，背对着我们。他的衬衫开了，一定是被哑弹击中了。他回来后命令我向左走。他倒下了，嘴里仍然在喊着："向200米处开炮！"我们肩并肩地躺在那里。我们向不断前进的土耳其人射击。他们大约在150码远的地方，几乎是成群出现的，所以我们很容易找到目标。一个澳大利亚人过来躺在我旁边。在他的右边，另一个人爬上了这个陡坡，他是朴次茅斯皇家海军陆战队的阿姆斯特朗少校。理查兹上尉就在他身边，右边的人肩并肩躺在地上。根本没有掩护，没有战壕，只是躺在山脊上。[8]

——二等兵托马斯·贝克，查塔姆营

土耳其人开始反击，随后海军陆战队发现自己遭到了背后的炮火袭击。

突然，一架机关枪以直角向我们射击；他稍稍落后于我们的位置，在右边。他的视野很好，因为他在更高的地方，可以清楚地看到自己在做什么。这就像割草，我应该为他着想。我们在前面射击，它在我们后面。这把机枪向前扫射，杀死了山脊上的每一个人，除了澳大利亚人和我。只有我们两个得以幸存。澳大利亚人对我说："那些混蛋杀不了我，他们已经试过很多次了——他们杀不了我！"我又看了一遍。机关枪在我们身后又开始吠叫。然后它又来了——把沙子溅飞，把每个人都盖住了。它来到每个人的身边，当我看到那些子弹飞来的时候，我知道如果它们飞得足够远，我就完蛋了。有人说，这是过去经历的再现。但是我可以真实地说，我在19岁的时候并没有经历太多，我想的是："我能活下去吗？"这就是我的想法，这就是让我震惊的地方："我能那么幸运吗？"因为我看不出这么多子弹飞来的情况下，我怎么能活下去——我等待着——这是不可避免的。我感觉到子弹砰的一声射入澳大利亚人的身体，他再也没有说话。我觉得自己好像被驴撞了，右脚被子弹打穿了。[9]

——二等兵托马斯·贝克，查塔姆营

机关枪停止了致命的轰鸣声，但已经造成了伤害。几分钟后，土耳其人越过了陆战队员沿山脊的阵地。

我躺在那里，不知道该怎么办。土耳其人走过来，用他们的刺刀捅了许多人。幸运的是他们没有戳我，否则我现在就不可能在这里了！我听见他们叽里咕噜地说个不停，然后他们又走开了。"好吧，"我想，"我必须做点什么！"于是我推了自己一下，就开始了一段悲痛欲绝的旅程——悲痛欲绝地一直走到山下，越过死尸、来复枪、灌木丛和各种各样的东西。[10]

——二等兵托马斯·贝克，查塔姆营

贝克很幸运地获救并安全撤离。他的战友们在随后的战役中腐烂，这一地方很快就被称为"死人岭"。当贝克离开澳新军团湾的时候，很明显那里的登陆失败了。尽管澳新军团能够坚守阵地，但他们没有机会实现真正的目标。

汉密尔顿1915年4月25日的赫勒斯登陆计划极为荒唐复杂。第29师团将在防御良好的V和W海滩（位于半岛尖部）进行两次主要登陆，辅助的侧翼在X、Y和S海滩登陆。他们打算在黄昏前占领阿奇巴巴（Achi Baba）山，并在4月26日继续占领基利德巴尔的真正目标。在预备队到达之前，土耳其人只能依靠一个营来阻止英军。

在帝国战争博物馆的口述历史录音中，4月25日上午登陆的第29师团成员没有得到很好的表述。当时不仅发生了可怕的屠杀，而且在加里波利撤退之前，战斗持续了6个月。随后，他们全部被派往西线，在那里，他们与德国人进行了两年的艰苦战斗，造成了更严重的屠杀。很少有人幸存下来讲述他们的故事。当兰开夏郡燧发枪团第1团在4月25日早上6点划入W海滩时，土耳其人已经做好了准备。尽管寡不敌众，他们还是能把海滩尽收眼底。二等兵西尼·霍尔（Sydney Hall）讲述了接下来发生的事情。

一只小帆船拉着4艘小船，每艘船上大约有30人。小帆船把我们拖到它们能够靠近陆地的最近地方，然后他们放开小船，水手们把我们划了进去。能看到的只有我们面前的悬崖。我们被射击了，因为在悬崖顶上有一条壕沟，他们所要做的就是俯身向我们射击。我完全麻木了，不知道是一种什么状况。突然，砰砰砰！大家都被击倒了。当我们靠近一点的时候，我们跳出了小船。水在我的头顶上，没过了我的头顶。我一直在挣扎，一直走到海滩，我走了好几次，我想那里有绊线。我走到更靠右的海滩，那里有一道大约4英尺宽的带刺铁丝网——它没有被碰过。我匍匐在铁丝网下面，旧的包裹被钩住了。然后爬上悬崖，进入战壕。我从没见过土耳其人。战壕是空的，他们已经回去了。我也没有看到任何一位军官。我照顾好自己，尽我所能继续前进。第二天我们都在吃口粮，但当我摸到我的口粮时，我发现牛肉里有一颗子弹！[11]

——二等兵西尼·霍尔，兰开夏郡燧发枪团第1团

兰开夏郡的大部分燧发枪团都被海滩上的铁丝网挡住了去路。他们遭到猛烈的炮火袭击，在突围前伤亡人数迅速增加。二等水兵斯蒂芬·莫伊尔（Stephen Moyle）到达的时候，这场可怕的战斗仍然在继续进行。

兰开夏郡的燧发枪团仍然坚守在那里。我们海军预备队里有几个非常强壮的小伙子，有一个发现了一具尸体。他向前走了三四步，解开了贴在尸体脸上的燧发枪背带。我们这些年轻人看着，不知道他在干什

么。当他解开背包带子的时候，他花了很长时间看着手里的东西。我们向前挤了挤，想看看是什么东西。令人想象不到的是，他手里拿着一只婴儿鞋，鞋是放在背包上面的。看起来，死者的太太好像说过："拿着这个吧，会给你带来好运！"那个结实的小伙子把它放回背包上面，又把皮带捆好。[12]

——二等水兵斯蒂芬·莫伊尔，德雷克营

与此同时，在V海滩，士兵们划着一串串的划艇上岸，隐藏在从海滩上岸的改制商船克莱德河的"特洛伊木马"的深处。对海军少尉雷金纳德·吉列特（Reginald Gillett）来说，幸运的是，他没有被要求在第一波中上岸。

黎明到来的时候，我们接到命令，必须振作起来，去面对来自海岸的冲击。事实上，影响是如此之小，我们几乎感觉不到。有一小段时间是死一般的寂静。强大的水流使连接海岸的驳船定位成为一项困难和危险的工作。土耳其人按兵不动，直到最前面的部队到达岸边。然后面临的是地狱一般的局面，我们在船舱里什么也看不见，但克莱德河上的一排排子弹震耳欲聋。更多的部队奉命上岸。然后，我带领我的部队离开克莱德河，爬上了右舷的舷梯。我们眼前的景象是难以形容的。现在连接在一起的驳船或多或少已抵达岸边，残缺不全的尸体被堆得高高的，在最后一艘驳船和沙滩之间，是死人堆成的码头。不踩在死人身上就不可能到达陆地。[13]

——少尉雷金纳德·吉列特，汉普郡第2团

土耳其人在V海滩上发出的猛烈炮火是如此致命，部队只有在夜幕降临时才能上岸，海滩上的土耳其防御工事直到4月26日下午才被击溃。

与此同时，在Y海滩登陆的营队很快就被土耳其人切断了联系，4月26日早些时候，他们被迫撤退，一无所获。X海滩上的部队与W海滩部队的联系相对成功，但S海滩上的部队则完全孤立，直到4月28日被纳入总体推进，即现在所知的第一次克里希亚（Krithia）战役。然而，这也是一个摸索过程，最后步履蹒跚地在离土耳其阵地很近的地方停下来。此时，库姆卡莱的登陆已经被放弃，法国人被赋予了控制海勒斯线右侧的任务，这使得他们很容易受到海峡对岸土耳其炮火的攻击。

5月1日，土耳其人发动了进攻，他们得到了新援军的支持，决心要让对手感受到他们的存在。由于受到盟军舰队大量火炮的限制，他们被迫在夜间进行攻击。他们一而再再而三地向前猛冲，直到他们的进攻在血泊中崩溃。结果陷入僵局。

英国和法国的军队在经历了磨难之后筋疲力尽，但汉密尔顿决定他们必须在为时已晚之前继续前进。每天都有更多的土耳其营和壕沟横亘在盟军和他们的目标之间。因此，他下令重新发动进攻——这就是从5月6日开始的第二次克里希亚战役。事实证明，这是一次混乱的接触，胡德营的遭遇是他们向前探索时的典型表现。对他们来说，土耳其人是完全看不见的，但他们的子弹似乎无处不在。

没有战壕，这是公开的战斗。我们不得不沿着房子的前面冲过去，穿过这个缺口。只有4个人过去了，我们不得不爬过死伤者。我们向前走了大约10码，然后就开始往下走。子弹打在沙滩上，沙子溅得到处都是，你得把沙子从嘴里吐出来。[14]

——二等水兵乔·默里，胡德营

他们感到孤立无援，不知如何是好，于是决定继续前进。

我记得，耶茨（Yates）只是比唐（汤森德）和我领先一点点。我们或多或少地并排爬着，但子弹打在沙地上，喷在我们身上，打在我们的背包上。于是我们决定，“再来一次冲锋怎么样？”于是我们这样做了，只有15码，足够近了，一个人流血了，每个人都流血了。我们决定再往前一步。我们必须保持向右稍稍移动，躲避火线。但子弹仍然在头顶上呼啸，撞击在地上。我想那一定是机关枪。如果一个人被两三个人同时射击，他也会倾向于认为那是机关枪。你看不见敌人，到处都是吵吵闹闹的声音，不仅在我们这个区域，到处都是。我们决定再往前走一点，4个人一起站了起来。叶茨在前面，突然他弯下腰来。他可能是腹部中枪，也可能是睾丸中枪，他像热锅上的蚂蚁一样跳来跳去，然后倒在了地上。但是，我们一走近他，他又突然站起来，拼命地朝土耳其人冲去，砰！完蛋了。年轻的霍顿（Horton）是第一个走到耶茨身边的，霍顿抓住了他，想看看究竟发生了什么，一颗子弹击中了他前额正中，击中了他的头部，也击到了我指关节的一小块。可怜的老霍顿。他不停地为妈妈哭泣。我现在能看见他了。就在这个时候听他说，他18岁，但我认为他可能都不到16岁，更不用说18岁了。[15]

——二等水兵乔·默里，胡德营

5月6日和7日的袭击是一场彻底的失败。然而，随着土耳其人兵力日益强大，汉密尔顿觉得他别无选择，只能继续前进。在绝望中，他从澳新军团招募了两个旅来支援他的部队。他们遭遇了同样的命运。

你可以看到你的同伴惊慌失措，你们必须当面认识到这就是结局，这就是你一直以来的想法。尽管你看不见一个土耳其人，他却从各个角落向我们投掷他能拿到的所有东西。令我惊奇的是，他是如何在接二连三的炮火袭击后做到这一点的。我把包捆好，每当我躺下，都会说："感谢上帝！"[16]

——二等兵弗兰克·布伦特，第6营，澳大利亚武装部队

不久，土耳其的战线就蜿蜒地穿过了整个海勒斯半岛，形成了一个完备的壕沟系统，有堡垒、交通线路和许多支援线路。英国的目标从突破海峡威胁君士坦丁堡，缩小到仅仅控制了阿奇巴巴山，土耳其人可以从这座山向下窥望在海勒斯的整个盟军地区。不久，即使是相对温和的雄心壮志也成了一个无法实现的梦想。

随着夏天的到来，加里波利的士兵们忍受着恶劣的服役条件：酷热难耐，饮食单一，难以下咽，缺乏淡水。他们被苍蝇包围，苍蝇在他们的食物上、腐烂的尸体上和臭气熏天的厕所里飞来飞去。

在空地上挖出一条狭窄的壕沟。如果你往里面看，你会感到恶心。你会以为是胃和内脏被切碎之后被放在了那里。这是可怕的，你得把它遮上后再挖一个。它不能挖得太深，否则你会掉下去的。没有任何支撑，只是一条敞开的壕沟，但相当深。[17]

——二等兵哈罗德·皮林，兰开夏郡燧发枪团第6团第1营

疾病摧毁了整个团队。

得了痢疾之后，你不断地想要排出一些东西，但是没有什么要排出的，只有黏液，没有固体。当然，我们没有卫生纸，你必须用手擦干净，没有别的了。然后你会把你的手——本来是用草，没有草了——手就在沙子和裤子上摩擦。[18]

——二等水兵乔·默里，胡德营

这是非常可耻的，很快，甚至最强壮的人也发现自己无能为力。

我的老朋友，几个星期前，他像卫兵一样，衣着整齐，身体挺拔。大约过了十天，看见他在地上爬来爬去，裤子堆在脚下，后背耷拉着，浑身脏兮兮的，包括他的衬衫——一切都弄脏了。他不能走路了，我的伙伴抓住了他的一只胳膊，我抓住了另一只胳膊。他和我的情形都不太好，但我还没有达到那种程度，我们把他拖到厕所里，这太丢人了，你还记得他原来的模样。我们把他放在厕所旁边，想把苍蝇从他身上赶走。我们正设法把他转过来，把他的背朝向壕沟。不知道发生了什么事，他滚进了这个一英尺宽的沟渠，半侧着身子，头朝下钻进了黏液中。我们无法把他拉出来，我们没有什么力气，他也无法控制自己。我们最终救出了他，但他已经死了，他淹死在了自己的粪便里。[19]

——二等水兵乔·默里，胡德营

无论他们身在何处，他们随时都身处在土耳其炮弹落地的危险中。事实上，大多数地方都在小型武器的射程之内，在前线，对立的狙击手之间上演了激烈的战斗。

我们有一块铁板，上面有一个足够大的孔，可以让来复枪穿过去。有一天，我在距离土耳其战壕300码之外的地方进行狙击。我一枪打过去，就看到一条头巾飘了起来。我以为自己一定是干掉了他们的狙击手。我的步枪被卡住了，我把枪抽了出来，想把子弹取出来，这时对方的狙击手把子弹从我的放枪孔里射了回来，孔口只有4英寸见方。所以我说："好吧，天哪，你的枪法比我好！"[20]

——二等水兵斯蒂芬·莫伊尔，德雷克营

一场悲剧事件突显出土耳其狙击手对二等兵乔治·皮克（George Peake）的准确射击。

这个士兵跳了起来，说："让我去打那个混蛋！"他刚把枪穿过铁板上的那个孔，就死了——一颗子弹击中了他的头部，当我们坐在战壕里的时候，他的脑袋朝我们飞来。米切尔有妻子和两个孩子——他曾经给我们看过家人的照片。他说："哦，那些卑贱的人——我要把他们打死！"他把尸体移到一边，跳了起来，然后就死了。他们的脑袋都向我们飞来。[21]你对此似乎无动于衷，因为你已经习惯了。你可以适应任何事情。[22]

——二等兵乔治·皮克，兰开夏郡燧发枪团第8团第1营

每当盟军试图突破土耳其防线时，伤亡率就会直线上升。成功的机会总是很小的，因为土耳其人具有同样的数量，具备优秀的指挥官和所有有利于他们的战术优势。1915年6月4日的第三次克里希亚战役将是所有这些徒劳攻击的代表。皇家海军越过了英军防线右侧的顶部。那天早上，乔·默里和他的朋友们在拥挤的前线汗流浃背，准备越过山顶。

我们站在那里，无法坐下，不能躺着，只能站在那里。我旁边的那个家伙在摆弄弹药，摆弄、擦拭他的步枪，在看弹药库。另一个人盯着我看。火线上死尸身上的蛆虫在我们鼻子底下爬来爬去。每隔一段时间，如果一颗子弹打在防护墙上，就会发出嗞嗞的声音。风——气

体——闻起来就像地狱一般。太阳滚烫，蛆虫，苍蝇——臭气熏天。说实话，接下来的半个小时就像一个时代！我祈祷道："上帝保佑，不仅仅是为了我自己，也是为了我的父母——能让我活下去吗？"帕森斯少校站在梯子上，喊道："男子汉们，还有5分钟就要出发！还剩下4分钟了！""只有1分钟就可以出发了，男子汉们！现在出发，男子汉们！"他吹响了号子，于是我们出发了。[23]

——二等水兵乔·默里，胡德营

突然，一阵风暴来临，打断了他们。

有人倒在壕沟里或护墙上。死伤遍地，到处都是尸体。我的排长穿过去了，我跟在他后面。帕森斯[24]已经死了。我们进入了死亡之地。海军士官说道："好吧，来吧，小伙子！"来吧！我们又移动了一下，然后躺下来喘口气。他是一个老预备役军人，秃头在阳光下闪闪发光——他的头盔丢了。他站在壕沟上，拿着步枪和刺刀，说着："来吧，来吧！"他头上缠着一块白手帕，鲜血从脸上流下来，就像《伦敦画报》上的插图一样。他流血非常严重，我想跟上他，但是他领先我20码。我到了战壕里，我进去了——它有10英尺深！那里有一两个尸体，没人活着。[25]

——二等水兵乔·默里，胡德营

皇家海军做得很好，但是他们右边的法国人被赋予了一项不可能完成的任务：对抗强大的土耳其堡垒。当法国人推进失败时，皇家海军右翼暴露了出来。

突然，右翼安森营开始撤退。我们被迫撤退，跳回去，跳过了第二道战壕；然后迅速跑回第一个战壕。我想："好吧，现在如果我们能停在这里，我们就能够把他们阻击在这里。"我不停地转身射击，但前面没有多少人反击。我不明白我们为什么要撤退——我们一点压力都没有。我们几乎接近了他们的第一道战壕。我喘不过气来，太累了，心想："再小跑一次，我就进战壕了。"但当我到达那里时，到处都是土耳其人！所以我没有停在战壕上，而是跳过了战壕的顶部，我被插在臀部的刺刀顶了起来——就在缺口处！我正好从战壕前面掉到一个弹坑里，平躺在那里。[26]

——二等水兵乔·默里，胡德营

他没有辜负自己的绰号“幸运的达勒姆”（Lucky Durham），他设法平静地躺在那里，直到夜幕降临，他终于平安地回到了老前线。

这将是海勒斯夏季余下时光里的常态。盟军一次又一次地发起进攻。战场上到处都是腐烂发胀的尸体，空气中弥漫着令人作呕的气味，几英里外都可以闻到。二等兵托马斯·贝克在伤愈返回半岛后注意到“某种东西”。

空气中有一种可怕的气味，我对某人说：“这种难闻的味道究竟是什么？”他说：“是死人的味道——我们战壕前面的死人味道。”“如果你闻过一只死老鼠的气味，就会发现它是那样的味道，但比那还要糟糕好几百倍。”目光所及的范围之内，你能看到左边有三排尸体，右边也是三排。尸体是黑色的——非常可怕的景象。恶臭难以形容，你只能忍受。那是死亡的气息——你永远无法将它从你的记忆系统中清除。我仍然记得它——我仍然记得它是怎样的味道。[27]

——二等兵托马斯·贝克，皇家海军陆战队第1营

他的记忆中还残留着那股恶心的气味。

后来发生在海勒斯的所有攻击都注定要失败。实际上，汉密尔顿已经动用基钦纳不情愿地分配给他的额外5个师，试图在8月份从澳新军团的北侧突围，占领莎莉拜尔岭（Sari Bair Ridge）高地的同时，在苏夫拉（Suvla）湾登陆。这些计划极度复杂。它们依赖于一系列广泛分散的独立行动一切顺利，尽管地面条件严重断裂，但这些行动应该是紧密同步的。分配给这些部队的任务，既没有考虑到他们的经验，也没有考虑到他们的身体状况，而且他们的领导人往往严重不足。还有，不管怎么说，也忽视了敌对的土耳其的力量。

8月6日，澳大利亚第一师团发动了一次英勇的转移注意力的进攻，所有的目光都投向了澳新军团南端的孤松高原（Lone Pine Plateau）。夜幕降临后，这些纵队从澳新军团驻扎地出发，沿着海岸悄悄行进，然后沿着山谷和马刺向高地进发。新西兰旅沿着杜鹃花岭（Rhododendron Ridge）前进，前往楚努克拜尔（Chunuk Bair），这是土耳其防线后面的一座关键山，俯瞰着“古老的”澳新军团。然后，他们打算冲下来，从后方夺取土耳其防线。不幸的是，一切都没有按照计划发展：部队迷失了方向，指挥官没能继续推进，土耳其人有足够的时间将部队派到楚努克拜尔，阻止进攻。这一计划的失败让这批澳大利亚轻骑兵在山峡里面走向死亡。很少有人意识到，英国的柴郡第1团第1营，打算作为一个支持单位来巩固任何战果。但当他们向轻骑兵后面的山峡行进时，遭到了猛烈的火力攻击。在激烈的战斗中，威廉·戴维斯中士目睹了威望极高的连队军士长“金杰”·哈普[28]的死亡过程，他在战斗初期就已经阵亡。

炮弹、猛烈的爆炸、弹片——包围了我们——我们觉得完全没有希望——一切是徒劳的。“红头”·哈普被杀死了。炮弹正好落在他们中间，哈普和另外8个人被炸死。他们位于我们连队的前面，我在末尾。我告诉他们靠近一边。我们继续行进下去，直到抵达那个秘密通道。它把我们带到下一个峡谷，而没有把我们带到山顶。我们进入了下一个峡谷，这是一个相当深的峡谷，主要是沙土，你是滑进去的。我们在左边，土耳其人在我们身后971山的山顶上，如果我们在另一边，我们就会被看见。我们下到那里，走向所谓的“棋盘”。土耳其战壕里到处都是大木头。那天下午我们排好队，每人得到两枚炸弹。我们要展开攻击。我们都排好队，准备出发。我们进行了告别。我们知道必须这样做。我们人数众多，大约有800人，一遍遍地准备出发。我们的同事德拉蒙德·威洛比（Drummond Willoughby）上校从山上飞奔而下，他说：“你们不能走！”那时，我们已经说了再见，我们可能会挺过去，但我们会损失很多人。他救了他的营，他救了我们。我们向右转，又回到沟里去了。[29]

——中士威廉·戴维斯，柴郡第8团

第二支澳大利亚突击纵队正在沿海岸移动，而英军各营则在保卫他们的左翼。少尉约瑟夫·纳皮尔（Joseph Napier）被委任为南威尔士边疆第4团的负责人。

这是一件尽可能要安静的事情：不能开枪——事实上，没有开枪——也没有喊叫。我们背上有补丁，把彩色的补丁系在夹克上，这样我们的辅助船就能看到我们的目的地。我们在一个叫阿吉尔·戴尔（Aghyl Dere）的峡谷里排队。我不相信土耳其人真的认为有人进攻。当我们出去袭击达马杰利克·拜尔（Damakjelik Bair）时，我认为没有人知道我们会遭遇什么。你可能会说，什么都不知道，什么也看不见。就我而言，行动起来没有什么困难，我的部队在黑暗中直线奔跑。天不是特别黑，但你看不清什么，因为这个国家到处都是水道、小山、陡峭的峡谷等。我在整个左翼掩护部队的左排。我们沿着这条小路往上走，山顶上有一些壕沟。土耳其人无关紧要，他们在那里没有任何强大的力量。我看到一些土耳其人，但据我所知，他们并没有给我带来麻烦。我站在黑暗中，等着看会发生什么。[30]

——少尉约瑟夫·纳皮尔，南威尔士边疆第4团

一切似乎都很顺利。

突然，一颗炸弹在离我不远的地方爆炸了，照亮了我周围的一切。我回头看我们的队伍，看到我的一个排长，“威尔士人”詹金斯（Jenkins）[31]，他用步枪和刺刀向我直冲。我记得我当时说道：“你好，威尔士人，你在做什么？”我说这句话的时候很随意，因为他的排应该离他很远。几天后，威尔士人吞吞吐吐地跟我说：“乔，你知道吗，那天晚上我正要用刺刀刺你。如果不是那颗炸弹点燃空气，并且照亮了周边，你没有说，‘你好，威尔士人’，我想你已经是个死人了，我真的

很抱歉！”[32]

——少尉约瑟夫·纳皮尔，南威尔士边疆第4团

在战斗的后期阶段，8月13日，当一切成功的真正希望早已破灭时，纳皮尔遭受了个人的特别损失。

我们刚把土耳其人从一排不很深的战壕里赶出来，我想大概是那天早上6点左右，有个士兵从战壕里走出来，对着我们的排说道："你父亲被击中了——你最好来看看他！"我穿过战壕，当我到达的时候，我发现他在战壕的后面，战壕从敌人那里倾斜而下，他被包扎起来。他把夹克撩起来套在头上，这样他们就能摸到伤口，而中士，我想应该是中士，准备了一套野战服。到处都是血，我饶有兴趣地看了一会儿，并不认为这很严重。最后我问道："你感觉怎么样？"我没有听到任何回答，于是我把他的夹克拿回来盖在他的头上，我立刻看到，他已经死了。[33]这是毫无疑问的。人们问我，在这样的场合，有什么感受，这很难说。我不认为自己有任何即时的反应，也没有巨大的悲伤，因为当时到处都是这样的事情。年轻的时候见过这么多尸体躺在周围，就会变得麻木不仁——当我看到他死去时，我只是把它当作战争的另一个事实。我没待多久。当我走开的时候，我为他感到自豪。我回到我自己的战壕里，第二天我告诉过几个人，我自己的蝙蝠侠已经被杀死了，说实话，我真的很难过，因为他知道我所有的东西，而我却不知道。[34]

——少尉约瑟夫·纳皮尔，南威尔士边疆第4团

面对坚定的土耳其反击，澳新军团的突围失败了。

第11师将于8月6日晚上在苏夫拉湾进行登陆，这将是基钦纳新部队投入战斗的第一批士兵。在弗雷德里克·斯托福德（Frederick Stopford）中将的指挥下，新成立的第9军的其他成员将跟随他们。这次行动的目的是为了确保一个安全基地，如果澳新军团的突破攻下莎莉拜尔岭，那么可以以此为基地发动下一阶段的进攻。如果要占领包围苏夫拉湾平原的高地，速度是必不可少的，但是斯托福德太老了，太谨慎，太胆小，他

的部队无法继续前进。他们成功上岸了，但是训练有素的土耳其防卫部队对付没有经验的英国军队来说实在绰绰有余。没有一个高级军官能控制事态发展，所以英国人在没有任何真正目标的情况下四处游荡，一直在忍受着无形的土耳其人的射击造成的伤亡，忍受着缺水的痛苦。随着新部队的登陆，部队毫无秩序、漫无目的地投入战斗，战斗很快就平息了。8月9日，欧内斯特·海尔（Ernest Haire）下士和柴郡第4团第1营发现自己正在穿过苏夫拉湾干涸的河床，丝毫不知道自己要做什么。

我们炮兵队以梯形阵型出发，但最后我们不得不以较长次序出发，一长列纵队横越盐湖，这是一个极为干旱可怕的地方。走了大约400码的时候，我们听到一声大叫："某某人被击中了！""他还好吧？""是的，他们找到他了，把他送下来。"他是个电车售票员，喊道："下一站，特兰米尔漫游者！""到处是沙子，非常粗糙的沙子，不容易前进，很可怕，有三四英寸深。"我们很累，在过去的48小时里睡眠不足。我们的背包很重，里面装满了弹药，太重了。阴凉处的温度是102华氏度（相当于38～39摄氏度），烈日当头，太可怕了。[35]

——下士欧内斯特·海尔，柴郡第4团第1营

第二天一早，他们被派去攻打半月山（Scimitar Hill）。

连长说道："好吧，小伙子们，我们现在得出发了。"我们负担沉重，带着来复枪，打开刺刀，一直在跌跌撞撞地行进。我们没法跑动，身体沉重，地面状况不好，极度疲惫，只能行走，仅仅是行走，尽量走得更远一些。我们没有掩护，只能面对敌人。我们可以看到来复枪和机枪的闪光。他们向我们开了几枪，造成了损失。我们躺下了。我们太累了，走不动了。我们终于回到了起点。[36]

——下士欧内斯特·海尔，柴郡第4团第1营

疲惫不堪的柴郡团几乎没有什么喘息的机会。仅仅3小时后，他们又被命令继续前进。什么也没有改变。

我们认为再试一次是荒谬的。一个人说："我太累了，走不动了。"我们不得不苦苦挣扎，这是一件徒劳无益的事。我们在服从命令——我们不得不服从命令。我并不比别人更害怕，但我们都害怕。当你面对机关枪时，你一定是这样的感觉。我们确实试图发动袭击，不是因为我们想要这样做，而是因为这是我们作为士兵的工作。我们遭到了机关枪的猛烈射击。我被击中，倒下了。他们不得不再次退下来，而我则在烈日下站在队伍中间。我在中午被击中了。我带上了战地止血包，我知道没有击中动脉，否则我就会死去——血液会流出来——也没有击中骨头。我把卡其布撕下来，膝盖露出来了，在阳光的照射下，膝盖变黑了，烧伤比伤口更痛。我害怕的是土耳其人有刺杀伤兵的习惯，我被吓得僵住了。然后，我的一个主日学校的老朋友发现了我。他一直在整个区域搜索。我极度虚弱，已经在那里8个小时了，他说道："我会扶着你。"然后，我晕倒了，他拉着我走了——直到他找到了担架。他把我放上去，说道："再见了，年轻人，我们一定会再见的！"他在第一次加沙战役中被杀死了。[37]

——下士欧内斯特·海尔，柴郡第4团第1营

整个师团，成千上万的部分训练有素的士兵被投入战斗，他们没有经过战斗磨炼的技能，但需要战胜坚定的土耳其敌人，结果必然是在短短几个小时内就被撕成碎片。

8月12日，有人企图从苏夫拉平原的开阔地带清除土耳其狙击手，但没有成功。其中包括诺福克第5团第1营，据说他们在这次行动中神秘地消失得无影无踪。一等兵汤姆·威廉姆森（Tom Williamson）看到了真正发生的事情。

我们并不清楚敌人的战线究竟在哪里，他们只是向前指了指。我的职责就是维持他们的秩序——我的部门和我的排长。我们与其他部队一起快速前进，以最快的速度向敌人逼近。毫无疑问，我们被消灭了。早些时候，我们失去了核心人物——狙击手。加里波利变成了地狱，战火从各个角度释放出来。我们到达了一个可以看到土耳其人的地方。我的

军官越过了山脊，受了伤倒在地上。我们被告知不要照顾任何人，但我冲到他身边，拿出我的和他的外套，一件放在前面，一件放在后面。他的伤口有1.5英寸宽，他说道："汤姆，不要介意！"他叫着我的教名，"这个排剩下的部分由你来接管，别管我了！"我一直往前走，直到我们发现自己穿过了土耳其防线，只是刚刚穿过土耳其防线后面。我向土耳其人开火，我真的看到一些人倒下了。但是灌木丛着火了，虽然火势很小，但你不能躺在高温下。于是我们站了起来。然后，我的右臂被击中。我开枪的时候，子弹进入肩膀下面的肌肉。我知道我必须回去。我有一群人，但他们都一动不动地躺着，死了。土耳其人包围了我们，我们和土耳其人混在一起，他们分散在我们周围。我唯一的希望就是回去。我知道我完了。就在那时，我注意到一个中士手下大约有40个人躲在谷仓里。我可以想象他正在召集他手下的人。灌木丛着火了，狙击手或多或少被土耳其人包围了，对他们来说，这是一个毫无希望的位置，真的。毫无疑问，他们在那里被打死或打伤。[38]

——一等兵汤姆·威廉姆森，诺福克第5团第1营

到这个时候，任何人都应该清楚苏夫拉的操作已经失败了。然而，徒劳的攻击仍在继续：将军们非常胆怯，不敢接受自己的失败，却愿意牺牲他人的生命。

8月21日，发生了最后一次大规模攻击。这是加里波利有史以来最大的战役。成千上万的人死亡并致残，这是对那些下令发动袭击的将军的控诉，他们下令发动的袭击从来没有哪怕是一瞬间的成功机会。他们的视野从苏夫拉湾周围的山脊缩小到半月山和W山的山麓丘陵。在这场悲惨的战斗中，又一个新的师，这次是第二骑兵师被派往前线。他们把马留在了埃及，所以这些骑兵在猛烈的炮火下艰难地穿过了盐湖城。

是盐，很硬。上帝，这是屠杀。太可怕了！我被担架抬着，浑身是别人的血。我一直记得一个军官——他是个绅士——大腿受伤了。他说

道："不要担心，我还好，还有其他人比我的情形还要糟糕！"[39]

——骑兵亚瑟·布尔（Arthur Bull），

皇家格洛斯特轻骑兵第1团第1营

进攻失败了，战斗最后演化为一场关于60号山归属的争夺，它位于一个小海角，尽管只有60米高，但通过奇特的地形，从一边可以看到澳新军团和苏夫拉之间纤细的交会处，另一边可以看到土耳其防线后面诱人的景色。战斗非常激烈，最后双方都占领了足够多的山头来抵挡敌人，但不足以为自己赢得任何真正的优势。在战役其余的时间里面，60号山仍然是双方争夺的焦点。

巧合的是，我采访过的两名最有趣的加里波利老兵，马尔科姆·汉考克和埃里克·沃尔顿，都是1915年9月占领希尔60号山英军驻防部队的成员。

许多护墙都是一些尸体建成的，这些尸体部分被埋在地下——这是一件相当可怕的事情。就在我们进入战壕的时候，一具尸体，一只手臂伸了出来。它们完全干枯了，应该已经有两三个星期的时间了。一位新西兰人说道："哎，那个小伙子——我认识他有一段时间了。他一定已经成为枯干的木棍了！"好吧，我们第一次看到的时候，一点都不好玩。但你很难相信这一点：那些逝去的人，曾经是和我们握过手的人，对于他们，我们变得如此冷酷无情。这听起来很可怕，但一个人不能过度放纵自己的感情。[40]

——中尉马尔科姆·汉考克，北安普敦郡第4团第1营

英国人和土耳其人都试图在无人地带巡逻，但在这个拥挤的战场上几乎没有回旋的余地。最轻微的噪音都会引起敌人的警觉，并引发一阵小型武器的突然袭击。

我记得一支土耳其巡逻队来了，我们非常自豪，因为我们射杀了其中两三个人。我们很自豪看到这些尸体躺在前面。直到——气味太难闻了，太难闻了——我们希望我们能马上把它们带进去。我们曾经希望，

通过射击这些身体，气味会消失，但它们不断膨胀，变得越来越糟，发出可怕的气味。这是一件非常奇怪的事情——不管你向他们投了多少子弹，似乎都没有什么区别。我原以为气体会逸出并消失，但并非如此，在很长一段时间内都是这种状况。[41]

——中尉埃里克·沃尔顿，萨福克第5团第1营

手榴弹被大量使用，特别是在有争议的60号山的山顶。汉考克被任命为连队的爆炸官员，很快就被认为是一位专家。可以说，他以极大的热情投入了这项任务。

我的工作是利用所拥有的相当少的炸弹来达到最佳效果——换句话说就是尽可能地给土耳其人制造麻烦。我有两个朋友，他们会在我身后排列炸弹——我负责投掷炸弹。它们是相当粗糙的炸弹。一种是我们称之为果酱罐的东西，里面装了炸药，装满了各种各样的零碎东西：小块的石头，燧石，旧的膨胀的弹壳，小块的铁，钉子——任何东西！然后在雷管中插入一根引信。雷管的颈部被卷曲在一起，把导火线固定在雷管上。它穿过盖子顶部进入炸药中，然后可能会露出4～5英寸的导火线。问题是，要点燃导火线，你必须非常小心，不能在晚上亮灯，于是我经常用我的烟头。当你听到它开始嗞嗞作响的时候，拿着它两到三秒钟：不会太长，也不会太快——试着让它在着陆时爆炸。它不会在空中停留很长时间，你必须把握好时机，让它掉进土耳其战壕里。我还记得另外两种。一个是我们所说的板球。它相当于一个板球大小，是圆形的铸铁东西，顶部有个洞。它以前曾装满过炸药。你用雷管和引信把它从洞里引爆，然后把它扔出去，用手臂扔出去，把它扔进土耳其战壕里。当它爆炸时，铸铁碎裂成小碎片，碎片造成了破坏。另一个叫作梳子，这是一块大约6英寸见方的木板，末端有一个把手。在那块木板上绑了一块炸药。你启动了它，它是一个好东西，因为你有一个把手。爆炸范围虽然有限，但很剧烈。炸弹的另一个来源是土耳其的干扰弹。它们与我们的原则相同，但做得极其糟糕。我认为他们中有30%没有爆炸。我

们听到它们的声音，如果它们没有爆炸，我们就会记下位置："那里有垃圾！"晚上，我常常出去，在无人地带爬来爬去，收集这些该死的东西。我们真的缺这些东西。我所要做的就是把还没烧透的保险丝拿出来；把它拿出来，用一个雷管在它的末端重新融合，然后把它扔回去——它们总是会爆炸——那是非常令人满意的声音。[42]

——中尉马尔科姆·汉考克，北安普敦郡第4团第1营

他的热情引起了注意，结果汉考克被任命为旅里的爆炸军官。在这里，他接触到一个"结构过于复杂的"装置，将手榴弹投射到无人区更广阔的区域。

这是一个木制的装置，根据弹弓的原理工作。框架上有一个中空的木柱，两边都有一根结实的松紧带。你用缠绕手柄的方式给它上弦。你把气缸往下拉，直到橡胶上有很好的张力，然后固定住一个接点。你拿到炸弹，点燃了它的末端，把它扔进气缸，然后松开把手，于是炸弹飞走了。嗯，毫不夸张地说，这有点像投掷棒子的游戏，毫无疑问，看不见它去了哪里。你只需要猜测你设置的角度是多少，你需要计算橡胶的张力来判断高低，这样它就不会走得太远。这是一件很难把握的事。真的很有趣。[43]

——中尉马尔科姆·汉考克，北安普敦郡第4团第1营

埃里克·沃尔顿中尉看着这些弹射活动，感到相当困惑和不安。

操作的人是旅里的人，只要我们一听到他们要过来，每个人都会说："那些混蛋又来了！"他们会自己动手开火。他们没有经过科学训练，纯属业余水平，他们打的炸弹会飞到任何地方，有时向左，有时向右，你永远不知道它会飞到哪里。每一个身处前线和支援部队的人不是面向敌人，而是向后看炸弹有没有被投掷到自己附近。还有笑声！当你看到这颗炸弹在另一个连队的中央爆炸时，他们东奔西跑，想躲开这个可怕的炸弹。如果与你无关，它会让你大笑起来！[44]

——中尉埃里克·沃尔顿，萨福克第5团第1营

沃尔顿和汉考克都腿部受伤，于1915年10月撤离。

在加里波利，撤离是唯一现实的选择。澳新军团的失败和苏夫拉的操作，再加上10月15日保加利亚加入同盟国，意味着重型火炮和弹药的供应开始能够输送到土耳其，使得他们有机会爆破盟军的半岛，有机会在半岛附近轰炸盟军。在第一次事件中，只有澳新军团和苏瓦拉被疏散，这一过程是在12月18日、19日晚上完成的。气氛很紧张，但一切都很顺利，只剩下海尔斯的守军。一切都是经过精心策划的，在1916年1月8日至9日疏散的最后一晚结束。当他们走回去的时候，他们经过了所有将要离开的战友坟墓。二等水兵乔·默里非常沮丧。

我心里想，经历了这么多该死的麻烦之后，我不喜欢这样偷偷溜走。我心里很苦恼，我对自己说："我们在偷偷地溜走。"我们从布兰福德，从埃及，现在我们从加里波利偷偷溜走。我记得当我来到后屋邮局（Backhouse Post）的时候，我对自己说："天哪，可怜的老耶茨和帕森斯，他们都被杀了，埋在这里。"4月30日，当我们第一次去后屋邮局的时候，我还记得我们是多么高兴，热切地渴望去对土耳其人发动进攻。我们只剩下少数人了。[45]

——二等水兵乔·默里，胡德营

最后，默里来到V海滩，他将从那里出发。他经过克莱德河那令人心酸的船体，登上了一个上下浮动的驳船。那时他心情不好。

我们太拥挤了，连手都举不起来，真的举不起来！我记得我前面那个家伙病得很厉害。船上有一半人在睡觉和斜靠着。在这个闪光的驳船里，我们像沙丁鱼一样挤在一起。当然，天很黑——没有灯光，没有舷窗。我记得身后有几个人推推搡搡，心想："你想怎么做就怎么做！"突然，那该死的东西开始摇晃起来，它真的摇晃了。一定有颗炮弹——我听不见——但一定有颗炮弹落在我们附近，你知道我们曾经嘲笑V海滩炮击，我们大笑，我们就在那儿，毫无理由地大笑起来。在这闪光的驳船里，应该有几百人，船只在不时地摇晃着。突然撞到了码头。睡着的人在半梦半醒之间，生病的人还在生病，天哪，热得要命，热得要命！然后另一个人出现了，我想："我们为什么不从里面出来呢？"也许只有一会儿，但对我来说，那似乎是好几个小时，突然间，我们感觉到了暗礁在逐渐变缓，我对自己说："好吧，我们到了；不管怎样，我们现在是在海上！"我们就像很多牛一样离开了那里，被扔进驳船里，然后被推到海里去了，不管我们是生是死，没有人对我们指手画脚。[46]

——二等水兵乔·默里，胡德营

尽管许多人惊慌失措，疏散工作还是顺利进行；无论默里怎么想，这都是对合理计划和认真工作美德的证明。

因此，加里波利战役以"一场富有想象力的战争计划"的彻底失败而告终。这绝不是一件侥幸成功的事情，而是一场耻辱性的灾难，从来没有真正的成功机会。事实证明，土耳其人是顽强不屈的士兵，他们在战斗中总是受到很好的领导。盟军的战役建立在盲目乐观的基础上，缺乏对地形和战术现实的真正考虑。该计划逻辑上几乎是不可能的。然而不知何故，它仍然很吸引人。事实上，加里波利是我在1984年作为帝国战争博物馆面试官出的第一个口述历史项目的主题。以上材料的说服力，来自于对加里波利协会成员进行的精彩采访，该协会在20世纪80年代中期仍然是一个蓬勃发展的老兵组织。

美索不达米亚战役

美索不达米亚战役发生在土耳其控制下的美索不达米亚地区，如今被称为伊拉克，这是另一场灾难，起因在于盲目的狂妄自大。潜在的原因是希望获得当地的石油供应，这是皇家海军新一代军舰的燃油涡轮机所需要的。1914年10月，在对波斯湾的顶部进行了一些探索性的勘测之后，英国将第16旅转移到阿巴丹（Abadan），作为预防措施。11月5日与土耳其爆发战争之后，亚瑟·巴雷特（Arthur Barrett）爵士将军指挥的第6（普纳）师于11月21日晚上登陆并挺进巴士拉。到目前为止一切都很好：油田已经得到了保护，战役应该建立在防御的基础上——他们拥有什么，就坚守什么。不幸的是，他们认为，如果他们能够占领底格里斯河和幼发拉底河在古尔纳（Qurna）的交汇处，那么巴士拉将会更加"安全"，那里距离巴士拉大约40英里。1914年12月9日爆发的古尔纳之战是一场引人入胜的交战，让人想起19世纪的殖民战争。

我们带着枪支在船上过夜，在黎明着陆，准备发动攻击。大炮开动了，观察者给出了一定的距离。他们开了两炮，但什么也没发生。经过进一步观察，他们发现那里什么也没有——那是海市蜃楼造成的。当我们向上移动时，看到了自己的弹孔。嗯，我们开了枪，清除了村庄——村庄被烧毁了，土耳其人对它进行了清除。我只是个号手和队长的马夫——当枪声响起的时候，人们下马之后，我抓住马，带着马车回到后方。除了我自己的马外，我还养过三匹马。[47]

——号手杰克·卡拉威（Jack Callaway），

82炮台，皇家野战炮兵

土耳其的抵抗是微弱的，英国军队带走了大约1200名土耳其俘虏，并缴获了9支枪。这又是一个及时停止的机会，可以用来创造一个防守的前线，阻止通往巴士拉的道路，享受良好的工作表现所应得的称赞。然而，诱惑又来了：如果土耳其人软弱，为什么不把他们撇在一边，一路推进到底格里斯河上游的巴格达呢？因此，英国人又被卷入了另一场"东方人"的冒险。

起初一切都进行得很顺利。第6（普纳）师由查尔斯·汤森德（Charles Townshend）少将指挥，他是一个有趣的人物，自认是拿破仑式的天才。1915年5月，汤森德受命穿越洪水泛滥的平原占领阿马拉

（Amarah）镇。历史教会了汤森德去追击被击败的敌人——他做到了。在后来被称为“汤森德赛船会”（Townshend’s Regatta）的地方，他凭借高超的即兴发挥，带领着一群无定形的河船，以最小的损失率先占领了阿马拉镇。

现在，军队不得不适应美索不达米亚的服役条件。首先，天很热，热得要命，即使是在阴凉处也是如此。温度达到120～130华氏度（相当于48～54摄氏度），危及生命的中暑病例很常见。但与此同时，夜晚可能会冷得让人不舒服。在这种恶劣的气候条件下，陆军的口粮都得不到保障：通常食用的咸牛肉很快就融化成油腻腻的液体，干的“狗”饼干索然无味，长期缺乏军队必须吃的蔬菜，他们对当地的主食如秋葵等嗤之以鼻。水供应不足，卫生设施缺乏。很快，痢疾开始肆虐，耗尽了军队所有的力量和活力，而当地流行的沙蝇热也大大加剧了健康方面的问题。

随着汤森德向底格里斯河的上游推进，通信问题变得更加严重，因为美索不达米亚没有合适的道路，没有铁路，也没有充足的河流运输。从巴士拉出发的每一步都延长了英国脆弱的通信线路。他们继续前往汤森德的下一个目标——库特镇。9月26日，库特战役在这里打响，为足智多谋的汤森德带来了另一个成功。这一次，土耳其人并没有退得很远，而是在几英里外的泰西封（Ctesiphon）挖起了战壕。就在那时，最后残存的常识被抛弃了，汤森德奉命继续向巴格达挺进。1915年11月22日的泰西封之战中，英军最终占领了土耳其的前线阵地，但伤亡约4600人。

于是，我们接到的命令是前进：我们以战斗队形出发，向前线挺进。然后，我们可以看到敌人在那里。土耳其人突然向我们开火。我不知道有多少东西朝我们开火——步枪、枪支和所有东西——我们不得不匍匐在地面上。他们制伏了我们，我们未能接近他们，他们的火力很猛烈。我们遭受了相当多的伤亡。我们在那里停了很久，我期盼我们右边的军团努力前进。那依勒（Naylor）中尉正在从战场上接伤员，把他们放在牛车上，转移到河里去。我在协助他们。每辆手推车上都有3～6个人。我们把那些伤势严重的、需要抬上担架的平躺在下面，不太严重的人可以坐进这些弹药车里，铁板木轮，没有弹簧，他们所经过的路况是颠簸、颠簸、颠簸、颠簸、颠簸！他们走了七八英里来到河岸，那里有我们的两艘平底船。[48]

——二等兵威廉·芬奇（William Finch），

牛津郡和白金汉郡轻步兵第1团

现在，运输困难真的出现了，伤员的情形非常危急。医生、医疗用品和救护车短缺，13天之后，伤亡者才返回库特。

泰西封之战对英国来说是得不偿失的胜利。即使在土耳其人被迫撤退的时候，汤森德的处境显然也是无可救药。面对不可避免的结果，他下令撤退回库特。一旦他们意识到正在发生的事情，土耳其人很快就会追击，但当英国人撤退时，他们也遭到了阿拉伯非正规军的攻击。

阿拉伯人骚扰我们，成千上万的阿拉伯人沿着河岸朝我们射击。他们几乎都带着马提尼亨利：一个铅弹弹匣，一个滚盒弹匣，当然都是反发射的，弹匣里没有无烟线状火药——都是很久以前的东西。它不是很精准，但如果你被它击中，那就是很可怕的。如果你被击中，这些铅弹会飞溅起来，留下可怕的伤口。我记得看见一个步兵军官站在那里，举着步枪，有三四名印度兵站在他旁边。还有成千上万的阿拉伯人。印度兵有机关枪，他们拿着枪，在我们离开的时候，他们还敢开枪。这在我的脑海里留下了深刻的印象。我常常想知道他是谁，他是否逃走了。对任何受伤的人来说，这都是坏运气——最重要的是要确定他们都死了。如果你不小心留下某人——他们会割破他的喉咙——那就太糟糕了。很多伤者都遭此命运。[49]

——号手杰克·卡拉威，82炮台，皇家野战炮兵

汤森德的军队终于在1915年12月3日踉踉跄跄地进入库特。在这里，

他奉命坚守阵地，开始了围攻。库特镇位于底格里斯河的环流之中，因此防御起来相对容易。

土耳其人一直在挖掘战壕，以便赶上我们，对我们所有的阵地进行最后的进攻。圣诞前夜，我和团里的人在堡垒里，黎明时他们开始了进攻。他们在我们的护墙上打了洞，进来了，然后我们又把他们赶了出去。我想有五六次，他们在不同的地方破墙而入，但我们把他们赶了出去。在前面有800～1000人死亡或接近死亡。夜幕降临时，他们停止了进攻。圣诞节那天，土耳其人要求停战，以便埋葬他们的死者。一切都很顺利；我们开始转移伤员，这时一名土耳其军官爬上我们的护墙，开始勾画我们的位置。我们的上校派人去问汤森德将军发生了什么事，停战协定被取消了。这些人一直留在那里，直到我们在三月中旬把他们埋葬。在他们死前，我们给他们水，我们把水从我们的漏洞里放出来——把一个罐子绑在一根绳子上，装满水，拧下来，直到有人抓住罐子，把罐子倒空，然后我们又把它带回来。我们进行了一天，一天半，直到下面再也没有声音了，我们知道他们都死了。[50]

——二等兵威廉·芬奇，牛津郡和白金汉郡轻步兵第1团

土耳其人认为成本太高，双方都坐下来“观望”。大约13 000名英国士兵被困在土耳其后方。他们现在打算怎么办?

伦敦的当权者姗姗来迟地意识到，美索不达米亚行动过于雄心勃勃，资源不足的问题迫在眉睫。越来越多的部队被调遣到前线，以防止英军在东部的声望进一步受损。由于需要即将撤离加里波利，英军已经处于危险之中。派去参加集结救援部队的军官之一是约瑟夫·纳皮尔中尉，已从加里波利的伤情中恢复过来，正带着一份草案，准备返回南威尔士边疆第4团。在路上，他遇到了一个行事有点神秘的军官。

在塞得港，我们接到了几名前往美索不达米亚的情报官员，其中一名被安置在我与他人同住的小屋旁。他是一个相当无礼的小家伙，我们

对他的评价并不高——我们偶尔会进去教训教训他，或者把他从床上拽起来，做些类似的傻事。他的名字叫劳伦斯（Lawrence），但这对我们毫无意义。他当上了少尉，我们想："好吧，这太棒了！"当时少尉不多，所以他能当班，第二天就被派去当班。他没有去做他的工作，而是去做一名带队队长，戴着红色标签。高级军官叫他进来，说："你是干什么的？"他解释说，他刚刚被提升，不愿透露自己的身份。就是这样！在接下来的旅程中，他根本没有参加我们的娱乐和游戏，他独自坐在一张桌子旁，似乎吃得不多。我有一个照相机，还有一大堆我拍的朋友的照片——我从来没有为劳伦斯操心过，因为我们都认为他是个无足轻重的人！在所有令人惊讶的事情中，我们从巴士拉出发时，一艘邮船冲过来，第一个被带走的人是劳伦斯这个小家伙。[51]

——中尉约瑟夫·纳皮尔，南威尔士边疆第4团

这名情报官员正是阿拉伯的劳伦斯，显然是在执行一项无望的任务，即贿赂土耳其人，以确保库特要塞的解脱。当增援部队开始抵达巴士拉时，他们组成了一支新的底格里斯河部队，由芬顿·艾尔默（Fenton Aylmer）中将指挥。他们仍然受到严重运输困难的阻碍，向前推进到谢赫萨阿德（Sheikh Sa'ad），那里距离库特仍然很远，在那里他们遇到了土耳其人，双方数量大致相等。他们的正面进攻在1916年1月6日以惨重的损失被击退，这充分说明了他们面临的困难。虽然土耳其人后退了，但他们只是退到了更稳固的阵地。新来的人很快就发现了在美索不达米亚的恐怖活动。

炎热的天气常常使我头晕目眩，我不能忍受炎热的天气！我开始感到虚弱，但我没有意识到我得了痢疾。我太虚弱了，跑不了厕所。哦，我病得很重。人们正在死去，每天都有人把他们裹着毯子抬出去——死了！我很幸运，但我很年轻，这对我很有帮助。一个人到了三四十岁，他不能忍受和我一样的生活。但它彻底毁了我的内脏。[52]

——二等兵詹姆斯·斯内勒姆，东兰开夏郡第11团

旁遮普第28团的少尉伊恩·麦克唐纳（Ian Macdonald）相当简洁地总结了服役条件。

无论你走到哪里，海市蜃楼都在你前面。在一个只有河床和偶尔有一口井的绿洲才会提供水源的国家，这样做的效果是人们眼里出现一段诱人的水域。白天很热，晚上出奇地冷——冷得要命。沙漠行军，绝对平坦，绝对没有风景，几乎没有植被。也就是说，只有沙、泥和海市蜃楼。[53]

——少尉伊恩·麦克唐纳，旁遮普第28团

一群群的阿拉伯人仍然在他们营地的外围寻找食物，在任何时候，只要有可能，他们就会拿走一切。事实证明，他们是诡计多端的小偷，很难把他们赶走。

我们时刻保持警惕，防止阿拉伯人闯入偷走来复枪。回望底格里斯河，你能够看到太阳从10 000英尺高的山峰后升起的最美妙风景。等到太阳从头顶升起的那一刻，你就知道一个真正炎热的日子就会出现在你面前。系上绳子的尖桩是非常必要的，因为有一次旅长丢了他的马——他们就进来捏了捏他的马！我们接到命令，睡在帐篷里的人必须把步枪埋在下面，在扳机上绑上一根铁丝，然后绑在自己的手上，睡在步枪上。即便如此，阿拉伯人不知何故把他们弄翻了，把来复枪从他们手里夺了过去，这是一件棘手的事情。[54]

——中尉约瑟夫·纳皮尔，南威尔士边疆第4团

在美索不达米亚，娱乐的机会非常有限。当他们住在谢赫萨阿德时，纳皮尔和他的人被邀请参加一个音乐会，军队得到了一个颇为刺激的惊喜。

突然，4个女人从台上走了出来，男人们兴奋不已，他们很久没有见过女人了。因为完全没有女人，阿拉伯人称我们为“起皱的军队”，她们跳了一会儿舞，乱蹦乱跳，然后开始交谈，结果发现她们是打扮成女人的男人。你可以想象士兵当时的感受！[55]

——中尉约瑟夫·纳皮尔，南威尔士边疆第4团

在他们竭尽全力解救汤森德和库特守备部队的同时，许多残酷的战斗还在进行之中。土耳其人建立了一系列令人印象深刻的防御阵地。救援部队做了一系列努力，竭尽全力，试图突围，但没有成功。

不幸受伤的情况非常恶劣，因此政府后来开始调查谁应对此事负责。这对伊恩·麦克唐纳少尉来说并没有什么安慰，他背部受伤，在撤离时忍受了5天地狱般的煎熬。

我被安排在一条河船上。船上挤满了躺在甲板上的人。我躺在一个海福斯高地人旁边，他不是受伤就是病得很重。一连好几天，他只说了一句话："妈妈！"他死了，所以我和尸体并排躺着。根本没有医疗护理。我只有瓶子里的水，是我自己准备的，直到有人带着水过来。你只是躺在那里，等啊等，等啊等。谢天谢地，我很有先见之明，提前买了这个装满枣的干粮袋——这是唯一的食物。在到达巴士拉的医院船之前，我一直在那里。没有卫生设施：你没有选择。所以最后当你到达巴士拉的时候，一切都被切断了。回到文明社会是一种幸运的解脱。投入印度医疗服务的怀抱，从此一切都变得文明起来。[56]

——少尉伊恩·麦克唐纳，旁遮普第28团

麦克唐纳可以康复，但他的消化系统长期受损，再也不能在炎热的气候下服役了。

土耳其人带来了增援部队，他们的士气因最近在加里波利的胜利而大大提高，他们在那里学到了很多关于防御战争的艺术。在这场残酷的战斗中，底格里斯河军的伤亡人数上升到23 000人，远远超过了被困在库特的人数。美索不达米亚战役再次失控。

与此同时，在库特城内部，围攻以一种不同寻常的方式进行着。早在1895年，汤森德就被围困在克什米尔（Kashmir）的吉德拉尔（Chitral），他和他的部下在46天后终于松了一口气。在库特围城的大部分时间里，汤森德似乎一直相信救援会及时到来，而且在那之前他可以击退土耳其人。这将被证明是他的毁灭，因为汤森德最初让他的士兵吃饱了口粮。

汤森德一直以为他会在6周内得到解脱，于是我们在6周内就把口粮用完了。救援部队未能通过后，他突然发现，通过征用所有阿拉伯人的食物，一堆堆的谷物和骡子，他可以再坚持84天。我们吃了7个星期的饱食，接着是10个星期的饱食，渐渐地越来越少，最后是4个星期的饥饿，这简直是地狱。你肚子里的东西不够，你饿了——你逃不掉挨饿的命运。人们会吃各种各样的东西。4盎司的面包大概是3片小的，你可以吃24小时。当日子走到尽头的时候，面包已经全是大麦了，储藏面包的地方还撒了很多垃圾。早餐应该是一片面包和炖骡子。你吃了一顿下午餐，是一片面包和姜汁茶。生姜是印度军队的配给品，你所做的就是把沸水倒在上面——它不是很美味，但很热！然后是晚餐，是炖骡子和剩下的面包。肉类很好：毫无疑问，骡子很好，比马好，但你会对所吃的肉类感到厌倦；吃起来像嚼过的罐头。[57]

——中尉亨利·里奇，拉贾普塔纳步兵第120团

库特有充足的马匹供应，每个炮兵连有一百多匹。

每天都有那么多的马被杀——这是我们工作的一部分。总是有很多马匹离开，因为没有东西可以用来喂马。没有粮食，没有草，没有干草。我们不得不给它们大块的枣椰树来咀嚼。你也不能让它们太累。当我们第一次被切断联系的时候，我们经常带着马匹在街上转转，作为一个小演习。但这一举动引起了人们对运动的关注，而土耳其人总是对任何运动都保持关注。然后那些马就太虚弱了，跑不动了。12月下雨的时候，马匹只能趴在街道上的烂泥堆里，吃尽了苦头。[58]

——号手杰克·卡拉威，82炮台，皇家野战炮兵

有充足的马和骡子肉，但没有办法为男人提供均衡的饮食。不幸的是，当他们第一次被封锁的时候，汤森德的许多下属都不是处于最佳的健康状态，他们被激烈的战役、痢疾或白蛉热所折磨，经受不住长期被

围困的严酷考验。

普遍饥饿的事实，特别是缺少蔬菜，对这些人的健康产生了影响。他们很累，无法工作；他们不能挖掘，一次挖掘工作不超过几分钟。他们变得很虚弱。我们自己也注意到了——上楼时上气不接下气。坏血病变得很严重，伤口不能正常愈合。我们还得了其他疾病，比如脚气。最后，我们得了一种非常严重的疾病——类似霍乱——病人很快就死于呕吐和腹泻。我们不知道这是不是霍乱，但很像霍乱。上两次我们就是这样失去了很多人。[59]

——二等兵查尔斯·巴伯（Charles Barber），皇家陆军医疗队

一项大胆的尝试——用装载在朱尔纳号（Julnar）明轮船上的大量食品储存来突破土耳其防线——以失败告终，这艘船被留给皇家海军航空局的水上飞机，试图在首次空中补给行动中提供救援。在谢赫萨阿德的底格里斯河基地，少尉汉弗莱·德·维德·利（Humphrey De Verd Leigh）驾驶他的水上飞机起飞。

我们试着一天做两次飞行：早上和晚上——中午真的太热了。我们带着四袋80磅重的东西，下面挂着一个我们自己做的精巧装置。它很粗糙，但很有效。把飞机从河上飞起来是一件很糟糕的工作，因为它的速度非常快。确保飞机不被黏上是一项重要的挑战。我们不能飞到海拔6000英尺以下的库特，因为土耳其人有枪等着我们。要达到你的高度，一般需要一小时四十分钟。幸运的是，他们的射击非常糟糕，他们从来没有打到任何人——但你仍然会觉得他们会这样做。[60]

——少尉汉弗莱·德·维德·利，皇家海军航空兵

最后，汤森德和第6师的人都无法逃脱。1916年4月26日，他要求停战6天。土耳其人拒绝了，坚持无条件投降。1916年4月29日，在被包围了147天之后，英国人升起了白旗。

这次13 000多人的投降是大英帝国有史以来最大的军事灾难之一。英国和印度俘虏的身体状况非常糟糕，土耳其人并没有同情他们。他们

自己的士兵面临着艰苦的服役条件，因此，他们的俘虏将遭受苦难。虽然英国军官的表现还算不错，但其他级别的人经受了严峻考验。

他们给了我们一些粗糙的饼干，有些人很饿，不得不吃这些饼干，喝底格里斯河里的水。这些饼干让我们损失了五六十个人：吃了饼干之后，内脏会膨胀，这就导致了那些人的死亡。幸运的是，我不想吃它们——我对此反胃了。他们开始让我们向巴格达行进。没有交通工具，只有几个骑兵护送我们。我们当时非常虚弱，只是尽可能地前进。他们一直在你身后，对你说："快走！"还用来复枪打你的后背。如果你跟他们闹翻了，如果你的同伴不帮助你，你就只能躺着等死。我们穿过了许多阿拉伯村庄。阿拉伯人会用刀向喉咙处比画，说："英国人完蛋了！"在巴格达的最后一天，我的靴子被偷了，我不得不在战友的帮助下行走——非常虚弱。当我们到达巴格达时，那里有一群阿拉伯人向我们扔泥巴和吐口水。[61]

——二等兵拉尔夫·霍克戴（Ralph Hockaday），

皇家西肯特第2团

行军行进时，士兵们迫切需要水。

他们说我们大概还要两天才能到达下一处水域。我们没有水瓶，也没有任何盛水的东西。当我们来到有水的地方，不得不趴下来，舔着水喝。我和我的一个朋友在沙滩上挖了一个小洞，让水渗进这个洞里。可是，等水到那儿，足足等了半个小时才喝到它。因为口渴，喉咙的根部肿大，似乎要让你窒息。嘴唇都变黑了，不能说话。你试着说："哇！哇！哇！"[62]

——二等兵弗兰克·庞廷（Frank Ponting），

牛津郡和白金汉郡轻步兵第1团

在被囚禁的漫长岁月中，有一半的人死亡，他们或死于疾病，或死于奥斯曼看守之手。

最后，大英帝国终于开始不再轻视美索不达米亚和土耳其人。在接下来的两年里，成千上万的人被派往美索不达米亚，那些人都没有出现在西线，在决定战争走向的战斗中面对德国军队。一场微不足道的、不必要的远征已经扩展成一场不可救药的大规模战役，目的主要是挽回英国的声誉。

当英军于1916年12月重新开始向底格里斯河挺进时，他们大约有166 000人，有充足的资源，并且还有一位美索不达米亚远征部队的新指挥官——斯坦利·莫德（Stanley Maude）中将。这次不会有错误。莫德赢得了一系列令人印象深刻的胜利，并在1917年2月重新夺回了库特。战斗仍很激烈，但土耳其人被击退，首先退回到泰西封，然后又退回到迪亚利（Diyali）河上一个薄弱的前沿阵地，这里很快就沦陷了，莫德于1917年3月11日进入巴格达。

这并不是胜利的全部，中尉约瑟夫·纳皮尔和南威尔士边疆第4团在进一步快速推进时发现了这一点，他们建立了一条前沿防线，旨在巩固英国对巴格达的控制。1917年4月30日，在短暂轰炸之后，他们袭击了土耳其在阿德姆（Adem）河附近的一个阵地。

我记得我的左轮手枪瞄准了其中一个人——这可能是我在战役中第一次开枪。我当时有点激动，差点摔坏了自己的脚。我很喜欢那场战斗：他们在逃离，我们在追击。我们俘虏了大量的土耳其人，甚至还缴获了一批他们遗弃的枪支。但让事情变得更困难的是，一场可怕的沙尘暴几乎把所有支援我们的人都遮住了。我们搞得一团糟：我们走得太左了，柴郡团走得太右了。我们在阿德姆旁边找到了一个位置，在那里坐下来等待事态的发展。没有什么严重的危险——直到我们回头看，突然发现，就在我们身后，可能有一大群土耳其人。于是，斯台普斯（Staples）[63]——他指挥着一个连队，“威尔士人”詹金斯[64]和我决定，我们唯一要做的就是从现在的位置上后退。我们发现土耳其人比我们多很多。我认为到处都有人抵抗，一些人受伤或死亡，但土耳其人做手势让我们放下来复枪。考虑到人数上的差异，我们做了唯一明智的事。我们带了刘易斯枪。我想我们可以继续用这些武器向他们开火。没有人发号施令，也没有人做任何事；这是我们所处的相当出乎意料的情况。我自己也碰巧从侧面被击中，不知道伤得严重不严重，于是我敷上了战地止血包。最后，我发现自己躺在艾德姆河边的一个小裂缝里，和一个伤势严重的柴郡士兵躺在一起。[65]

——中尉约瑟夫·纳皮尔，南威尔士边疆第4团

这次惨败的另一个版本被改写在了《南威尔士边疆军团史》中，旨在维护上一轮战斗的英勇。斯台普斯上尉现在试图沿着河床逃跑，但被更多的土耳其人拦截。斯台普斯上尉命令他们放下武器，以防止正面攻击，并意识到用刺刀强行通过只能以屠杀告终。[66]纳皮尔在接受采访时明确表示，这纯属捏造。

即使在攻占巴格达之后，美索不达米亚战役仍未结束，莫德本人也在1917年11月18日死于霍乱。在战争的最后一年，持续不断的进展向里海和摩苏尔油田越来越北的方向推进。到那时，这场战役已经失去了所有真正的目的，但无论如何，它仍在以自己的势头继续。在最后阶段，英国迅速占领了摩苏尔油田，这是战后世界讨价还价的筹码。当10月30日土耳其最后一次投降时，美索不达米亚大约有26万英国和印度士兵。最终，盟军花了4年时间，以8万人的伤亡为代价，把土耳其人赶出了美索不达米亚油田——实际上，在1914年12月，他们曾经以极小的代价实现了这一目标。在美索不达米亚，总共部署了67.5万战斗部队。一直到最后，几乎没有人能解释为什么1918年西线战争愈演愈烈时，如此多的军队在美索不达米亚溃烂。

杂耍表演

所有的杂耍都是对稀缺资源的犯罪性浪费。加里波利战役和美索不达米亚战役绝不是政客们寻求轻松取胜之路的唯一混乱的战略。英国人还在巴勒斯坦、萨洛尼卡和东非发动了重大战役，这将消耗巨大的努

力，并在同等程度上牺牲生命。参加过这些战役的人，其经历同样令人着迷，但遗憾的是，这些经历被我们的采访者记录的细节要少得多。在20世纪80年代，由于时间紧迫，他们不得不做出一些选择，这些选择相当怪异地反映了一战期间的战略决策。最终的结果是萨洛尼卡和巴勒斯坦被可耻地忽视了，我们的收藏无法公正对待在这些舞台上激烈的战斗。

萨洛尼卡战役

萨洛尼卡战役是另一场盟军做出重大承诺的战役。1915年10月保加利亚对塞尔维亚宣战后，莫里斯·萨里尔（Maurice Sarrail）将军领导的法英联军在希腊的萨洛尼卡登陆。他发现了一种充满政治色彩的局面，因为希腊人在官方上是中立的，但分裂成亲同盟国和亲德两派。当萨里尔挺进塞尔维亚时，发现塞尔维亚军队已经不堪重负。当保加利亚人向前推进时，英国人和法国人又退回到他们在萨洛尼卡的基地，于是这场战役有了个名字。英国人想要撤离，但法国人坚持他们必须留下来——所以他们留下来了。到1917年，萨里尔的东方军团已经壮大到25个师（6个法军、6个塞尔维亚军、7个英国军、1个意大利军、3个希腊军和2个俄国军），他们设法建立起一个完整的马其顿前线，延伸到亚得里亚海岸。

萨洛尼卡的气候条件恶劣，从寒冷的冬天到炙热的夏天，多变的气候使他们的制服发生了一些变化。

夏天的时候，我们有钢头盔和卡其布的罩布，头盔上还有一块罩布从你的脖子后面垂下来。即使戴上罩布，钢盔也变得很热。晚上，蚊帐被拉到钢盔上，塞进你的束腰外衣里。我们还收到了短裤，裤子的两边都系着扣。到了晚上，命令就会传下来。“把袖子放下来，把短裤放下来！”你会把短裤放下，塞进裤腿里，这样你就不用光着膝盖对付蚊子了。1917年夏天，我们都穿着卡其色的训练服，戴着遮阳帽式的头盔。当然，你的遮阳帽式头盔很少在前线使用，那时你总是戴着钢盔。1917年夏天，我们拿到了一个旧沙袋和一些绳子。我们不得不把沙袋折成一个长条，把绳子绕在顶部和底部两端。你要把它戴在脖子上，然后它就会顺着你的脊椎直直地下来，不会晒伤你的脊椎。我们还有一条蓝色的法兰绒腰带，系在你的腹部前面，用来调节你胃部消耗的热量，防止白天的热量和夜晚的寒冷。但它过去总是长满虱子。我认为它真的击败了目标；我不知道它们是好是坏，但它们令人很不舒服——它们是虱子陷阱。[67]

——二等兵欧内斯特·琼斯（Ernest Jones），

国王什罗普郡轻步兵第8团

西线上的战壕比通常的相距更远，在无人地带保持强大的存在感被认为是至关重要的。

有很多前哨基地的工作。我在军营待了几个月后，被选为前哨。前哨共有六个人和一名中士，有一名向导带我们穿过铁丝网和峡谷。我们会进入一个峡谷，峡谷底部有一个小掩体。哨兵会爬上峡谷的一侧，然后躺在山顶的灌木丛下。你在那里待一个小时，有人告诉你，如果看到前面有什么活动，就把一块石头滚到峡谷底部，然后军士就会上来看看。你可能会看到一支保加利亚巡逻队，在一些地方你也能看到保加利亚防线。你必须时刻警惕部队的集结。每个人在那根柱子上都有额外的240发弹药和一盒米尔斯炸弹。我们接到的命令是，如果攻击迫在眉睫，我们应该尽可能地拖住敌人，使用所有的弹药和炸弹，然后尽可能回到自己的战壕。我们要携带能补给我们24小时的口粮，第二天晚上我们被另一群人所替换。我们接到的命令是，除非遭到攻击，否则决不能放弃阵地。[68]

——二等兵欧内斯特·琼斯，国王什罗普郡轻步兵第8团

双方都参与巡逻，这可能是一件棘手的事情。新任命的陆军中尉欧内斯特·海尔（1915年8月，他在苏夫拉湾与柴郡第4团一起受了重

伤）在前线加入了兰开夏郡燧发枪团第12团在多伊兰前线的团队。他很快发现自己在山区玩一种危险的捉迷藏游戏。

晚上11点左右，我们出动了6个人和1个中士。我们全副武装，有人拿着步枪，我拿着左轮手枪。我带了一枚指南针，指向我们想去的地方。我们下到一个小峡谷，穿过一条平坦的道路来到了被毁坏的斯莫尔（Smoll）村。军士说："长官，我能听到动静！"显然，那是保加利亚巡逻队。我说："趴下！"然后进行观察，那是一支由大约24名保加利亚人和1名德国军官组成的巡逻队——我们会被屠杀的，所以我说："不要发出一丁点声音！"我们等待着。他们徒步走过去了，等他们走到远处，我转身向另一个峡谷走去。我们什么也看不见。我们正越来越接近保加利亚防线，一个寂静的夜晚，我的一个同伴扔下了一支步枪。你可以听到它的铿锵声——保加利亚人也是！他们不知道我们在哪里，但他们用机关枪开火了。然后，我们的炮兵开始发射了一枚炮弹。当这一切平息下来时，我们尽可能小心地回来了。[69]

——中尉欧内斯特·海尔，兰开夏郡燧发枪团第12团

英国下一次真正的进攻发生在1917年4月22日至5月8日之间，即第一次多伊兰战役。这次进攻是在一个被深谷刺穿的山区，以锯齿状的山峰为主。在这里，他们发现保加利亚人明智地挖掘了带有钢筋混凝土柱子的复杂壕沟系统，还有交替的防御性机关枪射击模式，以及按英寸登记的大炮。结果是一场灾难，造成约5000名英国人伤亡。

斯特鲁马河（Struma River）平原上发生了零星的战斗，如同杂耍。地势低洼的平原蚊虫泛滥，导致疟疾严重消耗人力，以致在战役期间有162 517例疟疾病例。

斯特鲁马是欧洲疟疾最严重的地区。从5月开始就会出现大量的蚊子，一直持续到9月底。我们去的时候，没有任何预防措施，没有发放蚊帐——什么也没有。所以军队就像苍蝇一样倒下了。通常的症状是剧烈的颤抖和高烧。一旦得了这种病，就很容易复发。我们开始服用奎宁；

每天日落的时候，每个人都得喝几匙奎宁。[70]

——中尉特伦斯·维舍伊尔（Terence Verschoyle），

皇家恩尼斯基伦燧发枪团第5团

萨洛尼卡行动的一个有趣方面是皇家陆军航空队风筝气球进行的观测工作。

我上升的时候，只是爬进了篮子里。两边都是木框，上面是地图。前面和后面有两个降落伞挂在篮子外面。它们是“守护天使”的类型，被包装在一个大伞的外壳中。军官给了我一个麦克风和一个耳机，通过地面上围绕着鼓的电缆连接到电话交换机上。首先要做的是测试线路，以确保与地面的通信是安全的。事情一办完，军官就说“放开它”，这些人手拉手地把缆绳放上去，在他们到达缆绳末端之前，绞车缆绳拉紧了，气球的浮力把缆绳拉了上来。天气好的时候，可以到达5500英尺。一旦站起来，整个全景就展现在你面前——看起来几乎就在你的脚下。[71]

——无线电操作员沃尔特·奥斯特勒（Walter Ostler），

第17风筝气球组，皇家陆军航空队

奥斯特勒是一个著名事件的目击者，当时英国人狡诈地终结了德国飞行能手鲁道夫·冯·埃斯齐威格（Rudolf von Eschwege）的掠夺，在埃斯齐威格开始掠夺英国的观测气球之前，他已经杀死了大约16个人。

我们一点也不担心，直到有一天，身为第二名的抛掷中尉在4000～5000英尺的高空观察。这只德国信天翁就像晴天霹雳，直直地落在气球上，几秒钟之内，整个气球就燃烧起来了。投掷者跳了起来，燃烧的气球在下降的过程中超过了他的降落伞，把它烧焦了。他安全着陆了，脸色苍白，需要喝一杯烈性威士忌。那件事把我们大家都吓坏了！好几天没有人上去。[72]

——无线电操作员沃尔特·奥斯特勒，

第17风筝气球组，皇家陆军航空队

一天下午，他们的指挥官查尔斯·吉明厄姆（Charles Gimingham）

上尉终于去了。

冯·埃斯齐威格下来了。虽然按照惯例，篮子里的观察员必须系在降落伞上，但吉明厄姆并没有这么绑。在面对气球的正面，系上降落伞时，他的下巴被子弹射穿了——子弹完全穿透了气球。气球被绞车以最快的速度拖了下来，吉明厄姆跳了起来——冯·埃斯齐威格却躲开了。降落伞一承载他的重量，他就掉了下来。降落伞很轻很轻地飘到地面上——他像石头一样掉了下来。[73]我们都冲到他倒下的地方，但他当然死了。[74]

——无线电操作员沃尔特·奥斯特勒，

第17风筝气球组，皇家陆军航空队

然后他们得到了一位皇家工程师部队炸药专家的建议，他们计划给冯·埃斯齐威格设一个陷阱。工兵把计划告诉了奥斯特勒。

我们必须使这个气球篮子看起来尽可能逼真——我将制作一个假人来代表穿着飞行部队制服的军官。我们将把地图挂在篮子的边上。“他告诉我，他们把200磅的氨水放在篮子里，然后通过电触点点火。”我们的两个观察站位于气球两侧的山顶上。[75]

——无线电操作员沃尔特·奥斯特勒，

第17风筝气球组，皇家陆军航空队

陷阱在1917年11月21日被设置并触发。

突然，冯·埃斯齐威格从一片云里出来了。他非常善于发现任何可以藏在里面的雾霭或云雾。他飞奔而下，直奔气球。当他爬到顶端时，那个人把活塞压住了。我站在离绞车八分之一英里的地方观看。我从来没有见过，也没有想到会在空中看到这么大的火球。它炸掉了信天翁的尾巴和一个翅膀，把冯·埃斯齐威格扔出了驾驶舱。我们一看到它摔成碎片，就开始欢呼。我们都向冯·埃斯齐威格倒下的地方跑去。我看见他穿着德国飞行服躺在地上[76]——他只是一个金发的大男孩。[77]

——无线电操作员沃尔特·奥斯特勒，

第17风筝气球组，皇家陆军航空队

这名德国王牌飞行员是被一个聪明的计谋杀死的——或者说是被不光明正大的狡诈杀死的，这取决于人们的看法。

一支被遗忘的军队的暗箱操作得以被记录下来有赖于萨洛尼卡退伍军人的录音。战役停滞不前，萨洛尼卡的军力使其获得了“萨洛尼卡的园丁”的绰号。最后一幕发生在1918年夏天，当时由弗兰切特·德·埃斯佩雷（Franchet d’Espèrey）将军领导的多国部队发动了一次重大进攻。在9月15日的第二次多伊兰战役中，英国人再次袭击了保加利亚沿2000英尺高的可怕的匹普山脊（Pip Ridge）和大库伦（Grand Couronne）防线。结果是另一场灾难，有3155人伤亡。幸运的是，法国和塞尔维亚的攻击情况要好得多。保加利亚人后退了，虽然还没有完全被打败，但是由于知道同盟国的主要力量——德国——在西线上被打败，他们的后退受到了削弱。进一步的抵抗是徒劳的，1918年10月29日的停战，结束了保加利亚前线的战争。萨洛尼卡对盟军来说是一场灾难，成千上万的军队被卷入其中，追逐巴尔干半岛胜利的闪烁阴影。1915年至1918年间，大约有404 207名英国士兵在萨洛尼卡服役。战斗中有23 787人伤亡，但是，由于疟疾和痢疾的可怕发病率（由于同一时期折磨同一病人的多种疾病），实际上超过了部署在前线的人数，成千上万的非战斗伤亡病例使这些数字相形见绌，达到505 024人。[78]

西奈和巴勒斯坦战役

1915年2月，土耳其曾试图越过西奈沙漠，对苏伊士运河发动袭击，但最终以勇敢而全面的失败告终。苏伊士运河作为连接印度的纽带，对大英帝国来说是绝对的战略需要。令人怀疑的是，土耳其人是否有足够的资源对运河构成严重威胁，然而，英国在1916年决定推动对埃及的“积极防御”，将会引发一场大规模的战役。从加里波利撤退后，埃及远征军有13个师，共计40万人。目的是利用他们击退土耳其人，从而消除对运河的任何挥之不去的威胁。

事实证明，在西奈半岛的沙漠地区开展工作非常困难，因为那里的沙尘暴肆虐，气温极高，水资源匮乏，这些因素都让这里变得不适宜居住。必须进行重大的后勤准备工作，包括推进一条铁路和一根水管。在战斗中最引人注目的是澳大利亚轻骑兵，在加里波利经历了可怕的步兵生涯后，他们的马匹被归还给了他们。

我们面临的最大问题是单调。你会看到太阳在早上升起，包裹在一个红色的大球里，在晚上落下，也包裹在一个红色的大球里，这是我们唯一的时间感。除了眼睛能看到的沙丘，什么也没有，白天很热，你躺在沙子里。刺眼的阳光，刺眼的沙漠，枪管在中午会热到让你拿不动。你必须隔着木头才能抓住枪支。人们从早到晚都很邋遢，不断地在能抓的地方乱挠乱抓。有一个骑兵，他的裤子穿得很紧，裤袜穿得又不合身，于是连抓挠都做不到。发痒的是脓毒疮，有时候你四五个星期甚至六个星期都不能脱衣服。你出去巡逻，在沙漠里露营，就像狗和马一样躺在沙漠里——这是你的马为你形成的唯一一点树荫。你好几天没水了，可能有6个星期没洗澡，6个星期没洗澡！一天一瓶水、一小罐牛肉和两块狗饼干——军用饼干。这是一种单调的生活：老面孔，老沙子，老太阳。[79]

——二等兵劳伦斯·波洛克（Lawrence Pollock），

澳大利亚轻骑兵第9团，澳大利亚武装部队

波洛克和澳大利亚轻骑兵几乎不知道这一点，他们参加的的确是最后一次成功的骑兵行动之一——数千年的骑兵战争即将结束，马匹将被装甲车取代。

1916年12月23日西奈马格达（Magdhaba）战役之后，英国人成功地将土耳其人从整个西奈半岛清除了出去。

诺福克第4团和第5团被消灭了，第8团的命运和他们一样。我们是剩下的唯一的预备队，他们派我们去的。我本以为我会非常害怕，但奇怪的是，我非但没有害怕，反而心存感激——我们是第163旅，我很感激能参与其中。我不知道别人是怎么想的。我们向前走，他们能看到发生了什么事。我们在一个很小的山脊下停了下来，在那里我们尽了最大的努力开挖。当然，这是一件可怕的事情，因为诺福克团和汉普郡第8团都在呼救，而我们什么也做不了——可怕极了。晚上，我们在外面挖战壕。幸运的是，准将出来了，他看到阵地已经没有希望了，萨福克第5团奉命撤退。我记得我冲入我的排，从死者那里捡起步枪。离我不远的地方有两三个诺福克团或汉普郡第8团的人受伤。他们说："你不会丢下我们不管吧？"我说："当然不会。"可是我们的确那样做了。[80]

——上尉埃里克·沃尔顿，萨福克第5团第1营

后来，沃尔顿被派往萨姆森岭（Samson Ridge）附近进行夜间巡逻。那是一次可怕的经历。

天一片漆黑。我听见一支土耳其巡逻队从这片绿豆地里经过。如果你射击，你会被对方击中。唯一的办法就是拿着刺刀悄悄地进去。所以我待在原地，相信他们不会发现我！无论如何，我知道如果他们靠近，我们有主动权，我们知道他们会过来，我们应该出其不意地抓住他们，但使用刺刀从来就不是我的专长！幸运的是，尽管他们离我们很近——大约20码——我还是保持沉默，他们走了过去。我想我应该去对付他们的，但这并不令人愉快。[81]

——上尉埃里克·沃尔顿，萨福克第5团第1营

口述历史令人耳目一新之处在于，人们接受了一个事实，即并非所有人都能一直成为英雄。

第二次加沙战争失败后，埃德蒙·阿连比（Edmund Allenby）将军被任命为埃及远征军司令，当时埃及远征军由20军、21军和沙漠骑士团组成。他要使整个战役重新振作起来，占领耶路撒冷。阿连比进行了评估，请求大量增援以确保成功。他的准备工作需要时间，几个月过去了，他才准备好重新开始行动。第一步是1917年10月31日第20军和沙漠

骑士团对贝尔谢巴（Beersheba）土耳其防线东侧的攻击。这是轻骑兵第4旅一次非凡的骑兵进攻。二等兵劳伦斯·波洛克目睹了这一切。

我们占领了贝尔谢巴——可能是中午，也可能是之后，时间对普通士兵来说并不重要，对他们而言，重要的是日出日落。然后，那匹轻骑冲上平地，两行人马——其实只不过是两列骑兵，拿着步枪上的固定刺刀，全速疾驰。他们跳过了第一道战壕，面对的是第二道战壕，土耳其人冲了过来。土耳其人在整个战役中，似乎都不喜欢钢铁。在距离你600码的地方，他们射得很好，他们会射到你；你一进入他们中间，他们就任你宰割了。[82]

——二等兵劳伦斯·波洛克，

澳大利亚轻骑兵第9团，澳大利亚武装部队

1917年11月6日，英国在加沙第三次战役中的主要进攻被证明是成功的，因为土耳其人为了避免被切断而撤退。尽管前方仍有艰苦的战斗，但土耳其人在数量、大炮和物资方面仍具有压倒性优势。阿连比和他的下属出色的领导能力使这一优势得到了充分体现。1917年12月9日，耶路撒冷落入英国之手，在这对盟军来说糟糕的一年，人们大肆宣传这一及时的胜利。尽管如此，巴勒斯坦行动继续扩大。阿连比在攻占耶利哥和穿过犹太山丘后，计划在进入叙利亚前渡过约旦河。他甚至创建了第三个陆军集团军，即第22集团军，巴勒斯坦战区的参战人数仅次于西线。1918年，德军在西线发起了春季攻势，英军节节败退，最明显的援军来源地是巴勒斯坦，与之相比，巴勒斯坦显然只是个小插曲。阿连比花了几个月的时间重建军队，直到1918年9月他才发动了最后一次进攻。9月19日，土耳其人在美吉多（Megiddo）战役中溃败，之后，在劳伦斯组织的非正规阿拉伯部队的合作下，大马士革被占领。叙利亚的战斗继续进行，直到10月30日签署的土耳其停战协定同时结束了战争和土耳其在中东的霸权。总的说来，战役很成功，但是它吸收和消耗了巨大的资源，在一段时间内有将近120万人在那里服役。其中有51 451人在战斗中死亡，与疾病造成的55万人的惊人伤亡相比，这个数字显得微不足道。

但现在我们必须回到最后将决定大战的前线。小插曲很吸引人，但它们只是分散了人们对主要事件的注意力——对德国的战争。赢得这场战争没有捷径可走；英国没有打开通往德国的后门。当然，在东线有一场非常真实的战争，俄罗斯在那里与德国和奥匈帝国展开了一场巨大战争。如果俄国在1917年之前垮台，或者沙皇的军队大获全胜，也可能决定战争的胜负。但对英国来说，西线是战争必须打下去并取得胜利的地方，它将与法国（最终是美国）并肩战斗到最后。就是在那里，德国军队必须在战场上被击败。

6

1916年：索姆河战役

1916年，英国军队终于开始在战争中充分发挥作用。英国远征军已从1914年8月部署的4个师扩大到38个师。到1916年1月，更多的新军队，包括领土和殖民地部分的军队即将到达西线。两年来，法国人和俄国人在战争中付出了巨大代价，甚至牺牲了他们庞大的人力储备。与他们的盟国遭受的巨大损失相比，迄今为止，英国人的伤亡微不足道。现在，英国远征军第一次被赋予英法联合进攻的关键角色，这一联合进攻将与俄罗斯和意大利发起的进攻同时在西线展开。

1915年12月，道格拉斯·黑格将军接替陆军元帅约翰·弗伦奇爵士指挥英国远征军，但是，进攻地点是由法国总司令约瑟夫·霞飞选定的，他选择了位于英法交界的索姆河（Somme）地区，在那里他可以监视盟友。黑格很清楚，他的新部队需要更多训练才能委以重任。盟军的计划被一个可以预见的麻烦打乱了——德国人。1916年2月21日，德国步兵上将法尔肯海恩（Falkenhayn）在凡尔登发动了一场大规模进攻，目的是把法国军队拖入一场消耗战，从而耗尽他们的军力。这场规模庞大的战役持续了数月，随着法军越来越多师的加入，索姆河战役的性质开始发生变化。法国仍然会进攻，但英国的贡献成了决定性因素。

1916年7月1日，亨利·罗林森爵士指挥的第4军接到命令，发动进攻，而由休伯特·高夫爵士指挥的预备军（后来被称为第5军）将利用任何突破。罗林森最终的计划取决于为这次袭击而调集的1537门大炮和榴弹炮的原始火力。最后采用的战术相当简单，虽然绝不是统一的，因为允许下属的编队具有相当大的独立性。当攻击部队进入无人地带准备攻击时，弹幕将会加强。在7点30分的关键时刻，炮火会向德军的下一个阵地发起进攻，进攻通常以步行的速度进行。轰炸是成功的关键，人们相信它将粉碎德国的任何抵抗。

当部队向上游进发时上演的许多情景现在看来都是难以言喻的悲伤，事后想想，这些情景将会发生在他们身上。

我们附近的山谷里有一大队人。一天晚上，他们唱起了那首苏格兰歌："你走大路，我走小径，我会在你前面到达苏格兰。"这首歌是大家都喜欢的，一定有三四千人唱过，唱得颇为动人。那是一个美丽的夜晚，夕阳斜照在小山上，透过几棵树照射下来。如果能画出那个场景，特纳的心就会活跃起来。但在整个过程中，一直都有隆隆的炮声。[1]

——下士诺曼·爱德华兹，格洛斯特郡第6团第1营

在过去的几个星期里，数百门大炮不得不秘密地转移到前线。大多数是由18磅大炮和4.5英寸榴弹炮组成的野战炮兵，不过更多的重型火炮也开始出现。皇家守备炮兵（RGA）第36攻城炮兵连配备了令人印象深刻的8英寸榴弹炮。移动这样的怪物是一项艰巨的任务。

他们是临时凑合的榴弹炮，因为他们是旧的6英寸，标记Is，被切成两半，前半部分被扔掉。其余的则用膛线钻孔至8英寸，并配备了安装在大型商业拖拉机轮子上的现代后膛装置。它们是非常可怕的东西，而且非常重，但是枪炮的构造非常简单。第一批制造出来的枪炮被标记为"八英寸榴弹炮1号标记I"，我们把它叫作"原装"。它非常准确。我们搬到了波美茨附近的一个好地方。这些炮被藏进了一块田地边大约10英尺深的一个巨大的河岸。我们要挖到炮的位置——10英尺深、40英尺长——简直太大了。我们把它伪装得非常好，在它上面用真正的草编织了网。我们不得不粗暴地对待这些巨大的怪物——它们有好几吨重。我们必须推它

们——不能拉——把它们推到应有的位置。大炮在那里的时候，被藏得很好，以至于一个法国农夫带着他的牛径直走进了网里，他们两个都掉进了网里。我们费了九牛二虎之力才把这头牛弄出来。那人安然无恙地走了出来，可是那头牛呢！那是能够让人突然大笑的愉快时刻之一。[2]

——上尉蒙太古·克利夫（Montague Cleeve），

皇家守备炮兵第36攻城炮兵连

一旦安全就位，仍需要取出成千上万枚炮弹并隐藏起来。这是另一项艰巨的任务。经过艰苦的努力，轰炸终于在1916年6月24日开始。在旁观者看来，这似乎是一次令人惊叹的炮兵力量展示。他们无法相信会有德国人能在这场似乎是真的炮弹泛滥的战争中幸存下来。

我们只是站在那里看着德军的防线，我们可以看到炮弹在远处爆炸——到处都是——巨大的炮弹。我们可以看到沙袋里的尘土上下飞舞。然后你可以转过身来，沿着天际线你会看到闪光：大的闪光，小的闪光，数百次沿着天际线的闪光。头顶上有一声轰鸣，就像20列火车同时从你头顶呼啸而过。我想："这肯定能让德国兵有所改变，他永远不会站起来进行反击。"[3]

——下士乔治·阿舍斯特，兰开夏郡燧发枪团第1团

阿舍斯特总结了大众的看法，但不幸的是，轰击的壮观景象只是为了欺骗人们。它沿着25 000码的前线展开，而且还必须延伸到组成德国前线系统的三条壕沟之外，包括同样强大的二线系统。这致命地削弱了大炮的威力。尽管1914年的大炮数量超出了人们的想象，但绝大多数是野战炮，只有相对较少的重型或中型大炮。结果是，大多数炮弹缺乏足够的蛮力来粉碎防空洞或由混凝土加固的阵地。此外，最近接受过训练的英国炮兵还没有掌握必要的射击技能。射击理论没有得到适当吸收，很少有军官认识到准确气象数据的极端重要性，以便作出精确的调整，仅这一点便决定了狙击手是失手还是击中目标。

高级副官说："我要去少校的防空洞，问他我能不能把枪上的'流

星’修正一下。”当他到那儿的时候，少校——他是一个常客——注意到你，他是一个爱尔兰人，他说：“我的孩子，这是战争，这是实战的东西，忘掉他们在‘工厂’里教你的那些废话吧——如果冷的话，就把它关起来一点！”[4]

——中尉穆雷·里默·琼斯（Murray Rymer Jones），
第174旅，皇家野战炮兵

这位“聪明”的老军官的“常识性”格言实际上是完全错误的：伍尔维奇皇家炮兵学校“呆板”的技术炮手说对了。第一次世界大战就是一场技术和科学的战争。英国军队在驾驭大炮之前，还要学习很多东西。

时钟慢慢地、嘀嗒嘀嗒地指向人们冲入无人地带的时刻。

我们受够了——以至于我们想：“催促我们越过顶部的、该死的哨声越快越好。”我们总是对彼此说：“嗯，我们要么被击倒，要么受伤回家，概率是二比一！”“尽最大的努力，抱最好的希望！”[5]

——二等兵拉尔夫·米勒（Ralph Miller），
皇家沃里克郡第8团第1营

1916年7月1日星期六7时30分，英国步兵越过了防线。第46师和第56师对冈梅库尔特发动了一次转移注意力的进攻，目的是引起人们对前线北部的注意，但是，尽管第56师成功地深入德军防线，但很快就被德军的炮火切断了。伦敦第16团第1营的下士弗雷德里克·格兰维尔（Frederick Glanville）从未走到那一步。

我们是第二波。我们被命令躺在离铁丝网25～30码的地方。当我在那里的时候，我是一名机枪手的受害者——我左腿上半部分中了一颗子弹，子弹从右腿下半部分射出来——我躺在射击位置上。你会听到砰的一声，子弹穿过时，不会感觉到任何疼痛。我被击中后，我用机枪朝那个站在德国护墙上的男人开了四五枪，但我没有打中他——我不知道为什么会这样——直到今天，我一直很惊讶没有打中那个男人。星期天的早晨，一定是休战了。在这段时间里，我们的一名军官走了过来，站在我旁边大喊：“担架手！担架员！”但是没有人来。他给了我一块手绢，说：“你把这块手绢挥一挥，我就给你送过去。”可是从来没有人来过。那天晚些时候，我们的人又开始炮击德军前线，我的胸部被弹片击中三次，但都不是非常严重。我仰面躺着。我想，如果我受到一次更严重的射击，它击中我的胃，那将是我的末日——所以我翻了个身。我刚翻了个身，一块更大的弹片击中了我的左髋骨。不是很严重，只是一个大伤口。一连几个小时，我都昏迷不醒。当我躺在那儿的时候，我觉得有什么救了我的命——我把手放在两腿之间，感觉到那里有什么东西，我的手拿上来的时候，上面爬满了蛆，我想它们吃了坏肉。我很高兴在那里找到它们，因为它们在帮助我。星期一中午时分，几个德国人走了出来。我看见他们来了。我当时手里拿着一颗炸弹，我把它扔得远远的。我不知道他们会对我采取什么态度！在大约一码远的地方扔掉了我的步枪——德国人到我旁边时，我几乎没有带武器。我被带走，被放在德军的射击踏台上。[6]

——下士弗雷德里克·格兰维尔，

伦敦第16团第1营（女王西敏寺步枪队）

虽然格兰维尔被俘，但他的身体状况使他后来参加了战俘交换，1917年至战争结束期间，他一直被关在瑞士。

关于索姆河的第一天，我们所记得的大部分内容，都来自第31师对塞雷村发动的命中注定的攻击，其中包括“帕尔斯”营的戏剧性故事。他们乘风破浪前进，但当他们在无人区被德国人未切断的带刺铁丝网缠住时，进攻失败了。在那里，他们被机枪扫射，被德国大炮5.9英寸的毁灭性炮弹击中。东兰开夏郡第11团的二等兵詹姆斯·斯内勒姆早些时候就被击中了。

为了成功，双方展开了疯狂的争夺。你这样做是为了安全。你在想：“我能到那儿吗？”“你没想过要找个掩护，什么也没想过。”人们躺在那该死的舞台上。炮弹的火力造成了全部损失。我还没跑多远，一颗炮弹就在我头上爆炸了，我被撞倒在地，有一大块钢铁穿过我的腿。我被击中了，只好钻进一个弹壳洞，躺在那里，那时我已经接近德国兵防线。我能听到前面有动静。我躺在那儿直到晚上7点——不敢动，德国人的火力太猛烈了。我不停地打瞌睡，醒来又打瞌睡。有时我探出头去看。孩子们到处躺着大声呼救；没有人能接近他们，没有人。我失血过多，精疲力竭。我完全不知道时间，痛苦不堪，我必须回到我自己的战壕，为此准备承担任何风险。7点钟，我下定决心要回去。我开始往回爬。在整个过程中，男人们都在抱怨："帮帮我！"[7]

——二等兵詹姆斯·斯内勒姆，东兰开夏郡第11团

斯内勒姆设法爬回了前线，后来在美索不达米亚服役，但他的余生都与那条受伤的腿有关。

下士乔治·阿舍斯特在怀特市（White City）袭击博蒙特·哈默尔（Beaumont Hamel）。

在顶部！它部分被吹倒了，我只是站在上面，有一个下士躺在那里，他的肩膀全不见了——全被风吹走了，我想他是被嗖的一声击中了。当我从他身边走过时，他抬头看着我说："走吧，下士，去抓那些混蛋！"好吧，我不敢停下来，所以我就说，"好吧"，然后以最快的速度走开了。似乎到处都是子弹。跑——那是我脑子里唯一的念头。跑和躲闪，不知道哪一秒被击中，总感觉子弹击中了我。我歪歪扭扭地走着，低着头，让子弹打在我的锡帽上，我似乎躲在炮弹中间——我一定是到那儿去了。到处都是硝烟。你能听到子弹击中某人的声音，你能听到子弹击中他的声音。听见他呻吟着倒下去。切断我们的主要是机枪。我在想："我得往前走！"仅此而已。[8]

——下士乔治·阿舍斯特，兰开夏郡燧发枪团第1团

帝国战争博物馆的声音档案中并没有很多1916年以来对营长的采访，因为这些老人中的大多数在采访计划于20世纪70年代开始之前就已

经去世了，但对阿尔弗雷德·欧文（Alfred Irwin）中校的采访让人们得以深入了解一战的一个传说。

内维尔上尉指挥B连，是我们两个突击连中的一个。索姆河战役前几天，他带着一个建议来找我，他和他的战士们对于即将进入的战斗，完全一无所知。他认为这可能会有帮助——因为他还有400码要走，而且他知道它会被机关枪火力覆盖——如果他能给每个排提供一个足球，让他们踢向前，然后跟着踢，那就会有帮助。这是一开始的想法，我批准了。只要他和他的军官们能真正地指挥这支队伍，不让它发展成追球的冲锋队，就像一个人碰到足球时，他可以把它踢向前，但不能追球一样。[9]

——中校阿尔弗雷德·欧文，东萨里第8团

虽然这看起来像是沙文主义的狂妄自大，但威尔弗雷德·内维尔（Wilfred Nevill）上尉的动机是非常真切地担心他的士兵将如何面对等待他们的机枪。我还记得那一天，把采访内容整理好后，我在博物馆里走了一圈，亲眼看到德国人踢足球的情景。果然，它就在那里——自豪地装饰着"伟大的欧洲杯决赛"的传说。东萨里对巴伐利亚，零比零开球！总的来说，第18师前线的目标实现了，但内维尔在接近德军防线时被杀[10]，这似乎尤其悲惨。

他们相邻的第30师也在毗邻法国的南区实现了他们的目标，那里的地面布局对德国守军不利，法国大炮大大加强了英国的轰炸。第30师在那一天表现很好，他们横扫蒙托班，巩固了对德军的反击。曼彻斯特第17团的二等兵阿尔伯特·赫斯特（Albert Hurst）清楚地记得他们带了些什么。我们的两个口袋里多了两袋来复枪弹药，一袋来复枪和米尔斯炸弹，一把全尺寸的镐，水桶里的刘易斯枪弹药。人们扛着带刺的铁丝，带刺铁丝的柱子，带刺铁丝的钳子。每个人都有一些额外的负担。我们到那儿时，不得不竖起带刺的铁丝网，把自己围在里面。你差不多可以走路了。背包的背面有一块黄色的布，用来标志我们是曼彻斯特人，还有一块空白的金属板用来反射光线，这样飞机就能看到我们前进了多远。[11]

——二等兵阿尔伯特·赫斯特，曼彻斯特第17团

这些男子的体重约66磅，长期以来一直被批评为超重，但很难看到他们应该留下什么。他们必须携带个人武器，如果他们希望有任何机会阻止德国的反击，而炸弹和刘易斯式枪是必不可少的。他们需要镐、铁锹和带刺的铁丝来巩固他们赢得的土地。他们需要一天左右的口粮，然后才能安排好供给。奇怪的是，即使在今天，军队在战场上所承担的负担也几乎是一样的，尽管其间经历了许多年。

尽管第30师成功地突破并巩固了他们对德国一线体系的控制，但德国二线体系仍然不可侵犯地矗立在他们面前，位于从巴斯坦丁·勒·格兰德（Bazentin le Grand）一直延伸到隆格瓦尔（Longueval）的山脊上。英国人又一次破门而入，但没有突破德国人的防线。

尽管取得了这些局部的胜利，但总的说来，英国7月1日的进攻是一场灾难。南方已经取得了一些进展，但大部分都没有取得任何有价值的成果；任何暂时的成功都很快被德国人逆转或抵消。57 470人的伤亡是现代人无法想象的：那天大约有19 249名男子被杀害——他们的身份是丈夫、父亲、叔叔、兄弟和儿子。在贡矛特（Gommecourt）溃败后，斯图尔特·乔丹（Stewart Jordan）中士被派往一个十字路口，负责指挥伦敦苏格兰团。在这里，他看到了一幅令人沮丧的景象，那天晚上肯定重复了许多次，因为袭击营的残部摇摇晃晃地走出了前线。

我听见行进的脚步声，在黑暗中走了一会儿，我看见他们穿着苏格兰短裙，猜想那是我们团。当我能认出他们的时候，我注意到大约有一百个人。我想是副官在领导他们。于是我问他："请问这是哪家连队？""连队？"他说。"这就是那个团！"约有800人过去，回来的约有100人。[12]

——中士斯图尔特·乔丹，伦敦第14团（伦敦苏格兰团）第1营

在后来的战斗中，下士诺曼·爱德华兹向外望去，看到塞尔（Serre）

前面无人区里的一排排的尸体。

破坏是可怕的。到处都是死人。那天晚上我们起来接管地面的时候，我从栏杆上看过去，想找个地方放我的刘易斯式枪。到处都是闪烁的小灯，火光从德军阵地上冉冉升起，闪烁在整个地面上。7月1日进攻的那支部队，把一些锡片放在他们的后备箱上。这些人都是被击落的，脸朝下躺在地上，背包露在外面。[13]

——下士诺曼·爱德华兹，格洛斯特郡第6团第1营

英国“伙伴”招聘体系的潜在弱点被残酷地暴露出来。与他们的朋友一起服役的机会可能鼓励了大规模征兵，但同时也带来了大规模的悲剧。本地化的招聘意味着，当出现问题时，小社区的损失是无法承受的。像阿灵顿（Accrington）和谢菲尔德（Sheffield）这样的城镇遭受了重创。

报纸上有一张张的伤员和死者照片，他们可以在那里找到这些人的照片。当然，每个人每天都冲到报社去看看有没有认识的人。当我们得知学校里有人时，校长宣布他们是老男孩。我被带出教室，被告知我的表弟被杀了。教堂里有许多礼拜仪式。那是一个非常、非常悲伤的时刻——几乎每个人都在哀悼。人们都穿着黑色的衣服，那些不能穿黑色衣服的人戴着黑色臂章以示尊敬。这座城市笼罩在一片黑暗之中。他们非常非常悲伤，似乎什么都不重要了。[14]

——卢埃琳小姐，谢菲尔德人

然而，1916年的大多数老兵明白，尽管有那么多的耻辱，7月1日并不是索姆河战役的结束。尽管事实上对于英国人来说，它已经成为饱餐伤亡数字的伤感者的图腾，但在1914年8月22日，法国遭受了更严重的袭击，一天之内就有多达2.7万法国人丧生。大陆战争是残酷的。索姆河将是1916年英国的主要战役，对德国军队的持续进攻旨在帮助仍深陷凡尔登长期酷刑的法国人，削弱德国的实力，使其不可避免地走向失败，并希望他们能够成功突围取得胜利。阻止进攻是无济于事的。它只能继续

下去。别无选择。

黑格把进攻的重点转移到南方，在那里已经取得了最大成功。这些努力的目的是在7月14日进行下一次大的推进企图之前，确保像马梅茨（Mametz）和特龙斯伍德（Trônes Wood）这样具有战略意义的“跳跃点”。这标志着英国战术的重大改进，其近1000门大炮的密集火力要大得多，大约50万枚炮弹集中在6000码外的前沿。这也是一次夜间袭击，在此之前，最后一次飓风袭击持续了五分钟，这是一次致命的打击。当部队于3月25日走过去时，他们越过了德军前线的残部，牢牢地控制了巴赞丁山脊（Bazentin Ridge）的整个长度。就在这时，骑兵开始在高伍德（High Wood）向前推进，但战场条件使他们进展缓慢，容易遭到伏击。信号员伦纳德·昂斯沃斯（Leonard Ounsworth）从他的前方观察站看到第20名德干马幸运地脱险了。

当时我们拥有的一架法国飞机莫兰·苏尼尔（Morane Saulnier）一直俯冲到我们左侧前方场地的一角。我看到了这个印第安骑兵，英国人称他们为德干马，这架飞机又一次俯冲上升。突然，负责骑兵的军官明白过来了。他踩着马镫站了起来，在头上挥舞着他的剑，冲过田野——就像一声枪响，就像地狱里的蝙蝠。外围的人分成两部分，他们就像钳子一样把德国兵围了起来——几秒钟就完成了这一切。接下来我们看到的是34名德国俘虏，其中一些人拿着重机枪。他们一直在等着，等着骑兵走近一点——天哪，他们会把他们杀了的。飞机试图吸引他们的注意力，就从上面俯冲下来——我想这可能会分散这些机枪手的注意力，一架飞机从你头顶上俯冲下来足以吸引你的注意力。[15]

——信号员伦纳德·昂斯沃斯，第124大队，皇家要塞炮兵队

最后，队伍到达了高伍德村的一角，在接下来的几个星期里，这里成了激烈战斗的焦点之一。

一个旅甚至一个营发动了太多的局部袭击。如果不是在宽阔的战线上进行攻击，那么未交战的德国人可以把他们所有的枪都转向攻击

部队。格洛斯特郡第6团第1营的诺曼·爱德华兹下士于7月21日在奥维尔（Ovillers）区参加了一次夜间袭击。爱德华兹是少尉阿瑟·史密斯（Arthur Smith）率领的第三波冲锋队的一个成员。

整个营的人都准备进攻约翰·科普斯（John Copse）前面的防线。我曾向上帝祈祷，希望上帝保佑我，让我履行自己的职责。真的如此！这就是我们所接受的训练；没有不去的选择，我们只好去了。那天黎明时分，刚从部队提拔上来的“炮艇”小史密斯下达了有史以来最重要的命令——“跟我来，伙计们！”我们爬过自己的防护墙，爬到铁丝网外面，爬到了顶上。我们还没走20码，德国机关枪就开火了，我们不得不趴下。我们试图向前爬行，但机枪在这一地区的交叉火力完全是毁灭性的。如果你开始移动，你会完全残疾。奇才！精明的人！精明的人！火花会出现在带刺的铁丝上。我们在能找到的最深的弹坑里爬来爬去，寻求自救。我感到一阵强烈的愤怒。我知道正确的做法是修理你的刺刀，然后进去试着把它们清除掉。但是当你开始移动的时候，就会听到哒哒哒哒哒！那是可怕的机枪交火的声音。我找到了“炮艇”史密斯——他受伤了。他被拖进了一个深深的弹坑，我们在那里给他包扎伤口。一位高级军官说：“设法让他回到前线！”我说：“我负责两门机枪！”他说：“你的任务是把这个人救回来；在这样的交火中，你什么也做不了！”史密斯还能爬。那是一段糟糕的旅程，一切都在砰砰作响。我想把他救回来，却被打中了，子弹从我左肘上方穿过。好像有人用撬棍打了我——砰！有了这一切，我就没用了。我不知怎么爬上了前线。我被我们两个自己人拉了进来，我告诉他们史密斯在弹坑里。[16]

——下士诺曼·爱德华兹，格洛斯特郡第6团第1营

阿瑟·史密斯少尉[17]死于枪伤。事情就这样继续下去。这些录音反映了大部分战斗的绝望本质。1916年8月8日，国王利物浦第9团第1营的下士理查德·特拉福德（Richard Trafford）甚至还没来得及在吉列蒙特（Guillemont）冲上巅峰，就受伤了。

我们有四个人：一个正在分发口粮，正在分发的是一块夹着果酱和奶酪的面包。我右手拿着面包，左手拿着装有果酱的小盖子。这时，一颗炮弹在头顶上方爆炸，一块弹片正好穿过装有果酱的盖子，三四块碎片把我弄得手忙脚乱。那个正在分发面包的家伙，后背马上肿了起来，当场毙命。另一个叫乔·肖（Joe Shaw）的家伙，他跳过了壕沟！对他来说幸运的是，他走到德军的对面，沿着我们的防线，被炮弹击中，尖叫着说，脑袋要被炸掉了！我们叫他回来，但他没有理会，继续往前走。那个把果酱舀出来的家伙是唯一没有被击中的人！[18]

——下士理查德·特拉福德，国王利物浦第9团第1营

二等兵哈罗德·海沃德是吉列蒙特战斗的另一个受害者。9月3日至4日，他担任上校的通信员。

我和上校正在谈话，我们距离很近，就像我和你谈话的距离一样，我正在听着他在说什么，就被一颗子弹击中了，子弹是从被占领的德军战壕里射出来的。毫无疑问，那是一个德国人，他被留在一个没有被轰炸的掩体里，看见了上校，就朝上校射出了子弹——却打中了我！一旦发生这种情况，德国人就会继续向我们的预备队走去，自首为战俘。没有人会知道，我阴囊受伤了。子弹飞离地面，带着泥土，穿过一个烟盒，穿过我。我被菲茨（Fitz）中尉抬到防空洞。我从未失去知觉。菲茨中尉给我穿上野战服，让我放心，大自然给了我两个阴囊——就像它给了我两只眼睛一样。我现在是一个父亲了！[19]

——二等兵哈罗德·海沃德，格洛斯特郡第12团

海沃德如释重负，被疏散回英国，住进林肯综合医院。在这里，一位常来医院的人，总是询问他受伤的部位，这种质问让海沃德非常厌烦。

在这间病房里，有一位来自乡村的女士，每周来一次。她很爱管闲事，想知道一切。我到那里后，她第一次看到我的时候，就问："哪里受伤了？"她当然看不到任何绷带，我只是向铺盖下指了指，希望那就足够了。第二个星期，她又来了，说道："你哪里受伤了？"我知道她在找

什么，就说："吉列蒙特！"这不是她特别想知道的地方，而是伤口的确切位置，那是她看不见的衣服下面。最后，又过了一个星期，她指着我，问道："你受伤的位置在哪里？"我受够了这种没完没了的问话，所以我说："夫人，我受伤的地方，是你永远都不会受伤的地方！"病房里的其他人哄堂大笑，夫人赶紧走出病房，我住院期间她再也没有过来。[20]

——二等兵哈罗德·海沃德，林肯总医院

到这个阶段，战斗已经退化为绝望的尝试，为下一次计划于1916年9月15日进行的"大推进"争取更好的"起飞"位置。9月9日，由罗兰·费丁（Rowland Feilding）中校指挥的康诺特游骑兵第6团对金奇（Ginchy）发动了一次典型的攻击。这个营已经遭受了严重的打击。

指挥官被杀；二把手被杀。其他很多人都被杀了，我们在一个新的决策人——狱警的带领下开始重新整合。当时有很多高年级的学生，如果决策者被杀了，则会不考虑编制地把他送上去。我们于是得到了费丁上校，当时他是少校，他是冷溪卫队的一名老绅士，不是通常的士兵，但是个好人。他是罗马天主教徒，他们想："啊！把他送到康诺特游骑兵队去！"于是，费丁出现了，他非常高大，脸色红润。[21]

——少尉乔尔戴恩（Jourdain），康诺特游骑兵第6团

口述历史的乐趣之一，是发现受访者是自己已经读过的自传书的作者，就像在一群陌生人中认出一个朋友一样。罗兰·费丁上校写过一本深受大家喜爱的书——《战争期间写给妻子的信》。[22]在9月9日金奇遭到袭击之前，乔尔戴恩从未忘记费丁的简短指示。

我只知道，"我们明天下午要过山顶！你，乔尔戴恩，是信号官！"战斗开始的时候，一切都非常可怕，炮弹从战壕里射出，把沙土从护墙上打落下来。军队向前走，他们很快就回来了，他们真的被德国人打垮了。我没有参加实际的战役，因为这不是我的职责。我当时就在前线的战壕里，负责处理那里所有的通信信号：D3电话和不断断线的线路。唯一有用的通信是通往大队的线路。我带了一两个海军士官和士兵

试图在通信战壕里维护一条线，那是一根电话线，所有交流都依赖它。那东西不断被轰击，被割伤，几个勇敢的人则不断地进行修理。整个事态发展成一种光荣的混乱，没有任何非常连贯的东西被送回。战斗进行到一半时，副官染上战壕热！事实上，他已从战场上退出，再也没有露面。费丁很喜欢我，觉得我很聪明，当场就让我当了副官。我在军事上没有经验，只有18岁。关键是我当时在场！这件事搞得一团糟。[23]

——少尉乔尔戴恩，康诺特游骑兵第6团

当我重读费丁的书时，我发现他实际上提到了年轻的乔尔戴恩的杰出成就，他指的是乔尔戴恩的智慧超越了他的年龄，[24]他说："乔尔戴恩这孩子还在当副官，虽然年纪轻轻，却干得非常出色。"[25]尽管乔尔戴恩当时已经92岁了，但奇怪的是，他与早已死去的费丁似乎有着直接的个人联系。

这时，在索姆河上作战的军队中流传着一个谣言，说有一个高举着圣婴耶稣的圣母玛利亚的雕像，这个圣婴装饰着阿尔贝的长方形教堂。炮弹使它摇摇欲坠，许多士兵都相信，如果它最终落到地面，战争就会结束。然而，很少有人（如果有的话）把它当回事。

传说如果某一天麦当娜倒下了，战争就会结束。我一直有点像个喜剧演员，喜欢幽它一默，我说："为什么要等到那一天，我们要纠正它！"一个人说，"这是什么意思？"让我们现在就把它打下来——这样战争就结束了！[26]

——信号员乔治·科尔（George Cole），
C炮兵连，253旅，皇家野战炮兵

但英国人对未来有了更现实的新希望。很明显，英国远征军正在学习它的业务。皇家炮兵逐渐掌握了大炮的威力，固定炮的轰击不再像英军开拔时那样转移到后方。现在，他们前面的是无人地带，德军被迫隐蔽起来，从而压制了他们向进攻部队开火的能力。在新占领的战壕前，可以放下站立的武器，粉碎任何企图的反击。反炮台火力由于充分利用了皇家陆军航空队而发挥越来越大的作用，同时还采用了闪光定位等新技术来定位德国炮。还有一种秘密武器在两翼准备引入战术组合：坦克。

关于坦克的起源，有一个有趣的故事，那是由几个人提出的类似头脑风暴的倡议。1916年夏末，他们的工作达到了高潮，在西线出现了一个新的庞然大物：菱形马克I坦克。这款坦克有两种型号："男性"坦克配备两门6磅重的火炮和4门机枪；"女性"坦克配有5门机枪。坦克的履带使它们能够穿过崎岖的地面，装甲也为乘员提供了一些保护，但与此同时，他们的速度慢得可怕，行进速度不超过步行速度，难以驾驶，而且非常容易发生机械故障。坦克将首先在1916年9月15日弗勒斯-古塞莱特（Flers-Courcelette）战役中投入使用。没有人真正知道如何最好地部署它们，也很少有人了解它们的能力或意识到它们的严重限制。但这至少是个开始。信号员乔治·科尔有机会目睹了新出现的轰炸技术的基本威力，他和他的朋友比利·菲尔丁（Billy Fielding）也得以近距离观察了马丁普伊奇（Martinpuich）的一辆坦克。

周围像坟墓一样安静，一声枪响也没有。然后，在一眨眼的工夫，地狱之门开启了。每一枪都在精确的一秒内开火，几百支枪同时开火。就在我们右边50～60码的地方，我们看到一辆坦克开了过来。我们的步兵，约克郡第5团在它的左右。比利·菲尔丁说："天啊！看在上帝的分上！""是的，"威尔逊先生说，"来吧，别管那景象了！"所以我们走了出来，跟在后面，把电话线接了出来。我想德国人被吓了一跳。他们开启了所有的一切，但你听不到炮弹的声音——我的意思那是噪音。你不知道是我们的炮弹，还是他们的炮弹，是我们的枪，还是他们的枪。没有多少轻武器开火；你看，主要是炮弹发射。我们跟着坦克前进，把电线铺开，然后把修正信号传回我们的炮台。有一次电线断了，我们回去修理。我跪在地上，把铁丝绑在一起，打一个暗礁结，把它拉紧，把两端剪短，用绝缘胶带包起来。比利说："看那边那些家伙！"我刚转过身去看，有个家伙拿着电影胶片拍下了我修电线的照片。我回过头来看，向他挥手。[27]

——信号员乔治·科尔，C炮兵连，253旅，皇家野战炮兵

最有希望的坦克攻击之一是由D-17执行的，由少尉斯图尔特·哈斯蒂（Stuart Hastie）在弗莱尔区指挥。

越过德军前线后，我看到那条老路一直延伸到弗勒斯，路的两边都遭到了炮击，情况令人震惊。这条路的另一端，大约一英里远的地方，是我们坦克的视野限制。我可以看到弗勒斯的村庄，或多或少地被从上面接二连三的房子飘下来的烟雾所笼罩，有些房子漆成白色，有些似乎是各种各样的颜色。在村子的前面，我们可以看到一条叫作弗勒斯沟的壕沟，上面布满铁丝，这条壕沟在英国那边的村子前面形成了一道街垒。我们费了很大的劲沿着这条路的残余部分走下去。就在我们出发的时候，我们的转向装置被撞了，我们转向时，交替地踩刹车，并设法使油箱沿着弗勒斯-德尔维尔伍德路行驶。当我们下到弗勒斯沟渠进入村庄时，从屋檐下，从村舍的屋顶下，还有一条沟渠里，出现了很多射击，这条沟渠似乎穿过村庄很远，但我们无法确定射击的位置。在用刹车控制了引擎之后，引擎开始猛烈地撞击，看起来我们已经不适合继续前进了。我们沿着主街往前走，在这段时间里，我的机枪手向屋檐下甚至是一些农舍的窗户里的各种各样的人开了几枪。我们沿着大街一直走到第一个直角弯处。我们在那里转弯，沿着主路走了200～300码，然后向左转，再转一个直角，一直走到格德库尔（Gueudecourt）。但我们并没有超越这一点。在这一点上，我们必须决定做什么。发动机的状况实在是太糟糕了，随时都有可能让我们失望。所以我环顾四周，尽我所能在当时被双方炮击的一个村庄的中央做到这一点。我看不出英国军队朝我后面走来的任何迹象。于是我艰难地把坦克转过来，踩下刹车，回到弗勒斯的战壕里，又把坦克转过

来面对德国人。[28]

——少尉斯图尔特·哈斯蒂，

坦克D-17，D连，重型分部，机动机枪连队

总的说来，可以认为9月15日的进攻是成功的：高伍德终于被占领，弗莱尔被击溃，德国人受到了沉重打击，甚至被迫局部撤退到勒特朗斯卢瓦山脊（Transloy Ridge）。但坦克自身的机械不可靠，以及将它们成功融入战术组合的明显复杂性，阻碍了它们的发展。但是黑格仍然对它们的潜力充满信心，坦克将在1917年以更大的力量和更好的效果重新回到前线。

9月25日，第4军又发动了一次成功的进攻，但无论德军遭受多大的痛苦，他们仍有足够的韧性坚持下去。随着天气开始变坏，索姆河变成了一片沉闷的沼泽地。10月和11月初的战斗是可怕的，那是一场苦战，输者很多，却没有赢家。

这场旷日持久的战役的最后一幕，是在11月13日对博蒙特·哈默尔和索姆河畔波考特发动的攻击。皇家海军局从加里波利撤离后首次投入战斗。二等水兵乔·默里给我们讲述了这次袭击的前奏和当天发生的事件。从一开始，皇家海军局就对成功没有抱很大希望。

我们已经想好要做什么了。我们知道我们要去屠宰场。我们知道第29师，纽芬兰人，埃塞克斯和其他所有人都被屠杀了。我们都知道。我们知道从那以后已经有五次尝试都失败了——五次！[29]

——二等水兵乔·默里，胡德营

11月12日，当他们走上博科特（Beaucourt）对面的队伍时，默里情绪不佳，不断抱怨。

这里挂着一个杯子，那里挂着一个杯子，加固工具敲打着背后的文身，背包在这一边，脖子上挂着一袋炸弹，就像一棵闪烁的圣诞树。糟糕的事情发生了，在通信战壕里，你被电话线绑住了，你拼命拉，然后你绊了一跤，袋子会掉在泥里。湿而泥泞的袋子令人很不舒服。我们是

进攻的前线部队，总是走在每个人的前面，每时每刻都是如此。天还亮着，五点钟左右。由于观测气球和飞机从山顶飞过，我们无法前进。我们就藏在哈默尔城外的战壕里，每人得到一罐果酱和一罐泡菜——以前从没见过这种该死的东西。我们打开它们，吃了果酱，吃了泡菜。我不知道是果酱和泡菜不搭，还是泡菜和果酱不搭，但我们后来知道了结果！[30]

——二等水兵乔·默里，胡德营

这是漫长的、寒冷的等待！在寒冷的11月，没有庇护，没有热的食物，几乎没有希望让他们保持温暖。但至少他们的指挥官是一名杰出的士兵：伯纳德·弗莱伯格（Bernard Freyberg）上校。

在弗莱伯格上校的领导下，我们这些胡德营的成员，几乎都站在河的右侧。事实上，这条河是我们的边界。天很黑，雾蒙蒙的，下着毛毛细雨，可能是雾的缘故。我躺在这个洞里，旁边的人离我五六英尺远。我头上有一袋闪光弹；那是我的枕头。那时一定是半夜了，我看见有人走了过来。我对自己说："哦，天哪，在前面走来走去的那个人是谁？""通常你会开枪，除非你得到警告，否则我前面的任何人都是敌人。"我听到这个家伙在说话，我知道是弗莱伯格上校。他是在进攻前来视察部队的。将军们在10英里外做这件事，很安全，但弗雷伯格跟在我们后面。他终于超过了我，去见他在B连队的老朋友凯利[31]。弗莱伯格对我说："哦，你在这儿！"他很高兴，想知道我们过得怎么样。"一定要睡一会儿。"我想我们睡着了；筋疲力尽，所以睡着了。[32]

——二等水兵乔·默里，胡德营

天气非常寒冷，似乎骨子里都冻僵了，这将是一个真正痛苦的夜晚，对于那些知道他们将在黎明前爬上山顶的人来说，这将是一个痛苦的夜晚。

清晨5点左右，我们都醒了，冻得要死。大约5点30分，我们大多数人开始热身，安静地跳舞。然后我们必须修理刺刀。总是有固定刺刀的叮当声，金属的声音，你要把外衣套在它周围，降低这种声音。5点45分，突然，在我们身后，整个天空都是红色的，这让我想起康塞特钢铁公司（Consett Iron Company），距离我家只有几英里，他们常在那里拉炉子。紧接着你就能听到炮弹飞过你头顶的声音，你几乎能感觉到炮弹。然后你听到了声音，先是光，然后是炮弹，然后是声音。但与此同时，你知道，如果没有炮击，我们都将被屠杀，我们根本不会前进。所以这是两害相权取其轻。我们承认他们干得很出色。我们有七八分钟的时间，然后德国人会反击，他们会轰炸前线以外的后备军——他们知道后备军就在那里。所以我们越快离开阵地向弹幕进发，我们就越安全。[33]

——二等水兵乔·默里，胡德营

弗莱伯格率领胡德营袭击了博科特火车站的废墟。

到处都在开火：我们自己的炮弹落了空，德国人从左右方向开火，我们的左翼空空如也。他们说跑，但你绊倒了，有弹坑，你不能直接走，你有时走这条路，有时走那条路，绕着弹孔走。有时两三个人在一起，有时一个人也没有。他们不是躲在后面就是被炸了，你不知道。一直都有这种烟雾和炮击。我们到了沉没道路的另一边，几乎靠近了车站。我们必须沿着这条路走，沿着路边走。那里有很多防空洞。我们把P炸弹拿出来扔在那里。当你走的时候，你可以闻到这些磷弹——令人作呕的臭味。我看到一些人在这里，我以为他们是我们的人，但他们真的是囚犯。我们开始和这些家伙说话，他们听不懂，我们听不见那么多血腥的声音，但一个士兵知道刺刀的尖是什么意思，“快，快，快！回来！”他们中的一些人不守规矩，我们开枪打死了他们。毫无疑问。你会告诉一个家伙，他们中的一些人不会表达自己，不会注意到，或者做出威胁的手势——砰的一声——你没有时间和他们胡闹。[34]

——二等水兵乔·默里，胡德营

在博科特村前一片混乱中，默里受了伤。

我们至少提前了三四个小时。有人意识到："看，炮火还没有解除。"我就是在那儿或那儿附近被炸晕的。我还记得当时的想法："该怎么办？"砰！然后我只记得自己在梅斯尼尔（Mesnil），躺在担架上，有人正在洗我脸上的泥。附近有一颗炮弹爆炸了，它袭击了我，我蹲下来，腹部受伤了，有一些弹片和一些弹壳从皮肤和阴毛上脱落，很恶心。[35]

——二等水兵乔·默里，胡德营

西线的德国人在土耳其人失败的地方击溃了"幸运的达勒姆"。默里因病返回英国，但在1917年回到西线。与此同时，175隧道连队的少尉马丁·格林被迫服役，检查博科特车站周围的陷阱。

特别是在车站路，有许多非常好的德国防空洞。我们必须进入那里，确保安全，并建立新的入口。这是陷阱，我们被告知可能会找到什么以及如何找到它。例如，这些熔断器中含有酸：那个撞针被一根弹簧挡住了，弹簧被一根铁丝挡住了。酸根据它的强度把金属丝腐蚀掉了。它一消失，砰，雷管就爆炸了。有一个案例，一个死人的脚被绑在炸弹上。如果他被移动，那就完了！到处都是隐藏的东西。有时他们会把左轮手枪放在桌上，然后把它装上电线。台阶上总是有陷阱——如果你走下台阶，进入一个防空洞，你永远不会直接下去，你要先把东西滚下去，因为其中一个台阶下会有炸弹。我们通过这种方式找到了几个。[36]

——少尉马丁·格林，175隧道连队，皇家工程师

虽然他们在博科特附近被阻截，但皇家陆军已经取得了显著的突破，而第51师在博蒙特·哈默尔也取得了同样的成功。德军的防御工事遭到了严重破坏，但直到1917年才有了进一步的突破。冬天的来临迫使英国人停止进攻，1916年11月18日，战争正式结束。

索姆河战役极其残酷，这是英国卷入大陆战争的必然结果。在对抗德意志帝国的过程中，要取得成功并非易事，数百万人将不得不在接受失败之前死去。因此，任何战术目标都不是最重要的，唯一真正重要的

目标是消灭德国军队。

英国军队在战斗中学到了很多东西，从中吸取的教训为战术奠定了基础，这些战术最终将被改进，以创造赢得战争的“全武器战争”。但这仍有一段路要走：坦克还没有完全整合，在进攻中压制回火的技术还没有掌握——这需要两年多的血腥破坏。在第一次世界大战中，战争的胜负很少用粗略的地面距离来衡量，更重要的是他们是否伤害了敌人。德国人在索姆河遭受了巨大的损失，最终在索姆河战役中失去了波齐埃尔高原和蒂普瓦尔山脊，迫使他们在1917年初撤退了将近40英里。与1916年直接占领的土地相比，当时投降的数百平方英里土地面积很大，这仍然是索姆河战役的直接结果。最终，英军取得了许多成就，但代价几乎高得无法承受：英军总共伤亡近42万人，远远超过1914年8月英军的总兵力。其中约有13.1万人死亡。这几乎是不可思议的数字，但这是一场大陆战争，在这场战争中，在各个层面都目睹了空前的野蛮行径。

7

海上的战斗岁月：1914—1918年

皇家海军是大英帝国的支柱：在过去的几个世纪里，它经历了一系列的战斗，击败了所有的海军挑战者。无论是在偏远的半岛上，还是执行把殖民地抢夺到英国手中的任务，正是这支海军力量把规模较小的英国军队运送到它要去的地方。与陆军不同的是，英国皇家海军获得了足够的资金，可以执行赋予其全球霸主地位的“两强”标准。德国是陆地上最强大的军事力量，他们试图建立一支海军，有可能对皇家海军造成足够的伤害，使其在其他敌人面前不堪一击。为了应对这种威胁，第一任海军部长约翰·费希尔（John Fisher）爵士对海军进行了一次彻底审查：在现代战争中几乎没有作用的非必要船只被废弃，一种新的“全重型炮”级的船只被引进，这开始于1906年出现的无畏舰。与世界各地五花八门的“前无畏”级战舰相比，这些战舰装备更好，保护更好，速度更快。这一发展引起了与德国新的、更激烈的海军竞赛，但英国咬紧牙关，保持了领先地位。不久之后的1908年，费希尔引进了第一艘战列舰无敌号，这是一艘配备了8门12英寸口径大炮的巡洋舰。战争爆发时，皇家海军的大舰队可以部署大约21艘无畏舰和4艘巡洋舰，用来对抗德国公海舰队的13艘无畏舰和5艘巡洋舰。

皇家海军已经做好战争的准备，国家相信古老的海军传统将帮助他们取得胜利。实习水手乔治·温弗德（George Wainford）站在前无畏战舰阿尔伯马尔号（Albemarle）上，他的观点代表了大众的意见。

每个人都在欢呼——他们认为这是一个伟大的笑话！我们没有意识到将要发生什么。我们仍然以纳尔逊的方式思考：船对船，近距离，也许100～200码，互相敲出七个钟声！手拉手的战斗，还有所有那些事。我们原以为我们比德国人强得多，击败德国人轻而易举。[1]

——实习水手乔治·温弗德，皇家海军舰艇阿尔伯马尔号

然而，德国人并没有在海上进行一场决战的意图，他们只是想维持一支“存在的舰队”，即保持德国舰队在港口的安全，在那里，德国舰队可以继续挑战“海上指挥权”，而不需要在战斗中承担全部风险。与此同时，他们可以派出商业掠夺者破坏海上航线。面对这种情况，皇家海军被迫采取了谨慎的做法。人们认识到，由于需要定期为现代煤燃料船补充燃料，封锁是不可行的，但这也会对德国有利，使德国的驱逐舰和潜艇侵蚀英国的霸权。因此，海军部几乎不可避免地要接受一个遥远的封锁：由巡洋舰和驱逐舰组成的哈里奇分舰队，在希尔内斯（Sheerness）由更现代的无畏战舰做后盾，守卫英吉利海峡；海军上将约翰·杰里科（John Jellicoe）爵士指挥的大舰队驻扎在奥克尼群岛（Orkneys）的斯卡帕湾（Scapa Flow）锚地，与海军中将大卫·比蒂（David Beatty）爵士指挥的第一战舰中队并肩作战。面对他们的是驻扎在威廉港的德国海军上将腓特烈·冯·英格诺尔（Friedrich von Ingenohl）指挥的公海舰队。

起初，德国人相信，一旦宣战，皇家海军就会出现在德国海岸附近，但在战争的第一个月，大舰队花了大量时间在北海上巡视，以保护英国远征军部队的护航舰队。1914年8月28日，哈里奇分舰队在第一战斗巡洋舰中队兄弟们的支援下，深入黑尔戈兰湾（Heligoland Bight），发动了第一次引人注目的海军行动。与德国轻型巡洋舰的一场混战，最终以英国战列舰的戏剧性介入而取得了决定性的胜利。德国轻巡洋舰科隆号的最后时刻，既恐怖又高贵。

大约在400码的距离，我们向她发射了最后的炮弹，她着火了。他们中的一些人在残骸碎片上跳入水中，试图接近我们，但海水冰冷。那时大海并不平静，波涛汹涌，水雾飞溅。我们试图救一些人，把他们拖上船，但他们已经失去知觉，最后死了，我们把他们放回水里。没有时间举行任何仪式。我们不知道附近是否还会有其他德国船只，所以我们必须保持警惕，准备好应付任何其他情况。最后，我们救了13个人，把他们拖上船。我永远忘不了那艘船沉没的情景。她大约在7点半沉没。我们都觉得那些德国人是非常非常勇敢的人——我确实看到一个人把船尾的旗子拉了出来，他抓住旗子，当他沉入水中的时候，船沉下去的时候，他还挥舞着旗子。好像是在说："德国仍然是最棒的！"[2]

——机房技师欧内斯特·埃米斯（Ernest Amis），
皇家海军舰艇肯特号

三艘德国轻型巡洋舰和一艘驱逐舰被击沉。英国认为黑尔戈兰湾战役是一场巨大的胜利，但与此同时，这是一项危险的工作，使英国战舰暴露于地雷和鱼雷的潜在危险之中。不久之后，德国人停止了在黑尔戈兰湾巡逻，在那里埋满了地雷，以阻止英国人进入这一地区。

随后，北海的海战平息下来，但即便如此，杰里科名义上的优势也逐渐被侵蚀。当他的船只进行定期的改装时，它们不能用于作战。1914年10月27日，无畏号被一枚地雷击沉，情况变得更糟。杰里科相信，封锁将逐步扼杀德国，切断贸易，并阻止基本原材料和食品的进口。因此，他采取了一项谨慎的政策，限制了"大舰队"的活动规划——控制世界上的海洋，为了确保对有争议的北海的控制，他不会寻求冒险。

与此同时，英国海军部的注意力转向了对德国东亚中队的搜寻，该中队仍在海军上将格拉芙·马克西米利安·冯·施佩尔（Graf Maximilian von Spee）的指挥下逍遥。当轻型巡洋舰艾姆登号在印度洋上横冲直撞时（直到她被澳大利亚轻型巡洋舰悉尼号击沉），装甲巡洋舰（沙赫斯特号和格尼索号）的主体，在轻型巡洋舰（纽伦堡号、莱比锡号和德累斯顿号）的陪同下，越过太平洋前往南美洲海岸。在这里，他们遇到了由海军少将克里斯托弗·克拉多克（Christopher Craddock）爵士指挥的英国南大西洋中队。克拉多克的部队由希望号和蒙莫斯号装甲巡洋舰、格拉斯哥号轻型巡洋舰、奥特兰托号轻装商船和“无畏号”高级战舰组成。克拉多克奉命跟卡诺普斯一起作战，但当他绕过好望角，进入南太平洋时，她被远远地抛在了后面。1914年11月1日16时40分，两个中队终于在智利海岸的克罗纳尔（Coronel）附近相遇，情况变得更加复杂，因为截获的无线电通信使双方相信他们只会遇到一艘巡洋舰。接下来是一场勇敢但毫无希望的战斗。

我看见一枚炮弹发射到了好望角号的前面，然后把一个人完全吹出海面。我走到船的右舷，以为那个人可能会从那里漂过去，那里有一个救生圈，如果他在我们的船附近，我就会把那个救生圈滑下去，但是没有任何明显的人的迹象。不久，一颗炮弹打穿了我们的船头，把信号员的胳膊炸了下来，他的望远镜也被炸弯了，用绳子把他从这么高的地方吊到甲板上，费了好大的力气。不久，好望角号就偏离了位置，蒙莫斯号开始倾斜。这两艘船真的失去了控制，最后，在我们港口几百码处，好望角的前炮塔似乎着火了，接着发生了巨大的爆炸。好望角号消失了，但是蒙莫斯在可怕的条件下继续战斗——大海涨得很高——直到天黑——在那些纬度上，黑暗很快就会降临到你身上。我们走近蒙莫斯号，问她的情况如何，她回答说，她正在迅速地为“阿尔”号造水，“我得把船尾弄到海里去！”说完我们就离开了她，不久我们就看到了一场可怕的爆炸——蒙莫斯的末日到了。战斗结束了。我们自己的情况也很糟糕，船身被打了好几个洞，一个甲板被淹了，一个燃料库也被淹了。[3]

——木匠西尔维斯特·波利（Sylvester Pawley），

皇家海军舰艇格拉斯哥号

好望角号和蒙莫斯号没有生还者，损失了近1600名官兵。格拉斯哥号和奥特兰托号在混乱中设法逃脱了。科罗内尔战役的失败对皇家海军来说是一个耻辱，费希尔立即采取行动，派遣战无不胜、坚定不移的战列巡洋舰〔多维顿斯图德（Doveton Sturdee）海军中将指挥〕，它将如期完成1914年12月8日在福克兰群岛战役中击沉沙赫斯特和格尼索这一严峻任务。

与此同时，英格诺尔在北海对英国东海岸发动了一系列慌张的袭击，目的是将“大舰队”拖入一个新布置的雷区。到了战争的这个阶段，由于破译了德国信号密码，又巧妙地使用了定向无线侦听站，英国海军部常常对德国人的行动有相当程度的预警，德国人因此受到了威胁。尽管如此，德国战舰还是在1914年11月3日对雅茅斯（Yarmouth）的突袭中毫发无伤，而斯卡伯勒（Scarborough）和哈特尔浦（Hartlepool）则在12月16日遭到轰炸。这导致海军部将比蒂进一步南移到福斯湾的罗赛斯，以便更快地作出反应。

1915年1月23日，英格诺尔派出弗朗茨·冯·希珀（Franz von Hipper）海军上将率领的第一支侦察部队，德国人企图再度伏击可能在多格尔班克（Dogger Bank）地区巡逻的英国轻骑兵。在事先得到警告后，比蒂带着他的旗舰狮子号，战斗巡洋舰老虎号、皇家公主号、不屈不挠号、一个无畏战舰中队在第一巡洋舰中队的陪同下，投入了战斗。1月24日上午，当比蒂看到德国战列舰、塞舌尔兹号、莫尔特克号、德夫林格号和布吕彻号混合重型巡洋舰时，双方相撞。希珀跑回家，开始了一场漫长的追逐。英国军舰稍微快了一点，开始追击逃跑的德国人。海军军官候补生约翰·欧弗里（John Ouvry）所处的位置非常有利，他描述了这一行动。

我第一次看到德国船只，真的是地平线上升起的烟雾，然后是桅杆。船长在指挥塔里，我在外面寻找潜水艇。大约9点20分，我们看到德国人向我们开火，我们也向他们开火。第一声炮响把我的帽子吹掉了。接着，令我感到宽慰的是，船长派了一个信差来对我说：“现在到指挥塔里面来！”我照做了。天气状况相当好。令人讨厌的是，德国人制造了一定数量的烟雾，就枪法而言，烟雾遮蔽了我们。德国人把注意力集中在我们前面的旗舰上，那是狮子号。所以对于第一部分的行动，我们宁愿逃脱它！我们向他们开枪，自己却没有被射击。这意味着狮子号迟早会被击中的。我能看见炮弹的烟雾和火焰打在她身上。过了一会儿，她被重重地撞在了水位线上，左舷那里。一颗炮弹射入机舱，使她的左引擎停止工作。狮子号立刻减速，落在我们右舷的后面。这意味着德国人把注意力集中在我们身上，因为我们是领头船。我们很兴奋。但与此同时，我们正在打击敌人。我们知道，一艘巡洋舰着火了。我们的两座炮塔被击中，一座失去作用。就在离我们很近的地方，一颗炮弹在我们和船长站着的指挥塔甲板下面爆炸了。我们被震得很厉害，下面甲板上的一些人被震死。指挥塔里有一定数量的烟。在这样的场合，你会有点崩溃。你继续自动地履行你的职责——你害怕，但你不说。你很紧张；非常紧张。你完全有效地完成了工作；同时你的神经也很紧张。船长转过身来说："孩子们，站住别动。"[4]

——海军军官候补生约翰·欧弗里，

皇家海军舰艇老虎号，第一战舰中队

比蒂不得不离开狮子号：当他在两艘船之间的时候，信号混乱，他们没有追赶德国战舰，而是转向了已经残废的布吕彻号。

我们转向港口截断布吕彻号战舰，老虎号领着另外三艘战舰参与这一行动。我们猛烈打击那个停止了的可怜的布吕彻号。我们近距离向她发射了两枚鱼雷。我看到一枚打中了，最前面的炮塔爆炸了，桅杆掉了下来。她停了下来，开始倾斜，翻了个身就不见了，留下一些水手在海里挣扎。我们的一艘驱逐舰走到一旁，捡起了几个，然后一架齐柏林飞艇出现在我们头顶，投下一颗炸弹，驱逐舰逃跑了。[5]

——海军军官候补生约翰·欧弗里，

皇家海军舰艇老虎号，第一战舰中队

德国海军使用齐柏林飞艇进行侦察。布吕彻号上约800名船员几乎全部遇难于冰冷的北海。在这张令人难以置信的感人照片中，他们绝望地从船的一侧爬过，船翻了个身。当巡洋舰把布吕彻号战舰击垮的时候，其余的德国战舰却逃走了。

多格尔班克战役是英国的胜利，但它暴露了巡洋舰中队内部的严重问题。射击技术水平低下，通信系统无法应付战斗压力。更糟糕的是，人们还没有意识到，如果炮塔内的装甲被穿透，而且装甲太薄，无法抵挡德国的炮弹，那么炮塔内糟糕的指挥安排就会使炮塔容易遭受灾难性的爆炸。德国人经过了一番惨痛的努力才发现这一点，当时赛德利兹号船尾炮塔发生了一场无烟火药爆炸，爆炸的火光一闪而过，照进了弹药处理室。即便如此，仍有约159人丧生。德国人引入了防闪光措施来防止再次发生类似的灾难，但是，英国的巡洋舰仍然携带着他们自我毁灭的种子。

德国人对在多格尔海岸的失败感到愤怒，英格诺尔被海军上将雨果·冯·波尔（Hugo von Pohl）取代。目前，公海舰队在探索使用U型潜艇进行商业突袭的可能性时将陷入被动状态。这些措施已经证明了它们的有效性，但受到了国际公认的“战争规则”的阻碍。该规则规定，中立国船只只能被“拦截和搜查”。即使是协约国也不能在没有得到警告或没有采取措施保障船员安全的情况下被击沉。这些规则使潜艇失去了它们最好的武器——隐形斗篷，几乎失去了战斗力。如果德国人想要扼制英国经济，他们就必须加大努力。因此，从1915年2月18日起，他们下令发动无限制的潜艇攻击，威胁要击沉在英国“战区”全境内遇到的任何盟军商船。中立国航运公司被严厉警告称，如果他们进入该区域，就不能保证他们的安全。

这场运动是一把双刃剑，因为它有可能疏远世界各地孤立的中立者。事故或争议不断，最令人难忘的是1915年5月7日，载有美国乘客的卢西塔尼亚号（Lusitania）客轮被一艘德国潜艇用鱼雷击沉，一千多人丧生。然而，英国人在海上战争中也有他们自己的肮脏伎俩：Q型战舰。我只采访过一位Q型战舰的老兵——乔治·亨彭斯托尔（George Hempenstall）——他曾在其中最臭名昭著的巴隆号（Baralong）服役。当船员在1915年4月加入这艘船时，他们每人得到30先令买便服，并被派往北大西洋巡逻。船上有普通的商船船员，也有两名海军军官（戈弗雷·赫伯特司令和戈登·斯蒂尔中尉[6]），两门隐藏的12磅重的大炮组由海军准将和一群皇家海军陆战队员组成。Q型战舰背后的想法很简单：它有一个普通商船的外表，不会对U型潜艇构成威胁，然后可以欺骗潜艇浮出水面使用炮火，而不是消耗有限的鱼雷供应。届时，Q型战舰将揭开面纱，潜艇将被派遣。为了保持巴隆号的伪装，他们非常小心。

两个仿造的救生圈储物柜，上面绘有救生圈，分成两部分，这样它们就可以分成两部分。当你把它们举起来时，一半会掉到船外，另一半会掉到船内。我们的木板上有不同船只的名字——我们投入战斗时的木板上有美国国旗飘扬的格兰特号。我们还有其他的旗帜，西班牙和希腊的，这些旗帜都与我们所处的水域相一致，位于哪个水域，我们就用哪个名字。在晚上，我们会把舞台板竖起来，把烟囱漆成不同的颜色。我们从来没有找到过领港员。赫伯特走到哪里，他就把船停在哪里；他非常胜任这项工作。我们不得不穿着平民的衣服，我在利物浦着陆时碰巧遇到了这样的一件事，有人问我："基钦纳需要你！你为什么不去穿卡其军服呢？"我们有一颗纽扣，上面写着"现役"，你把你翻领上的纽扣给他们看，他们就会道歉。[7]

——一等水兵乔治·亨彭斯托尔，皇家海军舰艇巴隆号

船员们的目标是对潜艇船员进行报复，他们认为这些船员无异于谋杀犯。我们急切地想找到他们中的一些人。听说他们向救生艇上的妇女和儿童开枪。他们没有考虑任何幸存者，他们将从我们那里得到同样的待遇。我们对"可怜的德国人"之类的人毫无怜悯之心——他们知道自

己在做什么，也知道会发生什么。[8]

——一等水兵乔治·亨彭斯托尔，皇家海军舰艇巴隆号

1915年8月19日，巴隆号响应了一艘正在下沉的英国阿拉伯班轮的呼叫，这艘班轮被U-24鱼雷击沉。不久，他们又接到尼科西亚号的求救信息，这是一艘运载骡子和弹药的货船，他们赶忙赶到现场。那天，亨彭斯托尔的船上有一门藏起来的大炮。

我们收到一个信号，说有一艘船被德军潜艇炮击，我们处于戒备状态。我们正要接近那片区域，所以我们预料会发生什么事情。当警报响起的时候，我们爬上去，接近开枪的地方，藏在掩体下，我们能看到别人，但是别人看不到我们。但你实际上看不见什么——视线没有超过甲板。我们等待着开火的信号；我们只能在600码范围内，但是当时我们在几英里之外。得把船开到600码以内才能进入射程，这就是问题所在。尼科西亚号向我们发来信号："你们尽快赶过来，拯救生命！"然后继续向前驶去。当我们接近尼科西亚号时，它停了下来，船员们都在救生艇上。那艘船躺在那里放气，潜水艇向她开火。我们悄无声息地跟在尼科西亚号后面，尼科西亚号设法进入射程之内，并下令整理大炮。我们一接到开火的信号，"星条旗"就会降下来，"白旗"就会升上去，写着"格兰特号"的牌子就会在我们清理大炮的同时掉下去。我们一离开尼科西亚号，就能看到潜艇。敌人朝我们的船头开了一枪来阻止我们——那是他最后一枪。我们向他开火，第一轮击中了他——12磅重的炸药就落在他的指挥塔里。海军陆战队员们用步枪开火，驱散了敌人的炮队，阻止了他们炮击尼科西亚号，他们都跳入水中。这就是我对他们的全部看法。海军陆战队一直在开火，但他们的火力并没有影响到我们——我们有自己的工作要做。我们向潜艇连续射击：只要有什么东西可以射击，我们就向它射击！对阵12磅重、顶部撞针式的立德炸药，这种情况没持续多久，很快就阻止了它。当我们停止射击时，潜艇什么也没剩下。[9]

——一等水兵乔治·亨彭斯托尔，皇家海军舰艇巴隆号

随后，皇家海军陆战队登船队被派往尼科西亚号上，在那里他们追捕并残酷地杀害了到达船上的少数德国人，留在巴隆号上的亨彭斯托尔没有看到这些。当他们回到美国时，尼科西亚号上的一些船员报告了他们所看到的情况，“巴隆事件”成了国际上的轰动事件。事实上，双方都沉溺于恶毒的宣传，谴责对方的错误行为——事实上，在同一天阿拉伯沉没事件中，44人（3名美国人）遇难，这一丑闻也在同时爆发。

在U-27号潜艇沉没后，威尔莫特·史密斯（Wilmot Smith）中校接替赫伯特成为舰长。不到一个月，巴隆号又开始行动了，9月24日他们发现商船乌尔比诺遭到U-41的攻击。

当我们到达那里时，我所看到的只是一艘空救生艇。沉船上没有幸存者。潜艇来到潜望镜的深度，仔细看看我们，转了一圈。显然，它很满意，心情愉快。它一浮出水面，我们就向它开火。第一轮击中了它，它急忙潜入水中。水流淹没了它的油箱，它很快下沉。随即其内部发生了爆炸，油箱漂起来浮到了水面上。它没来得及出去，我们又打了它一顿。但就在它往下走的时候，其中两个人设法逃出了指挥塔；他们游向救生艇，爬上了救生艇。显然，我们被告知要转向救生艇并将其沉没。这时船长向海军陆战队喊道："不要开火！"我们四处游荡了一会儿，有几次我们试图撞上救生艇，他们又从侧面跳了下去。最后，船长对他们喊道："如果你们想得救，就跟我来！"他们把船拉到一边，把梯子放在一边，让德国人上船。当他们上来的时候，我正在梯子的顶端，潜艇的船长是第一个爬上梯子的，我帮助他下了船。他说道："非常感谢；我只是在履行我的职责！"另一个家伙可能是他的副水手长——那两个家伙在指挥塔里，刚刚设法逃出来。他们被带走了，我们把船长关在羊圈里。他的头被一根刺或什么东西击中了——我的肩膀上都是他流的血。[10]

——一等水兵乔治·亨彭斯托尔，皇家海军舰艇巴隆号

这名幸存的军官似乎是海军中尉伊万·克朗普顿（Iwan Crompton），他确实身负重伤；他后来声称，在他获救之前，巴隆号故意撞坏了他们

的救生艇。船员们否认了这一说法，但亨彭斯托尔的叙述支持了克朗普顿的说法。

海战对双方都是残酷无情的，但最终德国人无法承受中立派的谴责。德国在“卢西塔尼亚号”和阿拉伯等客轮沉没事件中犯下的“错误”导致太多美国公民丧生。随着美国接近战争的边缘，德国人退却了。1915年9月，潜艇撤回。

与此同时，由于公海舰队仍停泊在海面上，海上战争停滞不前，直到1916年1月，海军上将莱因哈德·舍尔（Reinhard Scheer）取代了雨果·冯·波尔上将，一种新的精神横扫德国舰队。这给公海舰队带来了一位精力充沛的领袖，他试图挑动大舰队犯下战术错误，这可能导致大量英国船只被摧毁，或者是潜艇伏击，或者是舰队的局部行动。舍尔意识到，大舰队实在太强大，无法在正面交锋中取胜。当时，舍尔拥有16艘无畏舰、8艘前无畏舰、5艘战列舰、11艘轻型巡洋舰和61艘驱逐舰，与杰里科的28艘无畏舰、9艘战列舰、8艘巡洋舰、26艘轻型巡洋舰和73艘驱逐舰对抗。双方都不知道这一点，但“标签”（Der Tag）——决定海战胜负的决定性战役——几乎就要降临到他们头上了。

日德兰之战

舍尔的行动计划并不微妙。在许多方面，它与早些时候在英国东海岸发动的“偷袭和逃跑”袭击类似。最初舍尔计划由希珀的战舰突袭桑德兰（Sunderland），带领比蒂的巡洋舰舰队先进入潜艇陷阱，然后攻击整个公海舰队。齐柏林飞艇侦察装置的问题迫使计划改变，取而代之的是，希珀的任务是突袭可能在挪威和瑞典之间的斯卡格拉克海峡（Skagerrak Strait）的盟军轻武器和船只。这是一个在比蒂面前“滋事生非”的挑衅行为，试图引起过激的反应。舍尔不知道的是，英国人仍在破译德国的信号，而在公海舰队离开港口之前，英国舰队的全部力量就已经投入了大海。然而，这将是海军部的最后一次情报胜利，因为一系列的误解让杰里科和比蒂觉得公海舰队并没有真正出海。1916年5月31日下午，两支舰队会合时，没有人知道实际情况。

英国战列舰舰队应该能够对付德国巡洋舰（吕佐夫号、塞德利茨号、莫尔特克号、德弗林格号和冯德坦恩号）。比蒂驾驶着他的旗舰狮子号，与他同行的还有一个巡洋舰中队（皇家公主号、玛丽皇后号和老虎号），第2战列巡洋舰中队（新西兰号和不屈不挠号）和第5战列超级无畏（巴哈姆、勇敢号、厌战号和马来亚号），它是第3战斗巡洋舰中队（暂时隶属于大舰队进行额外的炮手训练）的替补。但是当希珀和比蒂的外围部队在14点28分的时候取得了联系，糟糕的初始部署加上信号混乱导致了比蒂与第5战斗中队失去了联系，它被抛在了将近10英里远的地方。尽管如此，比蒂仍然比希伯多5～6艘战舰。当比蒂试图接近德国人的时候，希珀把他的船转向东南方向，带领比蒂径直穿过公海舰队的炮口。

英军的火炮口径略高一些，但由于测距技术的问题，德军在15点48分率先开火。事实上，英国的枪炮技术并不好，通常射得都越过他们的目标，而德国的巡洋舰很快就开始崭露头角。冯德坦恩号在各条战线的后方与不屈不挠号交战。快到16点的时候，领航员查尔斯·法尔默（Charles Falmer）奉命爬上不屈不挠号的桅杆，清理一些缠在一起的信号旗。

我们向敌人靠近了些，传来消息说有人要到高处去清理旗帜。我走上去，先脱下我的海靴，爬出船头，爬上“雅各的梯子”，一直爬到顶上。我展开旗子，坐在无线电场里环顾四周，很自然地看着枪声。[11]

——首席信号员查尔斯·法尔默，

皇家海军舰艇不屈不挠号，第2战舰中队

16点02分，两枚炮弹射入了不屈不挠号的船体，穿透了她的弹药库，引发了一场巨大爆炸。灾难发生时，法尔默还在顶端。

船上发生了一次可怕的爆炸——弹药库被炸开了，我看见枪支就像火柴棍一样飘起来——那是12英寸长的枪支——零件飞得到处都是。她开始停顿下来，不到半分钟，她就翻了个身，不见了。我当时站在180英尺高的地方，被抛到离船很远的地方，否则我就会被吸下去。我几乎失去了知觉，真的翻了个身。最后我浮到了水面上。当我浮上来的时候，遇到了一个叫“吉米”格林的家伙，我们得到了一块木头。他在一端，我在另一端。[12]

——首席信号员查尔斯·法尔默，

皇家海军舰艇不屈不挠号，第2战舰中队

不久，格林被炮弹打死了，法尔默孤身一人，被漂浮物和抛弃物包围着——这就是不屈不挠号所剩下的一切。他是仅有的两名幸存者之一；船上的1017名船员全部遇难。

在巡洋舰后面，第5战斗中队的四艘强大的伊丽莎白女王超级无畏战舰正奋力追赶。最后他们终于设法靠得很近，打开了德军后方的阵地，这种精确的火力很快就会发挥作用。

与此同时，玛丽皇后号在靠近前线的时候遭到了塞德利茨号和德弗林格号的猛烈攻击。她的一个炮塔被穿透了，在一场完全灾难性的爆炸中毁灭。

玛丽皇后号——我们听到了爆炸声，但我无法描绘那种情景。她的前炮塔开始倾斜，船的前部开始倾斜。她就那样下去，翻了个身。当她赶上我们时，有几个人从船尾跳进水里，跳上了一个卡利救生筏。她砰的一声飞了上去，到处都是残骸。炮兵中尉说：“小心碎片！”我们做到了。[13]

——一等水兵阿尔弗雷德·布莱克莫尔（Alfred Blackmore），

皇家海军舰艇新西兰号

随着这些戏剧性事件的展开，英国驱逐舰开始在战线之间展开行动，行动进行得太快，任何人都无法评估和控制。在冲突中，塞舌尔兹号被鱼雷击中，不幸的是，更多的驱逐舰在紧张的冲突中报废。乔治·贝茨沃斯（George Betsworth）上士也在这艘遇难的奈斯特号上。

我们用鱼雷攻击他们，我们的炮手报告说："一枚鱼雷遗落在管子里了，先生，我们把它弄下来好吗？"宾汉回答说："好的，转动16度！"他把这个鱼雷拿下来。当我们转弯时，德军的一艘轻型巡洋舰正好驶入我们前方的锅炉房位置。炮弹直接穿过，击中了这个小艇，穿过钢甲板，进入锅炉房，直到船的底部爆炸。我的脖子都浸在海水里，水很热——到处都是这样的水！我们对此无能为力。工程师诺曼·罗伯茨（Norman Roberts）走进机舱，在机舱里发现了一包东西。然后他们找到了合适的航程——机舱，驾驶室——大部分在船的前部。少尉离开舰桥，走到船尾，扔下几本书，他知道船要沉了。当他下去的时候，船尾有几个人，船尾已经被吹倒了。船只开始沉没。"放弃船只！"我走过去，看见几个小伙子从机房里走了出来，大多数人都乘小艇和几艘卡利救生筏离开了。这个孩子，在我们离开第四艘船之前，他才刚刚上船，他被蒸汽管后面的血和硅酸盐棉窒息了。看到这个孩子，感觉很恐怖，他离开家还不到五分钟——只经过一点点训练，就被送到我们这里，我在匆忙中抓住了他，这个孩子死在了我的怀里。除了陪着他，我什么都做不了，其他人差不多都离开了船。我想："好吧，现在只有一件事可以做——待在一边！"当船逐渐下沉时，我潜到水里，游离了船只。我游向发现的一些沉船残骸，那一定是船头或什么东西。我抓住这个，停了下来。直到半夜才有人把我接走。[14]

——上士乔治·贝茨沃斯，奈斯特号，驱逐舰第13舰队

在驱逐舰的战斗中，比蒂和他的巡洋舰不知不觉地向公海舰队靠拢。希珀完成了他的侦察和诱捕任务。舍尔计划诱捕大舰队的一个下等舰队，这个计划似乎即将实现。

排在比蒂前面的是第2轻巡洋舰中队。大约在16点30分，他们看见了从南方驶来的公海舰队。现在一切都改变了。比蒂不再是追击者，他成了猎物。但他也有一个秘密，因为舍尔和希珀不知道大舰队也在海上。角色互换了，现在比蒂的任务是在杰里科的密集火力下领导德国人。16点40分，比蒂发出了向北转弯的信号。由于又一次信号混乱，第5战斗中队推迟了他们的转向，直到他们受到猛烈的攻击，才转向战斗巡洋舰的后方。

当超级无畏舰奔向北方时，他们暴露在危险的集中火力下，但是他们华丽的装甲保护使他们免受任何真正的伤害。与此同时，他们巨大的15英寸炮弹对德国的巡洋舰和主要的无畏战舰造成了巨大破坏。在这段时间里，他们一直在靠近杰里科的无畏战舰的六列纵队，那六列战舰正从北方冒着热气往下驶去。在大舰队和掩护他们接近的德军面前是第一巡洋舰中队和第3战列舰中队。但当杰里科站在他的旗舰“铁公爵号”的舰桥上时，他对德国舰队的实际位置几乎一无所知。直到18点14分，比蒂才发出了他们的方位信号。杰里科立即反应，把那支由24艘无畏战舰组成的庞大舰队部署在左舷纵队上，希望为他的炮手们争取到最微弱的光线，以便“越过”德军防线。这将使他的整条战线能够向德国人开火，而除了他们的领头舰只的前炮之外，没有人能够还击。

我想说的是，这对任何人来说都是一个伟大的时刻。两个主要舰队终于开始行动了。我记得当时我对自己说：“好吧，我们已经失去了很多，我们还会失去更多。但只要两支舰队相遇，我们不介意失去这个和那个。”这一刻已经到来，一种特别的解脱感油然而生——也许是一种爱国主义的解脱。看到战舰开火真是太好了。我想：“好吧，这就是结局！”[15]

——海军军官候补生约翰·欧弗里，

皇家海军舰艇老虎号，第1战舰中队

海军军官候补生布莱恩·德·库尔西·爱尔兰（Brian de Courcy Ireland）和贝勒罗芬“Q”型炮塔的船员们正在为开火做最后的准备。

我们想：“就是这样，这真的很了不起。”我们并不紧张，有很多事情要做，你继续工作，这占据了你的大脑。弹壳室和弹药房，打开所有的东西，准备就绪，把前几发子弹装进炮楼准备装弹。我在杜马雷斯克。这是一个圆形的金属东西，上面有各种各样的东西，你可以设定船的航向和速度，它所做的是让你调整航线和速度；然后估计路线和速度，无论你要从事什么，你需要考虑到风的因素。事情的目的是计算出在你要攻击船之前，你需要把枪炮转移多少度才能开火，这样你的炮弹到达她的时候，她正好位于那里。所有的数据要么来自舰桥，要么来自炮塔船长，他会给出他的估计。我可以站起来，通过望远镜看一看，得到我自己的想法。你会一直调整它，如果你自己的船改变了航线，或者你认为敌人改变了航线，增加或减少了速度。能见度很差，只能看到粗略的轮廓。试着猜测他们的速度和路线是很令人担心的。[16]

——海军候补生布莱恩·德·库尔西·爱尔兰，

皇家海军舰艇贝勒罗芬号，第4战斗中队

当第5战斗中队转向加入大舰队战线时，有一段短暂的时间，他们不得不穿过公海舰队集中火力的地方，也就是后来被称为“风角”的地方。在这个过程中，超级无畏战舰遭到了大量炮弹的袭击。一颗炮弹损坏了她的舵机，使船在猛烈的炮火中在两线之间盘旋了可怕的几分钟。海军军官候补生威廉·费尔（William Fell）觉得这是一次可怕的经历。

那是最具纪念意义的一声巨响——听起来就像世界上所有盛满陶器的锡茶盘都掉在我们头上一样。整艘船摇晃得嘎嘎作响，我们意识到我们被一个相当大的东西击中了。从那以后，大约每过一分钟，我们就会从某处接到一个信息包：“崩溃！喋喋不休！撞！狠打！”最后发生了一件比平常更糟的事，把我们大家都吓得瘫倒在地，我们坐在凳子上想象各种各样的情节。后来，我们都趴在甲板上。坦白地说，接下来的几分钟我记不太清楚——我想我们都昏了头。一切都在黑暗中。急救灯的一个角落里有一盏微弱的暗灯，其他的东西都熄灭了。最糟糕的是完全的寂静：没有引擎的声音，没有行动的声音，或者任何正在发生的事情。过了一两分钟，沿着传送声音的管道，一股老旧的水闸里的水冲进传送室，慢慢地涌了上来。我们差不多在同一时间开始意识到这一点。桌子的另一边坐着两个刚到船上一两周的小男孩，他们都吓坏了。他们吓坏了，开始呜咽不止。斯康恩（Scurne）爬起来，绕着绘图板走了一圈，把他们的两个脑袋凑在一起，砰！砰！砰！于是一切就绪！然后我们开始行动，努力做好我们的工作。当然没有什么东西掉下来。可怕的寂静又被引擎的声音打破了，这让我们更有希望了，我们点亮了几盏灯。最后，斯康恩爬回他的传话管，对着前桅楼喊道："又多了一个——啊，好极了！"他对着一个神话般的前桅楼大声说话，完全恢复了在下面时候的士气。从那以后，就只能等待了。我们等了一个半小时，直到听到有人在敲我们头顶上的装甲舱门，有人放我们出来。我出来的时候没认出那艘船；她只是个废物。[17]

——海军军官候补生威廉·费尔，

皇家海军舰艇厌战号战列舰，第5战斗中队

受伤的军人奉命返回港口，并且是安全返回。

随着大舰队的部署就位，公海舰队发现自己正航行在完全毁灭的道路上。但即便如此，英国的巡洋舰还得忍受另一场灾难："无敌号"，同类战舰中的第一艘，发现速度不足以弥补装甲的不足，于是在18点34分爆炸了。又一次，一艘英国巡洋舰的薄甲被发现有缺陷。"不可战胜号"在中间断成两截，碎片奇形怪状地从海浪中突出来。

我敢肯定那是一艘德国船。于是我向我的6英寸口径的炮手们说："一艘德国船只的残骸就在右舷！"6英寸口径的工作人员发出了热烈的欢呼。两分钟后，我们舰桥上的信号员给我打了电话。他说："你看见右舷的那艘船了吗？"我说："是的，我看到了。"他说："你读到船尾那艘船的名字了吗？”我说：“没有！”他说：“它是不可战胜号！”我非常沮丧。[18]

——海军军官候补生约翰·欧弗里，

皇家海军舰艇老虎号，第1战舰中队

不可战胜号的船员有1032人，只有6人幸存。

但这对公海舰队来说并没有多少安慰，他们发现自己处于可怕的境地，因为炮弹像雨点一样从大舰队上落下来。舍尔必须迅速行动，命令“格菲希特·温顿纳赫·斯特伯德”号向右转——这样他的每艘船将分别转向，从最后方的船开始，然后每艘船依次转向前线。这样做的结果是，公海舰队似乎消失在薄雾中。杰里科无意跟随一个危险的敌人进入迷雾，所以他改走一条向南的路线，以便正好越过德军的撤退线。

在此期间，第12舰队的驱逐舰遇到了损坏严重的德国驱逐舰V48。就像一群狗一样，他们随意地把她撕成碎片。从皇家海军猛攻号上观看的是一等水兵乔治·温福特（George Wainford）。

她受伤了，但她还在工作，还在开枪。所以我们和她交火了。有两个德国水手，尽管船严重受损，他们仍在开枪。我对我的一个朋友说：“上帝啊，我希望他们不要被杀！”我真的为他们感到难过。不管怎样，她已经沉下去了。我们不得不让船只沉没，她还挂着德国军旗，我不知道他们是否获救。你可以看到很多很多的残骸。我将永远记得漂浮在水面上的死鱼的数量。我想他们是在船爆炸时被冲击撞死的。水面上到处漂浮着鱼。[19]

——一等水兵乔治·温福特，

皇家海军舰艇猛攻号，第12驱逐舰舰队

V48只有3名幸存者。

当大舰队向南航行时，在19点10分左右，舍尔的下一个动作把他直接带回到大舰队发出隆隆炮声的炮口。德国的主要舰队遭受了严重破坏，但舍尔证明自己能够应付危机。19点03分，他命令他的巡洋舰和驱逐舰攻击英国的防线，而他的主要舰队执行了另一个“杰夫顿”命令，让主要的无畏舰队逃跑。炮弹一颗接一颗地落在他那几艘已经破烂不堪的战舰上，而那几艘战舰却不知怎么还浮在水面上。接着，德国驱逐舰发射了鱼雷，杰里科急转弯离开，而不是冒着可能给德国人带来胜利的重大损失。然而，尽管如此，对于德国人来说，事情看起来还是很惨淡的，因为他们和威廉港之间隔着整个大舰队。但是夜幕降临了。

舍尔带着相当大的决心，选择了最短的可行路线直接前往安全地带。这样，他就从无畏战舰的主体后面走过去，径直穿过英国驱逐舰的层层防线。随后发生了一些小规模但日益致命的行动。大舰队忽视了夜间行动训练，也缺乏关闭的探照灯或星弹，无法迅速照亮可疑船只，这是不幸的。当德国战舰的黑影从夜色中出现时，熊熊烈火向那些不明智的英国驱逐舰和巡洋舰袭来，要求发出识别信号。许多军官不知道发生了什么事；他们想把决定权留给别人。但最糟糕的是，没有人愿意向杰里科报告无线联络情况。他们曾把公海舰队控制在自己的控制范围内，却让它从他们的手头溜走了。

在猛攻号上，一等水兵乔治·温福特参与了最后一次接触，当时第12舰队正在调查一条神秘的船队，这条船队出现在他们前面的迷雾中。

你可以在海雾中看到一些大船正朝下驶来。我们以为那是我们自己的船。我们从相反的方向经过他们，不知道发生了什么。我在鱼雷发射管旁边。作为一名鱼雷手，我的工作就是把鱼雷装进管子里。有一种吊杆，上面有一条小链子。你把它举起来，推进去，确保弹头是正确的。然后是上士，他会进行实际发射。你必须用测向仪对船进行直接定位：在开火之前，你必须知道敌人的速度、你自己的速度、敌人的角度、你的角度。所有这些都是他做的。那里有一个手枪柄，用来引爆炸药，把鱼雷炸到水里，然后螺旋桨就启动了。[20]

——一等水兵乔治·温福特，

皇家海军舰艇猛攻号，第12驱逐舰舰队

他们后来才意识到这些船是德国人的，于是掉转船头，像一支小型舰队一样发起攻击，部分火力被烟幕覆盖，但反击遭到了严重打击。

我们发射了鱼雷，当然舰队中的其他船只也发射了鱼雷。发生了可怕的爆炸，一艘德国船爆炸了。“天哪，”我说，“我们击中了她！”那就是我们沉没的庞默号。我说的那一刻，或者是一个炮弹，或者一个齐射，击中了我们的舰桥。砰的一声巨响，大火从炮台左侧开始，炮台下面的吊床都是火焰。你可以听到很多的哭喊声。我走到上面，凯米斯（Kemmis）中尉说：“你要去哪儿，温福特？”我说：“先生，我很乐意帮忙！”他说：“下来，派一个资深的人上来！”我伸出一只手，把下面所有的碎片都拉了出来。后来我发现它有点混乱：4英寸前炮和舰桥的上部被拆除。我看见一个小伙子受了重伤，整个肚子都耷拉着，他想把它往后推。[21]

——一等水兵乔治·温福特，

皇家海军舰艇猛攻号，第12驱逐舰舰队

极度疲劳的猛攻之后，船只被命令返回港口。他们的船长亚瑟·昂斯洛（Arthur Onslow）中校受了致命伤，被带到甲板下面。

船长[22]死在船员的餐桌上。他们把他放在那里。我将永远记得他最后的话，他说：“船还好吗？”我说：“是的，先生，船很好！”他说：“那我现在就睡一会儿。”就是这样。他死的时候，我在那里。[23]

——一等水兵乔治·温福特，

皇家海军舰艇猛攻号，第12驱逐舰舰队

尽管海平面上升，但这次袭击使它安全返回。

1916年6月1日上午，杰里科和大舰队意识到公海舰队已经逃跑了。虽然德国人被迫仓皇逃命，巡洋舰卢茨号和无畏战舰前的庞默号沉没，但整个舰队还是逃回了威廉港。乍一看，日德兰战役似乎是英军的一次失败，英军损失了3艘巡洋舰、3艘装甲巡洋舰和8艘驱逐舰，而德军只损失了1艘巡洋舰、1艘无畏战舰、4艘轻型巡洋舰和5艘驱逐舰。英军死亡

6094人，德军死亡2551人。英国皇家海军全体成员都觉得，他们没能像英国人期望的那样给德国舰队带来“致命打击”，整个舰队为此感到沮丧。英国的损失是惨痛的，3艘巡洋舰上灾难性的爆炸更是雪上加霜。如果他们的德国对手被如此轻易地炸毁，德国人的伤亡会高得多，因为他们的损失分散在几艘受损严重的船只中，而这些船只设法磕磕绊绊地回到港口。

对这场战役的更现实评估表明，德国人不仅完全未能实现他们的主要目标，即大幅度缩小大舰队对公海舰队的优势，而且他们再也不会认真地挑战海洋的指挥权。海战的主要问题得到了解答，而且答案对英国有利。皇家海军遭受了惨痛的损失，但他们在港口准备加入舰队的船只比在战斗中失去的还要多：他们将继续指挥北海以外的全球海域。

1916—1918年：奔向胜利

舍尔又一次试图将杰里科拖入潜艇和水雷陷阱，他试图执行1916年8月19日轰炸桑德兰的最初计划。英国海军部情报部门事先警告杰里科，但随后的扫荡行动证明对双方来说都是徒劳的。之后，舍尔从报告中意识到，他再次无意中冒着彻底灾难的风险，于是他转而反对在北海开展进一步行动的想法。1916年10月6日，英国企图用无限制的潜艇战扼死英国的海上航线。由于U型潜艇被释放用于商业突袭，它们不能用于舰队作战，因此公海舰队在港口仍然处于停滞状态。当船员们意识到“标签”永远也不会出现时，舰队的士气逐渐低落起来。

英国人努力理解并对日德兰战争的教训做出反应：改进装甲防护，线装无线火药防闪光措施的工作得到了极大改进；引进了更有效的穿甲弹；杰里科修改了他的战术思想，允许一种稍微更灵活的方法；更强调了所有船舶准确报告和保持与德国船舶联系的责任。1916年11月28日，杰里科被任命为第一海军大臣，但被比蒂取代。比蒂奉行的政策与他的前任几乎完全相同。然而，他确实试图在下属指挥官中鼓励更大的灵活性，但他从来没有机会在战斗中检验自己的想法。

皇家海军被要求扮演许多不同的角色：许多只是例行公事，但这并没有降低其重要性。例如，英吉利海峡必须保持开放，以保持通往西线前线部队的后勤生命线。二等水兵席德·贝尔很快就习惯了在“美人鱼”号驱逐舰上夜间巡逻的例行公事。

多佛巡逻！我们从福克斯通（Folkestone）出发，在英吉利海峡中部找到了一艘“光船”，然后穿过格雷斯内兹角（Gris Nez），再次巡逻。你执行巡逻任务时解放了其他船只，既能瞭望，又当信使，有时候也是待命状态。军官站在舰桥上，我在左舷放哨，深水炸弹在右舷。你从正前方开始报告，然后转向正后方。经常用眼镜或眼睛扫视——有时你能用自己的眼睛更好地辨别。你要报告所看到的所有物品：一些浮在水面上的木头，一个盒子或任何东西，不管它是什么；你报告说：“左舷船头有目标，先生！”如果你能分辨出那是什么，就会说：“船，一个烟囱两个桅杆！”在航海学中，你被教导要辨识不同类别的船只。我的战斗位置是焦点12磅的枪炮那里。你曾经准备好，擦拭枪支，准备好弹药和架子。开枪时，枪向后一退，后膛手打开后膛，枪又装上子弹，枪膛关上了，他常常大喊：“准备好了！”枪上子弹，准备射击。德国潜艇从奥斯坦德和泽布吕格通过英吉利海峡时遇到了很多麻烦。他们过去常常在涨潮时从雷区上下来。培根（Bacon）海军上将在海峡对岸筑起了一个拦河网。这些漂流者和拖网渔船常常是站点。他们把一个镁闪光灯放在一边，用来照亮航道，巡逻的驱逐舰可以看到。你走了这么远，不得不转弯。我们刚转过身来，正要从格林斯内兹角回来的值班人员对探照灯上的领班说：“特纳，打开灯光！”当探照灯闪烁的时候，一艘巨大的德国潜艇就在我们旁边！你可以用石头砸它！甲板上有一个德国水手，穿着一件白色的套头衫！“各就各位！”我们突然转向，潜艇潜入水中。当我们到达他潜水的地方时，你可以感觉到我们的船头在上升，我们只是掠过他，就过去了。信号员发出了最亮的光，所有的驱逐舰都会聚在一起——曼利、流星、曼克斯曼——所有的驱逐舰都加了进来。当我们拦截他时，他潜入水中，随着其他船只的到来，他潜入水中躲避。你知道的，海峡不是很深！不久，我们听到砰的一声。潜艇撞上了拦河网下的雷区，那就是我们听到的砰的一声。[24]

——二等水兵席德·贝尔，

皇家海军舰艇美人鱼号，第6驱逐舰舰队

巡逻的任务永无止境。

皇家海军拥有自己的潜艇，但他们的工作既辛苦又危险。“K”级大型潜艇的情况尤其如此，它们打算在战斗条件下与“大舰队”并肩作战。但它们的燃油蒸汽涡轮机最多只能给它们19节的速度；太慢了，不能和舰队在一起。这在某种程度上使整个类别变得多余。此外，无论是在水面上还是在水下，它们都很难处理。它们有着灾难性的服役记录，在18艘建好的潜艇中，有6座在事故中沉没。无线电报员威廉·皮戈特（William Piggott）曾在位于罗赛斯的K5上服务。

所有的东西都是湿的，每个螺母和螺栓都在滴水。你总是感到潮湿，没有得风湿病简直是奇迹！当你打开一听饼干，如果你把它放到第二天，它就会发霉。如果你出海时把一块面包放在外面，5个小时后面包就开始发霉。有47个男人在你下面呼吸，没有出口，所以到处都是湿气。那是一种非常罕见的生活，真的是一种可怕的生活。有两个加热器：一个在司炉的食堂；另一个在我船尾的普通食堂。你在潜水站，就是这样——你不能动，当你在下面的时候也不能动。当你在水下的时候，你不能在潜水艇上闲逛——你会把船弄翻的——你只是保持平衡。当你站起来的时候，总是几乎碰到你的头。当你在水面上给电池充电时，柴油发动机一直在运转——一直有很大的噪音——你听不见。涡轮机在水下很安静。总是有柴油的味道——光秃秃的钢板上都是这种味道。[25]

——无线电报员威廉·皮戈特，皇家海军舰艇K5，大舰队

当他们上岸时，人们可以从沾在制服上的油臭味认出他们。

英国皇家海军也偶尔发动特别袭击，其中最大胆的一次是1918年4月22日对泽布鲁格的突袭，目的是使德国潜艇难以或不可能将该港口作为基地。该计划包括击沉三艘填满混凝土的封锁船（西蒂斯、无畏号和依菲利琴尼亚），穿越通航的海港航道和通往U型潜艇基地的布鲁日运河（Bruges Canal）。一艘被特别保护的破旧巡洋舰复仇号准备发动一次转移注意力的攻击，让一群海军陆战队员登陆攻击泽布吕格港的鼹鼠号。与此同时，两艘潜艇——C1号和C2号——已经装满了烈性炸药，准备进入连接鼹鼠号和大陆的高架桥。人们希望这能阻止德国增援部队的到来。

特种船和掩护轻型部队穿过英吉利海峡，他们的最后一程被一种特殊的烟幕覆盖。

在进入港口之前，我的工作是打开人工雾罩，以掩护我们所有的行动。当所有的瓶子都打开时，雾非常浓，你几乎看不透它。尽管能见度为零，船长还是驾驶西蒂斯号，驶向运河。我们只能摸索着赶路，知道距离是多少，我们就可以估计河道的位置。船长把船头朝运河上一倾，撞到一艘驳船上，把它击沉，然后操纵他的船，企图堵住航道。[26]

——上士克莱格（H. Clegg），皇家海军潜艇伊菲格尼亚号

烟幕可能在某种程度上使得船只无法观测，但德国炮兵连仍能看清形势，足以向封锁舰开火。西蒂斯号过早地凿沉了，其余的船只也要设法沉到运河里。

我们就位后，接到了放弃船只的命令，全体船员都退回到上层甲板。然后船长把船的底部炸掉了。它沉下去了，当它沉下去的时候，成为一堵坚实的混凝土墙，船上完全被混凝土填满了——除了引擎和锅炉，其余的都被填满了混凝土。我想没有什么东西可以移动它。现在的困难是逃跑。我们只有一艘救生艇，另一艘已经被撞得粉碎。雾仍然很

浓，我们遭到四面八方可怕的炮火袭击——重型机关枪的射击，炮弹在我们四周爆炸。我不知道我们为什么没有被打死。最终我们从侧面进入了独桅纵帆船。我们当时的工作是把那艘船划出港口，然后我们开始驶离那艘船。用几支桨划一艘满载货物的独桅纵帆船是一项艰巨的任务。[27]

——上士克莱格，皇家海军潜艇伊菲格尼亚号

结果，封锁船没能完全封锁运河，德国人很快就能开辟一条通道，让他们的U型潜艇进出泽布吕格。因此，这次行动完全失败了。然而，绝不能让真相破坏一个好故事，英国人在对突袭行动的描述上取得了相当大的宣传成就，授予了大约8个维多利亚十字勋章，增强了戏剧性效果。

在我对海战的所有采访中，有一个故事让我印象深刻，那就是当他们的船在海浪中缓慢滑行时，人们被困在甲板下是多么地恐怖。1918年7月19日，当佩卢号驱逐舰在北海被鱼雷击中时，中尉布莱恩·德·库尔西·爱尔兰正在船上服役。

我们护送一个排雷中队，他们在北海的上端布下一排水雷，试图对德国船只封锁。我拿着晨间水手值班表，下楼到军官室里吃早饭。然后去我的船舱睡了一会儿，因为我有下午的值班，告诉服务员在十二点一刻打电话给我，这样我可以在值班前吃午饭。我在值班的时候睡着了。我想鱼雷很可能击中了右舷的螺旋桨，那离我的铺位稍远一点。我对那件事知道得不多——就是砰的一声！当我镇定下来的时候，我在甲板上，船舱的大部分都在我的头部上方。我在那里躺了一会儿，想道："好吧，我真的没有受伤。"于是我挣扎着站了起来。我们——我和轮机长——并不十分清楚发生了什么事。我们出不去，舱门卡住了。爆炸引爆了船尾的一个深水炸弹，把上层甲板和船尾弄得一团糟——我们被困住了——没有别的出路了！我们是最后一间舱房，舱壁似乎多少是固定着的，但船正在下沉，船尾的大部分已经不见了。它着火了——在我们后面，下面什么地方，汽艇着火了，装了一些汽油——我听见了。我害

怕它会跑到弹药库，所以我试着把弹药库灌满水，但是两个阀门完全坏了，无法工作。然后，水当然上涨了，船舱从下面什么地方被淹没了。这是非常不愉快的，因为一个油罐也破裂了，所以它是半油半水，或多或少是漆黑一片。我想出去——它在下沉。然后我们听到他们在舱口上工作。我喊道："在弹药房后面！我试图用水淹没它，但是我做不到！"那引起了一声大笑，因为弹药房后面已经什么也没有了。一切都过去了，沉到海底去了！大约就在那时，我们感到船只抬了一下，因为船尾掉了下来。引擎室就在我们住的房间旁边，我们可以听到他们在支撑引擎室的隔板，这是托举运动。当他们把我们救出来的时候，水已经淹到我们的胸部。[28]

——中尉布莱恩·德·库尔西·爱尔兰，皇家海军舰艇佩卢号

船员们设法扑灭了火焰，六艘拖船把他们拖回了100英里外的阿伯丁。他们非常幸运：尽管失去了整个船尾，但只有3人受伤。年轻的库尔西·爱尔兰失去了他的航海箱和其他所有财产，但至少他活了下来。然而，这段经历无疑留下了印记。

我从来没有看过医生。他们只是说："你没事吗？"我傻乎乎地说："是的！"我感觉不太好。我想我吞下了燃油，所以我生病了。他们给了我一个星期的假期，然后马上派我去另一艘驱逐舰——威斯科特号。我感到非常震惊，因为当汽笛声响起时，我在其他驱逐舰上的所有伙伴都上了船来——我发现我不知道他们是谁，记不起他们的名字或其他什么。我的记忆完全消失了，他们意识到出了问题，就都走开了。我不知道该怎么办，我走到船舱里，有一个年轻的见习外科医生，一个医学院的学生，他看到了这种情形，下来和我聊天，说："我想这是延迟休克。"的确是这样。我记不起来年轻时候发生的事情。这很滑稽，我发作了，然后又好了。我发病了几次，最后都好了。我接纳了这一切，学会了与它共处，最后一切都好了。[29]

——中尉布莱恩·德·库尔西·爱尔兰，皇家海军舰艇佩卢号

1918年，当战争终于摇摇欲坠地结束时，公海舰队非但没有出现战斗，反而发生了叛乱。皇家海军在没有赢得任何重大海战的情况下取得了彻底的胜利。1918年11月21日，约70艘德国船只根据《停战协定》的条款屈辱地投降，标志着英国海军的成功。一等水兵乔治·温福特从国王乔治五世号上看到了这一切。

我们出去迎接德国舰队。大舰队驶往他们的左舷和右舷。国王乔治五世在港口侧翼。我们接到的指示是："除非值班，否则任何人不得进入露天甲板。"不允许闲逛。每个人都要到甲板下面，每个人都要各就各位！"哦，我的位置在发动机舱里！"但机舱上方有一个平台，那里有一个小舷窗洞。我爬上去，从这个孔里可以看到发生的一切。所有这些德国海员——没有纪律——挥舞着旗帜，穿着零星的制服和旧衬衫，试图引起人们的注意。我们船上没有人注意到一点——没有任何反应，一切都井然有序。他们所有的枪都在船上排列开来；所有的枪都对准了他们！我在战争中看到的最壮观的东西是，所有这些军舰，德国战列舰，战列舰巡洋舰，鱼雷驱逐舰，潜艇，很多辅助设备，都出现了。我们的船位于两边，像牧羊犬一样，确保他们走对了路。[30]

——一等水兵乔治·温福特，

皇家海军舰艇乔治五世号，第2战斗中队

8

战壕里的生活

战壕挡住了步兵的视线，他们只能从沙袋上了解外面的世界，这使其视野非常受限。战壕至少有3英尺6英寸宽，战壕前面有一个宽沙袋和6英尺厚的土墙，后面有一个类似的背墙。战壕将超过6英尺深，所以它必须有一个2英尺高、18英寸宽的射击踏台，以便士兵在越过护墙向接近的敌人开火时可以站在上面。在可能的情况下，墙壁用铁丝、木材或波纹铁铺就，以防止塌陷，而排水沟和浮筒板则是试图阻挡水。另一个更先进的系统是“火舱”系统，中间有实心土的横贯，最大限度地减少了炮弹直接在战壕中爆炸的影响，并减少了占领军易受包围火力的伤害。随着战争的继续，出现了各种各样的发展：早期，为了防止“突进”攻击，竖起了带刺的铁丝网，挖出了交通战壕，以便安全进入，出现了过多的支援和后备线。最终将形成一个复杂的壕沟系统，绵延数英里，全部由步枪、机枪和密集炮火防御——这是最致命的军事装备，造成了逾60%的伤亡。两线之间是无人区，这片土地连接在一起，分割了对方军队的战壕系统。

当英国远征军的士兵第一次进入战壕时，他们几乎没有想到4年后他们还会在那里。但是很快，一种生活方式得以发展起来，虽然有了许多渐进式的变化，但到战争结束时仍可辨认出来。仅仅挖战壕就是一项惊人的工程，涉及大量的体力劳动，很少有人能逃脱，尤其是在先头部队。

这就像在挖坟墓！我们挖洞的时候，规格都是6英尺长、6英尺深、3英尺宽。军士们有测量棒。地面通常都非常柔软，除非你不走运踩到一些岩石。我们常常互相帮助。从前有个家伙，开了一家乐器店——你应该看看他的手指——他从来不知道铁锹是什么东西。所以你帮他的忙。两个人站在12英尺的空间里，所以你必须做一点。[1]

——中士阿尔弗雷德·韦斯特（Alfred West），

蒙茅斯郡第1团第1营

填满泥土的沙袋是堑壕战的关键部分，其堆砌方式与传统砌砖相类似。它们具有设计上的灵活性和强度，这在松散的泥土中是不可能实现的，而且在炮弹爆炸或潮湿的环境中倒塌的可能性要小得多。事实上，在排水条件差的低洼地区，沙袋会被堆叠起来，在前面和后面形成厚厚的护墙，形成一条高于地面的人工沟渠。

在前线，特别是在战争初期，普通的英国士兵很少有较深的掩体；他们中的大多数人只是挖沟渠的一边，并已经竭尽全力。你在旁边挖普通防空洞，在上面盖上盖子。到处都是金属锡、瓦楞铁，把它粘在上面。我们常常把沙袋填满，然后把它们放在防空洞上。你在前面盖了条毯子来阻止毒气。他们还会切割你的座位，旋转着把泥土切开，它可以容纳5个人，也可以容纳2个人，这要视情况而定。这就是我们所谓的“小房间洞”，在沟渠边挖洞只是为了容纳两个人。你必须爬着才能进去，如果你晚上沿着战壕走，会碰到别人的脚！他会睡在他的小房间里，脚伸到外面的战壕里。[2]

——二等兵唐纳德·普莱斯（Donald Price），

皇家燧发枪团第20团

在夏天，许多人就睡在露天，躺在射击踏台旁边。

当一个营第一次到达前线时，他们被派到一个有经验的正规部队，在那里待几天，以便熟悉情况。一旦他们安定下来，战壕生活的常规就包围了他们。如果他们要共同执行在户外的“地洞”中维持军队数天、数周、数年的任务，那么就必须做某些事情，克服各种困难。一个明显的问题是必须为这些人提供足够的食物，使他们能够胜任手头的工作。英国远征军的数百万人聚集在一起，所需要的食物数量几乎是不可想象的，这意味着从世界各地以工业规模收获粮食。官方的配给量清楚地列出来，总共是4193卡（如果有新鲜的食物）和4111卡（只有提供腌肉、饼干和干菜是可行的）。在可能的情况下，一个营将设法把野战炊具安置在靠近前线的某个地方，以便每天吃一顿热饭。食物通常是炖的，会放在一个干草箱里，内衬稻草或干草，作为绝缘体来保持食物的温度。但操作上的困难意味着，更多时候是由连队的军需官收集罐装口粮，然后由军需官组织口粮派对，把食品送到前线的士兵手中。

你必须掌握所有排和分队的兵力记录。你必须补足口粮：根据你的兵力，从团军需军士那里领取口粮。我们每个部分都有一个沙袋，他们可以自己进行分类。当你完成了所有这些工作之后，运输工具在晚上会集合完毕，沙袋就会被放在车支架上，而你必须带着支架走到前线。当你到达卸货地点的时候，搬运工会从自己的连队下来，把东西搬上去。你可以和配给队一起去：把碰巧有的信件和报纸带走；你会看到连队军士长，看看是否有信要收；见连长，拿到伤亡名单。然后在凌晨时分，把步枪扛在肩上，回到运输线上。[3]

——军需军士长乔治·哈伯特（George Harbottle），

诺森伯兰郡步枪军团第6团第1营

配给团队在通信战壕中蹒跚前行。

军需官的小组晚上会把口粮装进沙袋里。上面会有小提示："配给，孩子们！"沙袋就在那里。在我的区域里不可能超过9～10个——几条面包、牛肉和马科诺奇。你总能知道什么时候会有大量的伤亡，那时不是四个人分一个面包，而是两个人分一个面包。因为我们不能做饭，所以一切都是冰凉的。[4]

——二等兵伊沃尔·沃特金斯，威尔士第15团

人们热切期待的一份定量食品是茶。士兵们用炼乳和大量的糖来泡茶。在战壕里阴冷的环境中，任何令人舒服的热饮都值得珍藏，这也许并不奇怪。

对许多前线部队来说，冷食是家常便饭。他们日常饮食的主食之一是标准的军用饼干。

经常吃大量的饼干，饼干大约3平方英寸，半英寸厚，像钉子一样硬！你必须找一块石头把它砸成小块。然后用水或茶浸泡。这些船上的饼干是值得拥有的；每个人都携带着饼干。如果你缺乏食物，你就可以说："你有船上的饼干吗？"总有人会有多余的饼干，它们不仅是备用食品，而且是主食。[5]

——中士杰克·道根，诺森伯兰郡燧发枪团第7团1营

道根使用的术语是比较文明的，因为大多数人把它们叫作"狗饼干"，这是很有道理的。

另一种最常被人们记住的食品是无处不在的咸牛肉，当时被称为"霸王牛肉"。把一战中的士兵和我自己平凡的学生生活联系在一起的一件事是，当我打开弗赖本托斯的咸牛肉罐头时，发现"钥匙"丢失或坏掉了，几乎所有人都会遇到这种困难。我们过去常常求助于简陋的菜刀，但伟大的战士们往往走得更远！令人惊讶的是，在一片混乱的战场上，我采访过的很多人在这个相对平凡的任务上受过伤。

我们吃了一罐霸王牛肉。这东西的旁边有一把钥匙，你用它把盖子打开。我的钥匙不好使，我拿着千斤顶刀打开罐头。不幸的是，刀打滑了，我的手被划出了口子——伤口很大，我流了很多血，男孩们用绷带帮我包扎起来。[6]

——二等兵唐纳德·普莱斯，皇家燧发枪团第20团

还有一些罐头食品可以用火盆或英国兵的炊具快速加热。其中包括马科诺奇——一种质量参差不齐的炖肉和蔬菜——或者猪肉和豆类，它由一罐烤菜豆组成，里面放了一块不怎么好吃的肥肉。罐头熏肉很受欢

迎，尽管它看起来不好吃，但炒起来味道还不错，脂肪可以被用来给饼干加点调味品。在如此大规模的餐饮供应下，几乎不存在士兵对于食品的主动选择，但他们确实得到了足够的食物来维持健康和军事效率，这才是军队真正需要的。

随着罐头食品的普及，一个奇怪的现象部分地反映了某个单位的整体特征，那就是它所选择的处理成千上万个空罐头的方法。在最好的单位，空罐头通常被焚烧、掩埋，甚至储存，然后转移到后方地区。

我们把垃圾收集起来，埋在后面的一个弹坑洞里。一些单位似乎并不在意，他们把空罐头盒扔到电线上。那就是你让老鼠在晚上游荡在罐头里吃东西的地方。我们接到指示，总是叫我们把自己的垃圾埋起来。[7]

——二等兵霍勒斯·卡尔弗特，英国近卫步兵第4团

当然，不那么认真的男人会采取一种更为随意的方式。

当我们清空果酱罐子的时候，我们就把它们扔到顶部——就在我们面前，在我们和德国人之间。如果德国兵碰到了罐子，就会吱吱作响——到处都是罐子。它告诉我们是否有人在走动。[8]

——二等兵乔治·阿舍斯特，兰开夏郡燧发枪团第2团

在这篇文章中，阿舍斯特还揭露了这样一个事实，即在这个时候，他的部队并没有试图通过积极的巡逻来控制无人地带。这也许是可以理解的，但是严格违反上级命令的，他们希望防止这一战线“变软”。

毫无疑问，随意或低效地处理罐头食品和未吃的口粮也有助于吸引不受欢迎的访客。老鼠可能会成为一个真正的讨厌鬼，在无人地带的碎石中觅食，敢于进入战壕。

次日，约在半夜，口粮送来了，各人有自己的一份，放在背囊里，挂在墙上。我们常常用刺刀刺穿战壕的墙，然后把装备挂在上面。但这并没有阻止老鼠，它们会跑，掉到背包上，从上面吃下去，然后吃掉食物。当两只老鼠为了我第二天的最后一点口粮而打架时，我想这是雪上

加霜——它们从我背包底部的一个洞里掉了出来，砸在我的脸上。[9]

——二等兵哈罗德·海沃德，格洛斯特郡第12团

在一些报道中，老鼠并不是最常见的害虫，但有些地区的受灾情况比其他地区更为严重。在伊珀尔以北，靠近恩博辛哈（Boesinghe）的伊泽运河（Yser Canal）旁，就有大量老鼠出没。二等兵霍勒斯·卡尔弗特搬进了运河岸边一个相当舒适的掩蔽处，那里可以容纳八九个人。但有一个缺点。

角落里有洞，老鼠从那里进来。第一天晚上，我们正想睡个好觉，突然有人喊："有老鼠！"我们醒来发现到处都是老鼠，它们在找食物。我们买了一些蜡烛，在烛光下，我们轮流坐起来，拿着一个旧的加固工具手柄。每次我们听到老鼠的声音，砰！[10]

——二等兵霍勒斯·卡尔弗特，英国近卫步兵第4团

一种可怕的想法萦绕在许多士兵的脑海里，那就是老鼠最近一直在尸体上大吃特吃，这种景象令人很不愉快。

如果有人必须被埋葬，没过多久，你就能看到它们在墓穴两端一直走到尸体下面。如果有机会，它们会吃人肉，但如果是你的一个刚被埋葬的朋友，情况就不太好了。它们是令人讨厌的老鼠，爬过那里的所有设施，因为那是一个停尸房。[11]

——二等兵霍勒斯·卡尔弗特，英国近卫步兵第4团

战壕里的一天总是从早晨"站立"开始，以防德国人试图在黎明前利用半明半暗的光线发动突然袭击。在战争早期，这是最常见的时间选择，虽然在后来的攻击中，时间变得更加不可预测。

各种各样的活动在天亮前一小时完全停止了。没有哨子吹响，没有信号发出，但每个工作小组都安静地完成了他们的工作，每个巡逻队都被带回战壕，所有的岗哨小组都处于戒备状态。那被称为"准备行动"。在整个前线战壕里，一片寂静。在那一小时里，你们只是静静地站在那里，每个人都出来了，军官和士兵都在前线，刺刀固定好了，一

枚挂在后面，还有充足的弹药，无论发生什么情况都可以用。[12]

——中士杰克·道根，诺森伯兰郡燧发枪团第7团第1营

这给了军官和军士们一个机会去看望他们的士兵，确保一切正常。正常的一天从早餐开始，然后这些人开始清洗他们的李-恩菲尔德步枪，准备接受检查。

你必须清洗自己的步枪，那是你唯一真正拥有的保护武器。所以，你要确保它是干净的、上油的、工作着的——你在弹匣里打了五轮。确保它处于良好的状态。[13]

——二等兵霍勒斯·卡尔弗特，英国近卫步兵第4团

然后，这些人把一天的时间都花在了由他们的军官或者更多的是他们的军士指定给他们的日常任务上。在英国军队中，军士在维持纪律和良好秩序方面的作用是绝对关键的。

我一直认为，好的军士是任何一个团的中坚力量。从下士到团军士长都是如此。他们经历过基层，了解你可能面临的问题；他们对生活的了解也比军官多，军官们可能是在富贵人家含着银汤匙长大的。他们可以给你指示和信心，而军官不能。你对军士的信任比对你的上级多。你看到他的次数越多，越和他在一起，也就越信任他。[14]

——二等兵霍勒斯·卡尔弗特，英国近卫步兵第4团

战争后期，乔治·阿舍斯特在兰开夏郡燧发枪团第16团服役时当上了中士，他对自己的角色非常自信，并倾向于对自己的军官持批评态度。

在任何情况下，与军官相比，那些人都喜欢我。他们相信我——他们会跟着我去任何地方，但是他们不会跟着军官去任何地方，你知道的。他们看得出，我更习惯那该死的工作，我知道自己在做什么。一些军官刚刚毕业——他们没有经验。很多军官相当胆小，数量很多，不履行自己的职责，把它推给别人。我晚上出去巡逻，在无人地带爬行。我口袋里有一瓶军官的威士忌——但他应该和威士忌一起在那儿巡逻的——他应该和我一起在那儿的。我常去巡逻，他也常把我的报告交

上去。真的，比他跟我们一起来要好，因为他只会是个讨厌鬼。他爱吹牛，比一般的男人都爱吹牛，那场战争是军士们打的，而不是军官们。的确有一些很优秀的军官，但也有一些军官非常差劲。[15]

——中士乔治·阿舍斯特，兰开夏郡燧发枪团第16团

然而，一些军士被他们的人所憎恨。二等兵爱德华·瑞斯（Edward Race）当然讨厌他在达勒姆轻步兵第18团遇到的一个恃强凌弱的中士。显然，他并不是唯一这样做的人。

他们吹响了早餐的号角，而我们只是过着普通人的生活，你知道的！当我们到达食堂时，中士站在那里，他说："来吧，你没有穿好衣服，回去穿好衣服，把鞋洗干净！"我们不得不回去。在空闲时间里，你可以写信，如果你能找到一条河，可以去河里泡一泡。但他不会允许的——他让你参加检阅，组成四人组，进行步枪训练。嘿，他会的！当他走上这条线的时候，他们打算抓住他。哦，是啊，如果我有机会的话，我会开枪打死他的！哈利·帕丁森（Harry Pattinson）对他说："你知道吗？也许现在是你在做主，但当你走上这条路时，你会发现是我们在做主——而不是你！"他说："你在威胁我吗？"哈利说："不，我没有威胁你！"我们上去了，德国人袭击了我们，我们必须反击。哈利·帕丁森说："现在，你来负责，先生！"军士说："我不知道该怎么办！你负责，这是我的臂章！"哈利说："我不要你的臂章！"他说："我吓死了，没想到会是这样！"一个叫凯利的小伙子是年纪最大的士兵，他负责。我们再也没有那个中士的消息了，他们找到了他，他已经死了。不知道他是怎么死的，但全连队的人都知道他是怎么死的——他们知道是谁干的！凯利亲口告诉我们的。他跟在军士后面说："你是一个胆小鬼！"军士转过身来，拔出他的左轮手枪，凯利就朝他开了一枪！[16]

——二等兵爱德华·瑞斯，达勒姆轻步兵第18团

这在很大程度上取决于军士的个性，军士的类型和人格类型一样

多。口述历史表明，他们并不都是被爱或被恨的；这完全取决于他们的行为、整个部队的士气以及他们共同面临的局势。

中尉，特别是少尉的地位是有争议的，因为他们虽然具有领导作用，但实际上也是接受训练的军官。他们排里的军士应该用一种和蔼而明智的监督眼光，巧妙地防止他们因缺乏经验而犯错误。如果军官傲慢自大，或者缺乏策略，这段关系可能会很艰难。但总的来说，这种久经考验的制度是有效的，军官要接受教育，直到他准备好接管所在排的"真正"指挥权——在这一点上，他常常得到提拔。由于中尉被期望带领他们的士兵投入战斗，下级军官的伤亡率高得吓人。

军官的选拔中有明显的阶级问题。战争开始时，许多军官是从公立学校选拔出来的。但是，随着战争造成的巨大损失，军官们所处的社会阶层逐渐扩大。最初更多来自文法学校、商界和文职人员的军官被任命。后来，经验丰富的海军军官开始服役，到1918年，整个军官群体的性质发生了根本性变化。

在整个战争中，人们普遍认为他们的军官将享有优越的服务条件。军官们几乎总能找到一个合适的掩体，通常是从连队总部挖出来的一个凹室。

防空洞很好、很深，有很好的楼梯。我想它们是由矿工建造的，因为它们有很好的木材支撑。我可以想象，防空洞的地面可能至少在地下12英尺——你有6英尺可以移动，在你上方有6英尺厚的固体地面。一个10到12平方英尺的区域将是一个连队的掩体，四五名或五六名军官共用。厨师过去常常在房间的一隅准备食物，我们生活得很好，有一张很好的桌子，下面乱糟糟的。[17]

——中尉查尔斯·奥斯汀（Charles Austin），

国王皇家步枪军团第12团

军官们通常也有足够的私人手段，使他们能够补充基本的军队口粮，制作出一份比士兵们吃的普通食物略显美味的菜单。

我们曾经带过一个军官的厨师，他有一个煤气灶、一个煎锅和一两个厨具。即使在防空洞，我们晚上也会吃一顿有三道菜的饭。通常是用一罐热好的西红柿汤，还有军需官常拿来的几块排骨、土豆、豌豆罐头，这就是我们的餐点。有时会有一罐糖果，当然有咖啡、威士忌和苏打水。我们总是确保我们拥有这些！我们经常得到口粮，但所有这些额外的东西，厨师来买，我们来支付。[18]

——少尉吉姆·戴维斯（Jim Davies），皇家燧发枪团第8团

每个军官也会有一个仆人，负责保持军官的行装整洁，确保他有地方睡觉，并得到适当的食物。这听起来很可怕，但军官的职责是确保他所有的人都得到妥善的照顾，而他的仆人只是为他履行同样的职责。这名仆人还将充当“信使”，按要求向总部传递信息。许多官员和他们的仆人建立了一种温暖和相互关心的关系；事实上，战争结束后，一些富有的军官雇用他们的仆人作为私人司机、园丁或管家。

中尉和上尉指挥各排，少校指挥各连，中校指挥整个营。上校可能是一个遥远的人物，甚至对他自己的一些下属来说也是如此。其中一个令人难忘的人物是罗兰德·布拉德福德（Roland Bradford）中校。1917年，查尔斯·吉（Charles Gee）少尉加入达勒姆轻步兵第9团第1营时，遇到了他。此时，年轻的布拉德福德已经因为1916年10月在索姆河上受到攻击时表现出来的领导能力和勇气而被授予维多利亚十字勋章。

布拉德福德喜欢年轻人——他很年轻！当我们在战壕里，那位年长的二把手被甩在后面时，总部里的人的平均年龄是20岁！难以置信，但这是真的：我们三个19岁，一个20岁，上校24岁！我认为年轻人可以适应任何事情；对于老年人来说，这是一种压力。他是相当可怕和令人印象深刻的。如果他要惩罚某些人，他总是给他们最大的惩罚——28天——他知道他们的名字，并花了很多时间和他们交谈。当然，他整天都在战壕里和他们在一起。他经常惹我生气。他非常粗鲁！如果

他对别的事情生气，他可能会拿我出气。他很难相处，但还是一个很好的人。[19]

——少尉查尔斯·吉，达勒姆轻步兵第9团第1营

1917年11月，布拉德福德晋升为陆军准将，指挥第186旅。10天之后的11月30日，他在布伦伍德（Bourlon Wood）被炮弹击中身亡。[20]当时他只有25岁，是英国军队中最年轻的准将。他实际上比伯纳德·蒙哥马利中校年轻4岁，军衔比他高。布拉德福德死后，英国军队失去了一位未来的军事领袖。

事实证明，标准的卡其制服非常适合艰苦的日常战壕生活。

在英国，检阅时必须擦亮又大又重的皮靴，但在国外，必须擦油。它们用结实的皮带系着。我们带着布绑腿，长卡其布，大约3英寸宽，每条腿一件，从靴子开始，一直裹到膝盖。它的顶部有带子，你把它塞在下面。背带卡其裤，所有军队都是两件衬衫：一件紧身衬衫和一件遮盖的卡其布衬衫。束腰外衣从脖子一直延伸到膝盖。两个胸袋，有盖扣。两边的口袋非常宽，可以放烟斗、火柴和所有的个人物品。有一顶布帽，前面有一个尖顶。制服是用很结实的卡其布做的，非常耐用。[21]

——中士杰克·道根，诺森伯兰郡燧发枪团第7团第1营

那两个束腰外衣胸前的口袋是装工钱簿和个人小玩意儿的，有两个小口袋和一个里面的口袋，士兵在里面装野战服。此外还有一件大衣。所穿的安全带是1908年防水防缩棉的图案，虽然它看起来很复杂，但它实际上是功能的主要部分。完整的行军命令允许士兵携带两个弹药袋，每个弹药袋包含75发步枪子弹、刺刀、加固工具、水瓶、饭盒和一个小背包，背包和背带分开。织带很容易穿，穿在一起有点像马甲，然后迅速扣好。总而言之，这是一套完美平衡的装备：比皮革更结实、更防雨，能均匀地将负载分配到身体各处，即使在长途行军时也相当舒适。

堑壕战的性质导致的一项发展是引进钢盔，以保护头部免受在战壕

上方爆炸的弹片伤害。钢盔于1915年底开始发行，到索姆河战役时，几乎已经普及。它的设计就像一个倒置的钢制汤碗，里面有皮革衬里和下巴带。起初，士兵们认为头盔在外观上奇怪地“中国化”，但逐渐地，头盔的普及意味着部队普遍接受了头盔，很少再有人对此发表评论。

1914—1915年的冬天，当军队第一次进入前线时，天气寒冷刺骨，为了使士兵们保持温暖，他们采取了一些额外的措施，比如给他们穿上羊皮大衣或山羊皮。事实证明，这是喜忧参半的事情！

发给我们的是羊皮大衣。哦，亲爱的！你可以穿反面，也可以穿正面。如果你把它们穿反了，外面就有衬里，所有的羊毛都在你的身体旁边，但是你完全被覆盖了，身体上有成千上万的虱子。它们从你的脖子里爬出来了。如果你把羊毛露在外面，在战壕里走来走去、爬进爬出——所有的羊毛都被黏土弄得很厚——那是额外的重量。它们是温暖的——这是一回事。[22]

——二等兵乔治·阿舍斯特，兰开夏郡燧发枪团第2团

整个战争期间，虱子在英国军队中流行。它们似乎从未消失，在任何天气条件下都能茁壮成长。

它们不会造成伤害，只是让身体发痒。你坐在那里和一个人聊天，会看到一个虱子从他的衬衫里出来，爬到他的脖子上。只有一件事可做——烧了它们！这是唯一的方法——脱掉你的衬衫，让火焰沿着接缝燃烧。我们常常划火柴——或者点烛光更好些，它能撑得更久些——在缝合线上烧虫卵。你可以听到它们噼啪啪啪地响。你只要把火点旺就行了——不要太快，要好好点，这样它就不会烧着你的衬衫，但它还是会把缝里的虱子都烧着的。[23]

——二等兵乔治·阿舍斯特，兰开夏郡燧发枪团第2团

一些人发现，他们可以利用虱子进行一些稀奇古怪的娱乐活动。

当你整天在战壕里的时候，时间会过得很慢。我们有一长段壕沟，里面有8个人。我们的做法是：每个人都拿出一便士，从自己的胳膊下拿

出一只虱子，放在你的便士硬币上。有8个人参与其中，也就意味着8便士参与其中。第一个从硬币边缘下来的虱子赢了8便士。那种激动的感觉是你永远不会相信的。我想知道德国人是怎么看我们的。我们曾经疯狂地绽放，曾经制造出很大的噪音。你会看到一个虱子从边缘往外看，你会说："继续！继续！"它当然不会，又转了一圈，尤其是如果有一枚新的镶边硬币的话，所有那些破旧的都被禁止使用。我看到这些虱子在硬币上一圈一圈地爬了一刻钟甚至更长时间才爬过去。那太有趣了！[24]

——中士阿尔弗雷德·韦斯特，蒙茅斯郡第1团第1营

虱子也被认为是部队中传播战壕热的原因。一般来说，战壕热意味着患者体温升高，全身不适，但并不特别严重。

我们有过一些男性因为体温问题离开战壕的案例，我注意到医务人员用同样的字母标记他们，"PUO"——"不明来源的发热"——这只是一种他们不能归因于任何特定来源的发烧。毫无疑问，这是由条件造成的。他们的体温都在华氏100度（约38摄氏度）左右，作为伤员被送往医院。唯一的治疗方法就是每天3次，每次吃5～10粒阿司匹林。[25]

——中士威廉·科林斯，骑兵野战救护车第1号

战壕生活的不适可能表现在其他相对琐碎的抱怨中，1915年冬天，唐纳德·普莱斯下士的抱怨带来了最有趣的后果——或者至少是有趣的后果，除了从他自己的角度，从任何其他角度看都很有趣。

我大腿上长了一个疖子。你得明白我们当时的穿着：我带了作战装备，一件大衣、一件山羊皮、一件皮夹克和我的防水靴。我的疖子在这里。早晨，医生像往常一样过来了，他说："有什么事吗？"我说："是的，先生，我长了个疖子。"他说："让我看一看。"好了，现在我得把裤子脱下来了。想象一下，脱掉大衣和我所有的装备。雨像地狱一样下个不停。我挣扎着面对这一切，解开外套，脱下裤子。他说："弯腰！"我弯下腰，屁股碰到了台阶。台阶已经被泡透了，我稍微加了一点重量，它就塌了，我也随之倒了下去。我赤裸的屁股和疖子全都沾上了烂

泥。医生看了我一眼，说："好了，起来吧。"我起来了，浑身都是泥巴——我的疖子也破了！[26]

——下士唐纳德·普莱斯，皇家燧发枪团第20团

这类奇闻轶事最考验人的意志，即使是最专业的面试官也会笑出声来！

沟渠的排水系统经常被低洼地区不断上涨的洪水淹没，这些人在冰冷的水中度过了一天中的大部分时间，一直到膝盖。结果是出现了战壕足，脚呈现出海绵状的纹理，甚至出现了冻伤。乔治·阿舍斯特是1915年1月的早期患者。

我钻进了沟渠边的洞里。一直在下雨。就像这样，床单盖着我，我的脚在下面。过了一会儿，我醒了，冰很薄，绕着我的两个脚踝。我说："看这里，我冻坏了。"就像一个玩笑。我把冰块敲碎，把脚拉了出来，感觉没那么糟，所以我继续正常活动。到了第四天晚上，我终于松了一口气。我走过耕耘完毕的田地。我想："哦，我的鞋在这块地里沾了很多厚黏土。"我走上了车道，开始试图把它们踢下去，但是症状没有减轻。我继续走路，我想："那种感觉就像走在海绵上一样。"当我到达村子的时候，整晚都在睡觉，他们把我叫醒时我才发现：哦，天啊！我的脚有那么大！是平常的两倍，脚已经完全肿了。我无法起床，无法站立。我们用刀子把我的鞋切掉了。一个小伙子不得不带我沿着街道走到伤病员集合的地方。[27]

——二等兵乔治·阿舍斯特，兰开夏郡燧发枪团第2团

他被送回医院接受治疗。

他们把我和另外三个冻僵了脚的人关在一个房间里。我们的脚放在床上，跷在床脚板上。他们只是给我们洗脚、上粉、擦干——没有按摩。医生常常早上来看你，摸摸你的脚趾和脚，问道："今天上午好吗？""还不错，先生！"他拿着一根针——我们有好长一段时间都不知道这一点——他把针塞进了你的脚趾里。你一动不动——因为你感觉不到它！医生知道，当你跳起来的时候，脚已经恢复正常了。他知道生

命又回来了。然后——“唔！”——可怕的、可怕的疼痛，只要碰一下任何东西，你就会尖叫出来。你常常手脚并用，脚趾跷着上厕所。一个家伙正好回来，当你们碰在一起的时候，就会发出“汪！汪！”的声音，有点像狗打架——护士们常常嘲笑我们。[28]

——二等兵乔治·阿舍斯特，兰开夏郡燧发枪团第2团

避免战壕足的最好方法是尽量保持双脚干燥，并定期更换袜子——当然，在潮湿的沟中，这是不可能的。每个人都得到了鲸油，每天晚上都应该把鲸油擦到脚上。

如果你把袜子泡在里面，时间会更长。我过去常常往袜子里倒一些鲸油，用手搓，这样它们就都渗进袜子里，然后再穿上袜子。这种情况持续一个星期，我发现自己没有冻伤。[29]

——中士阿尔弗雷德·韦斯特，蒙茅斯郡第1团第1营

使用鲸油是强制性的。后来的战壕足事件，被认为是一种“自残”伤害和一种违纪行为，其发生率被认为是部队士气和纪律不佳的一个关键指标。

战壕战的一个明显问题是，如果卫生标准不受影响，就必须安排厕所，从而不损害男子的健康。这么多人长时间挤在一个有限的地方，保持良好的厕所规则至关重要。不能随意随地小便。厕所本身是原始和令人厌恶的地方，虽然没有加里波利和美索不达米亚的厕所那么糟糕，但从根本上来说还是令人厌恶的。它们通常只是一个简单的水桶，或者是一个深沟，上面挂着一根杆子。很少有人在上厕所的时候磨磨蹭蹭，因为在这种不体面的情况下被打，将会特别可怕。

那就是一个洞：每个人别无选择，都必须进去，军官和士兵都是如此。没有厕纸，只能自己想尽办法。在那里，什么都不能介意，如厕动作越迅速，裤子提得越快，情况就越好。如果你光着屁股被抓住，那将是一件可怕的事。如厕是非常快速的行动。[30]

——二等兵伊沃尔·沃特金斯，威尔士第15团

每天的战斗是一种致命的例行公事，视情况而定。哨兵一定是要设置的，但是在白天检查护墙的时候一定要非常小心。有时会使用潜望镜，或者在听到麻烦的声音时用谨慎的目光查看情况，但对于德国狙击手的恐惧是真实存在的。最初，英国人在“狙击战”中不占优势，有时是因为地面构造，有时是因为缺乏专业的镜头和望远镜镜头。德国人在最适合防守的高地上挖掘，因此有更好的机会看到他们下面敌人的战壕。德国人的狙击是一个强大的威胁，突然和悲惨的死亡提醒幸存者不要过度暴露在护墙之上。

我们的一个小伙子，查理·里德（Charlie Reid）[31]，是个了不起的小家伙。有一天，他站在壕沟防空洞外，拿出一顶德国头盔，戴在头上。上面有一副眼镜，于是他把眼镜戴在脸上，站起来说：“喂，孩子们！”他交叉双臂站在那里，一名德国狙击手立即向他的头部射击，把他击毙了——他已经不在了。你必须注意自己做的每一个动作，睁大眼睛，看有没有人在注意你。[32]

——二等兵西博尔德·斯图尔特（Sibbald Stewart），

第238机枪连队

个子高的人特别容易受伤，阿尔弗雷德·韦斯特中士解释说，个子高的德国士兵在他面前一定要多加小心。

我过去常去英国的游乐场，在射击场试一试——你知道，球在水面上下浮动。我以前很喜欢尝试这些。有趣的是，这件事发生在战争期间：一天早上，一个德国小伙子拿着一个长柄碗舀水，然后把它甩在肩上。我注意到，当他扔的时候，他的头只有一小部分露出护墙。我看了一会儿，计算了一下时间，看他什么时候露出来，我射击的时候，在400码或500码远的地方，目标只有几英寸；我一定是击中他了，因为他的工具从他手里掉了出来，被抛到空中去了。[33]

——中士阿尔弗雷德·韦斯特，蒙茅斯郡第1团第1营

防线上的薄弱环节都被双方的狙击手标记了下来：也许是海湾被炮

弹吹进的地方，还没有得到适当修复，或者是德国人可以很好地观测到英军防线的任何地方。尽管许多人更喜欢把自己藏在无人地带的“掩蔽处”，或者就在前线战壕后面，但狙击板还是生产出来了。

如果有一个像火柴盒一样大小的空隙，会看到很好的风景。你能看到最小的东西在移动，如果你放手，你就会瞄准任何血腥的、移动的东西。有时你过度劳累，会看到树干已经粉碎，会看到它在移动。你盯得越多，它就动得越多。但是你必须非常小心，因为如果你射击某样东西，可能会有他们的一个狙击手在观察子弹从哪里来，然后向你开枪。但是你可以看到东西在黑暗中移动。如果你遇到狙击手偶尔开枪的麻烦，你只要做个记号，掂量一下他来自什么位置就行了。然后你就开枪了——如果在那之后你再没有听到任何声音，你就知道已经完成了你的工作。[34]

——二等兵拉尔夫·米勒，皇家沃里克郡第8团第1营

狙击很重要，就像突袭和巡逻一样，它有助于建立一个地区的“司令部”。如果狙击手控制住了局面，那么他们对手的所有行动就会相应地变得困难起来。不仅仅是他们杀死的人，他们还阻止了岗哨进入无人地带，增加了改善或修复战壕的困难。

英国人逐渐组织起来，到1916年建立了一系列狙击学校，这些学校随后在军队中传播最佳实践。这是一项专门任务，最终每一个营都会有一组训练有素的狙击手，他们成对行动，一个用望远镜“发现”目标，另一个进行致命射击。狙击手和狙击是不可避免的，但他们自己经常被人看不起，甚至他们自己有时也这样认为。这被认为是一项冷血的任务，需要上流社会通常无法接受的特殊“品质”。

事实上，普通士兵在值班时很少开枪。除非参与发动或击退攻击，否则他根本不可能见到德国人。没有几个人愿意漫无目的地开枪，让自己暴露在危险之中，这不仅是因为可能会引发德国人的致命反应，还因为这意味着以后要做更多的工作，因为英国的303步枪子弹射击后会在枪管里留下黑色粉状残留物。

在战争的头两年里，马克西姆或维克斯式机枪仍然分配给步兵营。它们是有价值的武器，在战斗中是致命的，因此，打算用机枪的哨所必须对德国人隐藏起来。

“待命”的时候，我们常常把马克西姆机枪拿到壕沟里，发一枪，让德国人知道我们在那里——不是在阵地上！我们不太受营中其他人的欢迎，当我们大清早下去的时候，那些家伙会说：“你要拿这该死的东西怎么办？”“我们只是想测试一下。”“好吧，到别处去干吧，如果你从这儿开枪，我们就会遭到报复性的打击！”机枪本应给普通步兵以信心，因为它的威力越来越大，但这些家伙不喜欢我们在他们附近测试它！[35]

——二等兵诺曼·爱德华兹（Norman Edwards），

格洛斯特郡第6团第1营

即使在战壕里，机枪手必须通过他们的演练，很快这个不起眼的沙袋又找到了另一个角色。士兵阿尔伯特·赫斯特（Albert Hurst）是维克斯枪队的一员，1916年春天在索姆地区进行演练。

2号会先用三脚架向前跑，他有一种投掷三脚架的方式，前腿向前伸，后腿向后伸，扔这个三脚架有诀窍！然后1号跑出去装上枪，他拿着枪。3号带着备件包——他是一个非常重要的人。在枪的使用上，我们每个人的角色都可以互换，我们常常练习装弹和再度装弹。他们的做法是弄一个湿沙袋，把它放在机枪开火前的棍子上，这样机枪的闪光就看不见了，开火的声音就会转向侧翼。你在装沙袋之前能够看到枪。但是，你不可能总能弄到水来这么做。有一次，沙袋着火了！当我们听到德国交通工具的轰鸣声，瞄准道路和房屋时，我们常常向沃克斯村射击，但没有明确的目标。我们希望有人能从枪击中获益！[36]

——二等兵阿尔伯特·赫斯特，曼彻斯特第17团

维克斯机枪的远程间接射击能力具有越来越重要的实际意义，因为它被用来向德国后方的目标发射大量子弹。

普通步兵似乎只真正钦佩经验更丰富的维克斯机枪手所拥有的多种

技能中的一种——至少就二等兵伊沃尔·沃特金斯而言是这样。

机枪手有这样的诀窍："砰—哒啦哩—砰—砰！"然后会等几分钟："砰——砰——砰！"德国兵会回应："砰—哒啦哩—哒哒哒哒哒。"现在看来，这可能显得既愚蠢又可笑，他永远也无法按照这个顺序行事。[37]

——二等兵伊沃尔·沃特金斯，威尔士第15团

德国的机枪火力对任何暴露在护墙以上或在无人地带之外的人都是一种持续的威胁，但只要这些人待在战壕里，它就不会成为重大的伤亡来源。

步兵武器库新增加的一种武器是枪榴弹，它提供了额外的火力，以对付德国的据点或机关枪哨所，这些哨所超出了一般的米尔斯炸弹投掷范围。下士乔·菲茨帕特里克（Joe Fitzpatrick）参加了一个培训课程，因此被赋予了向德军战壕发射"成串"手榴弹的职责。

它就像一个自行车架，里面可以放四支步枪，还有一个杯子。有一盒手榴弹，有一根杆子，不到一英尺长，能够拧进米尔斯手榴弹的底座上。第二天早晨，天快亮的时候，我偷看了一眼，发现150码外有一个沟渠的交会处。我想："好吧。"我用沙袋把它调整好，防止它移动。然后我装了一种特殊的空弹药。它有一根铁棒，你穿进去——左边两个，右边两个——触发装置。上面挂着一根绳子，10码长，这样你就几乎可以绕过拐角，猛地一拉，它们就一起飞走了。你从炸弹上取下针，那个杯子阻止了操纵杆弹起并点燃炸弹。我把一切都准备好了，就在拐角处，一门心思地，我发射了四批炸弹——很快。白天，我把步枪清理干净，第二天早上，又来了四批，我把高度稍微提高了一点。砰！直到后来我才听到扑通一声。你能听到一架小型飞机被击中的声音，它从空中飞过，就像一根大香肠在旋转，当它掉下来时，留下了一个比这间屋子还大的弹坑，就落在我后面了，我说："哒，哒，就现在，射击！"我走得更远了。它扑通一声落在我的步枪射程里，我把它们打飞了。我们再也

没有这样做过。[38]

——下士乔·菲茨帕特里克，曼彻斯特第6团第2营

需要吸取的明显教训是，每当战争升级时，德国人几乎总是要么做出同样的反应，要么做出更糟糕的反应，进一步加大赌注。

在整个战争中，对英国战壕士兵最大的威胁是德国炮火。从他们开始接近前线的那一刻起，这就对他们构成了威胁。新兵听到的第一声炮弹爆炸是可怕的，仅仅这个声音就足以说明一种基本的力量可以——而且会——把他们吹走，就像风中的灰尘一样。1915年12月，少尉约翰·马拉柳（John Mallalieu）在新教堂区接近警戒线时第一次经历了创伤。

两枚炮弹在我们身后大约20码处爆炸，发出很大的声响，但没有造成破坏。我当时当然不知道炮弹是怎么爆炸的；大部分冲击都是向前的，特别是弹片都是向前的。如果你在它们后面，绝对安全。在英国，从来没有人告诉过我们这一点，也没有人给过我们任何指示——结果我完全吓呆了。我很快就知道不必太担心。在整个战争中，我从未经历过像我第一次靠近前线时那样的恐惧。[39]

——少尉约翰·马拉柳，柴郡第9团

他们很快学会了区分不同类型德国炮弹的特征。比较独特的类型是由德国77毫米野战炮发射的炮弹，由于其独特的声音特征，炮弹在到达并爆炸时发出嗖嗖声，因此被赋予了一个令人联想的绰号“嗖嗖—梆”。另一种可怕的炮弹是5.9英寸的德国野战榴弹炮，它爆炸时，会释放出浓重的黑烟，由此得名“煤炭箱”和“杰克·约翰逊”（Jack Johnson）。这些5.9级炸弹是无人区的祸害，它们发射的是空中爆炸的弹片，把进攻士兵的身体打得千疮百孔，或是爆炸后炸成碎片。有一名士兵积累了经验，他学会了判断炮弹可能到达的地点，只有在炮弹似乎要在附近着陆时，他才会躲起来。但是这种能力在任何真正的弹幕中都是无用的。二等兵威廉·霍尔布鲁克记得1916年5月在圣所森林区近距离逃生和可怕的后果。

我们这个空间有6个人，轮到我值班，已经几个小时了。他们说道：

“让我们去下一个空间那里，那里有纸牌——我们可以玩纸牌游戏。”其他5个人都过去了，那个空间里有11个人，而这里只有我1个人。突然间发生了一场爆炸——上帝，说实话，我永远也不知道发生了什么——那是一场血腥的爆炸，它炸到了我，沙袋和铁丝网上都是鲜血。我只是不知道发生了什么，它一定掉在我附近了。正当我想振作起来的时候，一个年轻的军官走了过来，他说：“你还好吧？”我说：“是的。”我有点晕了，说：“炮弹落在哪里了？”他说：“你应该看看你的下一个空间，全都死了，全都死了！你能帮我把他们挖出来吗？”我自己都要昏过去了！他叫来了另外一个人，但是当我们绕到那里的时候，他说：“哦，先生，我没法看他们，我没法触碰他们、看到他们，我自己很不舒服！”我们下到了战壕里面，竭尽全力做了我们能做的事情。把碎片拉出来。我们抓住了一个家伙的颈骨——他的头被炸掉了——把他从松软的泥土中拉出来，只有两条腿和脊椎骨。下一个人，炸弹把他剥得皮开肉绽，颅骨全剥成了白色，颅骨上有一个洞。我的手伸到他的下巴底下，可是他的脑袋却从我的手臂下钻了出来。糟糕的状态！军官拿出他的水瓶，拿了些朗姆酒，我们喝了一口。他说：“你出来多久了？”我说：“两年。”他说：“两年了，都待在这里！全能的上帝！你知道我来这儿多久了——十天了，我烦透了！”[40]

——二等兵威廉·霍尔布鲁克，皇家燧发枪团第4团

英国士兵遭遇的死亡威胁不仅仅来自前线，男人们甚至在到达前线之前就经常被打死或打伤。同样，当他们在前线完成一次危险的任务后返回安全地带和休息时，也经常遭到袭击。这样的伤亡是不可避免的，因为德国人知道他们的必经路线。

必须记住，遭受炮弹袭击的不只是英国人。与此同时，皇家炮兵的士兵也在以牙还牙，对德国人也进行了类似甚至更大的惩罚。这是一件残酷的、没有人情味的事情，一个人能否在战壕中生存取决于运气：不仅取决于一个遥远的炮手的计算，还取决于炮弹飞行时的变幻莫测。为

了毫发无损地存活下来，每数百枚炮弹中的一枚朝他的方向发射时，一个人都必须足够幸运。片刻的坏运气就能导致一个人的死亡或者伤残。

随着1915年伊珀尔和洛斯的云气体释放，战争技术的进一步改进带来了有效气体弹的出现。起初，德国人控制了这方面的战争。

它不会制造太大的噪音，因为只有足够的炸药才能炸开它。它本身充满了液态气体。机头被插入气缸部分，用铅铆钉或木钉固定住，然后在底部有一个爆裂的电荷，压缩足够的力使这些铆钉变薄，让气体以液体的形式流出，然后蒸发。碎片、炸药之类的东西不会有什么大危险。所发生的一切就是你听到周围的砰砰声、扑通声和水汽云翻滚的声音。[41]

——信号员伦纳德·昂斯沃斯（Leonard Ounsworth），

第144重炮台，皇家要塞炮兵队

炮弹里充满了各种各样的有毒物质：催泪的气体会导致哭泣和无助的暂时失明；氯/光气混合物会使人丧失行动能力或死亡；芥子气会造成严重烧伤。毒气袭击的真正目的是让人们戴上防毒面具——如果他们不戴上防毒面具，那么像光气这样的毒气确实会致命。但一旦戴上面具，任何士兵的作战能力都会明显下降：视力严重受损，几乎听不到任何命令，呼吸非常困难，难以从事任何长期的体力活动。在德国对伊珀尔的毒气袭击发出严厉警告后，英国防毒面具的效力稳步提高。到1915年中期，浸过水或尿的棉垫已经被由化学吸收纤维制成的定影剂面罩所取代，这种面罩可以覆盖整个头部，它属于非常原始的口罩，1916年被英国的小型盒式呼吸器所取代。这是一种真正有效的应对措施，是一种紧凑型的橡胶防毒面具，带有眼罩，通过一根灵活的橡皮管连接到一个单独的装有气体过滤器的盒子罐中，它被放在胸前的袋子里。设计的美妙之处在于，升级后的过滤器可以很容易地安装起来，以对抗任何新型德国气体。战壕里装有瓦斯报警器，通常是一个空的黄铜外壳，一旦发现瓦斯，就会用铁棒使劲敲打，这样人们就能尽快戴上防毒面具。威尔弗雷德·欧文（Wilfred Owen）的诗歌《为国捐躯》（*Dulce et Decorum Est*）

概括了气体具有压倒性威力的整个概念，这是一首充满诗意的杰作，尽管它远没有弹片或高爆炸弹那么致命，但对气体的恐惧非常真实。现实很少是那么突然或致命的，但这种前景仍令男人神经紧张。总的来说，在战争中英国毒气的伤亡人数不到3%，而在西线的英国总伤亡人数中，只有1.2%是由毒气造成的。然而，毫无疑问，气体严重损害了成千上万人的肺，而且在战后几年中，他们成为支气管炎和肺结核等严重的胸部和肺部疾病的受害者。

另一种在英国引起广泛困扰的德国武器是壕沟迫击炮，德国人用它向英国前线发射炮弹。主要原因之一是，当这些圆桶形炮弹在空中摇晃时，几乎不可能预测它们会落到什么地方。

你可以看着这些东西，你可以发誓它们会落在你身上。不管你在队伍的哪一部分，你都盯着它，你会认为那个闪烁的东西跟着你到处跑。有一个家伙把它搞砸了——天哪，他真坏！最后有人打了他，把他打倒了。[42]

——二等兵乔·皮卡德，诺森伯兰郡燧发枪团第5团第1营

英国人也开发了迫击炮，尽管他们在引进一种有效的型号时行动迟缓。

壕沟迫击炮是在法国发明的，英国军队中并不拥有。德国人开始用它们来对付我们，在我所在的师里，工兵们用排水管制造了第一个沟渠迫击炮，是我们在工场里制造的，这是直接攻击驻扎在前线战壕中德军的唯一方法。深沟中的部队不能用步枪或机关枪射击，如果你用手扔手榴弹，因为距离太远无法发挥效能。如果前线阵地距离太近，就不敢炮击前线阵地，否则炮弹就有可能落在自己一方的前线。因此，如果你判定敌人通过沟渠派遣增援部队，迫击炮是攻击敌人前线或通信沟渠最安全的方式。很明显，当德国人有一个很好的壕沟迫击炮来攻击你自己的壕沟时，我们觉得必须有一些东西来回应他。[43]

——中尉菲利普·尼姆，第15野战连，皇家工兵团

过了一段时间，他们发明了一种2英寸口径的榴弹炮，发射了50磅重

的“太妃苹果”（toffee apple）炸弹，这种炸弹得名于安装在一根钢条上的球形炸弹。到1916年，斯托克斯迫击炮已经到达前线，它被证明是最完美的堑壕战武器。它操作简单、快捷，并能很快在目标区域产生迫击炮弹的小型弹幕。在大规模进攻中，英国人还部署了“活体投射器”，本质上是一种简单的迫击炮，用于向目标地区发射装有大量易燃液体或有毒气体的大型炸弹。

有效地治疗和照顾伤员是维持部队良好士气的必要条件。在任何情况下，士兵都可能受伤，所以他们必须知道自己有机会活下来。如果一名士兵在前线被击中，就会被担架员用担架抬起来，送到团救护站。

每个连队有4名团部的担架员，还有自己的2名担架员。他们没有红十字，仍然是步兵，没有被日内瓦公约覆盖。他和团里的人一起冲锋陷阵，很容易像他们一样中弹。他身上只有一个铜制的标签“SB”（担架手），以便在部队中迅速被辨认出来。这是最危险的任务之一，因为那些部队成功地实现了其目标，只要继续挖掘，而担架员一直在来回奔波，收集伤员，尽其所能帮助他们，把他们放到担架上，然后尽快把他们送到团救助站。他们一直在前线。通信战壕里到处都是来来往往的士兵，不断有受伤的士兵走下来，非常拥挤。[44]

——二等兵巴兹尔·法雷尔，约克郡第2团

在救护站，医务人员和他的护理员将很快对他们进行评估。在某些时候，会进行简单的分类来决定哪些人将优先接受治疗。从本质上说，那些身上有可能致命的伤口的人，以及那些受轻伤的步行伤员，比那些看起来有合理生存机会的重伤员得到的优先性要低得多。伤员将由担架从救护站送到最近的皇家陆军医疗队。

我们接到电话，说一个可怜的家伙头部中枪了。这是我抬出来的第一个伤员。我感到很难过，因为他的头缠着绷带，看起来很乱，所以我脱下外衣，把它放在他的头部下面。我们发现战壕太窄了，不能像平时那样用吊索把担架吊在胳膊上，我们不得不用肘弯抬着他，因为下面太窄，担架抬不过去。我们有4个人，因为抬着担架必须要走一段距离，我们轮流做这些，我们带着他大约走了四分之一英里。我们中有一个人走在后面，因为我们发现头部受了重伤的人有把绷带扯下来的倾向。我们把他放下来，这时壕沟变宽了，因为太紧，需要换手。当我们这么做的时候，他抢走了这个已经松散的绷带。他所有的大脑和血液都流到了我的上衣上——他也吐了，真是混乱得可怕。我们把这倒霉的家伙带到手术室后，就再也没有听到他后来究竟怎么样了。从我上衣上的脑髓来看，我非常担心他是否能够活下来。我的工资本就在上衣口袋里——它的四周全是血迹，整个战争期间我都带着它。当我回来的时候，上校说我把我的外衣放在下面，真是个大傻瓜，他说："下次你再这样做，衣服你就自己掏钱！"但是我为那个可怜的家伙感到难过。[45]

——二等兵乔·亚伍德（Joe Yarwood），战地救护车第94号

1916年初，威廉·科林斯中士在维梅勒斯区工作时，有一个人给他留下了深刻的印象。

只要我还活着，我将永远记得那一天。我沿着湖洛克巷走着，遇到了第9师的担架队。4个人抬着担架，上面躺着一个人。我让他们停下，说道："我能做点什么吗？"他们看看我，说："好吧，你可以看看他。"我看到了，他身负重伤，胸部有凹坑，我说道："好吧，到我们的救助站来吧，因为我们离这儿最近。"我把他们带到我们在维梅勒斯的地洞里，把他放在板条箱上，脱下他的外衣，然后又脱下其他衣物。我想是格雷厄姆（Graham）上尉俯身向着他，他多处受伤，轻轻叹了一口气就死了。格雷厄姆上尉看着他说："嗯，我们无能为力。你搜搜他的口袋。我们将把他所有的东西送给他的近亲。"我看了看他的胸部，看到了他胸前的丝带："那是维多利亚十字勋章，先生！""是的，是这样！"我把他的证件拿出来，他是皇家苏格兰军队获过维多利亚十字勋章的罗伯特·邓希尔（Robert Dunsire）[46]。家里来了一封信，所以我得到

了他的地址。他的衣袋里有一个信封，里面装着一份文件，上面写着他被提升的消息，信封里是一等兵的臂章。他从来没有时间把它套在袖子上。这对我来说是最悲惨的事情。我把他的东西寄给了他的近亲。[47]

——中士威廉·科林斯，骑兵野战救护车第1号

医疗的早期阶段通常仅限于伤口消毒和伤口再愈合。

碘——过去是治疗所有伤口的好方法——你做的第一件事就是在伤口边缘涂上碘，或者如果伤口不是很大，你可以在整个表面涂上碘。碘引起了一点疼痛，因为它会燃烧。把碘涂在伤口上就像烧伤一样，因为碘会灼伤神经末梢。这就是为什么当你在手上的伤口上涂碘酒时，会在很短的时间内产生灼烧感。就像热熨斗一样，它会引起一定程度的电击——不能用它来治疗大面积的开放性伤口。有人发明了一种叫作优苏（Eusol）的物质，它没有那么糟糕的特性。它更温和——你可以使用优苏，没有灼烧感，而且同样具有强大的防腐作用。[48]

——中士威廉·科林斯，骑兵野战救护车第1号

值得注意的是，高爆炮弹所造成的弹伤与弹丸或弹片所造成的弹伤有明显不同。

德国人开始使用高爆炸炮弹而不是弹片。两者截然不同，前者会导致严重得多的伤口。弹片伤是很严重的伤口，但与四处乱飞的、巨大的、锯齿状的金属碎片制造的伤口相比，就微不足道了。我处置的最糟糕的一个人是约克郡某团的一个士兵。一颗炮弹正好落在他们中间，炸掉了他的双腿，落在大腿中间，股骨暴露在外，就像两根拐杖一样。他坐在担架上，低头看着自己的腿和突出的骨头说："要是现在只有我太太能看见我！给我一支烟！"这就是那些人的勇气和胆量。我把他拉下来，让罗杰斯上尉看着他。我们所能做的就是用纱布把伤口包起来，尽量不让灰尘和空气进入伤口，在纱布上撒点羊毛，包扎伤口，然后把他送上第一辆救护车。对那个人来说最大的危险是震惊。伤口是可以处理的，但对身体和大脑的冲击是最大的危险。七到八个小时后，他就会有反应——身体和精神的震

动。反应将是巨大的。如果他特别强壮，他可能会活下来。[49]

——中士威廉·柯林斯，骑兵野战救护车第1号

最后，他们会回到每一个旅的战地救护车所管理的高级急救站。这里主要是保守治疗，虽然必要时也会进行一些手术。由于人们对自己的生命几乎没有一丝一毫的把握，医护人员常常不得不做出生死攸关的决定。

死者已准备好埋葬在最近的墓地，任何可抢救的设备都将在埋葬前搬走。

埋葬是集体埋葬，你不能有单独的坟墓，坟墓里放二三十具尸体甚至更多。我们有身份圆盘，一个是红色的，另一个是绿色的。你把一个人埋了，另一个人带着他的东西回去了。所以当这个家伙最终被挖出来重新埋葬的时候，他仍然拥有这个绿色的圆盘。[50]

——二等兵巴兹尔·法雷尔，约克郡第2团

当然，许多尸体都处于一种可怕的状态，每个埋葬细节都可能是可怕的考验。

我有个伙伴叫亚瑟·希尔（Arthur Hill），他的工作是把死人裹在毯子里。这个可怜的家伙在防空洞里，一个瓦斯弹爆炸了，全部都炸到了身上，然后死了。亚瑟让我帮他搞定这个家伙。当他这样做时，气体从死者的嘴里冒了出来！这是一幅可怕的景象，可怕的死亡。[51]

——二等兵乔·亚伍德，战地救护车第94号

教士们常常在最后阶段密切参与，帮助辨认死者，在适当的宗教葬礼之前收集个人物品，返给悲痛的家庭。最后，有人不得不给亲戚写信回家。这可能是感情用事，但由于这些信件往往让死者家属放心，称死者“没有遭受痛苦”，但与残酷的事实几乎没有相似之处。

如果他们活了下来，病人就会被救护车或运货马车送到伤病员清除站。这里通常也搭帐篷，但它将是一个设备精良的医疗设施，相当于一个医院，在这里可以进行复杂的手术和程序。更严重的病例被疏散到英国，或老家，每个人都这样称呼它。伯德（Bird）护士看见伤兵车队走

了进来。

车队日夜兼程而来。永远都是如此。这些人只是在伤亡清算站被粗略地处理一下。那时我们都相当年轻，很难想象那有多可怕。他们很高兴回来了。晚上，我在病房里转了一圈，男人们很高兴能和别人聊天。很高兴住在温暖舒适的地方，吃得也很好。那些表面上受了伤的人对它们大惊小怪，可是凡是受了重伤的人，他们之中许多人都身负重伤，他们都是了不起的，绝对了不起。有一个人的腿膝盖以下部分被炸掉了，一条腿膝盖以上的部分也没有了，右臂也没有了，左眼也没有了——他是病房的生命和灵魂！让每个人都很开心。晚上，他们非常健谈，因为他们不能入睡，除非他们被注射大量的镇静剂。许多人盼望着回家，不必再回到前线。[52]

——护士伯德，科尔切斯特医院

对护士和病人来说，这都是一场可怕的考验。

堑壕战具有很强的夜间作战特征。在大多数部队中，黄昏的来临引发了另一场“准备行动”，之后，尤其是在冬天，士兵们得到了朗姆酒配给，尽管各营之间差别很大。

定量食物会装在一个朗姆酒罐子里：罐子大约14英寸高，是一个带把手和塞子的石头罐子。它必须由一名军官和一名军士签发。作为这个营中唯一不喝酒的中士，我就是那个古怪的中士！一到晚上，我们从一个岗哨组走到另一个岗哨组，从一个防空洞走到另一个防空洞。每个人都会站起来等待。消息很快传开了：“朗姆酒定量供应开始了！”军官拿着朗姆酒坛子，我拿着大勺子，定量配给是一匙。我们喝的朗姆酒比今天喝的朗姆酒还要浓！虽然你可能认为一勺朗姆酒不多，但它既有益又丰富。那家伙每次拿到配给时，总要舔汤匙。它为下一个人洗干净了！[53]

——中士杰克·道根，诺森伯兰郡燧发枪团第7团第1营

一般来说，朗姆酒必须严格控制，因为它对一些人来说是一种可怕

的诱惑。不管某件事受到多么密切的监控，没有什么比这更确定的了：总有人会找到一种方法，绕过规则，为自己谋利。

那个军官常常给你一勺。我有个朋友叫迪克·韦斯特马科特（Dick Westmacott）[54]，他很喜欢朗姆酒。迪克对我说："你的朗姆酒怎么样，你要吗？"他给了我六便士买我的朗姆酒——我常常送给他。然后他去找别人，等他转了一圈之后，就喝醉了。我们知道，他接下来要做的事情就是，在栏杆顶上大喊："我要杀了那些混蛋！"他大喊大叫，在战壕顶上跳来跳去。突然子弹飞来飞去。德国兵开始射击——他们在试着瞄准。我们当然要把他拉下来，他已经微微地醉了，这个老迪克！军官走了过来，迪克已经躺在了地上，军官说："他究竟是怎么了？""先生，他的状态不太好！""这是怎么回事？"我们不得不把他扶起来，把他放到射击踏台上。我们出来的时候，迪克因为引起了一场殴斗而被军事法庭拘留了。[55]

——下士唐纳德·普莱斯，皇家燧发枪团第20团

科学上现在已经公认酒精会降低体温，但在当时，一个众所周知的事实是，一小杯朗姆酒能使人变暖，从而帮助他们抵御寒冷。即使是狂热的禁酒主义者，有时也会忍不住放纵自己，而冈纳·西德尼·泰勒（Gunner Sidney Taylor）一直记得他的第一次"少量饮酒"。

我在值班，一天晚上泥太厚了，根本走不动。你花了所有的时间才把脚抬起来，天气非常非常冷。我身边还有一个小伙子，还有一个下士——我们三个当班。在此之前，我从来没喝过酒，但下班之后，另外两位总是去军官的休息区拿他们朗姆酒的配给。然后直接去睡觉，酒类让他们温暖起来。我则躺在那里，冻得极为僵硬。等我暖和起来的时候，因为虱子的叮咬，无法入睡。有一天晚上，我说："好吧，我要去拿定量的朗姆酒！"中尉奇怪地看着我——他知道这是我第一次来。他有一顶保险丝帽，他把它装满了，我抓住了它，就像喝水一样喝了下去。我站在那儿，什么也做不了！中尉、下士和这个炮手都笑得前仰后合，

就像傻瓜一样。我在那儿站了好一会儿，说不出话来。我进了防空洞，能感觉到内心变得越来越温暖——我直接进入了梦乡，度过了一个真正美好的夜晚。[56]

——炮手冈纳·西德尼·泰勒，

C炮台，第250旅，皇家野战炮兵

朗姆酒成了男人们之间闲言碎语和诙谐猜想的话题——普遍的看法是，军士们得到的远比他们应得的多。

由于夜幕已降临，漆黑一片，因此必须加强防御措施，以防德军突袭。这无疑给沿线每个射击区的岗哨增加了额外的责任。没有经验的岗哨总是害怕德国人怀着恶意在他们面前的无人区里鬼鬼祟祟地爬来爬去。矛盾的是，与此同时，对于那些因战壕战争而疲惫不堪的人来说，仅仅保持清醒就是一个真正的问题。大多数人还意识到，理论上讲，如果在上班时被发现睡觉，可能会被判处死刑。有些人甚至把刺刀放在下巴底下，以防打瞌睡。

为了防止突然袭击和收集有关德国活动的情报，通常会在短斜坡的尽头设立前沿哨所，或者在靠近德军布满铁丝网的无人地带设立监听巡逻队。1916年春天，二等兵詹姆斯·斯内勒姆被要求到索姆河执行这样的任务。[57]

瑞克曼（Rickman）上校说："斯内勒姆，你到德国铁丝网地带那里去，看到什么，明早上告诉我！"我走出去，趴在一个弹坑里，朝那边看。起初我很害怕。我尽量靠近铁丝，直到我习惯了，才告诉他们。之后的一两个晚上你就知道该去哪儿了。有一两个或三个弹孔的地方。在不到100码远的地方，会有一个德国人在做同样的工作——我们从来没有发生过冲突——他从来没有打扰过我，我也从来没有打扰过他。有时我走到铁丝那头，就能听到他们的声音。他们的战壕比我们的好得多：更整洁，更干净。我要报告那些炮火是否在炸掉铁丝方面起了作用。我想在铁丝上找个开口，这样我们就知道该往哪儿行进。有些夜晚，什么也接触不到，偶尔你会看到电线断裂。我会报告德军战壕里的部队动向，或者有灯光的地方，也就是有军官的地方。[58]

——二等兵詹姆斯·斯内勒姆，东兰开夏郡第11团

黑暗为各种在光天化日之下不可能进行的活动提供了掩护。一项共同的任务是布线，以提高带刺铁丝网的防御能力。

我们有带尖头的木桩和一个大木槌。这些柱子不得不被压在地上。小伙子们经常把沙袋包在铁锤的头上，这样当铁锤把柱子击到地上时，铁锤发出的声音就会减弱。即使有沙袋，锤子的声音也会在宁静的夜晚伸展开来。你会听到狙击手的子弹呼啸而过，或者是机关枪的声音。你只打了几下就得加固进去，然后就得蹲下。当机关枪子弹飞过去后，你又打了几下。那根带刺的铁丝是用两个人拿着的一根杆子捆起来的，在黑暗的无人区里很不方便。你会把铁丝在一根柱子和另一根柱子之间拉来拉去，前后缠绕。夏天还没结束，那根木桩就被拆除了，我们有一根3英尺高的钢制扭曲钢筋，一头有个环，另一头磨尖了。你所要做的就是在顶端的环里放一根棍子，然后把它转到地上。木柱很有效果。这条单线被忽略了，带刺的铁丝是一卷一卷的——大约2英尺6英寸宽——可以延伸8码，可以压缩成1英尺左右。一端可以连接到钢筋上，然后延伸到下一根钢筋上。它使带刺铁丝网的安装变得容易很多。再过几码就会竖起第二道铁丝网。它们之间有空隙，不需要并排在一起，否则德国人将攻破它们。[59]

——中士杰克·道根，诺森伯兰郡燧发枪团第7团第1营

铁丝网距离英国前线20～50码。这将很快被一个平行的栅栏所补充，这个栅栏的空隙充满了一圈带刺的铁丝。布线方面经常需要改进和修理。二等兵哈罗德·海沃德在他第一次布置电线的时候有过不幸的经历，他的战友们感到非常有趣。

我们第一次检查线路的时候，几乎总是“嘘，嘘，嘘！在这个狂欢之夜要出去，走路时要非常安静！”不能对旁边的人说一个字。我们要铺设连续不断的电线，我刚好走到一边，掉进了一间法国人的厕所，

我喊道："救救我，救救我！"他们说："嘘！嘘！"我想："我不能这样死去！"当我的父母问起我："他是怎么死的？""他掉进厕所里淹死了！"于是他们把来复枪放下，我抓住其中两个人，他们把我拉了出来——但在剩下的时间里，没有人敢靠近我！[60]

——二等兵哈罗德·海沃德，格洛斯特郡第12团

在布线队前面将有一个掩护队，保护他们免受德国巡逻队在他们工作过程中可能遭受到的任何意外袭击。他们的任务又很危险，杰克·道根中士想起了一件激动人心的事。

我当时在"无人区"，其中一个连队在他们自己的铁丝网前组织了一个掩护队，为一个修复铁丝网和前线壕沟的工作小组做掩护。当我走近他们时，一名掩护队员——二等兵萨默维尔（Somerville）——被狙击手的子弹射穿了身体。他开始大呼小叫起来。到了那里，我对管事的下士说，把他送回去。因为有了这些噪音，德国人就会知道发生了什么事！下士、我跟这个人在一起，在三排带刺铁丝网前面的无人区里。我们出发了。我们从不费心去寻找可以从铁丝网外面爬出去的地方。我们抓住了萨默维尔，把他扔到铁丝网顶上，然后爬了过去。萨默维尔一直在大喊大叫，我用拳头打他，让他安静下来。这并没有让他安静下来！德军用了两挺机枪，沿着战壕前后扫射。然后，沃尔什（Walsh）少校从战壕里走了出来，他对下士说："你回去，中士和我一起把受伤的人带进来！"当时我们在铁丝网的第二排和第三排之间。我们弯下腰去接萨默维尔，一颗子弹打中了沃尔什的肩膀，它一定是从我脸上飞过的。他丢下受伤的人，离开了我，回去了。于是我抓住萨默维尔，把他拉上来，把他推到铁丝网顶上，爬到他身上，把他从铁丝网上滚下来。机关枪开火击中了我们战壕的顶部，这阻止了其他任何人出来帮助我。那个受伤的人还在喊叫！我把他拉到第一道铁丝网上，把他摔倒了。这一切都花了些时间，我担心在没有人的地方，灯光会把我照出来。然后我把他拖了8～9码才把他拖到我们的战壕里。我必须把他拉到战壕前面，才能把

他扔进战壕。战壕里的人在大声鼓励我，但没有人能出来帮助我。最后，我用脚把他踢到那堆土和沙袋的底部，也就是战壕护墙的地方。当我认为没有机关枪子弹击中战壕顶部时，我用脚把萨默维尔推到矮墙前面，战壕里的士兵把他抱了起来。[61]

——中士杰克·道根，诺森伯兰郡燧发枪团第7团第1营

1917年，道根因这一事件被授予军事奖章。那时他已经受伤了，信到达邮局时他已经回家了。然而关于他的功绩已经传开，1916年11月8日，他的家乡阿辛顿向他赠送了一块纪念手表。1986年，他自豪地向我展示了那只手表。它突然让这个故事更贴近我们的生活。

另一项共同任务是进行侦察巡逻，以便扩大该营对无人地带的了解和控制。人们普遍认为，定期巡逻是抵御德国突袭的最佳安全保障。基本程序相当简单。

会有这样的声音传来："今晚有一支巡逻队要出去！你，你，你，你！你们现在白天休息，你们今晚出去巡逻！"这不是自愿的，大家轮流做。晚上我们聚在一起，接到命令，得到一个口令。我们打算在面前的某个区域，向右或向左探测。部队事先会得到警告，说有一支巡逻队要出动，这样，如果他们看到有什么东西在动，就不至于愚蠢到开枪。你要用你的步枪执行作战命令。我们必须保持非常低的位置，穿过这些通道，穿过铁丝网，曲折前进，只有我们知道通过的路。我们可能会一直走到德国的铁丝网那里，彼此之间的距离大概是一掌宽。弯腰，最后要匍匐前进，一切都取决于地形。闪光弹会照亮一个很好的区域，主要是一个红光区：你必须趴下来，脸部朝下——它会反射你看到的东西。地形，电线的位置，是否有以前没有过的缝隙、陷阱或障碍：任何我们正在寻找的东西。你可能会听到一个声音，可能会听到嘎嘎声。我们会在外面待三四个小时。以同样的方式回来；然后当我们从护墙那边回来时，我们不得不低声说出密码。[62]

——二等兵伊沃尔·沃特金斯，威尔士第15团

当他们走到无人区时，就会发现，把乱七八糟的锡罐扔到沟渠前面的行为愚蠢至极！

我过去唯一担心的事情就是别人总是把空罐头盒扔出去。罐头食品的盒子，包括咸牛肉、猪肉和豆子罐头被扔在队伍中间。他们把它们扔到5～10码外的前线。哦，在晚上，你在黑暗中干了一件该死的工作，如果你踢了一脚，你会从另一边得到机关枪子弹——他们会听到你的动静。我常和一个家伙一起去，他总是踢这些盒子。我说："你不能在不踢那些该死的罐头盒的情况下正常活动吗？"他是个笨手笨脚的家伙——总是能碰到那些东西，从来没有错过！[63]

——二等兵威廉·霍尔布鲁克，皇家燧发枪团第4团

巡逻人员通常携带步枪和手榴弹，但也有罕见的简易武器。

在无人区，我没有携带手枪或步枪，只是拿着一根圆头棒，这是我挖掘工具的工具柄，大约16英寸长，像一个沉重的锤子轴。它的一端有个钢盖。我从我们的运输人员那里得到一个大的钢螺母，把它滑到另一端。这是一种非常有效的武器。[64]

——中士杰克·道根，诺森伯兰郡燧发枪团第7团第1营

一个问题是，无人地带的黑暗时常会被星弹、照明弹或信号弹发出的光所淹没。

从一支短而宽的手枪里射出一束亮光。你装上了弹药筒，非常宽，大约2英寸宽、5或6英寸长。你可以把它发射到空中，它会上升50～60码——它们会漂浮在空中，照亮无人地带。光线和日光不同，很奇怪，非常朦胧。你可以站在无人区里不动，如果你头朝下，白皙的脸朝下，双手贴近裤子，15～20码开外就看不到你了。但如果你动一动，就会被人看见。[65]

——中士杰克·道根，诺森伯兰郡燧发枪团第7团第1营

德国人用大量的星弹来照亮他们战壕前的地面，这些星弹的发射时间是随机的，或者是在怀疑发生了什么事情的时候就会发射。对于那些

被困在无人地带的人来说，一动不动地站在那里，看着这些星弹落到地面，是对他们勇气的考验。

更危险的是堑壕突袭，其目的是捕获一名活着的囚犯，以确定驻守战壕的部队。这些袭击有时也是为了战术目的而进行的，目的是摧毁迫击炮或机关枪哨所，扰乱埋雷活动，或仅仅是为了成为一个一般性的麻烦。据认为，突袭有助于在部队中灌输正确的侵略精神，防止他们陷入与德国人“同生共死”的态度。尽管突袭通常在夜间进行，但有时也可以在白天进行——就像二等兵杰克·赫普斯通（Jack Hepplestone）付出代价发现的那样。

当总部需要一些信息时，他们就召集志愿者在白天进行突袭。你没有机会说：“我去！”情况是：“你，你，还有你，在上尉防空洞里的你！”他那里会有一张地图，一张德国战壕的照片和图纸。你会知道要去的是什么样的地形，你知道在哪里快速行动，哪里不可以跳跃。那里有一个深沟，当有一点麻烦的时候，德国人通常会突然冲到那里，只留下一个人在上面。那就是你要抓住的人——要把他变成俘虏。他必须是活着的，要把他带回来获得信息。前一天晚上，我们把班加罗尔爆破筒放在他们的铁丝网下，那是大约1英尺或18英寸长的管子。它们常常像扫把一样互相拧在一起，我们把它塞进他们的铁丝网里。两个皇家工程师会在上面搭一根电线，把它连接到我们的战壕。第二天，炮兵就会开炮，在一定的时间用马蹄形的炮弹轰击掩蔽处，我们前线战壕里的人就会打开局面。工程师们会把班加罗尔的爆破筒炸飞，它会把带刺的铁丝网扫走，就像你用刷子扫过一样。然后我们跑进去，把这个德国哨兵抓起来；你怎么得到他并不重要，只要你能让他回来。我们总是带着几颗米尔斯炸弹。当我们进去的时候，皇家工程师们常常把一个顶部装有雷管的装满汽油的罐子扔进防空壕。它一沉下去就爆炸了，把所有沉在防空洞里的东西都封住了。关键是要回来。当你抓到俘虏的时候，德国人就会醒过来，马蹄铁弹幕就会停止，他们会出来用机枪开火。通常要跑

20码才能把他救回来！[66]

——二等兵杰克·赫普斯通，约克和兰开斯特联队第7团

壕沟袭击不是英国人的唯一专属权利，德国人对英国防线进行了类似的袭击。1916年7月5日，达勒姆轻步兵第18团刚进入前线，就在诺伊夫夏贝尔（Neuve Chapelle）遭遇了一次夜间突然袭击。德国的突袭行动被证明是失败的，二等兵弗兰克·瑞恩（Frank Raine）帮助扫荡了进入前线的少数幸存者。

在夏贝尔的第一天晚上，我们刚一进去，德国人就开始向我们扔东西，袭击了我们——他们想抓获俘虏。他们过来时，我们向他们开枪。天知道有多少枪打在了铁丝网上。我感到很高兴："接着，这就是为现在准备的！"德国兵进入了我们的战壕，我们让他们遭受了生命的重创。我们到处追他们，射杀他们，把他们都杀了，没有俘虏。我从未用过刺刀，我不能忍受刺刀刺进任何人的身体，开枪更安全。我总是说："如果是刺刀格斗，我会让屁股里有颗子弹！"你可以在离他两三码远的地方用一颗子弹杀死他，不用近到足以用刺刀刺死他的地方，而且不会有任何个人接触。他们并没有对我们特别抵抗！他们唯一想做的就是逃跑或者自暴自弃！我向他们进行了射击！让那些混蛋得逞吧！事实上，那天晚上我在他们身上花了不少工夫；我很高兴。这对我有好处，而不是认为他们是世界霸主。他们变成了普通人。我们只是对所发生的一切发泄怒气。那晚我们没有损失一个人，他们大约死亡了30个人，这些尸体放在了我们身后。血腥的将军们说："把他们留在那里！"他们都放在我们团那里。在炎热的天气里，它们散发着地球上最难闻的气味。这些将军大约三天前来看望过他们！他们像圣诞树一样被装饰起来，诉说着这些尸体呈现的美丽的景象。[67]

——二等兵弗兰克·瑞恩，达勒姆轻步兵第18团

虽然部队对突击行动强烈不满，认为这是对生命的浪费，但由于参谋人员能够从追踪德军进进出出和沿着战线的行动中获得大量信息，

因此获得的情报可能是有价值的。缴获的文件和信件也提供了基本的情报，提供了一幅德国人在做什么和他们的士气状况的图示。的确，当事情出错时，突袭是一项代价高昂的事业，但这仅仅反映了一战的残酷本质。不能允许各营陷入停滞，或将无人地带的控制权拱手让给德国人。

战壕里的环境颇为荒凉，不适和死亡密不可分。如果部队不想陷入普遍装病和不可靠的泥潭，他们的士气必须保持在最高水平。然而，在可怕的情况下，这是一项艰巨的任务。战友情谊是问题的核心，人们在一起可以忍受将个人撕裂的考验。英国军队的目标是向每个人灌输这样一种观念：他们是一支精锐部队的一分子，完全有能力与德国人作战。1916年底，二等兵维克托·波尔希尔在列文提（Laventie）应征入伍，加入伦敦第5团。

我们走进广场，赫西（Husey）上校[68]对我们说，我们参加了一个很棒的团，是英国军队中最好的团，也是伦敦市的第一个团。他说："只要敌人还在，人们就说德国人有好有坏；没有好的德国人。只有死了的德国人才是好人，其余的都是坏人！"他给我们的印象是，他宁愿我们不抓任何俘虏，我们应该把他们都打死！[69]

——二等兵维克多·波尔希尔，伦敦第5团第1营（伦敦步枪旅）

经过6个月的训练，一个新营第一次开赴前线时，士兵们为自己的军人身份感到自豪，每当他们的部队荣誉受到诋毁时，他们就会立即发起进攻。二等兵汤姆·布雷斯（Tom Bracey）还记得他们的皇家燧发枪团第9团之歌，这首歌是为他们特别创作的，作者是一名在军中服役的、受教育水平很高的美国人。

詹姆斯·诺曼·霍尔（James Norman Hall）来自波士顿。他在威尔士度假，参加了一个社团。他过去常为《观察家》撰稿。他是一个真正的绅士，一个真正的人物。一天，我们很累，回来时他在黑板上写了一首歌：

我们是讨厌的炮兵战士，我们夜以继日地工作；

我们是一支独立的军队！

每分钟两千，远远没有达到我们的极限；

我们从来没有留下弗里兹一个人！

我们的军官蒙蔽了我们，德国人不在意我们，

但一旦有工作要做，他们就会派上校来找我们！

我们是Bom Bom Pom Pom，燧发枪团第9团的骄傲！

我们工作到发狂，带着这种满足感，

我们只签署了三年！[70]

——二等兵汤姆·布雷斯，皇家燧发枪团第9团

霍尔应征入伍时假装自己是加拿大人，但当他的美国国籍被发现时，他最终于1916年获释。他后来写了一本著名的书《基钦纳的暴民》，讲述了他的经历。

在新增加的营中，在联合征募和训练的士兵之间建立了密切的联系。现在他们一起待在战壕里。漫长的几个月过去了，这帮兄弟逐渐被一点一滴的伤亡所侵蚀，在他们第一次真正的战斗中，伤亡突然加速到彻底屠杀。不可避免的是，随着男性的频繁出现和离去，个人关系变得更加短暂。

当生活美好平静的时候，维持朋友关系非常简单，但是一旦有伤亡，你就得结交另外一个朋友。随着战争的延续，伤亡巨大，朋友的更换频率也在加快——几乎每个月，你都会有新的伙伴，因为你之前的朋友被杀死了或者遇到了某些事情。和我一起睡过的人，他们和我一起分面包，一起分黄油，然后突然间就被杀死了——消失了。现在我要交新朋友了。你总是需要一个人：你需要一个朋友和你一起挖掘，分享口粮，和你一起做每件事——他依赖你，你也依赖他。[71]

——下士唐纳德·普莱斯，皇家燧发枪团第20团

考虑到军人生活的喧嚣，如果士兵们没有在他们紧密联系的世界

里，基于真实或想象的不满而产生个人敌意，那将是很奇怪的。二等兵威廉·霍尔布鲁克在皇家燧发枪团第4团中的死对头是一个二等兵威廉·H. 波德莫尔（William H. Podmore）。

我对格兰特非常友好，他是一个义务兵，来自希钦，父亲是个建筑工人。他和我年纪相仿，但个子很小。我们连队的另一个人叫波德莫尔——是个身材魁梧、喜欢幸灾乐祸的大块头。我从来没有喜欢过他，他从来没有喜欢过我！我总觉得我随时可能用拳头击打他的脸！他总是接近格兰特，说："你这个该死的新兵！"一有机会就侮辱他。一天，我们在尼桑的一间小屋里发现了一个火盆。大约有6个人站在它的周围，其余的人分散在茅屋周围。年轻的格兰特距离我很近，波德莫尔开始接近他，说道："该死的新兵！"又是如此！我说道："你为什么不能放过他，去找一个身材和你差不多的人呢！"他回答说："这和你有什么关系？"我拿了一个旧的法国咖啡壶放在这个火盆上，波德莫尔拿起了咖啡壶——把它倒在我的头上，还有那些灌浆，还有那些烧焦的咖啡。咖啡流进了我的脖子里，我气疯了——我揍了他，把他打倒，他躺下几乎占据了整个小屋的长度！他在光滑的地板上打滑。我追着他，他还没来得及站起来，我就用双手抱住了他的头——我知道我会杀了他的，我把他的头撞在光秃秃的木板上，他们把我拉了下来！你看，我的手指——那是我打波德莫尔的后果——它永远无法伸直，我永远不能用它做任何事情。一直都是如此！所以我一定打得很重！[72]

——二等兵威廉·霍尔布鲁克，皇家燧发枪团第4团

战争结束后很久，波德莫尔才重新引起霍尔布鲁克的注意，当时他打开报纸，发现他的老对手因谋杀而受审。[73]1929年1月，"浪头"石油公司的老板维维安·梅西特（Vivian Messiter）腐烂的尸体在一间锁着的车库的几个箱子后面被发现。在战争期间，梅西特曾在诺森伯兰郡燧发枪团当过军官，但现在他的头骨被几次残酷的打击击碎，附近还发现了一把血迹斑斑的铁锤。人们发现，波德莫尔曾受雇于他的石油公司，担

任销售人员，并一直编造不存在的客户索要销售佣金。据推测，梅西特发现了这种欺诈行为，并在与波德莫尔的对峙中被谋杀。在现在看来，证据是间接的，但波德莫尔最终被判有罪，并于1930年4月22日在温彻斯特监狱被正式绞死。

所有这些人在战壕中经历和目睹的事情使他们经受住了战争的种种恐怖。首先，男人用玩世不恭来掩饰他们的感情，但很快他们就变得麻木不仁、无动于衷，似乎没有什么东西使他们感到震惊或厌恶。

有一条小溪从我们在山上的沟渠里流过，那是我们的饮用水。在一个大雾弥漫的日子里，有人在“无人区”四处搜寻，他们发现一个苏格兰人和一个德国人曾经互相刺杀，他们正躺在我们喝的溪水里。但那只是引发了一场大笑！[74]

——军需军士长乔治·哈伯特，诺森伯兰郡燧发枪团第6团第1营

在同一个战场上，在可怕的两年后，诺曼·狄龙上尉在梅宁路附近的一处前德国防空洞避难时遭遇了一次可怕的经历。

我和一个分队长巴兹尔·格罗夫斯（Basil Groves）走在梅宁路上。我们在路上走了一会儿，德国人开始变得异常凶猛，朝我们冲了过来，于是我们钻进了梅宁路旁边的一个掩体里，一半在下面。我们坐在黑暗中，眼睛逐渐适应了黑暗，我对巴兹尔说：“你好，这儿有几个德国兵！”铺位是双层的，上面是一个死了的德国人。我们正坐着抽烟聊天，等着上面的“暴风雨”平息下来，突然，上铺那个死去的德国人伸出胳膊，胳膊转过来，正好打在我朋友的头上，把他吓了一大跳。我想，大概是这样的情况，两个人被放在那里，尸体僵硬了。我们在场时的热度把温度调高，足以让死人的胳膊松开。我们仔细地看着他们，检查他们的眼睛，等等，但他们像死羊一样——这是一次有趣的经历。[75]

——上尉诺曼·狄龙，坦克部队B营

这种情感分离是司空见惯的。

有两个德国人死了，一个趴在地上，另一个靠着墙。他是一个英俊的小伙子，他让我想起了我的父亲。一枚炮弹对他进行了完美的解剖：它把整个前胸从胸口一直切到肚子。像在解剖学校一样，他被整齐地切开，放在一边。我说："多么奇妙的解剖展览啊！"这听起来很无情，但如果你的情绪一直很压抑，那么你的大脑就会控制一切。[76]

——下士埃德蒙·威廉姆斯（Edmund Williams），

国王利物浦第19团

很多人都听天由命，承认他们对自己的命运几乎没有或根本没有控制权，尤其是在他们发动攻击"越过"战壕之前。

我很担心——我想知道那天晚上我是否还活着，我想知道我是否会被杀死。作为一名士兵，我接受了这个事实；问题是，你必须是一个宿命论者。我们经常说："如果上面有你的名字和地址，它会找到你的——所以担心又有什么用呢！"所以你只能去了，希望一切顺利。[77]

——二等兵巴兹尔·法雷尔，约克郡第2团

考虑到他们所处的环境，这种反应并不令人意外，或者让人以为是不恰当的。战争有时似乎是一种无休止的折磨，除了在战斗中受重伤或死亡外，没有体面的出路。

当你向前看的时候，你就没有什么可期待的了。你不能期待它的结束，因为你面前只有前线，是一片无人区，有很多敌人会阻止你。好吧，你没什么可期待的了。[78]

——二等兵乔·皮卡德，诺森伯兰郡燧发枪团第5团第1营

但在炮弹的火力面前，最能打击士气的是无助。大多数人求助于绝望的祈祷，期望神的介入。

天哪，是的，你很紧张，因为你以为随时都会有一枚炮弹找到你。这是很有可能的。在猛烈的炮火中，你可以听到炮弹袭来的声音。如果来袭的是很多炮弹，就形成了弹幕，以至于你无法和你的朋友说话——周围都是炮弹呼啸的声音。哦，太令人震惊了。好吧，你向上帝祈祷，

哦，是的，当然！如果一个男人告诉你他没有这么做，那么我认为他在说谎。我做了！我一直有一点宗教信仰，但那时候你真的很努力地向你的“造物主”祈祷，希望他能拯救你。[79]

——二等兵厄尼·罗德（Ernie Rhodes），曼彻斯特第21团

他们无能为力。向左或向右移动，进入或离开防空洞，都可能拯救他们的生命，使他们免遭下一颗炮弹的袭击——或同样可能使他们受到谴责。他们所能做的就是畏缩和希望。

我感到浑身无力和害怕。我天生就是个斗士——如果我能反击的话。但当你不得不匍匐在底部的地面上，炮弹来袭的时候，只能被动忍受，让人感觉到非常无助。当我向他们还击的时候，这是一场公平的战斗，我非常享受。但是被炮弹击中，却无能为力，这太可怕了。[80]

——二等兵弗兰克·瑞恩，达勒姆轻步兵第18团

许多人发现香烟对保持士气有很大的帮助。陆军少尉欧内斯特·米勒德（Ernest Millard）是一名枪炮专家，他的总结很简洁。

我发现抽烟是一种极大的安慰。如果你有一份工作要做，抽一支烟是很惬意的，很特别。这就是为什么，当我在凌晨4点遭遇袭击时，我在出去之前喝了威士忌，抽了支烟——那很好，相当于我的早餐。抽烟给人带来极大的满足感——它本身就是一顿饭。[81]

——少尉欧内斯特·米勒德，D营，95旅，皇家野战炮兵

在这个时候，大多数人吸烟，香烟或烟斗烟草作为官方配给品发放。吸烟与他们的手有关，也许一个误入歧途的弗洛伊德主义者会指出，吸烟本身就是在压力下的一种帮助和安慰。

战争的性质使许多人不能总是应付施加在他们身上的巨大的身心创伤。其中一个结果是医学症状和精神神经症的结合，通常被描述为炮弹休克。

我认为这是对大脑的冲击，人们的反应不同。有些人会认为他们还在战斗——正在扔炸弹——诸如此类的事情，一股脑儿冒出来。这种声

音会影响大脑，就像你在下巴上挨了一拳一样，会对系统造成冲击。这是生理上的——在刺激大脑。我认为这主要取决于大脑。如果震动的声音足够大，你就无法控制。但通常情况下，你会持一种哲学观点，说：“唉，这太糟糕了！”然后适应它——用点意志来帮助克服它。但如果是一个比较软弱的人，就几乎要屈服。提醒你一下，确实有些人忍受着这一切。我看到他们在那样做——在做动作——行进的过程中一直在做。[82]

——二等兵乔·亚伍德，战地救护车第94号

亚伍德的态度近乎冷漠，因为毫无疑问，许多症状几乎是无法假装的，不一定是由爆炸的冲击波直接引发的，更多的是由于必须在这种令人痛苦的环境中生存的无尽压力。炮弹休克的影响完全不可预测：缄默不语、口吃、耳聋、暂时性失明、嗅觉和味觉丧失、抽搐和痉挛失控、四肢瘫痪、幻觉性创伤症状、记忆丧失、妄想，以及被统称为“士兵心脏”的心脏症状的集合。这些症状的任何一种或组合都可能把最强壮的人变成摇摇欲坠的废墟。有时，经过一段时间的休息或催眠后，症状就会消失，但有些症状会导致严重的长期精神障碍，似乎无法治愈。

我们有相当多的炮弹休克病例。他们没有穿衣服。工作人员通过小缝观察小间里的病人，不允许他们使用任何工具。有一个英俊匀称的美男子会整天整夜地跪着，自以为是耶稣基督来拯救人类。他一直在祈祷，他的嗓音很好听，人们忍不住倾耳听他说话。其他人则处于炮弹休克的不同阶段。一些可靠的人被允许外出，在镇上喝茶或购物。一个男孩喜欢下来和我们说话。负责的军士知道这一点，并没有试图以任何方式阻止他。但有一天，他失踪了，军警不得不出动。最后找到了他，也结束了他的小旅行，他再也不能拜访我们了。他能正常交流，但是人们不知道他们接下来的举动是什么，他们可能突然就离开了，变得激动不已，或者成为一个讨厌鬼。[83]

——护士伯德，科尔切斯特医院

像这样的炮弹休克患者可能会被送进收容所，并在精神病院度过余生。

回到前线，一些男人被逼得远远超出了他们的个人极限，为了逃避严酷的考验，他们愿意严重伤害自己。自残是个体绝望的一种表现；他们愿意做到能从前线逃出去的程度。

这个家伙什么都受够了。他是一个可爱的小伙子，面孔红润，是个非常年轻的男孩，非常可爱。他说："我坚持不了，我坚持不了，我宁愿死去，也坚持不了！"我说："别傻了，你会忘了的！"一天早上，我所在的战壕后面发生了一场可怕的爆炸。我去观看的时候，他就在那里——他绕到壕沟后面，把手放在钢盔下面，从磨坊的炸弹里拔出一根别针，把他的手炸掉了。他没有得到养老金，什么也没有，他失去了胳膊。当时他只有22岁的样子。[84]

——二等兵威廉·霍尔布鲁克，皇家燧发枪团第4团

一个人把脚或手裹在沙袋里，用自己的来复枪自射，希望沙袋能防止伤口上有火药的痕迹，这种情况要普遍得多。自残行为非常频繁，我们采访的一些人接触过那些求助于这种绝望的权宜之计的人。

他们把绑腿解下来，把它缠在脚上或脚趾上，然后用步枪射击——这是他们自己造成的。他们会不惜一切代价逃离那里。他们会终生残废。我遇到过一些困难，但是我从来没有想过要做那种事。[85]

——二等兵詹姆斯·沃森（James Watson），
诺森伯兰郡燧发枪团第9团

然而，由此造成的创伤难以"控制"，大多数男性更愿意冒险去德国人那碰运气。

对于绝望、神经衰弱或身体虚弱的士兵来说，另一种出路是逃跑。这直接违反了军法，可处以死刑。

我们有一个人投敌了。大约一个月前，他在队伍外，没有参加检阅。

这不是一个重要的检阅，但是被军事法庭审判。他被错误地指控，被指控多次不服从命令，最后无法证明这一点，他被判无罪。之后，他觉得自己不受别人的欢迎，就在黑暗中投奔了敌人。他的下士看见他跑过去，因为没有向他开枪而被判28天徒刑。战争结束后，那个逃兵被扔进了老家的鸭子池塘。[86]

——少尉查理斯·吉（Charles Gee），达勒姆轻步兵第9团第1营

对于开小差、在战场上退缩或士兵在战斗即将来临时擅离职守的情况，军方的处罚并非完全一致。有些人第一次犯罪就被起诉，但另一些人得到了几次机会。如果案件发展到正式的军事法庭，军事审判的车轮开始转动，那么被告实际上是在玩一场相当残酷的赌博——赌自己的命。一战期间被判处死刑的3080名男性中，约90%会被缓刑，“只有”306人真正被处决。其中，逃兵266名，凶杀37名，怯懦27名，擅离职守27名，在敌人面前丢弃武器11名，攻打上级或抗命11名，叛变3名，执行任务时睡觉2名。在这些被行刑队射杀的人中，至少有91人已经被判缓刑。二等兵威廉·霍尔布鲁克是二等兵威廉·罗伯茨的密友，1916年5月29日，他眼睁睁地看着罗伯茨在伦宁海斯特（Renninghelst）被处决。[87]

我们这里发生了一起严重的逃兵事件。他叫罗伯茨。我非常非常了解他，面对任何袭击，他都毫不畏缩。但是，如果在战线后面有法国姑娘，他就会和她在一起——走开，跟她私奔，离开前线，离开几个月。上次他被捕前，他被关在帐篷里，我们不得不保护他。最后，我们放了他出去——大家都喜欢他！几个月后，他在法国南部再次被捕。他受到审判，军事法庭判处他死刑。士兵们对此感到非常悲伤，但是很多认识他的士兵已经死亡，受伤，离开了。那是一个叫伦宁海斯特的地方，我们在外面休息，在一些旧谷仓里休息。一天早上，我们无缘无故地被叫了出去。当我们来到村子后面的草地上时，罗伯茨正坐在椅子上。波特将军宣读了一份声明：“你们正在观看的这个人，他被判处了死刑，他不是懦夫，他是一个非常勇敢的人，但这超出了我的能力，我

无能为力，判决必须执行。”他们把一个信封放在罗伯茨的心脏位置，用绷带包扎他的头。他说：“把它摘下来，我不想头上缠绷带，我马上就会死于英国人的子弹下，而不是德国人的。”他们拉出6个人，他被执行了死刑。[88]

——二等兵威廉·霍尔布鲁克，皇家燧发枪团第4团

1917年，法国军队爆发了大规模的叛乱，叛乱迅速蔓延，许多团拒绝服从命令，这种现象在英军内部却未曾出现。1917年9月9日，在伊塔普勒的步兵基地仓库发生了最接近于彻底兵变的事件。

我走进巴黎广场，喝了几杯酒，吃了晚饭。我和另一名军官一起回来了——我们来到了伊塔普勒，那里挤满了军队。我对这个家伙说：“发生了什么事？”我从未想过会发生兵变。有许多人从桥上经过。我本应该问部队发生了什么事，但我想：“我们会回到步兵基地的！”我们回来了，他们都在坚守，火枪手很忠诚。副官看见我，说：“好吧，你带40个人下到桥下，守住桥！阻止他们进城！”我走到中士那里，问道：“他们有武器吗？”他说：“他们有5发子弹，但是没有上膛！”我说：“不，不会的！”我沿路行军时，遭到了部队的几声嘘声和嘲笑。我在桥上站定了位置，还安装了刺刀。我想：“至少我们这样做是为了显示我们有武器！”我们排了三四个人，背朝着埃塔普勒桥。在我面前，20英尺或30英尺以外的部队逐渐集结起来：苏格兰、新西兰和所有其他兵团。也许有100个，也许有200个——我不知道，光线有点暗——只是一群暴徒——就像一群足球观众。兵变还在继续，他们大喊着：“我们要过去了！”我说：“别傻了，你们无法通过，回到你的部队去，安定下来，明天一切都会结束的——你们会玩得很开心！”意思就是这样的。他们说：“我们去拿机枪——我们要过去了！”我想说话的是一位老兵。我知道他们可以从军械库得到机关枪。我看着自己的部队，他们一半是男孩，我确信他们不会向部队开火——我也不会。不管怎样，他们的枪

支没有上膛。我从未受过如何处理叛乱的教育。1914年的《步兵训练》中没有关于“如何处理叛乱”的内容。我想起一位高级军官对我说过的一句话：“如果你知道有人不服从命令，千万不要下命令。”我想：“见鬼，我受够了！”我说：“好吧，走过去！”无论如何，城里还是有军队。从根本上说，我不想再看到任何麻烦了！会有流血事件发生，我不想牵扯其中。我叫我的部队拔出刺刀，让他们回去。我没有向任何人汇报。我以为我将会走进军事法庭。[89]

——少尉吉姆·戴维斯，第17号步兵基地仓库

经过三天的动乱，理智和强制重新建立纪律的混合体成功地结束了叛乱，没有发生严重的流血事件。

英国制度的美妙之处在于，军队在前线战壕、支援线和后方相对安全的休息区域定期轮换。在这方面，他们比德国和法国部队有相当大的优势，德国和法国部队在前线停留的时间要长得多。虽然情况不尽相同，但是一个典型的旅将有两个营占据前线和前线的支助线，而前线和支助线各有两个连。结果是，普通士兵通常会在前线待上3天左右，然后被调回支援、预备役或休息区。这让人们有了一些期待——终点总是在眼前。

部队在预备役阵地上，通常是在钢坯或战壕中，只有在高度紧张的时刻才会实际占领预备役战壕。虽然没有上前线，但这一切都取决于他们的军官和海军士官，他们必须忍受“唾沫飞溅”或“胡扯”的态度。二等兵伊沃尔·沃特金斯从伊珀尔突出部出来时，所处的恶劣环境使他大为恼火。他们在恶劣的条件下服役，却没有得到应有的照顾和补贴，对此他很恼火。

我们回到运河岸边，不得不尽可能地躺下休息。我们出来的时候得好好收拾一下，军官对我们进行检查，很明显，我们两个的鞋底和靴子的上半部分之间还残留着一些泥。结果我们受到了惩罚，我们必须把营

里的一辆车的前轮、轮辐和轮辋清洗干净。我觉得有点烦，因为那时我们的靴子上一团糟，但现在，就是这样，你必须把它弄干净。[90]

——二等兵伊沃尔·沃特金斯，威尔士第15团

最妙的是，当他们被调出前线，他们的师得到了解脱，被送去休息，甚至远离了远程炮弹。他们发现了一件事情，即无法把虱子和跳蚤留在战壕里。只要有可能，军官就会安排这些人在当地任何可能的设施内洗澡。许多人记得参观过古老的酿酒厂。

排长说："你们可以进来洗澡，拿着浴巾过来。"我们奔跑起来，沿着乡间小路行进，来到一个古老的酿酒场所。"现在你们要脱去衣服，把衣服都放在一起。"然后我们走进那幢建筑物，发现里面有两个大圆桶，大约有一码深。"进去吧！"他们向我们扔了一些蓝色的香皂。天气很热，洗澡很舒服。但是你可以想象一下：十五六个人在一个桶里面洗澡。洗澡时，不能走动，我们必须互相搓背，以及诸如此类的游戏，你不能弯下腰来洗腿或脚——浴桶里的人太多了。你可以想象我们有多开心，开了很多玩笑。当军官发令的时候，我们冲了出去，跑回我们的衣服旁边。衣服都是热气腾腾的，当我们穿上衣服的时候，看起来就像老流浪汉。一切都是皱的，它们本来也是这样。我们洗澡的时候，他们把衣服放在熏蒸器里，杀死了所有的虱子。但是一旦你穿上衣服，你的身体暖和起来了，它们就又活过来了。[91]

——二等兵乔治·阿舍斯特，兰开夏郡燧发枪团第2团

在外面休息时，这些人住在各种各样的工厂、农舍、农舍外的建筑、旧谷仓、特制的棚屋和帐篷里。

后方地区驻扎着大量的军队，要在当地通常很原始的基础设施内应付如此多的额外负担，是一项后勤挑战。这些压力的一个例子是获得足够水源的问题。法国的农场有他们自己的水井，但是他们很少能生产出足够的水来养活额外一个营的一千名士兵。这经常引起与那些口渴的人的摩擦，他们不愿意接受这些限制。

你的瓶子里有一夸脱水，从水车里拿出来的水。你不应该喝法国的水，那些水只够法国人饮用——如果整个军队进来，就会喝光所有的水。当然，法国人睡着的时候，我们会走到他们的抽水机旁，工作中的抽水机会发出呼哧呼哧的声音。门会打开，法国人会叽叽喳喳地走出来，我们会像许多学生一样跑掉，如果你被抓住了，就会受到惩罚。[92]

——二等兵汤姆·布雷斯，皇家燧发枪团第9团

更好的住处通常留给军官。和在战壕里一样，他们过着比他们的士兵舒服得多的生活。詹姆斯·戴维斯少尉在1917年初向后方的第8皇家燧发枪团报到时，刚刚接到新的任命。

他们在外面休息，所以我和他们一起去了一个小村庄。我们受到二把手萨姆·桑德斯（Sam Saunders）少校的欢迎。他非常干净：衣领带有压钉，戴着单片眼镜，穿着一双漂亮的野战靴。他说："我想我没什么可告诉你的。我不知道你们男孩子是否习惯喝酒，但是他们在这个营里喝酒！上校坚持一件事，如果你不能像个绅士那样喝醉，你就绝对不能喝醉！"我一直记得这件事！他说："你向D连报到——尼科尔森（Nicholson）上尉！"我走到那里，紧张地敲着门，他们正在小屋打桥牌。我说："戴维斯来报到，长官！"尼科尔森说："进来，喝一杯！"这是他说的第一句话。我说："非常感谢！""两指宽，还是四指宽的威士忌？"他说，"如果一瓶威士忌是开着的，那就得喝完，但因为我大部分时间都在这儿，你就用不着担心了！"我想这是多么美好和友好啊。我们常常到远征餐厅买威士忌，每箱六十法郎。一瓶五法郎。我很喜欢它——它很适合我。[93]

——少尉詹姆斯·戴维斯，皇家燧发枪团第8团

当这些人安顿下来后，他们仍然需要接受一定程度的训练。演习和检阅将举行，以确保他们的一般训练没有走下坡路。有时他们被派去参加检阅，值得注意的是，他们的歌曲往往比新兵唱得更悲观。抬担架的巴兹尔·法雷尔记得当时情绪的变化。

士兵们有他们自己的歌，其中有一首很特别：

我想回家

不想再去战壕

带我过海

在德国找不到我的地方

我不想死

我想回家！

这是我们在游行中唱的那种歌——我们变得有点愤世嫉俗了。我们的一名指挥官会阻止我们唱歌。这名医务人员已经被抓获——德国兵袭击了已经被占领的医务哨所，他被抓获了，我们谱写了一首进行曲：

嘿，可怜的老九

嘿，可怜的老九

在采石场

在采石场

他们把老九号留在采石场

担架上的人帮他抬了进去！

嘿，可怜的老九！

医生——我们过去叫他“第9号”，因为不管你得了什么病，都是第9号——这是一次清洗！[94]

——二等兵巴兹尔·法瑞尔，约克郡第2团

但许多歌曲本质上仍然是善良的。

你多半会唱滑稽短剧。军官们阻止不了你。“别吵了！”然后后面的人又会开始说话。有各种各样的滑稽模仿——你知道，我们过去常常编出来。有人会说一句话，说点什么；其他人会加上另一行；其他人会在这个基础上发展，然后所有的一切加起来——你有了一首诗。然后他们会挑一首曲子，试着把曲子调到这首诗里，然后你就有了一首诙谐的改编诗文。他们并不是真正受人尊敬的人——他们很粗鲁，准备好了。

那东西所在的地方有一首音乐厅的歌：“我的衬衫着了火，我沿着铁丝走着，手里进行着我的小摇摆舞！”

我手里拿着一个小炸弹桶

去了战壕

用一把大信号枪

指南针和地图

他们出动了六架轰炸机

追我追到树洞里

我浑身发抖

因为在那个街区，我知道自己必须站着

当遇到德国佬的时候

他完全不知所措

当他看到炸弹桶在我们手里的时候。[95]

——二等兵乔·皮卡德，诺森伯兰郡燧发枪团第5团第1营

在前线的后方，部队经常进行演习，以实践最新的战术创新，还会举行讲座，并为未来的军士们、信号员、路易斯枪手、轰炸机以及随着战争日益复杂而需要的所有新专业技能开设大量的骨干培训课程。在专家的教导下，他们将返回并担任其营中人员的导师，从而将新的专门知识传授给他们。这种骨干制度是在一支由于迅速扩张而经常处于紧张状态的军队中传播训练的一种有效手段，与此同时，经验丰富的训练人员的“储备”不断减少。

虽然他们有军事任务要执行，但当他们外出休息时，确实得到了更多的空闲时间。他们的日常工作之一是处理信件。邮政系统效率很高，许多人每天写信回家。信的种类很多，其中最简单的是明信片。

我每天写一张战地明信片。你可以把地址写在一边。另一边是一份打印出来的清单：我很好，我不太好；我住院了，我没住院！你划掉了“不”，等等！我受伤了，或者我没有受伤。我已经收到你的包裹；我

还没有收到你的包裹。我收到了你的信；我还没有收到你的信。你划掉了不适用的部分。我每天都给妈妈寄一张。偶尔给我女朋友。[96]

——中士杰克·道根，诺森伯兰郡燧发枪团第7团第1营

然后是普通信件，由当地官员审查。这些信件通常以几乎公式化的方式写成，国际写作管理研究所文件集的研究人员很快就熟悉了遵循以下一般模式的信件："亲爱的妈妈，希望你能收到这封信，这会让我很高兴。"接着是一系列和蔼可亲的陈词滥调，几乎没有透露他们在前线到底发生了什么事。这不仅仅是因为他们害怕惹恼审查官员，更普遍的原因是，给已经为自己担心的亲人造成额外痛苦，通常被视为一种不良行为。

这位官员说："当你写信回家时，不要表现出悲伤和痛苦；试着给家里写信，尽量写得欢快愉快！"这是我的座右铭。我试着每天或多或少地写些东西，我总是说些高兴的话——通常是关于包裹的回复，因为妈妈每周寄给我一个7磅重的包裹。[97]

——二等兵维克多·波尔希尔，伦敦第5团第1营（伦敦步枪旅）

其中一些人是文盲，需要他人帮助才能进行交流。杰克·道根中士还记得，他的一个手下打算与家乡诺森伯兰郡的一个女孩互诉衷肠。

休息，睡觉，写信。我们连队有个家伙不会写字，他就是二等兵比利·培根（Billy Bacon）。他既不会写，也不会读，他是个大块头，有6.1或者6.2英尺——真是个好士兵。我正在发信件，我对他说："比尔，你从来没有收到过信！"他只是转过身去，没有回答。后来我问道："出了什么事？""唔，我既不会读也不会写——我在学校里从来没学过！"当我发现这一点的时候，我承担了帮他写信的工作。我写信给他的女朋友，以他的口吻，好像是他在写信。他拿回来的信，常常带给我，我把那女孩的信读给他听。她的父亲是一名酒店老板，在乔平顿村有一家酒吧。我战后经过那里时，经常想去拜访，但我从来没有去。[98]

——中士杰克·道根，诺森伯兰郡燧发枪团第7团第1营

还有一种特殊类型的信，如果男性想在写家庭或非常私人的事情时至少保持留有隐私的幻想，这是可行的。

我有一些绿色信封。一封普通的信，使用的是普通的白色信封，它必须由你自己的官员审查。没人喜欢这样，让你的长官知道你亲密的家庭生活。现在，绿色信封意味着它将被审查，但不是由你自己的官员进行。[99]

——中士杰克·道根，诺森伯兰郡燧发枪团第7团第1营

这些人会收到回信，通常与他们自己写的信的数量大致成比例。无论是在休息时还是值班时，信件的到来都是当天的亮点。

我一直在追求她——她在棉纺厂工作。有了一个喜欢的女孩，我觉得这太棒了。我常常收到她寄来的一些美妙的信件。当我在训练期间休假回家时，每天晚上都和她出去。我甚至被邀请到她家喝茶——这是向前迈出的一步！我想我爱上了她——我真的爱上了她。如果这听起来很傻，你想笑，那就笑吧，因为我现在就在笑！当我收到这个女孩的来信时，总是很高兴。我珍爱这些信件。满月的时候，我在前线站岗，周围一片寂静，你在想家，而我——在想这个女孩！我以为，照在我身上的月亮，也会照在她身上。我在岗位上待了一会儿，然后离开了岗哨，我收到了她的一封信。与此同时，我也收到了妈妈的一封信。我没有打开我妈妈的信，而是先打开我女朋友的信，看看她要说什么。不得不说，信件的内容对我是毁灭性的打击！她不想再和我出去了，因为她要和别人出去约会了。老实说，我的世界崩溃了！我18岁，这是我第一个女朋友，她抛弃了我！她的新男友是我认识的一个小伙子，我一直认为他是我的好朋友——但他把我的女朋友从我身边抢走了。我真的很难过，我认为这是世界末日。即使在今天，经历了这么多，我也想不出有什么比这更让我伤心的了。[100]

——二等兵雷纳·泰勒，

威尔士团第24营（彭布罗克和格拉摩根约曼利营）

这样的失望并不少见，仅仅反映了战争时期的人性。人们不可能指望女人为了一个她们几乎不认识的男人等上数年，并兑现在感情最浓烈时分的山盟海誓。这封“亲爱的约翰”的信件，后来在士兵中被称为“绝交信”，给出了致命一击。但无论消息如何被披露，它都可能给那些把战后所有希望和梦想寄托在一段脆弱关系上的年轻人带来真正的痛苦。

我刚参军的时候就结婚了。我不在的时候，妻子对我不忠。我第一次休假，她生了个孩子。我把津贴账本拿走了，决定停止支付。我当时的工资是每天一先令，我给她六便士：这样，她每周会得到三先令六便士，我每周得到三先令六便士。现在我要求停止给她支付。我去告诉军需官他们必须阻止它。这种情况持续了好几年。我以为我服役后会有一笔钱，可是一分钱也没有——军需官没有按照我说的那样做——我失去了所有的钱。[101]

——阿侬

虽然很少有人在采访中提及，但这种情况太常见了。

男人们通常在白天利用空闲时间休息，进行一些一直存在于服役过程中的无意义的谈话和玩笑。有些人会去散步，探索当地的乡村，这通常让人比较放松。晚上，一群群的朋友经常去当地的餐馆。这些咖啡馆是由当地的法国或比利时平民经营的，他们抓住这个机会，利用旺盛的需求赚钱。二等兵乔治·阿舍斯特回忆起在这样的小酒馆里度过的许多夜晚。

那是一间小屋，你走进来的时候，发现里面有一个小柜台，那里卖啤酒。其实啤酒里酒精含量很少。那只不过是褐色的水！我们主要喝葡萄酒——白葡萄酒。两三杯就行了。杯子可能会是满的，每个人都在桌旁坐下。你去拿饮料，然后和其他英国士兵聊天。里面有一两个法国老人；那里的女人不多，可能有一两个在酒吧后面。[102]

——二等兵乔治·阿舍斯特，兰开夏郡燧发枪团第2团

在能够负担得起的时候，许多人会喝醉。尽管如此，它并没有带来

真正的耻辱，事实上，对某些人来说，它被看作是一种荣誉的象征。小酒吧提供简单的食物——通常是鸡蛋和土豆片——这让他们从单调的军粮供应中得到了令人欣喜的喘息之机。其他男人则有更多的基本需求，由各种妓院来满足。

我们决定去喝酒，第一个来到的地方是一家妓院。我对此一无所知！所有这些小伙子都坐在肮脏的桌子旁，桌上摆满了啤酒。有一个楼梯，这些人经常上去看女孩子，然后又下来。我很感兴趣，我问其中一个伙计："多少钱？"他说："你有多少钱？""我只有六便士！""唉，那可不行——那是一先令！"我没有上去，因为我没有钱。那是我第一次去妓院——我喝得很高兴。第二天，我们进入战壕。[103]

——二等兵唐纳德·普莱斯，皇家燧发枪团第20团

口述历史的黄金法则是，你采访的男人从来没有利用过妓院里的女人提供的服务。但有一件事是肯定的——无论它来自哪里——总是有大量的性需求，无论环境多么肮脏。

他们都想要女人，女人们知道这一点，常常在窗户上写着"为士兵们清洗衣物"。我路过其中一个地方，看到二十个男人在前厅，另一个可能和某位女人在楼上。他们告诉我，那个女人过去常常坐在床尾，他们携带一些褐色的液体。他们常常坐在那里，把腿张开，然后在阴部周围弹来弹去，准备下一次攻击。他们在楼梯上一直等着轮到他们。[104]

——中士阿尔弗雷德·韦斯特，蒙茅斯郡第1团第1营

二等兵乔治·阿舍斯特和他的朋友光顾过一家名为阿尔芒蒂耶尔·埃斯特米内的妓院。

我们喝的是万宝龙。房间里非常拥挤，里面有五个女人，如果你跟她们上楼梯，进卧室，一次五法郎。人们进进出出，和女孩们在卧室里进进出出。我一点也不喜欢她们！汤姆说："你要上去吗？"我说："不，我不要和她们在一起！"女人们年龄各异。伙计们会告诉你进去的感觉，"她在那儿，做的第一件事就是抢走你的五法郎钞票！然后，

解开我们裤子前面，摸了摸，挤压了一下，看看有没有什么问题。随即，她脱下睡袍躺在床上，准备好了为您服务！结束的时候，她会在锅里煮一些草药，她只会给你一点泔水——为了安全起见，为了避免疾病！”但是我没有上去。一天晚上，随军牧师走进小屋里，通向卧室的楼梯上坐满了人——每个台阶上都站着一个男人，等着和一个女人一起进去。他走了进来，我和汤姆，还有几个人坐在桌旁。你可以想象他是怎样训斥我们的：“你们没有母亲吗？你们没有姐妹吗？”[105]

——二等兵乔治·阿舍斯特，兰开夏郡燧发枪团第2团

军方对妓院的态度非常矛盾。在某种程度上，人们根本不赞成这种做法，这表现在对道德约束和禁欲的频繁呼吁上。这一点或许可以从基钦纳的呼吁中得到例证。1914年，每个去法国的人，其工资簿上都印着基钦纳的呼吁。“你要时刻警惕任何过激行为。在这种新的体验中，你可能会在酒和女人中发现诱惑。你必须完全抵制这两种诱惑，在完全礼貌地对待女性的同时，应该避免任何亲密行为。”但与此同时，人们实际认识到，一些性接触的机会对保持士气是必要的。要知道，面对死亡，天真的年轻男子可能会渴望有女性陪伴，并潜在地希望自己不要还是处男就死去，这并不需要特别的同情。那些不那么无辜的人非常清楚他们所缺少的东西，并决心尽一切可能满足他们的欲望。过去取缔卖淫的努力失败了，结果人们不情愿地接受建立一个半管制的妓院制度的必要性。由于法国已经有了一个规范卖淫的计划，当地几乎没有障碍。较大的村庄或城镇会有两种妓院：一种是为军官提供服务的蓝色灯光的妓院；另一种是为其他军衔提供更传统服务的红灯场所。医生会定期检查妓院，尽管糟糕的医疗卫生状况可能削弱了他们的努力。作为性行为可能带来的并发症，梅毒的症状可以在受折磨的妇女中辨认出来，但鉴别淋病要困难得多。在“官方”妓院之外，有一个蓬勃发展的“业余”无证妓女网络，这些妓女基本上没有受到监控，感染的危险更大。因此，英国当局鼓励在任何性接触后到特殊消毒站进行消毒。不幸的是，意味

着道德气候的预防接种问题直到1918年底才开始。

尽管事实上采取了道德呼吁、有执照的妓院和医疗预防三方面的举措，在人力资源日益匮乏的战争中，性病发病率仍然过高。事实上，性病比例一度上升到不少于总伤亡人数18%的水平，仅在1918年，就有60 099人住院——每一位平均需要在病房接受一个多月的治疗。在这种情况下，军队当局采取惩罚措施也就不足为奇了，任何因性病住院的士兵不仅要受到停发工资的惩罚，而且还要失去大量休假的机会。

对士兵而言，休假回家是大事，也是最好的事。严格来说这不是他的权利，这是一种特权。部队被分配了一定数量的“临时假期”，将给予品格良好的人和在外地服役时间最长的人。这种缺乏精确性的做法，导致个别士兵的休假时长有很大差异，引起了相当大的不安。有些人似乎在其所有服务年资中只得到一个为期10天的假期，而军官们不仅有更多的假期，而且享有更多的机会在当地短时间休息。更令人不满的是，很少有人注意到来自英国偏远地区的士兵回家所需要的时间。不过，这的确是男人们津津有味地盼望的事情。随着这一天的临近，许多人变得更加紧张，他们担心自己会被杀或受伤，或因其他原因无法休假——这通常被称为“休假紧张”。

杰克·道根中士是1915年6月第一批获准回家休假的士兵之一。他决心充分利用自己作为“归来英雄”的地位！

我在岸边摘下军帽，用子弹穿了过去。所以当我回到英国的家，戴着一顶有一个弹孔的帽子时，我可以说：“那是一顶差点就被击中的帽子！”我的童子军成员都试着戴上那顶有弹孔的帽子，这样他们就可以说：“差点就打中了！”[106]

——中士杰克·道根，诺森伯兰郡燧发枪团第7团第1营

信号员乔治·科尔犯了一个错误，就是给家里发了封电报，说他马上就到。对于一个战时的工人阶级家庭来说，如果家里有个男人在前线

服役，一份意外的电报只有一种含义。

1917年6月，我第一次休假，到了福克斯通，我拍了一份电报：“今晚回家！”这就是我要讲的。电报发送到家里。我妈妈拿到了电报，我爸爸出去了——她不敢打开它。保险公司的人碰巧过来，看得出她很不高兴，他说：“怎么了？”“我这儿有一封电报——我不敢拆开。”所以他打开电报，告诉她我在休假！[107]

——炮手乔治·科尔，A炮兵连，250旅，皇家野战炮兵

当他们回到家时，士兵们发现他们在战壕里结识的许多不受欢迎的“朋友”一直陪伴着他们。乔·菲茨帕特里克想起了他回到曼彻斯特时的情景。

当我敲门时，有人从楼上的窗户往外看，“我们的乔！我们的乔！”我的孪生妹妹碰巧在家——和我的母亲。母亲很快就把火生了起来，做了老鸡蛋和熏肉。我妹妹拿起了短上衣，感叹道：“哦，多漂亮的裘皮大衣啊！”我赶紧说：“别穿——我给你看！”我把大衣打开，放在火旁边，说：“看看这些东西！”上面有几百万虱子！老夫人说：“把它放在院子里吧！”我回家休假期间，它一直挂在院子里。[108]

——下士乔·菲茨帕特里克，曼彻斯特第6团第2营

有些人劳累过度，喝得酩酊大醉，彻夜狂欢，但大多数人似乎都度过了宝贵的几天，享受着一些表面上的正常生活，拜访老地方和老朋友。当然，他们同龄人中的大多数自己也会去服役。假期马上就要结束了，士兵们怀着沉重的心情回到了前线。在主要火车站，同样的创伤场面一次又一次地上演着，无数的士兵向他们的家人和所爱的人作了很可能是最后一次的悲伤告别。

9

1917年：西部战线

1917年初，协约国确信他们有一个好机会，能够在年底前击败德国。在1916年11月的尚蒂伊会议上，美国同意对西线发动一系列大规模的春季攻势。英国远征军将在索姆河以北、安克雷河（River Ancre）和维米岭之间发动进攻，而法国人则在索姆河和瓦兹河之间发动进攻，然后沿埃纳河（Aisne）发动进攻。最终，大英帝国与法国并肩作战，再加上俄罗斯和意大利的协同进攻，必将使强大的德意志帝国俯首称臣。这种乐观情绪甚至还有一定的道理，因为索姆河和凡尔登河战役已使德国军队损失惨重。由陆军元帅保罗·冯·兴登堡（Paul von Hindenburg）和陆军上将埃里希·冯·鲁登道夫（Erich von Ludendorff）组成的德国最高司令部团队充分意识到了军事威胁，而皇家海军对他们战时经济的封锁又加剧了这种威胁。

到1916年底，德国人被迫重新考虑他们的防御策略，考虑到盟军不断增加的炮兵力量，德国引入了一种新的“纵深防御”体系：采用了一种更有弹性的系统，用混凝土碉堡和据点作为前线战区抵抗的重点，而不是用连续不断的防线来防御死亡。他们将这一点与使用更复杂的带刺铁丝网相结合，以阻止任何进攻方的地面进攻，同时“引导”他们不可阻挡地向相互连接的机枪阵地前进。如果一个阵地明显即将被攻占，那么撤退被认为是允许的，以便为他们可能取胜的战斗保存军队。反攻只能由联军野战炮兵的火力范围以外的部队发起。所有这些经验教训都在索姆前线后方兴登堡线的建设中得到了应用。

1916年12月，法国总司令约瑟夫·霞飞的替换将大大改变盟军在西线的计划。他的继任者罗伯特·尼维尔将军（General Robert Nivelle）致力于在1917年4月对埃纳河上的贵妇小径发动大规模进攻。出乎意料的是，他对英国远征军的要求是他们接管盟军前线的另一部分，发动更多的法国军队，并在法国进攻前几天发动转移注意力的阿拉斯战役。1916年10月在凡尔登取得胜利后，尼维尔确信他已经揭开了西线胜利的秘密。对他来说很简单：在一次毁灭性的轰炸之后，两支法国军队将以绝对的蛮力冲破德军的防线，然后第三支军队将会冲上去利用这一突破。黑格对这些多少有些浮夸的计划持怀疑态度，但当首相戴维·劳合·乔治在尼维尔雄辩的影响下，要求黑格在进攻期间直接听命于法国将军时，黑格别无选择。

阿拉斯战役

阿拉斯战役也许是一种转移，但它仍然是一项重大的事业。两支部队参与了战斗：亨利·霍恩（Henry Horne）将军率领的第1军占领了阿拉斯市东北3英里处的维米岭，而埃德蒙·阿连比将军率领的第3军向斯卡普山谷的蒙迪希勒普雷克斯（Monchy le Preux）推进。在索姆河战役中强调了新的火炮技术。复杂的匍匐炮击迫使守军低下头来，同时还特别注意利用空中观察、闪电定位和声音测距来识别德国炮兵团队。由于新型106熔断器的逐步引入，线切割也变得更加有效，这种熔断器一接触就会立即爆炸。然而，在规划过程中，当德国人决定从索姆河战役中战术上妥协的防线撤退到新的兴登堡防线时，情况发生了根本变化。

德军的撤退始于1917年2月下旬，后退了40英里左右，这说明了在一场大战中占据一席之地是完全无关紧要的。让德国人在战术上处于可疑的位置，远比在防守严密的缩短战线上发挥更大的作用。

当他们撤退时，德国人摧毁了整个地区的基础设施，造成了一片荒地。英国派出了骑兵巡逻队，摸索着进入这片空旷之地。自1914年底以来，骑兵很少有机会在西线作战，虽然阿梅·布兰奇（Armee Blanche）使用剑和长矛疯狂作战的幻象正在迅速消失，但骑兵在现代战争中仍发挥着至关重要的作用。坦克和装甲车可能已经存在，但它们仍然很慢，射程很小，而且最重要的是，在机械上不可靠。骑兵是最快速移动的单位，无论是利用短暂的机会，作为骑乘步兵填补意外的缺口，还是作为侦察兵在德军撤退后向前探索。约翰·费尔（John Fell）是跟随德军向弗曼德进发的四人巡逻队中的一员。

一切都被摧毁了。所有的建筑都变成一堆砖瓦砾，树木被砍倒在马路对面，电线杆被撞倒，所有主要的道路交叉口都被埋上地雷，并被炸毁。我们以钻石形状骑行，前面一个人骑，两边各两个人骑，后面一个人骑。负责的官员将站在中间。它覆盖了地面，给了我们最好的瞭望视角。我们正在接近一个村庄，就在路中间有一顶可爱的德国军帽，全是闪亮的黑色金属面。正好捡来作为纪念品！但是有人警告过我们，那样的东西会有陷阱，所以我对它敬而远之。[1]

——骑兵约翰·费尔，萨里郡自耕农第1团

后来，费尔在进入一片树林时发现自己与巡逻队的其他人暂时隔绝。现在他的神经真的很紧张。

不知道是否因为气氛诡异，我突然觉得要发生某些事情。我突然想到，最有可能的情况是，我们会碰上一支由德国骑兵组成的巡逻队，是配有长矛的骑兵。我从来没有受过任何训练，即在面对长矛攻击的时候如何自卫。[2]

——骑兵约翰·费尔，萨里郡自耕农第1团

他离开树林时被一颗子弹击中。

突然，什么东西打在我的左臂后面。这并不特别痛苦，却是一个相当沉重的打击。就在这时，那匹马用后腿在空中跳了起来，转过身，狂奔起来。子弹直接穿过我的手肘后部，穿过我的胳膊，从我的手腕射出——切断了我所有的肌肉和神经——真是一团糟！我的胳膊完全瘫痪了，我低头一看，只见到处都是血——溅上我的前臂、裤子、外衣、马鞍和马肩。然后我开始感到头晕；我想可能是失血过多，或者是因为害怕。[3]

——骑兵约翰·费尔，萨里郡自耕农第1团

罗伯特·库克（Robert Cook）是另一支骑兵巡逻队的成员，他让我们深入了解了这些照片的来源，这些照片作为巡逻队的记录，在国际摄影博物馆的照片档案中备受珍视。

不许拍照，也不许隐藏，所以根本就没有照片。官方摄影师来找我们，为了他的利益，我们不得不重做。他们把一切安排得很好，把奇怪的德国头盔到处乱放，我们尽我们所能让它尽可能“活”起来！[4]

——上士罗伯特·库克，萨里郡自耕农第1团

紧跟在骑兵后面的是步兵和工兵，他们的任务是探测和拆除德军留下的致命诡雷，这非常危险。

我们负责每座桥梁和每座涵洞，因为它们都埋有地雷。如果步兵被炸了，你就有麻烦了。我们会说一座桥“不能使用”，直到它被检查过。你开始确切地知道德国人可能会做什么：作为德国人，他们非常彻底，他们总是做同样的事情。你来到一座小公路桥，会发现桥的一部分已经被拆除了，里面装了一个炮弹——通常是5.9英寸的——没有布线或类似的东西；这是其中一个酸陷阱。它们都是定时的，酸腐蚀金属丝的强度是不同的。一个在12小时后爆炸，一个在24小时后爆炸。你只需要把它们弄出来，抱着最好的希望。[5]

——少尉马丁·格林，175隧道连队，皇家工程师

撤退结束后，德国人安全地安插在兴登堡防线，这条防线连接了斯凯普河以南现有的德国堑壕系统。

尽管形势发生了变化，英国人还是决定在1917年4月9日发动进攻。在为期四天的初步轰炸中，总共有2816门英国大炮和榴弹炮开火，使索姆河上的一切景象相形见绌。在更短的战线上发射更多的炮火，意味着德军的战壕被炮弹淹没。当时机成熟时，缓慢的炮击会在前进的部队面前形成一堵由高爆和弹片炮弹组成的墙。坦克也会发挥它们的作用，穿过任何剩余的带刺铁丝网，摧毁道路，占领幸存的德国据点。一旦各突击师完成了目标，它们就会被新的后备部队超越，以保持前进的步伐。

到这个时候，人们已经认识到，消灭任何可能在零小时屠杀攻击步兵的德国炮台是至关重要的。

反炮台的组织运作非常好，也非常复杂。部队里有一个反炮兵连军官，他保存着非常完整的记录和地图，并定期分发。每一个被看到的射击位置都被输到地图上，并给出了一个数字，这样，一架看到它开火的飞机就可以发出信号“GNF”，意思是“现在开火”。反炮台的工作人员马上就会知道炮台在工作，他们会找人来操作的。在4.5榴弹炮中，大部分是瓦斯弹。在袭击的前一晚，我们向德军炮台发射了500多发炮弹。[6]

——中尉肯尼斯·佩奇（Kenneth Page），

第130炮兵连，第40旅，皇家野战炮兵

4月9日，复活节，星期一，5点30分，在恶劣的天气下，部队越过了山顶。在左边，加拿大第一军团负责攻占维米岭，这是一个宏伟目标，提供了一个俯瞰杜埃平原的观察平台。法国人已经削弱了德国人的阵地，几乎没有给他们布置纵深防御的空间。加拿大人在两枚巨大地雷的爆炸、毁灭性的逐渐蔓延的弹幕和密集的烟幕协助下向前冲锋。

在前线，炮火只持续了大约一分钟，然后就解除了，部队立即向前推进，而不是进行长时间的初步轰炸。我自己也被前去的人的数量所震惊，你在左右两侧都能看到他们。我们不得不在这些弹孔中间穿过去，因为山脊本身已经被打得很重了，除了一堆弹孔什么也没有。德军的战壕几乎被摧毁。我们继续进攻；我们的第一个目标是德军的主干线。从那时起，我们继续进行最后的目标，就是越过山脊的东部。当我们到达山脊的顶端时，一个不寻常的景象展现在我们眼前：我们看到了伦斯周围所有被德军占领的村庄；采矿村，以及它们的矿渣堆和矿坑。[7]

——二等兵乔治·汉考克斯，帕特丽夏公主轻步兵

加拿大人取得了显著的成功，成功地控制了整个山脊。

在南方，第三军的成就也许更为显著，它在斯卡普山谷向前推进。德国的炮火可能已经被压制住了，但对于可怜的步兵来说，情况非常糟糕。

那是雨夹雪的天气，天知道究竟是什么。脚底非常湿滑，我的朋友用他的来复枪做支撑，因为他无法前进。我们背上背着巨大的肩筐。不要穿大衣，因为当你受到攻击时，你首先放弃的是你的大衣。天气冷得可怕。我们从米德尔塞克斯出来。糟糕的天气，简直糟糕透了。[8]

——二等兵维克多·波尔希尔，

伦敦第5团第1营（伦敦步枪旅）

尽管如此，第三军还是前进了近4英里。但是他们越前进，就离野战炮的支援越远，野战炮只能掩护他们前进一英里左右。英国人几乎通过了，但德国人计算正确，在他们的深防御区内仍有战壕可挖。在接下来的两天里，英国人试图跟进，但被前无人区的荒野和恶劣的天气挫败。德军设法重新建立防线，进攻开始停滞。现在，所有的目光都集中在法国将于4月16日发动的“圣母山”的进攻上。

法国的进攻证明是一场灾难。虽然取得了进展，尼维尔的乐观面对的是残酷的现实，伤亡人数不断增加。4月23日，局势十分严峻，英国人必须重新在阿拉斯发动转移注意力的攻击。这就是著名的斯卡皮第二次战役；这是对几个星期前刚刚成功的方法的嘲弄。这次，炮兵准备不足，部队疲惫不堪，德国人熟悉英国的新战术。德国炮兵已进一步后撤，这样他们就不在大多数英国大炮的射程之内，但仍能向前进的英国步兵发射炮弹。这是他们与皇家海军的最后一次战斗，而皇家海军此时已被并入陆军，成为第63师。

天快亮了，弹幕攻势开始，阿瑟·阿斯奎斯（Arthur Asquith）少校[9]走了过来，给了我们指示。直到接二连三的炮火从德军前线直接射向加佛雷勒，我们才得以行动。任何经验丰富的战争参与者都知道，等到炮火移动，然后再走几百码，简直就是谋杀。但是阿斯奎斯并没有等到弹幕解除，而是带领我们前进——当弹幕解除时，我们向前走了大约50码。他的判断是完美的，我们在德国佬知道之前就已经掌握了他们的情况。我们这些在那场战争中幸存下来的人，应该把我们的生存归功于阿斯奎斯无视命令。我们前面的地面上没有弹坑——相当平坦——完全敞开。这是坦克行驶的理想区域，但对我们来说不是这样。当我们到达第一个目标时，情况并没有那么糟，我们似乎很有条理。你一到村子里，情况就完全不同了，因为德国佬在地窖里。[10]

——领航员乔·默里，胡德营

巷战是一种危险的游戏，村里似乎遭到了四面八方的攻击。

现在天已经很亮了，我们在户外是完美的靶子。到处都是砖头、步枪、机关枪和炮弹。你不能保持任何形式的队形。有时你会躲在半倒的房子下面；有时得越过房顶。前面的铁丝像往常一样被我们的炮击堆成一堆。为了通过一个特别的地方，我们不得不一直聚集在一起。你爬不了10～15英尺高的砖。一直以来我们都被攻击。那里没有什么战线，没有什么方向，你看不到任何军官，看不到任何男人。有时有三四个；有时你独自一人，不知道大家都去哪儿了。你不喜欢一个人待着！我们离马路很近，我遇到一位军官平躺在那里。我试图解开缠在他一条腿上的带刺铁丝，那是一个中尉。我把他翻过来，他脸上露出了笑容。他的脸是红色的——有红砖上的灰尘和血。[11]

——领航员乔·默里，胡德营

默里沿着大路往前走，摸索着走到加佛雷勒的正中央。

我正在干一件蠢事，试图从一扇旧门上爬过去。当我站在那该死的东西上时，它翻了过去。我滑倒的时候，看见地窖里有一支步枪；我只能看到那个桶。我看到它在移动——出于本能，我迅速转向左边，然后开了枪。不需要看他枪里冒出的烟，我就知道自己被击中了。我的手在口袋里，所以子弹穿过了手腕。我的手从口袋里掏不出来，动弹不得。步枪摆动着，我爬向步枪所在的地方，有三四英尺。德国佬从地下室的入口向我开枪，我朝他开了一枪，打掉了他的半个脑袋。我进去了，有他做伴——他当然死了。一颗炮弹在很近的地方爆炸了，门和窗框四处乱飞。我心里想："我马上就要被埋在这儿了！"血正顺着我的裤腿往下流，疼痛难忍。我想把步枪取下来，但我的手从口袋里掏不出来。我得想办法离开这里。炮弹一直在砰砰作响，步枪在响，砖头在响，到处都是硫黄味，到处都充满噪音。[12]

——领航员乔·默里，胡德营

乔·默里的战争就这样结束了。他被营救并安全撤回英国本土。

此时，法国的局势已经失控，他们的军队开始兵变，在三年难以置信的伤亡和苦难之后，这种传染病迅速蔓延到整个法国军队。黑格和英国远征军别无选择，只能加大转移注意力的努力，以掩盖他们盟友的弱点。结果是更灾难性的袭击，几乎没有任何有意义的成功机会。然而，另一种选择是什么？5月4日，阿拉斯的进攻终于结束了。在第一天取得令人振奋的胜利后，这对英军来说是一次可怕的经历。最重要的是，它让人们明白了一个道理：尽管英国人大大改进了进攻战术，但德国人同时也发展了自己的防御战术。为掩盖法国灾难而进行的战斗的意外延长使局势更加恶化，英国和加拿大的伤亡总数约达15.8万人：实际上，这是英国在战争中任何一场战斗中所遭受的最高日平均损失率。随着法国叛乱的蔓延，尼维尔很快就被抛弃了，取而代之的是菲利普·贝当（Philippe Pétain）将军，这是一位更谨慎的将军，热衷于保护他部下的生命。1917年的俄国革命也明显地动摇了他们在东线的盟友。什么也不做似乎不是一种选择，在阿拉斯攻势暂停之后，黑格的注意力转向了佛兰德斯，计划发动新的重大攻势。

1917年：佛兰德斯的进攻

开场白：梅辛战役

黑格一直坚信，佛兰德斯将是英国在西线发起进攻的最佳战场，这里有真正的战略目标。人们迫切需要把这条线从距离伊珀尔仅25英里的海峡港口进一步推进，而相对较小的推进也会让德国的奥斯坦德和泽布吕格海军基地掌握在自己的手中。海军部认为这是至关重要的，他们担心德国潜艇和驱逐舰在英吉利海峡的掠夺。还有一个闪闪发光的奖品，是帕斯尚尔山脊后面5英里的重要的罗勒铁路枢纽。最后，黑格希望在伊珀尔的持续进攻能够给盟军一个机会，在那里进行持续打击，最终可能带来胜利，如果不是1917年，也可能是1918年初。

首先，必须把德国人赶出他们在梅辛山脊上的有利位置，那里紧靠伊珀尔南部。虽然它只高出海平面260英尺，但它为伊珀尔凸起提供了一个绝佳的观测平台。这次攻击将由赫伯特·普卢默（Herbert Plumer）爵士指挥的第二军进行，他决定用约2266门大炮和榴弹炮进行为期4天的炮击，并在德军防线下进行一系列毁灭性的地雷爆炸。

斯潘布鲁克莫伦矿是我帮助开采的最大的矿。它在离入口1707英尺的地方被171隧道连队开凿完成，这些连队对它进行了封闭、装载和引爆。根据军械地图，它的深度是92英尺。德国人在下面130英尺，不时地给我们制造麻烦。在黏土区采矿的关键是寂静和秘密。我们穿着毛毡拖鞋，使用橡胶手推车和木栏杆，低声交谈。当德国人“轰炸”我们的时候，我们从不回应；我们遭受了伤亡，但什么也没做，尽量不暴露我们的处境。我们用非常精致的仪器，如检波器和西方的电唱机来倾听。我们的一名军官曾经离德国的一个凿井如此之近，以至于他录下并翻译了一系列的奇闻轶事，那是德国军士告诉他的值班人员的内容！[13]

——中尉布莱恩·弗雷林（Bryan Frayling），

171隧道连队，皇家工程师

一旦完成，这些地雷就处于休眠状态，随时准备在需要时使用。

一切都井然有序。指挥官已被召回总部，并发给每人一块校准表。他们被送回部队，我们就去了排队。他们被送回各自的部队，我们就到前线去。然后我们被明确告知时间：6月7日凌晨3点50分。那天早上每个人都有点紧张不安，我们不知道会发生什么。那天晚上非常平静，我听到的枪声比以往任何时候都要少。[14]

——中尉约翰·罗伊（John Royl），澳大利亚隧道连队第1连

德军防线下共有19枚地雷。当工程师们最后一次检查他们的电路时，这种紧张是难以置信的。

我们都在那儿等着，准备好了。我们在开始前一刻钟左右布置了岗哨。我不知道你们中是否有人在牙医的房间里等了一刻钟——好吧，这感觉是那个的四倍。还有15分钟。我们开始谈论我们在休假时会做些什么，“阿尔芒蒂埃小姐”怎么样，以及我们能想到的任何事情！然后45秒，30秒，15秒，10秒，5秒，4，3，2，1，开始！[15]

——中尉约翰·罗伊，澳大利亚隧道连队第1连

凌晨3点50分整，隧道管理人员接通了触发一系列人造火山的电路，它们位于完全不知情的德军要塞下面。罗伊尔矿在60号山下。

整个山坡上，一切都像海上的船一样摇晃。炮声震耳欲聋，我们的进攻发出巨大的声音。步兵在炮火的掩护下向前冲去，不断地把成千上万的俘虏送回去，我不知道有多少人。他们从我们的防空洞回来，我们看到了他们，他们非常沮丧。我们都很高兴，我们不知道该做什么！我们以为战争已经结束了！[16]

——中尉约翰·罗伊，澳大利亚隧道连队第1连

再往南一些地方甚至发生了更大的爆炸。那一定是难以置信的景象。

一阵震颤之后，我们看到了大火。首先着火的是克鲁斯塔拉特（Kruisstraat），斯潘布鲁克莫伦几乎是同时发生的。一片比圣保罗大教堂（St Pauls）还高的火焰——我估计大约有800英尺。那是一盏白色的白

炽灯；温度大约是3000摄氏度。那里的德国人都要气疯了。我发现关于德国人最引人注目的一点就是他们采取了错误的策略。当地雷爆炸的时候，第一个说话的人就是那个牧师，他说："地裂开了，把德国人吞没了！"[17]

——中尉布莱恩·弗雷林，171隧道连队，皇家工程师

步兵一直在等待，准备进攻。

随着炮弹和大炮的闪光，天空一直是可怕的红色。这真是一场噩梦。我不知道我们在刺刀固定的情况下站了多久，一个少尉站在我们面前。接着发生了可怕的爆炸，我们脚下的地面都震动了。一团黄色和红色的火焰直冲云霄，高得吓人。这是我们的巴士索萨，在德国变成堡垒的威兹夏特村下面。接着，我们自己的枪开始连续不断地发出可怕的轰鸣声：轰，轰，轰，我们头顶上可以听到机关枪子弹的嘶嘶声；我们的机枪手在山脊上涂满了子弹。然后哨声响了，我们继续前进。那时候天已经亮了，一切都清晰可见，对手的声音是零。我们的目标是凹路。它曾是一个相当坚固的堡垒，但我们自己的枪把它击得粉碎。混凝土的地方都被砸坏了，道路本身也被毁了，河岸也被毁了。我们把刘易斯式手枪插在凹路边上的弹孔里。[18]

——二等兵乔治·汤普森，达勒姆轻步兵第20团

在前进的道路上，每一步都伴随着他们缓慢的火力，这使步兵深感安心。

在南方，二等兵弗雷德里克·科林斯（Frederick Collins）是一辆坦克的齿轮工，坦克在前进，支持澳大利亚人。

我是排名第二的驾驶员，另一个家伙在驾驶坦克，当他们想转向的时候，我坐在那里转动齿轮。我们正顺利地前行着，突然，舱外的正中央传来一声巨响。一颗炮弹击中了我们的坦克。这个地方充满了烟雾、气体和其他一切东西——但是炮弹没有穿过。坦克的底部是钢铁制成的——它大约弯曲2.5英尺。这个家伙正好站在6磅重的炸弹那里，一直

站在那里，他被击中了，手上掉了两块肉。下一个拿着机关枪站立的家伙，腿已经变黑。军官喊道："快看看能不能找到担架手。"我们不知道自己身处何方，到处烟雾弥漫，在坦克里面尤其让人感到恐惧。我们也不知道是否有其他人被击中。但这就是它造成的所有伤害——如果它穿过这个坦克，我现在就不应该在这里了。它像擦肩而过的一击，把它打弯了。我们打不开那扇门，我们试了试，我们被困在里面，直到另一个人来了，我们才把门打开。碰巧有担架手，他们来了，把这两个家伙抬出来，放在担架上。我们再次关上门，军官说："看看我们能不能发动引擎，我们要继续前进！"他们又发动了引擎，有人告诉我，我的脸像床单一样白，我也这么认为！我们继续安静地前进。当地雷爆炸的时候，德国人跑得就像兔子一样快。最后我们来到了矿井，大约距离20码远。到处都很安静。汤普森说："好吧，出去看看！"我们都走出了坦克，来到了这个巨大的火山口。你再也不会看到这么大规模的东西，你绝对想不到炸药会有这种效果。但我看到大约150名德国人躺在那里，姿势各异，有的投掷炸弹，有的肩上扛着枪，他们都睁着眼睛，死去了。[19]

——二等兵弗雷德里克·科林斯，坦克兵团B营

梅辛战役是精心策划部署严密的战斗优点的极好证明。第二军共俘虏德军约7354人，缴获大炮48门。不幸的是，通过推进到反坡的奥斯特-塔弗恩线而迅速占领山脊的企图并不成功，导致了持续到6月12日的激烈战斗，造成24 562名英国人伤亡。

第三次伊珀尔战役：帕斯尚尔

伊珀尔战役的第三场战役规模宏大，现以它在帕斯尚尔的最后阶段的名字出现在人们的记忆中。在佛兰德斯，德国人有时间和空间实施他们的新防御安排。他们的碉堡和发射管制台散布在低矮的山脊和反向斜坡上，对任何进攻部队来说都是一个可怕的前景。这次进攻的责任由赫

伯特·普卢默将军转交给了第5军的休伯特·高夫（Hubert Gough）将军。黑格认为，高夫天生就是一个“推进器”，比谨慎的普卢默更有紧迫感。英国人仍然有一系列巨大的战术问题需要解决。如果他们把所有的炮兵资源集中在德国前线，不久他们就遭遇未受破坏的第二道防线系统，从而限制了可以占领土地的数量。实际上，大部分的皇家火炮仍然是野战火炮，无法集中德国防线后面1.5英里的目标。轰炸的持续时间也是一个有争议的问题。短时间的飓风轰炸是有利的，但在这种情况下，谁，或什么，会切断电线和摧毁碉堡？然而，一场持续更久的轰炸只是警告了德国人即将发生的事情。进攻行动可用的技术还没有赶上战壕、栓动步枪、带刺铁丝网、机枪、密集火炮和碉堡等遗留给防守部队的优势。进攻和防守之间的裂痕正在缩小，但仍然存在。

一个被吹捧的部分解决方案是“咬紧牙关”策略。这放弃了任何突破的真正想法，作为回报，只占领德国前线，或突出的区域，并巩固成英国的战线，然后准备下一“咬”。问题是，这种战术方法在资源上极其昂贵，而且从本质上讲速度很慢。此外，由于它只提供了一系列激战，预期的伤亡率仍然很高。最后，黑格试图为其巨大的军事资源投资获得最大的回报，这并非不合理。因此，他和高夫下定决心，他们将采取更有野心的路线，在对德国发动主要进攻的时候，也要设法突破德国的二线体系。这几乎行得通；但不完全是无懈可击。

炮击于7月16日开始，皇家炮兵共在伊珀尔地区集结了约2092门野战炮、718门中炮和281门重炮，共3091门。在他们积累经验的基础上，这次炮击的规模确实非常巨大。人们现在已经完全认识到反炮台的火力是至关重要的——德国的大炮必须被压制——德国的炮台被无情地瞄准，直到最后一天才被毒气炮弹完全浸透。缓慢的弹幕被精心地调整以适应前进步兵的步伐，直立的弹幕将在他们面前形成一堵炮弹墙，在德军接近新的英国前线之前摧毁任何反击。轰炸的声音几乎令人难以置信。

弹幕发起时，情形非常恐怖。一个人崩溃了，他开始尖叫，像猪一样。你听过猪的尖叫声——嗯，他的尖叫声就像被卡住的猪一样。他被送回去了。这不是他的错，不是怯懦。他的神经崩溃了。我们认识这个家伙，他不是那种踢足球或打架的男孩。他是个喜怒无常、才华横溢的钢琴家，实际上他根本不应该参军。[20]

——二等兵伊沃尔·沃特金斯，威尔士第15团

1917年7月31日3点50分，军队越过了山顶。这次进攻在北部取得了惊人的成功，两个法国师在到达比克斯库特郊区时几乎没有遭到任何抵抗。排在其后的是英国第14、第18、第19军团的师，他们向前猛冲，冲上了皮尔克姆山脊的低坡，挺进了斯廷贝克山谷，占领了1915年4月失去的圣朱利安村。步兵有坦克支援，其中有一个霍勒斯·伯克斯（Horace Birks）中尉，他非常紧张，正朝着捕鼠器农场走去。

这是我第一次指挥坦克作战，我惊呆了。我一路上都希望自己能够扭伤了脚踝之类的，这样我们就永远到不了那里了，或者整个战斗就取消了。我们丝毫没有这样的运气，可怕的时刻越来越近。最糟糕的时刻是，当我们启动引擎时，它们会产生反效果——从排气口喷出一层火焰——每个人都说对方是一个该死的傻瓜，等着知道接下来会发生什么。然而，什么也没有发生，我们爬进了坦克。变速杆手各就各位，然后是侧炮手，接着是司机，最后是军官，他们从车顶进入车内。我们出发了。[21]

——中尉霍勒斯·伯克斯，坦克部队D营

坦克的射程很小，即使是到斯廷贝克的这段短短的路程对坦克组成员来说也是一种折磨。

我们不得不关闭坦克，因为我们在非常舒适的机关枪射程内，一旦坦克被关闭，我们就完全与世界隔绝，没有任何通信手段。空间变得越来越热。唯一的通风与发动机有关，与机组人员无关。你只能通过前面遮阳板上的一个小缝看到前方，如果你想从侧面看出去，你可以通过

钢制的潜望镜看到外面的光，这是一种半透明的光，是扭曲的。坦克里面浸透在阴森森的黑暗中——阴暗、炎热、潮湿。我那辆特别的坦克直到发动机烧开了才开动：一旦烧开了，你就把它一直烧开，它真是棒极了。里面的噪音是如此之大，以至于你根本听不到外面的声音，人们对你做了一些小手势，粗鲁或其他的，这就是你能做的、唯一的交流方式。当这个弹幕落下的时候，你很容易就能分辨出来，因为任何炮弹在距离坦克几码的地方爆炸，你会受到巨大的反压力，整个过程你都会感知得到。事实上，一颗炮弹在坦克的两个角之间爆炸，似乎把它举到了空中。然后机枪开始了。它们很容易辨别，因为它们就像罐头里的豌豆一样嘎嘎作响。[22]

——中尉霍勒斯·伯克斯，坦克部队D营

军队到达了10英尺宽的斯廷贝克和远处的低矮山脊，当他们接近德国防御工事时，进展开始出现了动摇，而德国防御工事受开炮袭击的影响较小。

再往南，第2军被赋予进攻威斯托克山脊和盖洛维特高地的艰巨任务。这显然是伊珀尔凸起的关键，因为它代表了丘陵地带的高地。德国人很清楚它的重要性，在它上面有分层的战壕、碉堡和防御工事，保卫通往帕斯尚尔山脊的道路。遗憾的是，高夫低估了这些位置的力量，他没有投入额外的资源来解决这一难题。

面对着威斯托克山脊，这片区域的左边是乌尔里希·伯克（Ulrich Burke）中尉。在这里，事情至少开始得很顺利。

当你到达顶端时，你要尽量保持直线。在这么高的地方，以3～4码的间隔前进，步枪斜对着你的胸部，刺刀指向天空。我们估计每100码跑一分钟到一分半钟。我们知道我们能在9秒内走完它。但是有了弹坑，这些人不得不绕着弹坑走，与此同时，他们还会遭到射击，并试图保持彼此之间的距离，保持队形。[23]

——中尉乌尔里希·伯克，德文郡第2团

当他们最终到达德国战壕时，他们为那些在穿越无人区时死去的人报仇。

直到你走到离战壕不足20码的地方，你才说："冲啊！"然后，将步枪对准敌人，冲入战壕，进行杀戮和刺杀。它只持续了几秒钟。如果周围没有很多军队，你知道肯定会有更多，你把炸弹扔进防空洞；与其说是杀死他们，不如说是把他们留在那里。[24]

——中尉乌尔里希·伯克，德文郡第2团

他们继续向前推进，慢慢地向贝尔瓦尔德湖（Bellewaarde Lake）的左边移动。但后来他们的进攻失去了动力。伯克受了特别可怕的伤。

你跳进战壕。这个德国人举起了他的刺刀，我觉得我的右肩被刺刀刺中了，正穿过我的后背，差点刺到我的脊椎——我被刺刀刺穿了。我唯一担心的是他会扣动扳机，这会把事情弄得一团糟。离我很近的中士看见了我，他走过来，距离很近的时候，开枪打死了那个家伙，然后在另一个人的帮助下把我从刺刀上吊了起来，因为我压在那个德国人的身上——他死了，这很不愉快。刺刀的伤口一扎进去就疼，拔出来比"插进去"更痛苦，因为"插进去"是瞬间发生的。如果你被子弹或炸弹碎片击中，它是如此之热，会烧灼伤口，你在一分钟左右的时间里没有任何感觉。[25]

——中尉乌尔里希·伯克，德文郡第2团

就在他们的南面，直接面对盖洛维特高地的部队面临着最艰巨的任务：在一片布满弹孔、带刺铁丝网和混凝土碉堡的支离破碎的林地上向前推进。可怕的地面条件使他们的坦克失去了动力，他们也失去了与爬行的射击弹幕的联系。尽管第一个目标已被占领，但德军报复性的炮击很快切断了部队的支援。

同时，第二军在盖洛维特高地和南方梅辛山脊之间进行了一系列的支援进攻。

那天早上大家都惹麻烦了。第一波，第二波，第三波，我们所有人，都是因为这些碉堡。前面有机关枪遍布的混凝土阵地。这些碉堡建得如此之好，以至于一个盖着另一个。如果你正忙着攻击一个，你就会遭到另一个的攻击，它们会互相掩护。真正清除它们的唯一方法是爬到穿过机关枪射击的缝隙，然后把一颗米尔斯炸弹放进去——通常一颗炸弹就足以清除它们的内部。我们没走多远，我就被打了，我看见血顺着我的手流下来；这当然是痛苦的——这是我所知道的战斗。[26]

——二等兵乔治·汤普森，达勒姆轻步兵第20团

总的来说，这次进攻似乎有取得重大胜利的机会，但随后德国人进行了反击，挤进了未巩固的英军阵地，夺回了圣朱利安，迫使英军退回泥泞的斯廷贝克高地，随后德军又折回威斯托克山脊，并在盖洛维特高地取得了小得多的优势。新攻势的第一天，进行了艰苦的战斗，德国人在当天的战斗中损失了大约30 000人，英国人损失了32 500人。前面还有一场漫长而痛苦的斗争。

英国必须保持势头，尽快恢复进攻，特别是在盖洛维特高地上，但他们运气欠佳，因为恶劣天气的到来加剧了枪支弹药运输的困难。袭击发生的第一天就开始下雨，整个8月都将继续下雨。那个月只有三天不下雨，所以在阵雨和暴雨之间，地面没有机会干涸。经过三年的炮击，战场已经遭受了疑似排水系统的破坏，而现在，装满水的炸弹坑和像斯廷贝克河那样的浅水溪流，散布开来，形成了阴沉的沼泽地。

因此，十天之内没有什么事发生。这是灾难性的延误。甚至在正式恢复运营后，高夫也没能集中精力应对盖洛维特高地的潜在威胁。8月16日4时45分，陷入困境的高夫下令在朗马克战役中发动总攻。尽管法军做得很好，在南方获得了更多的地盘，但英军各师仍在挣扎。他们成功地跳过了斯廷贝克，占领了防守严密的朗格马克村和圣朱利安的废墟，但随后袭击停止。再往南，由于盖洛维特高地的袭击失败，皇家伯克郡第2团在向佐内贝克山脊前进时被孤立了。艾伦·汉伯里·斯派洛（Alan Hanbury Sparrow）中校躲在一个旧的战壕里，似乎没有希望了。

这个特殊的战壕里有一支测距枪。它显然看到我们去了那里，我想

它是一个炮台里的四把枪之一。我知道一旦大炮到达射程并开火，我们就完蛋了。与此同时，一挺机关枪似乎比我希望的要近得多，扫射我们的护墙顶部，在这个过程中打死了三个人。他们发现了确切的位置。我知道我们的处境非常危险。[27]

——中校艾伦·汉伯里·斯派洛，皇家伯克郡第2团

汉伯里·斯派洛无力改变他们的处境，但他至少可以试着表现出一个军官应有的漫不经心，为他那些犹豫不决的手下树立一个好榜样。

当然，我坐了下来，什么也没做，我做了我在那些场合通常做的事——我和我的副官下棋；我总是有一个固定住的小棋盘！我们继续比赛，毫无目标，这是真的，但它让大家稳定下来。突然，一颗炮弹掉进了战壕里面，我想："现在到你了，为了谋生，你一直在努力，现在我很好奇死亡究竟是什么样子。"在那一刻，我意识到无论发生什么，我都不会被杀死。现在我们无法描述这种意识，它一点也不像普通的意识，它有点像古代的先知，当上帝说话的时候，那是非常清晰和令人信服的东西。我并不为自己感到骄傲，因为我不在乎别人怎么了——我要活下去。我拿起步枪开始射击。我在600码处打了两个德国人，然后为了结束他们的生命，我又跳了第三步。最特别的就是这。那把机关枪再也没开过。那是那把机关枪射出的最后一颗子弹；它没有理由停下来，对我们正面而不是侧面的进攻逐渐消失，再也没有靠近我们。好像有那么一瞬间，我瞥见时间向我走来。我有一种奇妙的感觉。[28]

——中校艾伦·汉伯里·斯派洛，皇家伯克郡第2团

总的来说，这场战役是一场灾难。他们没有在重要的地方取得进展，取得的微小进展几乎与战术形势的必要性无关。伤亡人数又增加了1.6万人。

从那时起，8月的战斗就陷入了混乱，高夫所能想到的就是一系列的局部袭击，目的是为将来向帕斯尚尔山脊扫荡提供一个良好的起点。这与1916年8月和9月初在索姆河发生的战斗中所犯的类似错误如出一辙。

局部攻击只会让德国人集中火力，其效果可想而知。

伊珀尔突出部的情况与索姆河和凡尔登河最糟糕的情况不相上下。在皮尔凯姆和帕斯尚尔山脊之间，英军被困在一系列沼泽地中。以前的基础设施的任何遗迹都被炸毁，他们被迫一边走一边修建新公路。

我们常常不得不扛着锯成的树干去参加工作，这些树干大约有2英寸厚，为皇家工程师们在泥泞中铺设一条道路。这些原木由马拉的货车运来，他们把它们倾倒下来。我们把它们抬起来，两个人抬一根木头，工程师们把它们放下。我们铺了大约100码。德国佬等着我们把它弄完，然后又开始把它炸成碎片。第二天我们又上去了，我们走得更远了。第二天早上我们去的时候，一切都支离破碎。[29]

——二等兵阿尔弗雷德·格里芬（Alfred Griffin），

国王皇家步枪军团第9团

无论一个人在哪里，无论他在做什么，他仍然很容易受到伊珀尔突出部的炮击。在加里波利受伤后康复的乔治·霍里奇（George Horridge）中尉被派去监督一个配给队。在这里，有一段经历让他彻底震撼。

配给队由两队人组成，我们到达了战壕。战壕的一边有一块大约9英尺长、3英尺宽的钢板，有人把它竖起来了。第一批人把口粮倒在这块钢板的旁边。我在它的一头，另一个军官在中间，还有一个在左边。我们看着口粮被倒出来。我凑巧向右边看了看，能看见一些模糊的身影。我说："你好，这是第二次配给聚会，我只要喊他们一声，告诉他们我们在哪里！"我走了两步，没有多走一步，一个大炸弹掉在我一直倚着的钢板上。一道巨大的闪光把我吹倒在战壕的一侧。我爬起来，意识到，就我所知，没有什么东西打中我。现场一片死寂。我说："马希特先生[30]和哈德森先生[31]在吗？"他们就是和我在一起的那两个军官——没有回答。接着，一阵喧闹声爆发了。这枚炮弹不仅炸死了两名军官，还炸死了配给队的四人，其中一人双腿被炸掉，另有八人受伤。[32]整件事令人震惊。我们必须在黑暗中把伤员抬走，我们知道枪指着同一个地方，随时可能再开一枪。我想我有一定程度的炮弹休克，因为当我们把他们带走，一切都恢复了平静，我去找了一个旧碉堡，躺在角落里。我在那儿待了24个小时，或多或少睡着了，或出去了。我不太记得了——那是一次可怕的打击。[33]

——中尉乔治·霍里奇，兰开夏郡燧发枪团第5团第1营

不断的炮击使地面变得几乎毫无特色。只有那些低矮的碉堡和几根被炸坏的树桩似乎幸存下来。村庄被夷为泥中微红的砖灰。二等兵西博尔德·斯图尔特（Sibbald Stewart）记得有一天晚上他被派去送信。这个简单的任务变成了一场噩梦。

我得在铁丝网那边的无人地带，给一挺机枪送个口信。那天晚上我迷了路，找不到通往机枪的正常入口。最后我钻到铁丝网下面，德国人发现了我。他们发射了一枚星光弹，整个区域亮如白昼。哦，这简直太可怕了！这时，正是凌晨1点钟。星光弹之后，德国人左右搜寻，我正好位于中间。我看到跟踪器的子弹从我头上飞过。我无法侥幸逃脱，被一枚炮弹击中，露在泥土上面的是我的右肩、右臂和脑袋。如果不是这块泥土，我肯定会被炸成碎片，但泥浆确实能使爆炸减弱，炮弹本身无法穿透，否则我可能会被打得千疮百孔。韦尔（Weir）中士从阵地上跳了下来。我喊道："中士，执行命令！"我给了他新的射击令，他把我从困境中拉了出来。我抖得像一片白杨树叶——那天晚上我吓了一大跳！在接下来的24小时里，我什么都不记得了。当我苏醒过来时，我正躺在一个防空洞里。[34]

——二等兵西博尔德·斯图尔特，机关枪连队第238连

更糟糕的是，就在战斗开始前，德军展示了他们在毒气战中的最新"进展"，这种毒气因其独特的气味很快被称为芥子气。

黄十字星的气体壳，也就是芥子气，特别讨厌。你听到的只是砰的一声，炮弹就爆炸了。炮弹爆炸了，液体出来了——碰到空气就变成气态了。它当然浸透了炮弹落下的地方，如果有个不幸的士兵碰巧坐在那个弹坑里，很快所有的东西都会被烧掉。芥子气侵袭身体所有的水泡部

位。腋下，肘部之间，耳旁所有淋巴腺的位置。这是一种非常非常糟糕的气体，一种非常糟糕的发明。这是德国人用得最多的，因为气体可以使一个地方饱和。他们会发射成百上千颗充满芥子气的炮弹，如果他们要进攻的话，我们根本无法控制这个地方。[35]

——中士威廉·科林斯，骑兵野战救护车第1号

人们躲在他们能躲的地方。英国人经常占领德国碉堡。一位未来的英国二战将军从未忘记在朗马克面前的费迪南德农场度过的一个夜晚。

它有非常非常厚的水泥墙，但这是一个奇怪的地方，有一个总部。它由德国人建造，所以入口面对德国人的防线。它有非常厚的水泥墙，但里面只有5英尺高。碉堡的底部大约有2英尺深的水。水非常可怕：里面有垃圾、旧罐头盒，甚至还有排泄物。每当炮弹在它附近爆炸时，气味就会变得无比刺鼻。幸运的是，德国兵做了一个混凝土架子，离地面约2英尺6英寸。4名军官和其他6名军士在这上面过夜。没有地方可以躺下，几乎没有地方可以坐直，我们或多或少地蜷缩在那里。碉堡外面有一个巨大的弹坑，需要一个木板才能穿过，因为弹坑里有6英尺深的水。你进入碉堡的唯一办法是越过木板，弹坑里有一具尸体，那是一具德国兵的尸体，他在那里待了很长时间，根据气压的变化，他每隔一天就会浮上来。它也很糟糕。这不是一个我现在愿意花大钱进去的地方——但那天晚上我们在这里非常高兴。[36]

——中尉道格拉斯·温伯利，51机枪连

到处都是浓烈的恶臭，混合着爆炸性气体、芥子气、粪便和死亡的味道。

哦，一股可怕的气味！没有什么能比得上尸体的味道，那是一种腐烂的气味，让你停止呼吸，让你想到疾病。这是一种无法描述的气味，除非你闻过腐肉的味道。你的鼻子下面一直都有这种味道，如果在沟底有那种味道，你一直走过去，黑色黏液就会出来，这很不舒服。[37]

——二等兵阿尔弗雷德·格里芬，国王皇家步枪军团第9团

在那里服役的人们很少能忘记伊珀尔突出部的特点。

高夫的挣扎最终迫使黑格决定，如果战役要取得任何进展，就需要一个新的扫帚行动。他的行动相对迅速，8月23日，普卢默被召回接管进攻，他的第2军向北扩张，以占领盖洛维特高地。在黑格的默许下，普卢默决定从容不迫：不让任何事情取决于运气。在这种情况下，“咬紧牙关”的策略可以真正发挥作用。第2军将以四步一小段的距离，即1000～1500码的距离，穿过盖洛维特高地。每次的意图都是只占领德国的前沿防御区，而不是更深地渗透。仅第2军就将部署约1295门大炮和榴弹炮，其中575门是中型或重型。

伊珀尔突出部的炮手们，做任何事情都很不容易。当他们的枪炮被移动到适当的位置时，他们必须确保它们不仅免受德国炮弹的轰炸，而且要尽可能地隐蔽。

他们过去不得不搭建一个平台，因为炮很重——5吨——地面是一片血淋淋的沼泽。因此，我们必须获得树干，做一个平台。我们为四门榴弹炮中的每一门建造了一个平台。你想把枪炮放在坑里，但在伊珀尔，你通常做不到，因为水位太高。所以我们经常在炮台的边缘做一个双层沙袋墙，希望它们不要太近。它们会阻止碎片，但当然，如果你被直接击中，什么也帮不了你。通常我们会在炮上加一些柱子和伪装网。但在伊珀尔突出部，地面被摧毁得很严重，伪装网可能会暴露你的身份。我们所做的就是把位置“弄乱”。我们过去常常乱扔一些旧布袋、包装袋、沙袋和半个朗姆酒罐子。而不是把电池的手钉、杠杆和其他东西整齐地排列在一起，我们经常把它们扔来扔去。过去帮助过我们的飞机告诉我们要这么做。他们说，看在上帝的分上，不要有任何秩序。把你的炮位弄得乱七八糟，这对打败德国人比什么都有用！永远不要让人以同样的方式接近枪炮，否则他们会留下痕迹，从空中就能看到。[38]

——少尉西里尔·丹尼斯，212攻城炮兵连，皇家要塞炮兵队正当枪炮手们进行着一场无休止的决斗，普卢默有条不紊的准备工作也在进行时，高夫北方的第5军前线却开展了一些徒劳无益的小规模行动。

最后，普卢默做好了准备，1917年9月20日的梅宁路战役是他穿越盖洛维特高地的第一步。至少在一件事上他被证明是一个幸运的将军，他有幸拥有一段时间的干旱天气，战场条件大大改善。9月20日5时40分，开始了以机关枪子弹流加强的最后一次令人惊叹的密集火力发射。

我们的炮弹从头顶上方射向德国人，机关枪如雨点般把铅射向他们。我一生中从未经历过这样的事情，我不想再经历一次。这简直太可怕了。固体金属通过空气。我们连队每隔30码就有一门机关枪，我们是轻型火炮的先头部队。我们后面是炮兵，前面是步兵。步兵前进时我们必须掩护他们，我们跟着他们前进。[39]

——二等兵西博尔德·斯图尔特，机关枪连队第238连

盖洛维特高地的进攻取得了胜利。5点40分，步兵向前冲去，把德国人赶出了诺恩·博森伍德（Nonne Boschen Wood）、格劳瑟·伍德（Glencourse Wood）和因弗内斯·科普斯（Inverness Copse）。在到达目标后，他们巩固并等待德国的反击——他们准备好了，由于拥有大炮的支持，他们也很有信心。现在德国人不得不公开进攻。查尔斯·奥斯汀中尉觉得这次经历非常令人振奋。

尽管部队很累，我还是让他们清理了那里所有的德国步枪，因为如果弹药不够，我们就可以使用德国步枪和弹药。事实证明，这种情况真的发生了。第二天早晨，德国人进行了反击。我们没有预料到这一点，因为反攻通常是先进行炮击。他们刚刚从战壕里出来，向我们进攻。哨兵发现了他们，于是大声喊叫："开火！"就这样——你没有多少时间做别的事情。他们并肩而来。我们有自己的步枪，也有德国步枪，我们两种都用，不停地射击。泥巴拖慢了他们的步伐，他们只能步履蹒跚

地行走。我用的是步枪，它更准确。我选择了目标，他们从来没有超过70～80码远，所以对一个人开火并不困难。我敢肯定那天早上我亲手杀了四五个或六个德国人。这真的是我与德国人最接近的一次面对面交锋。这非常令人兴奋——不是他们就是我们——他们离我们只有20码远。后来有人告诉我，我们在连队前线留下了166名德国人的尸体。我还知道我们抓了23个俘虏。[40]

——中尉查尔斯·奥斯汀，国王皇家步枪军团第12团

这一次，英国人始终设法保住了他们的胜利。战斗取得了巨大的成功，但代价仍然是可怕的，大约21 000名人员伤亡。

现在已开始准备在9月26日所谓的多角形森林之战中向前迈出第二步。战斗也遵循了类似的模式，但对负责连队通信的下士唐纳德·普莱斯来说，事实证明，这是一项严峻的任务。

这里简直如同地狱！周围没有一个人，没有一棵树，什么也没有。所有的灯都亮着，整个地方看起来很可怕、很邪恶。碎片化的装备，碎片化的骡子，碎片化的人。我们正要过去，我得带另一个口信。军士长说："把这个带回军官的防空洞。""乔克"和我在一起，我们不得不沿着上面的一块浮板跑，因为没有路，什么也没有。炮击往往会把它们打翻，你必须找到下一个能够攀爬的地方。我们在黑暗中沿着这个奔跑，他也开始了。可怜的老"乔克"，一颗炮弹飞来，把他打昏了，在我身后把他打死了。我急忙把这条消息送到防空洞。我从防空壕里滑了下来，我已经筋疲力尽了，可怜的老"乔克"已经在身后滑向了西方。这个该死的军官，我给他留了这个口信，这个军官说："好吧——你尽快回去！"我本可以开枪打死他的。我累得要命，他却喝着威士忌，点着蜡烛，说道："你尽快回去吧！"我从防空洞里爬起来，找到了回战壕的路。军士长在那里，他说："你怎么了？"我回答说："我太累了！"我的确已经疲惫不堪。突然，传来了轰隆声，德国的炮击又开始了。我真的太"幸运"，弹片在我的左膝上方爆炸了一下。然后一颗芥子

气弹在战壕后面爆炸了，我的背上涂满了芥子气。军士长说道：“你快走吧！”[41]

——下士唐纳德·普莱斯，皇家燧发枪团第20团

英国人设法占领了宗内贝克村，并完成了对多边形森林的占领。普莱斯是大约15 500伤亡人员之一。到目前为止，普卢默的计划是有效的，盖洛维特高地已经被炸开了。

一切都依赖于大炮，但如果没有数百枚炮弹的定期补充，这些炮台就会失效。虽然有轮船、铁路、轻轨、卡车、货车和轻便马车在从军火厂出发的最初阶段运送炮弹，但一旦它们到达战场，通常只有一种前进的方式——驮马。10月1日，人们认为245旅B连的弹药情况非常紧急，因此在白天派出了一个弹药队。

下士来了，他说：“你，你，你，你！”我们必须设法把一些弹药运往炮台。只有马，二三十匹，每个马车夫有两匹马，每匹马身上有八枚炮弹，每边各有四枚。有一圈与炮台相连的德国观察气球，他们监视任何通过的人。每次我们试图通过的时候，他们就开始扫射，当然，我们都转过身来，飞快地往回跑，然后重新编队。埃姆斯利（Emsley）中士对我说：“看，托尔斯，我要你到前面来，离我五六码远，等我发出飞奔的信号，我们就飞奔，他们会跟着你！”军官出发了，他说：“跟着我，距离我5码远。”他只带着自己的马，没有牵别的马。他给我做了手势，于是我喊道：“快跑！”于是我们就出发了。德国兵就在我们俩之间扔了一颗炮弹，就这样。我能记得自己被抛上了空中，然后又落到了地上。我的腿已经僵硬，我没有看到马，也没有去寻找马！那里有一个弹坑，我滚了下去。当我抬头望向弹坑的顶部时，没有一个人，“哦，上帝，我会被留在这里吗？”其他的马都跑掉了。我的腿僵硬了，弹片正好击中了我的膝盖。我想看看有没有人能帮我。突然，两个英国皇家陆军军医队的人不知从哪里冒了出来。他们说道：“究竟发生了什么事情？”

我给他看了一下，他拿了一瓶碘酒，把它倒进伤口。疼痛是可怕的，我比以往任何时候都痛。他们用绷带包扎了我的伤口，然后把我放在担架上。但他们所做的是把我扛在他们的肩上——我把他们都压住了。我说道："看在上帝的分上，把我放下来！""不，你会没事的，你一定会好起来的。"我们就这样出发了。但我看不见他们要去哪里——那是一片开阔的荒地。突然他们停了下来，放下担架。我说："怎么了，不继续走了吗？"他们说："没事，你别担心！"他们清理了一些东西，找到了一个地下入口。他们把门板举起来，那里有个滑梯，他们把担架放在上面，系上绳子，然后把它放下，下面是一家正规的医院——那曾经是一家德国的地下医院。那里有一群医院的工作人员。他们把我带到手术室，我一直记得他们给我麻醉，那太可怕了。他们在你的脸上戴了一个白色的面具——他们把它按在你的脸上，当面具落下时，你奋力反抗。他们压制了你："你没事，别动！"[42]

——司机威廉·托尔斯，B炮台，245旅，皇家野战炮兵

他醒来后发现自己正在返回加拿大埃塔普勒医院的火车上。

我有了一个托马斯的固定板，是一个圆木环，上面有铁条和脚踏板。你被固定在那里，但是这特别不舒服，膝盖的疼痛让人难以忍受。我往下看，正好有个军官与两个姐妹走了过来，他搂着她俩，一直在说笑。我这辈子从来没有闻到过比这更像酿酒厂人的气味了——他身上有威士忌的味道——他们一直在喝。我想："好吧，如果那是一种检查，那他检查得并不多！"他从我身边走过，我说："对不起，先生，你能看看我的膝盖吗？它快把我逼疯了——疼死了！""好的，"他们把绷带取下来，说道，"那里有液体，我们今天晚上会进行处理。"于是他们把我带到手术室，我想："感谢上帝！"我早上醒得很早，周围没有人。我说道："这里发生了什么事？"我的手垂了下来——我想，"哦，天啊，我的腿不见了！"他们把它取了下来——是锯下来的——而且一个字都没和我说。我想："我的上帝啊，现在我要怎么办？"因为我只知道那

些拄着拐杖拿着锡罐乞讨的人。我永远不会忘记那一天——我祈祷着死去——多么令人震惊。我从来没有想过。[43]

——司机威廉·托尔斯，B炮台，245旅，皇家野战炮兵

如果可以的话，情况会变得更糟。治疗非常痛苦。

他们被送上切割台：他们只是在那里割下所有的肉，锯断骨头，盖上纱布，然后离开。一个护士走了过来，她把毯子揭开，开始把纱布拿下来，实际上是把纱布扯下来，纱布已经干了，她拉着它，这就像拔了一个脚趾——我很痛苦。我想我一定对她进行了各种诅咒，我说道："你是个不人道的女人！"她根本不理会——我敢肯定她是个聋子。她只是把它拔了下来，她本可以把它弄湿，情形就不会那么糟糕，但她没有这样做。我非常痛苦，我受伤的时候，曾经想："感谢上帝，我要摆脱战争了！"那时比较快乐。我想那个伤口无足轻重，我也趁机可以回到英国本土——但是我没想到会是这样，我宁愿死于战场，也不想失去我的腿，我真希望自己被打死了。[44]

——司机威廉·托尔斯，B炮台，245旅，皇家野战炮兵

不管他最初的反应如何，托尔斯都将证明自己是一名不屈不挠的斗士，在战后的岁月里一直为没有四肢的退役军人争取权益。

德国人在苦苦挣扎，因为英国人只进攻和占领前沿区域，德国人的深度防御战略被大大削弱。10月4日6时，英军为进攻布鲁德赛德山脊（Broodseinde Ridge）而发动的缓慢炮击，使聚集在前线阵地的德军大为扫兴。袭击者中有澳大利亚武装部队第22营的威廉·邦宁（William Bunning）上尉。

令我们吃惊的是，当我们下山时，看到德国人在我们的弹幕里跑来跑去。我们在无人区遇到了一些人，发现他们攻击我们的时候，正是我们发动攻击的时候！就这一点而言，没有多少战斗，他们很快就被我们的炮火摧毁了。我们继续前行，经过湖边的碉堡——清理工作是由我

们身后的海浪完成的。我们继续走，走了所谓的红线。它距离布鲁德赛德山脊的实际顶部只有40码。我们在那里挖洞加固。弹幕在等着我们，后面的营在那里等了大约半个小时，我们巩固了阵地。然后，在心理上的那一刻，烟幕弹飞了过来，向他们预示着弹幕即将向前移动。第24营继续向他们的目标前进，那就是蓝线。我们连队的伤亡并不严重。在我们巩固了阵地之后，我继续前进，只是为了检查一下，看看适合我们士兵的火力阵地——确定我们的阵地。当我到达布鲁德赛德山脊时，在我们面前看到比利时的绿色田野真是令人惊讶。那是真正的树木！草地和田野当然是被密集的炮弹搅成一团的——但就我们所知，那是一片开阔的田野！然后再回头看看我们从哪里回来——回到伊珀尔，那里满目疮痍。然后我才明白为什么我们自己的枪手会有如此可怕的经历。你可以看到所有枪支的闪光，从布鲁德赛德山脊一直到门宁门。[45]

——上尉威廉·邦宁，澳大利亚武装部队第22营

英国总共俘虏了大约5000人。布鲁德赛德之战又一次大获成功，尽管英国和澳大利亚的伤亡人数仍然高得令人痛苦，总数约为20 600人。然而，德国人并没有放弃，他们的大炮仍然是致命的。

口述历史的美妙之处在于，有机会听到一个更为知名作家的真实声音。查尔斯·卡灵顿（Charles Carrington）是关于一战最优秀的两本书的作者：《一个次等兵的战争》[46]和《战争归来的士兵》，他还接受了BBC一战系列节目的采访。正如人们所预料的那样，作为一名杰出的学者，当炮弹四处坠落时，他的视角堪称深思熟虑。

我们在一组弹孔中定下目标，在那里坐了三天。第二天，开始下起雨来，雨下个不停，于是帕斯尚尔的沼泽变成了一片湖泊。整整一天，人们无所事事，只能坐在泥里瑟瑟发抖，又湿又冷，没有热的食物，睡眠很短，前一天的战斗使人精神崩溃。德国人实际上并没有反击我们；然而，他们对我们进行了非常科学的炮击，主要是用他们的150毫米口径大炮，我们称之为5.9s。你可以听到炮弹飞来的声音——它们可能需要

五六秒的时间——在五六秒内，你可以经历很多心理变化。当枪在5英里外开火时，你会听到远处轻微的砰的一声。当它从空中靠近你的时候，发出一种嗡嗡的声音，声音越来越大，就像一架飞机发出的声音。当它越来越近的时候，你开始自己计算这一次你的名字是否在上面。噪音越来越大，在某一个特定的时刻，你的神经就会崩溃——在这个闪光的时候，只有五分之一秒——你就会判定究竟是把你自己抛到泥浆里，还是蜷缩在弹坑的底部。周围的人也会这么做。好吧，这样做可以救自己的命。有时你会计算错误，这是一枚根本不针对你的炮弹，但它会不停地向前航行，然后落在300～400码外的另一个人身上。当炮弹来的时候，它会扑通一声落进泥里，发出震碎的响声。炮弹的碎片飞了出去，那是致命的碎片，碎片可能会飞到距离炮弹着陆点50码的地方。你可能会发现一块锯齿状的铁碎片，几乎是炽热的，重达半磅，正进入你的弹坑，再花一到两秒钟的时间，然后才全都嵌入泥土里面。然后你站起来大笑，其他人嘲笑你是第一个倒下的人。这当然是歇斯底里！这就变成了一种游戏，你要紧紧抓住不放，尽量不让紧张感消失。团队中第一个通过让步和躲藏表现出恐惧的人——他丢了一分，这对他不利。坚持时间最长的人获得了一分——但在什么游戏中呢？这是干什么用的？在法国待了18个月后，我仍然试图假装勇敢，但没有取得很大的成功，我们所有人也是如此。一个人一直在对自己说："如果他们能接受——我也能接受！"可怕的是，这不是一次个别的经历，而是持续不断的，一分钟又一分钟，甚至一小时又一小时。[47]

——中尉查尔斯·卡灵顿，皇家沃里克郡第5团第1营

卡灵顿的话中几乎没有提到下雨。在10月4日的战斗中，确实又开始下雨了，战场再次陷入泥沼和死水之中。10月份的降雨或许并不令人意外，但它的确揭示了"咬紧牙关"的弱点之一，以及它为何不是一种赢得战争的战术解决方案。仅仅1000～1500码的推进意味着他们没有任何进展。简而言之：以每周1000码的速度去往柏林是一段很长的路。现

在，深秋的寒冷和雨水又降临在他们身上，使他们前进的步伐更加缓慢，时间也在飞快地流逝。再也没有任何机会到达卢勒或通过比利时港口。剩下的就是决心继续锤击下去，以确保帕斯尚尔山脊的安全，为1918年未来可能的进攻行动提供跳板。但下雨甚至威胁到了这一成就。

绵延数英里的黏稠泥浆阻碍了枪手们，因为他们正奋力将数以百万计的炮弹搬上来，以确保他们的进攻能够顺利进行。枪支本身被困在原地，经常磨损，几乎没有任何重大维修的机会。皇家飞行部队的摄影和火炮观测飞机也因恶劣天气而停飞。德国人站在干燥的土地上，那里的排水系统仍然完好无损，慢慢地，他们开始在残酷的火炮决斗中势均力敌。

在突出部最后六个星期的战斗是大多数人所能想象的最接近地狱的场面。庞巴迪·约翰·帕尔默是一名炮兵信号员，曾参加过蒙斯战役，他被授予杰出行为勋章，并参加过索姆河服役，但这次是穷途末路的状态。这段录音我在全国上下播放过很多次。他的语调和措辞在印刷版上可能会让我们看不见摸不着，但即便如此，这也让我们得以窥见帕斯尚尔的恐怖。

到处都是泥浆：战壕里的泥浆，战壕前面的泥浆，战壕后面的泥浆。每个弹坑都是一片肮脏的泥浆海洋。以前我认为一切都是有限度的，但帕斯尚尔的泥土——看着人们不断地沉沦在泥中，死在泥中——我想它完全把我消灭了。在我受伤前的三个月里，我“知道”——我非常清楚，唯一的事情是我以为我会被杀死。每次我出去修电线，我都觉得自己是天底下最胆小的人。没有人知道电线什么时候会断，但我们知道它必须修理，步兵的生命依赖于这些电线的工作。不管我们是否睡过觉，我们都得让这些电线保持畅通。有很多天我不记得发生了什么，因为我太累了。泥里的疲劳是可怕的。你到达了一个没有出路的点，你不能再往前走了。在这个夜晚，我的情绪跌入了低谷。我整天整夜都忙于电线，没有睡过觉——好像好几个星期没有休息了。在泥泞中修理电话线非常非常困难。你找到一端，然后你会尝试着在泥泞中跋涉去寻找另一端。你伸出一只脚，另一只就会往下陷进去。那是将近午夜的时候，德国人发起了猛烈的攻击，我蹲在其中一个肮脏的弹坑里。我开始想起那些因自残而受到惩罚的可怜虫，有些人甚至中弹了。我开始想知道怎样才能摆脱它。我坐在那里不停地思考。当你一个人的时候是很孤独的。然后，在远处，我听到了马具的叮当声，我没有听到多少车轮的声音，但我知道有弹药车驶来。我想："好吧，这是一条出路——当他们与我一条线的时候，我会出来，把我的腿放在轮子下面，我可以辩解说这是个意外。"我等待着，马具的声音越来越近。最后，我看到领头马的头在我面前，我想："就是它了！"我开始慢慢地走出去，第一辆马车到了我跟前。你知道，我从来都没有勇气那样做，我就是做不到。我想我的精神和思想都崩溃了。[48]

——庞巴迪·约翰·帕尔默，118炮兵连，26旅，皇家野战炮兵

他很快就能从难以忍受的疲劳和压力中解脱出来。

第二天晚上，我的朋友和我一起出去了。我们听到他们的一个大家伙过来了。正常情况下，在合理的范围内，你可以判断炮弹是否会在附近着陆。如果是的话，正常的做法是把自己扔下去，避免炸弹碎片。我们知道这个大家伙会在附近下降。我的朋友大叫一声，跳了下去。我累得要命，连跌倒的力气都没有，只能站在那里。接着，我的背部和胸部感觉到剧痛，我发现自己脸朝下倒在泥里。我的朋友走近我，试图把我扶起来。我对他说道："别碰我——离我远点！我已经受够了，离我远点！"接下来，我发现自己陷在泥里，我不担心泥，我不再讨厌它了——它就像一条保护我的毯子。我想："如果这就是死亡，那么情况还不算糟糕！"随后，我发现自己被碰撞了，意识到自己被放在了担架上。我想："这些可怜的担架手，无论如何我都不会做一名担架手。"我突然意识到自己没有死，我还活着。我意识到，如果这些伤口不是致命的，我就应该回到我父母身边，回到我妹妹身边，回到我要娶的那个女孩身边。那个从战争开始每天给我写信的女孩。我想："感谢上帝！"然

后是急救站、吗啡和我急需的睡眠。我再也想不起来了，直到我发现自己躺在一张铺着白床单的床上，听到护士们美妙的声音：英国人、苏格兰人和爱尔兰人。然后我彻底崩溃了。[49]

——庞巴迪·约翰·帕尔默，118炮兵连，26旅，皇家野战炮兵

这是1917年英国士兵真实的声音。

伊珀尔结局不仅仅是个人的悲剧，对英国军队来说是集体的恐惧。隆冬将至，时间紧迫，英国人想偷工减料，这是不合时宜的，与此同时，一切赖之生存的大炮的效力也在下降。

下一个“步骤”是10月9日开始的波卡佩勒战役。这包括第5军进攻德国在胡瑟斯特森林和珀尔卡佩勒之间的防线，而第2军沿着帕斯尚尔山脊继续推进。这是一场灾难，因为他们没能突破霍瑟斯特森林黑暗堡垒中留下的主要防御工事。当时的情况是，没有人知道发生了什么事，于是又下令进攻。

10月12日，帕斯尚尔的第一次战斗，标志着“咬下并坚守”的所有原则的最后废除。大炮的准备完全不足，这些可怜的被重创的师预计将比3周前的梅宁路战役前进至多1000码。结果是更大的灾难：冒险太多，一无所获。进一步的攻击被推迟，直到天气好转到可以进行适当的准备为止。

下一次尝试是10月26日5时40分发动的帕斯尚尔第二次战斗。伊珀尔的地平线已经很近了，它的目的仅仅是要捕捉山脊上帕斯尚尔村的遗迹。加拿大军团将领导这次行动，计划将移交给指挥官亚瑟·柯里（Arthur Currie）中将。柯里有足够的时间准备进攻，并将进攻分为两个阶段，因此他需要回归到“咬紧牙关”的基本原则。然而，可怕的地面状况和普遍的恶劣天气的根本问题仍然存在。经过艰苦的战斗，加拿大第3师和第4师又向前推进了500码，向帕斯尚尔挺进。差不多了。

在他们的左边，第5军被要求对胡瑟斯特森林发动另一次进攻。这是

一个渺茫的希望。二等兵乔·皮卡德发现自己陷入了困境。

所谓的前线是一连串的弹坑，每个弹坑里可能有一到两个人。弹坑并不是连接在一起的，而是相互独立的。我们的炮击在清晨开始，几分钟后，德军的炮击也开始了。你只是坐在弹坑洞的边缘，脚浸在水里。当哨子响了，你向前走的时候，你的腿能不能动就成了个问题。地面是黄绿色柔软的流沙。我的一条腿陷进去了，两个家伙抓住我的枪把我拖了出来。你向前猛冲——却走不动——什么也看不见，思想完全集中于脚下的地面，想要避开流沙。没有任何覆盖物，弹坑里面全都是水，我可不想葬身于此。总是在下雨，如果你坐在弹坑边上，即使你不滑下去，水也会漫上来。我们无法穿越水域。你跌跌撞撞地向前走，跌跌撞撞地向前走——你所做的一切就是向前走。整个上方都是炸弹，天知道会发生什么。机关枪子弹从你耳边呼啸而过，嗖嗖的砰砰声，上帝啊，什么都有！你可以看到它们在下降。如果一个人受了重伤，钻进这些弹坑，他就完了。当我们到达终点时，几乎没有人留下。你不再往前走了——这比一堵石墙还要糟糕。没有通过的希望。我们只是想："天哪，我们到了这里。我们怎么回去呢？"[50]

——二等兵乔·皮卡德，诺森伯兰郡步枪军团第5团第1营

这些攻击失败了，同时从罗斯福高地发起的第二次进攻也失败了。总的来说，伤亡情况令人震惊：加拿大人损失约3400人，第2军损失8500人以上。第二次攻击发生在10月30日5时50分。在野蛮的战斗中，加拿大人占领了山顶，而第5军则在沼泽中溃不成军。单个战壕和碉堡现在定义了战斗的进展。最后，在11月6日，加拿大人设法占领了帕斯尚尔本身的泥地和血迹斑斑的瓦砾。11月10日，他们又向前推进了500码，最后终于接受了这一事实：漫长的痛苦已经结束。

值得吗？这是一个困难而又情绪化的问题。从某种意义上说，这个问题不应该问黑格、普卢默或高夫。他们是尽其所能履行职责的士兵。

一旦大陆军队互相对抗，结果无疑将是血腥的。黑格在第三次伊珀尔战役中有很好的战略依据：现在仍然存在的问题，战役是否应该在10月初结束，那是事情第二次出现问题的时候。这里的问题是，英军的阵地卡在帕斯尚尔山脊的半山腰，根本站不住脚；他们要么占领山脊，要么撤退到皮尔克姆山脊。最后一个办法也许是一个可行的军事解决办法，但在已经遭受了所有痛苦的损失之后，这是几乎不可能实现的。

一旦黑格开始了战役，这一切都变成了伟大的“消耗战”的一部分，试图从德国军队的铁石般力量中吸取所有的力量。这是参谋学院对任何战争的经典分析的一部分：开始的战斗，消耗战，直到敌人溃败，然后是决定性的打击，粉碎残余，确保胜利。索姆河和凡尔登河，再加上美国参战，意味着德国人会输掉这场战争，问题是这能否在1917年完成。德国人担心英国会继续进攻；事实上，他们希望如此，他们也在佛兰德斯遭受痛苦。黑格担心，如果不继续进攻，尽管帕斯尚尔无疑会感到痛苦，那么德国人就会卷土重来，他希望尽快完成这项任务。他抱着希望和部分的期望继续前进，希望德国人已经接近崩溃的边缘，但事实证明他错了；绝望并没有使德国人丧失战斗技能，德国军队也没有疲惫不堪。黑格因1917年的那次判决而饱受批评；但正是来自同一个人的信念，推动了英国领导的攻势在1918年取得最终胜利。

康布雷的坦克

1917年，那是英国远征军的最后一场战役。根源在于英国杰出的炮兵专家休·都铎（Hugh Tudor）准将提出了一项在康布雷地区发动突然袭击的计划，以利用最近火炮技术的发展。尽管有种种传说，但皇家炮兵在康布雷战役[51]中向前迈出了最大的一步。直接射击的进步是由像都铎这样的专家一步步推动的，射击术的数学和装备在理论和实践上都取得了相当大的准确性，但专家们即将迈出下一个伟大的一步。到目前为止，火炮需要通过发射测试炮弹和使用支撑系统来调整射程和方向，以确保在关键时刻“真正”开火时能够击中目标。但当数百支额外的枪炮被记录时，这反而暴露了攻击即将来临。我们需要的是一种不用预先记录就能“第一次”开火并击中目标区域的方法。在这之前，有两个基本的先决条件，到1917年11月，这两个条件都实现了。首先，英国远征军需要精确的地图。现有的法国地图根本达不到标准，皇家工程师的测量连队花了很长时间才完成他们的工作，并具备必要的准确性。这意味着，当炮的位置已经调查，目标的位置确定，通过使用火炮板，可以计算出所需的发射程序，使炮弹坠毁在目标周围。然而，这只有在火炮发射准确或已知偏差的情况下才能奏效。第二种必要性是通过对每一门大炮进行艰苦的校准来实现，这样在计算射击目标的角度和高度时，就可以考虑到每门大炮的个别性能。然后，结合各种技术进步，利用空中观测、声波测距和闪光定位技术，测量气象条件的影响，确定德国火炮排炮的准确位置。最终的结果是这些炮可以秘密移动，在地图上仔细查看，然后隐藏起来，直到向德国炮台和其他确定的目标发射“预计”的飓风轰击的那一刻。随着这种火炮的推进，战壕战就失去了真正战术惊喜的潜力。还剩下一个大问题：如何处理通常会被长时间的前期轰炸清除的带刺铁丝网。在这里，都铎找到了答案：他已经掌握了坦克乘员战斗行动报告的含义，该报告指出坦克可以碾碎轨道下的大量带刺铁丝网，从而为步兵扫清道路。鉴于此，陆军中校约翰·富勒（John Fuller）和陆军准将休·埃利斯（Hugh Ellis）在坦克部队总部同时考虑到，对德国在康布雷地区的防线进行为期48小时的大规模“坦克突袭”，这是一种幸运的不谋而合。这两份半成品计划都在朱利安·宾（Julian Byng）爵士将军的第3军司令部进行审议，到9月份，已被敲定为一份后来成为康布雷战役的连贯计划。在10月初得到了黑格的正式批准。

总共有1003门大炮将用来支援一支由6个步兵师和9个坦克营（476辆

坦克）组成的突击部队，这些部队秘密集结在康布雷区，至少有5个骑兵师随时待命，准备突破。最后，宾的计划相当简单。突击师将突破兴登堡防线和德国第二防线，使骑兵能够挺进缺口，并推进圣昆廷运河。原计划的进攻将在48小时后结束，从而使德国后备部队没有足够的时间到达。第3军要想有成功的机会，保密工作非常重要。

从一开始，坦克的部署就有问题。1916年9月15日的弗勒斯-古塞莱特战役中，黑格曾希望部署数百辆第一马克I型坦克，但最终只能部署50辆。坦克的表现好坏参半，但黑格看到了它们隐藏的潜力，订购了1000台——在这种情况下，这是一种巨大的信仰姿态。然而，虽然在一些孤立的事件中证明了它们的价值，但一般而言，它们的性能并不可靠，使用它们的战术也没有制定出来，因此它们没有什么实际影响。

然而，一旦地面工作完成，坦克将是在康布雷确保奇袭的一个重要组成部分。炮击只会在步兵冲上山顶的那一刻轰然而出，然后坦克就会被要求冲入德军战壕前的铁丝网，将其夷为平地。但要解决一个很大的难题。兴登堡防线是为坦克而建的，战壕既宽又深。解决之道是古代战争的重现——柴捆。为了最大限度地利用这些信息，并使每个坦克指挥官确切地知道他要做什么，坦克部队总部想出了一种简单的战术形式。

柴捆是一大堆直径约5英尺的粗灌木丛，就像一卷巨大的卫生纸放在坦克的前端。坦克来到战壕时，这个柴捆被释放了——它掉到了战壕的底部，使得坦克能够探出头来，靠在上面，爬过战壕的另一边。这样就越过了不可逾越的兴登堡防线！我们第一次有了某种形式的战术行动。在“X”点，领头的坦克会穿过并向下一个壕沟前进。接下来的两辆坦克将穿过相同的柴捆，从而节省柴捆，并将左右转弯，清除两侧的战壕。然后步兵会过来接管它。最后一辆坦克会跟在后面，超过第一辆，这样下一排战壕就可以重复这个过程。[52]

——上尉诺曼·狄龙，坦克部队B营

一切都准备好了。唯一的问题是：德国人知道发生了什么吗?

11月20日6时20分，预期中的炮击轰然爆发，起初一切进展顺利。炮弹轰隆隆地轰击着它们的目标，坦克轰隆隆地前进，步兵跟着它们穿过铁丝网，粉碎了德军的防线。

大炮向德军战壕开火，形成了可怕的密集炮火。我们以最快的速度前进，但速度仍然不是很快。我们受到了攻击，但没那么严重，因为攻击太过突然，很多德国人进入了防空洞。我们边走边清理它们。坦克沿着德国战壕射击，然后步兵跟在后面，把他们扫荡一空。在坦克里很好，某种程度的兴奋是很自然的：坦克里的气氛就是兴奋和吵闹！铁丝网从你身边飞过，诸如此类的事情的确让人兴奋。我们只是在一个小沟渠里稍微被困了一会儿。他们只是让路了，但仍然处于半地下的状态，位于交通战壕那里。坦克向他们碾压过去，他们又稍微进行了让步。过了一会儿，我们设法出去了。[53]

——二等兵埃里克·波顿（Eric Potten），坦克部队F营

一切似乎都很顺利。在他们身后，特种坦克碾碎了铁丝网，为步兵和骑兵扫清了道路。

我从未见过这么密集的铁丝网。我想它有10码深、4英尺高。太密了，连扫帚柄都插不进去，任何人或任何动物都无法通过，而且在相当长的时间之内也不会被炮火摧毁。坦克穿过它，我个人跟着它们的足迹，毫不费力地径直穿过——就好像那是块地毯！在钢索的末端有带锚的坦克。他们并排开进铁丝，抛下锚，掉转头部，拖着锚沿着铁丝向下走，这样就为骑兵的穿越扫清了障碍。结果这些巨大的带刺铁丝网被拖成20英尺高的铁丝球。坦克把地面清理得干干净净！[54]

——上尉诺曼·狄龙，坦克部队B营

在前面，坦克继续前进，直到它们到达圣昆汀运河（St Quentin canal），在那里，它们的意图被挫败了。

我们到达了目标——就是马斯涅尔的那座桥。当我们到达那里的时候，我们已经是第三或第四辆坦克了，其中一辆坦克试图越过运河上的

桥，到达德军驻扎的另一边，桥被炸毁了一部分，由于坦克的重量，它掉了下去。坦克里的人员设法爬了出去。然后我们来回巡逻了一两个小时，德国人在运河另一边的房子里，他们开火了，我们试图压制他们。[55]

——二等兵埃里克·波顿，坦克部队F营

正如人们所预料的那样，运河成了一个严重障碍。在等待步兵到来的时候，波顿的坦克乘员趁机喘了口气。

天气很热，当然也很闷热，空气中充满了油和机关枪的味道。我们到那里后不久，就有机会从一边出去了。我们在运河对岸开火，所以如果你从坦克的另一边出来，你就会受到保护。当时那里只有机枪，所以我们在那里很安全，你可以出去喘口气，然后再回来。我们很高兴能出去呼吸一下新鲜空气。然后步兵上来了。他们设法通过了一座被留下的木桥，进了那些房子。我们知道这是成功的，因为我们已经达到了我们的目标，这是一个很好的5英里，这比他们在整个战争中所做的都要远。[56]

——二等兵埃里克·波顿，坦克部队F营

在整个战场上，坦克人员都在为取得的成就而庆祝。这真的像是一个奇迹。

我发现坦克队员们都坐下来喝茶！人们在开阔的乡间到处走动。步兵感到很困惑，没想到这么容易就通过了。成员们都在说："简直是小菜一碟！"和"骑兵在哪里呢？"这就是重要的主题：那些本该突围而出的骑兵在哪里？我们还以为他们会成群结队地过来呢！[57]

——上尉诺曼·狄龙，坦克部队B营

总的来说，坦克和步兵设法冲破兴登堡防线，向前推进了5英里，尽管在弗莱斯基埃尔遇到了问题，但进展并不一致。他们也没能占领具有战略意义的布伦伍德里奇，而骑兵们几乎一无所获。战斗还在继续，随着德军预备队的增加，进攻完全停止了，一场旷日持久的恶战开始了。

到11月28日英军停止进攻时，英国的新战线留下了一道难看的凸起。德国人很快意识到，这将是他们在西线尝试冲锋战术的第一次绝佳机会，于是他们在11月30日7点发动了全面反击。这种新战术依靠的是突然发动毁灭性的密集攻势，随后是由受过特殊训练的部队组成的小分队，这些小分队将使用渗透的方法来避开抵抗中心，如果这些抵抗中心被孤立起来，可能会被随后的军队“扫荡”。英国人措手不及，当他们跌跌撞撞地返回时，陷入了恐慌的绝望之中。德国人试图从两侧攻击突出部的“脖子”，以切断突出部的头部。战斗极其混乱，双方伤亡将近45 000人。最后，在12月5日，黑格被迫下令撤出，11月20日的大部分收益不得不交出。

最后，康布雷战役收效甚微。在英国，尽管教堂的钟声令国人感到自豪，尽管宣传了势不可挡的坦克和冲锋队，但情况并没有真正改变。英国人和德国人首次展示了他们新的进攻技术；与此同时，双方都还没有找到实现可持续和决定性突破的难以捉摸的解决办法，西线仍然坚不可摧。然而，他们脚下的土地正在发生变化。双方几乎都掌握了堑壕战的文法和排列；他们都为下一次大跃进做好了准备。但是，经过三年多的战争之后，他们还有力量继续下去吗?

10

空中战争：1914—1918年

空中战争是一种新现象。虽然主要的参战国家都有航空的发展，并建立了自己的空军，但除了字面意义上的进展外，它们还没有真正起飞。他们有飞机、气球，甚至有飞艇，也可能有一些潜在的模糊概念，但是没有人真正知道如何在战争中有效地使用空中资源。一切都在未来。

对英国来说，这一未来始于1912年4月皇家陆军航空队（RFC）的组建。这原本是为了服务陆军和海军，但是这一高级军种选择保留对自己的航空控制，并在1914年7月创建了皇家海军航空局（RNAS）。在战前的岁月里，人们进行了大量的实验，试图找出最好、最可靠的飞行器类型，同时也在努力学习飞行中控制飞机的科学。

1914年8月，当皇家陆军航空队与英国远征军一起部署时，它只向法国派出了4个中队，共计63架飞机。起初，他们被用于侦察任务，以确定德军纵队的位置，而不是空中骑兵方式。一旦确定位置，他们就会草草记下细节，并在离最近的总部尽可能近的地方放一个信息袋。但战争是非凡的催化剂，促进了技术的迅速发展，短短几个月，RFC就发展出了拍照能力，记录了德国战壕的布局和位置。尽管早期的努力被模糊化，但他们继续进行试验，以确定最佳方法，进展迅速。

飞行员必须照看好摄像机，因为至少从他的座位上可以直视下方。带皮的六角形的装乐器的方形桃花心木盒子，用一个好的大透镜和一个小把手拉出，你推拉它来换底片。那是很好的、古老的玻璃底片。除此之外，当你想拍照的时候，你还可以用一根带着环的金属线或绳子来拉动它。整个东西都绑在飞机的外面，在后面有一个球形和环形的瞄准器。要拍这张照片，你必须靠在驾驶舱一侧，通过球形瞄准器向下看，用左手驾驶飞机，移动相机手柄，用右手换底片。每次你换底片的时候都要拉绳子，直到你飞得更远一点，判断重叠的部分，然后再做一次。[1]

——中尉塞西尔·刘易斯（Cecil Lewis），

9中队，皇家陆军航空队

当他们把这些玻璃底片运回机场时，图像就会被放大，以便能看到错综复杂的德军防线。经过反复试验，发明了一种全新的摄影判读技术，以破译线索，并准确地确定炮兵炮台、机关枪阵地、堑壕迫击炮、防空壕、布雷坑和显示总部通信中心标志的位置。一旦确认身份，他们可能会被英国炮兵摧毁。这些炮击很大程度上得到了空中观测的帮助。在这方面又进行了许多迅速的试验，以确定从空中的观察员到地面上的皇家大炮之间进行纠正的最佳方法。一旦无线装置成功升空，“时钟代码”就被设计出来了——这是一种简单的方法，可以引导炮弹直接命中目标。阿奇博尔德·詹姆斯（Archibald James）上尉解释道。

然后，你从大约5000英尺的高度，发出了开火的信号，那就是字母“G”。发出“G”信号后，你看了炮台，看到了大炮的闪光。然后你就知道炮弹到达目标需要多少秒。紧接着，你移动飞机机翼，不受限制地观察目标，看到了炮弹或炮弹的下落。纠正错误的系统是这样的。你在目标周围画了一个想象的圆，25码，50码，150码，200码，250码，300码，350码，400码——你有一个简单的字母和图形代码来表示两件事：炮弹落下的钟面点，换句话说，炮弹是在1点还是3点处从目标落下，以及用想象的圆表示不难想象的距离。一个好的炮台——炮台种类繁多——你应该在第三次射击时就能瞄准目标。然后，他们按照炮兵当局的指示发射尽可能多的炮弹。[2]

——上尉阿奇博尔德·詹姆斯，2中队，皇家陆军航空队

随着专门用于侦察和炮兵观察的“军团”飞机的发展，飞机开始根据其用途来定义。为此，英国大量生产了一种双座飞机，俗称BE2c。

双方都不能让对手的飞行员为所欲为，而且不可避免的是，双方的飞机将配备武器，以相互作战；起初只有左轮手枪或步枪，但很快机关枪就普及了。早期的一个典型事件让詹姆斯对“逃跑的人”感到沮丧。

有一天，我在给一个炮台测距，我位于炮台的另一边，能见度非常好。在向炮台发出开火信号之前，我向侧面看了看，令我吃惊的是，我看到一架德国双座飞机几乎就在我的正下方，就在我们这边，离我大约1000英尺。我坐在BE2c的前排，我们中队有位下士担任我的观察员和空中炮手，他在空中没有多少经验。于是我放慢了速度，向他喊道发生了什么事，把飞机指给他看，然后说：“把你的路易斯枪拿来！”我忘了说：“在我告诉你之前不要开枪！”说完我就往下飞，在毫无防备的德国飞机附近兜了一圈。不幸的是，我的下士很兴奋，当我们离它至少150码远的时候，他开了枪，他那把路易斯式手枪的枪管都打爆了，一点效果都没有。的确，这个距离太远了。然后我把它展平，非常非常接近德国人的梯队。我永远不会忘记，当德国人抬起头来，听到我的机关枪响声，目瞪口呆地看着我时，他们脸上惊恐的表情。这位德国观察员大概两三秒钟就恢复了镇静，转过驾驶舱的旋转座架，用枪指着我，开了火。与此同时，我那愚蠢的下士正笨手笨脚地想再进行一次射击。我们离得如此之近，以至于我真的看到德国机枪后座部分的油在燃烧。很自然，在开了两三枪之后，我陡然向远处倾斜，与此同时，德国人也向同一个方向倾斜。我们几乎相撞。这是一个完全不令人满意的、带有插曲的结局。[3]

——上尉阿奇博尔德·詹姆斯，2中队，皇家陆军航空队

BE2c提供了卓越的服务，通过它的无线电和摄像头给德国人带来了

难以言说的浩劫、死亡和普遍的混乱——但它被设计成一个稳定的观察平台，而不是一架“战斗机”。

BE2c有前面的观察者和后面的飞行员，然而，从任何意义上说，它应该是前面的飞行员和后面的观察者，但它不是！所以观察者坐在驾驶舱里，四根支柱非常靠近他的两侧，电线支撑着他的前后，没有一根在后面。还有一个他可以坐进去的小座位。他真的什么也做不了，只能留神观察。当天气很热的时候，你很容易受到来自尾部的攻击，他只能站起来，跪在他的座位上，即使是在夏天，在8000英尺的高空，这也是一件非常寒冷、透风的事情。[4]

——中尉塞西尔·刘易斯，9中队，皇家陆军航空队

新生的英国飞机制造业缺乏灵活性，这意味着皇家陆军航空队除了在1917年继续使用BE2c之外别无选择，但那时BE2c已经完全过时。姗姗来迟的替代军用飞机是RE8，这是一种饱受批评的机器，尽管如此，它作为皇家炮兵的“眼睛”，在战争结束前一直发挥着宝贵的作用。

设计用来捕食侦察机的飞机被称为“侦察兵”。1915年夏天，第一个普通的英国侦察兵中队到达西线，配备了双座的维克斯战斗机。这是一架“推进式”飞机，发动机在机舱后面，其优势是前方有一片清晰的开火区域，没有旋转的螺旋桨挡道。德国人用福克尔·艾因德克尔E1反击，这是一种单座单翼机，断续器装置具有不可估量的优点，可以让机关枪穿过螺旋桨开火。这意味着如果要机关枪准确地瞄准，你只需直接飞向你的目标。

两名年轻的德国飞行员，中尉马克斯·殷麦曼（Max Immelmann）和奥斯华·布尔克（Oswald Boelcke），利用这一点，俯冲到他们潜在受害者的身后，制造了“福克灾难”。虽然没有造成大量的人员伤亡，但这确实妨碍了英国军团飞机的行动。休·特伦查德（Hugh Trenchard）准将（皇家陆军航空队在西线的指挥官）命令他的士兵不顾一切地继续前进，到1916年，他已经形成了一种连贯的空中哲学，这种哲学的基础是

愿意接受伤亡，以便达到预期的侦察和炮兵观察水平。特伦查德认为，数十人的空中损失无法与数万人的生命相比，如果炮兵无法在步兵越过边界之前识别和摧毁大炮和机关枪的目标，就会面临生命危险。他总是要求他的飞机在有争议的战场上远远超过德军的防线，以达到控制天空的目的。

对于皇家空军来说，幸运的是，下一代英国飞机及时抵达，为1916年夏天的索姆河战役做准备。其中，两座的FE2b是维克斯战斗机概念的一个强大得多的版本。FE2b将被证明是一匹神奇的机器：首先作为一架侦察飞机；然后作为一架通用飞机；最后，当它被淘汰时，作为一架夜间轰炸机。

飞行员在发动机前的观察者后面，观察者在前机舱或驾驶舱。在驾驶舱里，我有三个夹子用来装枪。一个是突出部分朝下射击，一个向右，一个向左。如果你想用左面的枪，从夹子那里抽出装备，然后它被旋转到左边的夹子上。你开枪时，必须把膝盖顶在枪的底座上，否则它会随着发射而被吹出去。在后面，你有一把枪在一个可移动的安装架上的顶面上方开火，还有一个活塞装置，你把活塞压在下面，枪就会尽可能抬高，向后面的平面开火。在驾驶舱里，有备用的弹夹，你的职责之一就是当你发射路易斯枪的时候，确保你执行了所有安全飞行的必要措施。例如，如果你换了一个弹夹，你必须抓住枪上的弹夹，紧紧握住，从枪上拿下来，弯下腰，小心翼翼地把它放在空夹的盒子里。我们还在刘易斯枪上放了一个弹射袋，里面是空弹壳。有一次，我弹壳上的夹子掉了，子弹被风吹过螺旋桨。观察员的工作主要是监视敌机，如果发现敌机，必要时要求飞行员将飞机移到适当的位置，以确保他能进入一个向敌机开火的位置。[5]

——中士哈罗德·泰勒（Harold Taylor），

25中队，皇家陆军航空队

另一架到达现场的推进式飞机是单座飞机DH2，这是一种小型、相对快速、可操纵的飞机，将被证明优于福克E1。1916年初夏，DH2和FE2b中队能够从空中扫平德军，从而使BE2c军团的飞机能够相对和平地执行任务。

7月1日7时30分，步兵部队越过山顶，塞西尔·刘易斯中尉坐在莫兰阳伞上，执行分配给皇家空军的另一项日益增加的任务：联系巡逻队，记录所取得的进展并向总部报告进展情况。在这里，当巨大的地雷爆炸时，他有一个独特的视角。

我第一次在突出部的北部巡逻，从波齐埃尔（Pozières）一直到弗里古（Fricourt）。他们在前线埋下了两颗巨大的地雷，希望通过巨大的爆炸来清除整个前线。这就是我们要找的目标。我们把手表校准了。我们当时在8000英尺的高空，这真是一幅奇妙的景象，因为当飓风袭击开始时，我们所有的枪，还有成千上万的枪，都被立刻释放出来。情形非常狂野。你可以听到大炮的轰鸣声盖过飞机的噪音，就像雨点打在玻璃窗上一样。非同寻常的是，几千支枪同时出现。当我们在看博瓦塞尔凸起时，突然间整个地球都震动起来，地面上升起巨大的锥形土块，高达3000～5000英尺。过了一会儿，我们碰到了冲击波的反射波，它把我们向后一甩，甩到冲击波的一边。[6]

——中尉塞西尔·刘易斯，3中队，皇家陆军航空队

当步兵冲锋的时候，刘易斯直接冲下3000英尺，这样他就能看到发生了什么。

我们在莫兰号的底盘上有一个电喇叭——一个很大的12伏的电喇叭，我有一个按钮，我用它来按下一个字母，告诉步兵我们想知道他们在哪里。当他们听到我们从上面向他们呼叫时，他们有小的红色孟加拉信号弹——他们把它们放在口袋里——他们可以用一根火柴点燃信号弹。沿着这条线，只要有一个人，就会有一枚信号弹，我们会在地图上记下这些信号弹的位置，易如反掌！练习这个是一回事，但对他们来说，真正做到是另一回事，当他们受到攻击，尤其是当事情开始变得有

点糟糕的时候，他们就不会点亮任何东西了。也不要怪他们，因为不这样的话，就会立刻把敌人的火力引到了他们身上。所以当我们下去寻找信号弹，只在整个前线发现两颗。我们非常失望，因为我们希望能够在某种程度上协助步兵，但我们没能做到。[7]

——中尉塞西尔·刘易斯，3中队，皇家陆军航空队

刘易斯可能被挫败了，但皇家陆军航空队在他们的摄影和火炮观察任务中做了出色的工作，这些工作将在整个漫长的战斗中持续下去。德国人非常愤怒，但是无能为力，他们几乎做不了什么，无法阻止英国人深入他们的防线并随意向确定的目标投掷炮弹。索姆河战役对英国步兵来说是毁灭性的，但如果没有皇家陆军航空队飞行员的努力，情况可能会更糟。

1916年9月下旬，一种强大的新侦察机——信天翁DI的到来，使德国飞行员重新焕发了活力。这标志着新一代飞机的开始，它拥有强大的发动机，光滑的流线型设计和通过螺旋桨射击的双同步机枪武器。DI和它的后继者DII比任何英国侦察机都更快，飞得更高，机动性更强，装备也更好。从1916年秋开始，皇家陆军航空队的伤亡人数开始上升，但与“福克灾难”期间一样，英国人咬紧牙关，不顾伤亡继续履行其核心职能。

皇家陆军航空队最糟糕的时期发生在1917年4月的阿拉斯战役中，当时他们驾驶着过时的飞机，对抗地位远超自己的德国侦察兵，而德军侦察兵正是由人称“红色男爵”（Red Baron）的可怕德国“王牌”奥伯列塔纳特·曼弗雷德·冯·里希特霍芬（Oberleutnant Manfred von Rich-thofen）[8]率领。伤亡人数激增，但皇家陆军航空队仍能执行下方军队所要求的绝大多数任务，这一事实令他们感到自豪。当以SE5a、索菲尔骆驼和两座布里斯托尔战斗机为代表的下一代英国战斗机最终抵达西线时，双方在飞机质量上达到了大致平衡——这种情况一直持续到战争结束。

到1917年底，更多的年轻飞行员开始掌握空战的技术和战术。40中队的格威利姆·刘易斯（Gwilym Lewis）上尉就是其中之一。刘易斯虽

然是王牌，但他在飞行中成功地避免了人员伤亡，仍然使他获得了最大的乐趣。

我非常渴望一次高效的飞行。那是我的工作。我们的阵形飞得特别好。也许我们都不是主角，但是我希望每个人都能袭击一个德国兵。要找到德国兵可不是那么容易的。小伙子们会奋力拼搏，但仍未取得最后的胜利。一个新来的家伙居然看不到已经进行到一半的事情，这真是很奇怪。他们的目光没有注视到远处。我们必须看到一些东西——哪怕仅仅是在一小块金属上闪烁的太阳——也是我们所需要的，让我们意识到在遥远的天空中有某种东西。从那里我们可以调整我们的位置。但我们会陷入混战，（新飞行员）几乎不知道发生了什么。他们被随意击落。我不喜欢这样，所以任何一个刚到我队列中的人，只要他准备好越过这条线，就会飞到我旁边，飞到他外面的人都是有经验的。所以我从来没有失去过这些新加入这项运动的孩子。我一直关注着他们，其他人也一样。一旦他们对所发生的事情有了进一步的了解，他们就可以独立飞行了。[9]

——上尉格威利姆·刘易斯，40中队，皇家陆军航空队

刘易斯从这位飞行员身上学到了很多，这位飞行员有时被称为“英国的里希特霍芬”，他就是爱德华·曼诺克（Edward Mannock）上尉，由于他的爱尔兰血统，他更常被称为“米克”（Mick）或“帕迪”（Paddy）。

曼诺克是当时中队的英雄。他带着21次胜利离开了中队，他的胜利颇为辉煌。他的年龄比我们大多数人都大，是一个更成熟的人。他对战斗进行了深刻的思考，并重新调整了自己的心态，这对一名优秀的战斗机飞行员来说是必要的。他已经有了信心，并且想出了解决问题的办法。他成了我的好朋友，我很感激他对我这么友好。我没有必要拘谨，他喜欢给别人起绰号——他叫我“吵闹”！他是个很有趣的人。[10]

——上尉格威利姆·刘易斯，40中队，皇家陆军航空队

尽管这些军队中的飞行员是执行那些严重打击德国军队任务的人，

他们已经开始依赖，至少部分地依赖皇家陆军航空队的侦察兵来保护他们在危险天空中的生存。侦察兵生活中最老套的标志是“黎明巡逻队”。1917年夏天，塞西尔·刘易斯中尉驾驶着一架56中队的SE5a飞机执行了许多类似的任务。

我们大约位于前线后方的20英里，所以我们有时间在抵达前线之前就上升到必要的高度。我们通常会爬到15 000到16 000英尺，然后才真正越过边界进入敌人的领土，寻找麻烦所在。我们得聚精会神，聚精会神地观察，低下头，一直在寻找那些黑点，那意味着敌人的飞机在很远的地方。透过云层之间的缝隙，我们可以看到地面，或者只能看到地面的一部分，就像一个神奇的灯笼屏幕，在云层下方很远很远的地方。每架飞机之间有20码或30码的距离，摇摆着，看着我们的邻居；然后我们把飞机调整到正确的位置，这样我们都就位了。[11]

——中尉塞西尔·刘易斯，56中队，皇家陆军航空队

像刘易斯这样的侦察兵会积极寻找德国飞机，击落任何侦察机，当然，还会攻击他们的对手。到1917年，德国帝国空军在西线的兵力严重不足，所以它选择集中资源，形成比英国通常采用的更大阵型。这意味着德国人可以覆盖更少的空间，但如果遭遇德国飞机，这可能是一个危险的任务。

我们迟早会发现敌人。如果我们幸运的话，它会在我们下面，但我们（通常）在敌人下面。我们的飞机虽然很好，但仍达不到德国兵的水平，他们通常在我们头顶上有1000～2000英尺的净空天花板。即使在16 000英尺的高空，我们也有可能从上面跳下去。我们不用担心。我们的人数之比通常是二比一或三比一。我们过去不管是否有人比我们高，只要碰碰运气就行了。通常情况下，在我们上方飞行的敌机会在我们下降的过程中从我们头顶俯冲下来。[12]

——中尉塞西尔·刘易斯，56中队，皇家陆军航空队

最有效的空战与其说是公平的战斗，不如说是执行死刑。整个目标

都是在看不见的情况下，从云里，从太阳里，或者从一个意想不到的位置接近。捕食者会向近距离移动，然后用机关枪瞄准不幸的猎物，宣布自己的存在。这就是大型战斗中如何得分的原因。当然，有时他们的飞行路线会被发现——经验丰富的飞行员会不停地在天空中寻找敌人。在这一点上，混战将随之而来，通常被称为“混战”的术语巧妙地总结了纠结在一起的行动。

这样的打斗简直难以描述。我们彼此之间没有任何交流，我们只能走进去，找到自己人，碰碰运气。当我们下去的时候，我们的眼睛还要一直盯着我们的后脑勺，看有没有人试图尾随我们。但有那么一点，不管有没有人跟踪你，你都得下去。战斗开始了——打了又打，打了三四十发，三合一地追踪，所以你总是可以射击某些地方，因为在这些混战中你的视野真的不好——没有时间集中——只是抓紧机会射击。整个中队将以良好的队形参加战斗，但不到半分钟，整个队形就完蛋了，只看到一些飞机在旋转、上升和下潜。在对方的尾巴上——甚至可能是一排4架——一个德国人在往下飞，我们的一个家伙在他的机尾处，另一个德国人在他的机尾上面，还有一个德国人在他的机尾后面——非同寻常的一瞥。飞机迎面相遇，互相射击，然后就在最后一刻转身溜走了。[13]

——中尉塞西尔·刘易斯，56中队，皇家陆军航空队

英国没有向飞行员发放降落伞，所以如果他们被击中，从坠落的、燃烧着的飞机中逃生的可能性很小。巡逻时持续的紧张局势，加上偶尔疯狂的混战场面，是一种复杂的局面，这些年轻的飞行员承受着巨大的压力。

如果你永远无法逃离枪林弹雨，即使在你睡着的时候也有可能被击中，那么你确实有种紧张感。所以我们总是生活在紧张的状态中。我们要么处于致命的危险中，要么根本没有危险。有时候我们就像身处家中，有时候又高度紧张，这种变幻不定的矛盾状态对我们所有人都产生

了很大的影响，产生了一定的压力。[14]

——中尉塞西尔·刘易斯，56中队，皇家陆军航空队

这种程度的压力导致许多飞行员和观察员崩溃，然后他们将被送回国内进行恢复。

毫无疑问，与困在泥泞防空洞中的普通步兵相比，皇家陆军航空队人员的生活相对奢侈。他们通常住在小木屋或帐篷里，中队的食堂则设在靠近机场的农舍里。

古老朴素、粉刷成白色的房间，家具陈旧不堪，食物很好，但很粗糙。天花板上挂着一串串的灯，上面密密麻麻地挂着死苍蝇，呈现出一种基本的原始生活状态。有时，一架旧的立式钢琴歪歪扭扭地摆放在那里，琴键已经发黄，看起来好像键盘已经冒烟50年了！我们有一个人弹钢琴，他在晚上坐下来，发现少了两三个音符，走调了，钢琴很糟糕，但没关系。他会演奏那个时代的曲调，那个时代的讽刺剧，那些我们熟记在心的东西，那些我们曾经齐声合唱的东西。偶尔我们会在晚上演奏肖邦或类似的曲子，那时我们觉得这样做是合适的。一切都很容易，随你便。通常在那之后，相当早地上床睡觉，因为一个人可能会在第二天的黎明巡逻中起床，可能在早上4点或更早的时候起床，必须睡个懒觉。机场里的生活真的很安静。[15]

——中尉塞西尔·刘易斯，56中队，皇家陆军航空队

皇家陆军航空队的不同中队有不同的饮酒方法。大多数飞行员都有意识地将自己限制在食堂的“社交饮酒”中，但一些年轻的军官确实把酒精当作“拐杖”来帮助他们渡过难关。

中队的中心似乎在酒吧。想想他们日复一日的紧张生活——他们会在晚上进来问及他们最好的朋友：“老乔治在哪里？”“哦，他下午死了！”“哦，天啊！”人们会沮丧，士气会低落，反应很迅速：“好吧，来吧，你们要吃点什么？”正是这种精神让你坚持下去，尽管人们反对

酒精，但我认为它在保持士气方面发挥了巨大的作用。[16]

——中尉弗雷德里克·鲍威尔（Frederick Powell），

40中队，皇家陆军航空队

每隔一段时间，他们就会到最近的镇子里去溜达溜达，找个机会放松一下自己的情绪——当然方式并不确定。

当这个中队也许有一段特别糟糕的时光，或者特别愉快的时光时，这两者都是一个借口，可以进去大肆宣扬一番。我们过去常常乘一辆小船到最近的城镇去。在那里，我们会发现一些小酒吧或餐厅，附近可能有一两个女孩。我们开始喝一两杯，开始唱歌，享受生活。喊到半夜，然后钻进小船，再回到机场。我们不能把它完全看作是"活着"，因为每天都有人被杀。我最好的朋友有天晚上在那里，第二天午饭时就不在那里了，这种情况一直在发生。[17]

——中尉塞西尔·刘易斯，56中队，皇家陆军航空队

与此同时，在英国国内，迫切需要为皇家陆军航空队提供所需的数千名飞行员。理论上，接受伤亡是件好事，但他们仍然需要被替换。起初，飞行训练是很初级的，因为教练们自己几乎不懂高空飞行的技巧。但是到了1917年，这个过程已经被很好地理解了。在加里波利负伤后，欧内斯特·海尔被委以重任，在萨洛尼卡为兰开夏郡燧发枪团第12团效力。他又一次病残回家，然后开始训练成为一名飞行员。

我练习直线飞行和转弯。脚放在舵杆上，机头保持在水平线上；如果你那样做，就是在水平飞行。如果你把操纵杆向前，机头就会向下；机头向后，则会上升。向右转，就向右倾斜；向左转，就向左倾斜。有点像球和球套，你用舵和操纵杆转动，换句话说，转向，然后回来。我向左转总比向右转好！[18]

——中尉欧内斯特·海尔

我还有幸采访了劳瑞·菲尔德（Laurie Field），他在西部前线的步

兵部队服役后，被委任进入皇家陆军航空队，在那里他学会了驾驶莫里斯·法纳姆·肖索恩（Maurice Farnham Shorthorn）飞机。菲尔德的确指出了飞行的一个真正要素。

着陆是最困难的事情，因为这是最重要的事情！如果你在空中犯了错误没关系——如果在着陆时犯了错误，就有麻烦了！任何人都能飞，但全部的艺术是学会着陆，不是吗？——再回到地球母亲的身边。着陆的诀窍是，当你降落的时候，到了滑翔的高度，就要关闭引擎。理想的着陆是，当你失去飞行速度时，逐渐抬起机头，这样会使你的飞机失速，理想的着陆是让轮子和机尾一起滑到地面上。这是一次完美的着陆，每20次就有一次。糟糕的着陆是过早地抬起机头，你可能离地面不够近，然后你的飞机下降。如果它坠落得很厉害，你的起落架就没了。[19]

——少尉劳瑞·菲尔德

菲尔德后来在伦敦科尔尼机场飞行阿弗罗504。阿弗罗是一架极好的飞机，但更棒的是，他们还接受了爱德华·曼诺克机长的授课。

我们曾经非常崇拜他，认为他是“飞行员之王”，绝对是空战的理想人选。他是混乱中的灵魂人物。我清楚地记得，飞行员们有一个前厅，教练们有另一个前厅，它对着我们的房间，一天，他冲进来对我说：“请出示所有的车票！”好像他在公共汽车上。他从来没有赞成过他是灵魂人物这一点，他认为飞行员和那些学习成为飞行员的人应该是一体的。[20]

——少尉劳瑞·菲尔德

不幸的是，曼诺克不顾一切地回到前线，在1918年7月26日的战斗中牺牲。[21]

1918年，西线的空中战争达到高潮。虽然有许多新飞行员通过该系统进入，但最宝贵的就是经验。训练也许很好，讲课和建议都很恰当，但是在战斗环境中，没有什么能比得上空中飞行的时间。弗雷德里克·鲍威尔少校拥有太多的经验。他曾在1915年和1916年乘坐维克斯战斗机和单座推进式巡防队飞行，后来成为一名教练。现在他又回到了西线，指挥着皇家陆军航空队41中队，驾驶着一架SE5a。在这里，他也发现他的新飞行员缺乏在开阔天空中发现敌人的关键能力。年轻人的巡逻队一次又一次地回来报告说，他们没有与敌人有任何接触。1918年2月2日，鲍威尔被激怒了，他决定亲自率领一支巡逻队，以确保与德国侦察兵接触。如果这一切都失败了，他决定对德国的一个机场发动一次低水平的突袭。他决心在战斗中“浴血奋战”。

当我越过边界时，我会在14 000英尺的高空带领巡逻队。另外4架由飞行指挥官指挥的飞行器将在17 000英尺的高空飞行，大约高出我3000英尺，当我被信天翁攻击的时候，最高飞行机就会俯冲到德国人身上。实际上我是诱饵。[22]

——少校弗雷德里克·鲍威尔，41中队，皇家陆军航空队

鲍威尔带着他天真烂漫的孩子们去杜埃巡逻。一开始，他的挫败感越来越强烈，因为即使在他经验丰富的眼睛看来，天空中也似乎没有任何德国飞机。

令我惊恐的是，我们没有受到攻击，我想：“哦，该死！我必须降低高度，进行这次危险的飞行，向机场里的人开枪！”但我刚刚转过身来——然后天空似乎布满了黑色的十字架——到处都是德国人！我的飞行指挥官开了红灯，那是有敌机的信号——我看见他们了！我赶上了一个德国人，透过一个阿尔迪斯望远镜看到了他，但是我想：“不，我不会扣动扳机，不会引爆一堆炸药；我头三轮就能轻而易举地击中他的后脑勺。”但首先我必须把他放在阿尔迪斯视线的正中央。这个家伙，他从我的视线中消失在一边；我朝着相反的方向打了舵，他又进入了我的视野。我正要开枪，另一个德国人跟在我后面开了枪，打到了我的仪表盘，打穿了我的腿，打穿了我的胳膊——当时我没有注意到——我只感

觉到砰的一声。那是我第一次被子弹射穿。我经常想象那将是什么感觉，但当然没有人感觉得到——那只是一个打击。他使用的是穿甲弹，子弹穿过发动机的“V”字，把整块气缸切开。一股蒸汽和水从散热器里冒出来，我的第一反应是：“天哪，着火了！”我知道我在14 000英尺的高空，必须在飞机完全在火焰中解体之前降落到地面上——记住我们没有降落伞。我拼命俯冲下来，回头一看，发现我的机尾后方跟着三只德国信天翁。它们是重型机器，不像SE5a那样机动性好，我能在伊梅尔曼转弯时快速转弯，非常迅速，在没有引擎的情况下从下面钻过去。他们花了很长时间才把枪转向我，然后我迅速地从另一个方向转过来，冲下去。在我似乎已经下沉了很久之后，我不得不把眼睛从这些家伙身上移开，看看我在哪里。我在大约400英尺高的空中，经过一片神奇的田野，原来是一个德国机场——我就是在那里降落的。把我击落的那个德国人也来了，落在了机场上，而另外两个不停地转啊转，把枪射向我的飞机，做得相当好。我从飞机里出来，走到后面的小储物柜，脱下飞行头盔，戴上帽子。然后我走到那个德国人面前，他坐在飞机里，引擎在空转。我忘了我被打了。我走到他面前，伸出手，因为这是一种友谊，他伸出手来和我握手。当他这么做的时候，他突然说：“太惊奇了？”那声音听起来像是谁受伤了，我低头一看，只见血从袖子里流出来——然后我当然感觉到了。[23]

——少校弗雷德里克·鲍威尔，41中队，皇家陆军航空队

鲍威尔是被驾驶加斯塔10的中尉马克斯·库恩击落的。这一令人遗憾的事件表明，虽然经验是宝贵的，但它在纷乱的空战中很快会过期。在1916年，可能是适当的战术已经过时，鲍威尔对自己能力的过度自信导致他犯下了一系列错误，幸运的是，他的生命从这些错误中保存下来。

1918年4月1日，皇家陆军航空队和皇家海军航空服务队合并组成皇家空军。在德国的春季攻势中，空中战争与地面战争的激烈程度相当，

1918年4月21日，曼弗雷德·冯·里希特霍芬在仍有争议的情况下被打垮。[24]里希特霍芬的死象征着1918年双方许多重要人物的死亡，包括爱德华·曼诺克少校、詹姆斯·麦卡登少校和许多其他人。战斗疲惫不堪，他们常常一次次地变化装备，忽视规则，从天空中坠落。他们的死亡反映了军事航空状况的变化，到1918年，军事航空进入另一个发展阶段。大王牌的工作完成了。在一场飞行员和机器数量日益增多的空战中，个人素质和磨炼的技能变为次要。

1918年8月，英国终于向摇摇欲坠的德国军队发动了一场"全武器战争"，航空不再是这场战争的额外补充，而是其中一个完整的组成部分。飞机似乎无处不在，它们深入敌后，击中德军要害。

如果你可以射击交通工具并阻塞道路，那是一件好事——你阻止了所有人。我曾经试着从正面攻击他们，也就是说，从他们前进的方向。如果你能成功地射击几辆运输货车，整个道路就会被封锁一段时间——那时它们只是冷餐——你会携带着20磅的库珀炸弹一起出发。[25]

——中尉詹姆斯·加斯科因（James Gascoyne），

92中队，皇家空军

加斯科因有很强的幽默感，即使在这种情况下，他也不放过笑的机会。

我发现树篱后面有一队步兵。一个又大又胖的德国人骑着马穿过一片耕地向他们走来，到处都是泥土。它突然吸引我想看看我能做些什么。我不想伤害那匹马，所以我向下俯冲。他看见我冲过来，就抓住缰绳从马上跳下来。我把这匹可怜的马吓坏了，它开始飞奔着穿过田野——那个胖胖的德国人拉着缰绳跑了10码或15码——拖着它穿过所有的泥沼。他看上去很正常！[26]

——中尉詹姆斯·加斯科因，92中队，皇家空军

但是这种低水平的地面扫射是危险的。任何人都可以用来复枪或机关枪向你射击，即使是一个不懂偏转射击原理的步兵，如果不小心向你

的飞机开了一枪，有时也会击中你的飞机。

我们穿过一个村庄，那是德国人正在撤退的地方。整条交通线路在一条笔直的街道上，街道的尽头有一座教堂塔。我非常想尝试一下这种交通工具，我飞的高度不超过200英尺，我愚蠢地沿着村里的街道径直飞了下去。突然，我飞机的正前方传来机关枪的射击声，一颗子弹穿过挡风玻璃，打在我的头盔上，头盔上被打出一个小洞，我的头上留下一个记号——感觉就像被砖头击中一样。我举手一看，是血。我把头探到一边，很快就恢复了知觉。我发现了枪声是从哪里传来的——那里有一座教堂塔楼，高度正好是我的飞行高度，我正对着他。[27]

——中尉詹姆斯·加斯科因，92中队，皇家空军

当然，即使在新的“全武器战争”期间，英国皇家空军也被要求执行所有常规任务。在一场日益被皇家炮兵主导的战争中，空军的观察对炮兵的帮助愈发重要，而摄影侦察飞机则加班加点地记录德军防线的种种变化，确定新的防御阵地。尽管如此，侦察兵还是不得不在黎明时分执行巡逻任务，利用一切机会粉碎和压制德国帝国空军。1918年盛夏，年轻的陆军少尉劳瑞·菲尔德终于加入了40中队。他对早起的鸟儿们在天空中飞翔的情景记忆犹新。

这完全取决于天气，特别是在夏天，我们会起得很早，因为第一件事情就是巡逻，主要在黎明前后。你会亲眼看到太阳从东方升起。我们穿着西德科特套装，戴着一副飞行手套，上面有一块可以戴在手指上。寒冷一直是我们最大的敌人，因为我们的驾驶舱是敞开的。即使在最炎热的夏天，当你爬到2000英尺的时候，也会感觉到浑身发抖。我确实有一件我在英国认识的女孩给我做的小玩意儿——那是羊毛做的小兔子，我总是把它带在身边，但我不认为自己很迷信。我开了一架SE5a，那是一架侦察机，除了寻找麻烦以外，我们什么也没做。我们总是以“V”字形飞行：那就是飞行指挥官奇德劳·罗伯茨（Chidlaw Roberts），然后一个在他的左边，一个在他的右边。我总是在左边，史密斯是右边锋——

他来自诺丁汉。我们首先要做的就是绕着机场飞行，这需要一点时间。我们的巡逻高度通常在15 000英尺，在15 000～20 000英尺之间。一到你的高度，我们就知道必须在德军防线上巡逻。当然，除非你非常小心，否则你无法从空中分辨哪片是德国，哪片是你的领土，必须根据地图来判断。你在寻找麻烦所在。我们的油箱能装两个小时的汽油，所以这是极限，但是中间飞机的重力油箱能多装一刻钟的油料。巡逻的整个过程中，你都在观望，没有休息的时间，否则你很可能会受到攻击。我从来就不太善于观察事物，奇德劳·罗伯茨会摇着机翼，指着下面。我从侧面往下看，会看到敌机，看起来就像是在地上爬行。那就要看他的决定了——你真的觉得你在保护他。如果他要攻击你，你就和他一起在空中相遇了。你可以飞离太阳，你要做的就是把你的影子留在飞机上，然后你就会从太阳底下飞出来。我们以惊人的速度俯冲。人们总是说SE5a完好无损，但是当你采取规避行动时，一些飞机会在空中解体。[28]

——少尉劳瑞·菲尔德，40中队，皇家空军

但到目前为止，在飞机无能为力的地面发动攻击要好得多。很快，各中队联合起来，对德国机场发动了协同攻击。这是对未来的一瞥。

空战还有另一个方面。在战争初期，德国人首先使用齐柏林飞艇，然后是哥达或巨型重型轰炸机，对英国城镇进行远程轰炸。损失和伤亡在当时看来是可怕的，但其中一些最大的损害是空袭警报造成的，空袭警报导致工厂关闭，使全国各地失去了工业生产力。但是英国人已经形成了有效的反击措施：首先，德国轰炸机受到英国侦察兵日益增多的夜间突袭的限制，然后，英国人发展了一些技能，动用一支夜间侦察兵部队保卫国土。当德国人把注意力转移到派遣重型轰炸机去寻找西线后方的目标时，他们会发现151中队的专业夜战飞行员正在等着他们。在这些勇敢的飞行员中，最成功的是中尉阿奇博尔德·尤伊尔（Archibald Yuille），他巧妙地描述了在黑暗中驾驶危险而不稳定的索普维斯骆驼战

斗机是什么感觉。

我们有涂着油漆的基本设备：指南针、时钟、空气速度管和高度计，除此之外就没什么了。这些不是电光的，而是刻度盘上有发光的油漆。你可以在必要的时候破译它们。我们不得不凭感觉和直觉驾驶飞机。夜间飞行很有趣。你可以在一个很好的地平线上飞行，你可以很清楚地看到下面的水，但你当然不能选择公路、铁路或类似的东西。最重要的是要时刻盯着地平线，不要在你不想俯冲的时候发现自己在俯冲。你没有任何的辅助设备，必须有猫一般的眼睛。你一个人在那里，在黑暗中巡逻了两个小时。其中一件事是唱歌，很不自觉地，你会完全嘶哑下来！好吧，很孤独，在上面两个小时什么也看不见。轰炸机飞行员有机组人员，但你的飞机只有你一个人。[29]

——中尉阿奇博尔德·尤伊尔，151中队，皇家空军

在夜空中飘荡的骆驼战斗机飞行员没有无线网络来“引导”他们迎战任何入侵者。随着经验的积累，他们对德国轰炸机的打击越来越大。1918年8月10日，阿奇博尔德·尤伊尔在埃塔普上空击落了一架哥达直升机，在亚眠上空取得令人难忘的胜利。

我们知道他们将在8000英尺的高空飞行，所以我们总是在7500英尺的高空飞行，这样我们就能在明亮的天空下看到它，而在黑暗的地面上永远看不到它。我们只能通过我所谓的“混乱”——探照灯和高射炮——来判断哪里有袭击者。我们经常飞到那个区域，打开飞机下面的灯，那是为了在探照灯继续搜寻德国人的时候阻止高射炮的射击。如果我们幸运的话——这种情况并不经常发生——我们就会看到德国兵在我们头顶上。你似乎看到了黑色的闪电，我们试图追踪它。这并不容易，但是我们比它快，最终追赶上了它。这就是夜间飞行的全部艺术。飞机从螺旋桨上吐出一股滑流，我们常常在后面感觉到机翼上的滑流，这让骆驼有点发抖。然后你知道你就在滑流的下面，于是你上升到敌人飞机的后方，他无法对你进行射击，因为他的尾部没有枪。这给了你一个狭

窄的角度，当你进入一个你不会被击中的地方，这个角度会变得越来越窄。如果你能控制自己一点一点地飞起来，他打不了你，可能不知道你在那里，因为他也看不见你。然后你在25码的范围内开火，如果你有勇气这么近的话。如果你从更远的地方射击，你可能会错过目标。我们有跟踪子弹，装甲穿透子弹用两把机关枪以每分钟600发子弹的速度穿过螺旋桨。相当猛烈的火力，大概持续两分钟。如果你直接射击，你只需要一到两次短的爆发。你可以看到子弹的去向，因为追踪器会告诉你。如果你向左或向右偏得太多，就调整飞机，使之对准目标。这真的是事情的全部秘密——在你足够幸运找到德国佬之后，要有耐心靠近——但说起来容易做起来难。在亚眠以北，我发现了一个德国人，我跟在他后面，走得很近，开了火，飞机就着火了。我从骆驼里用一把手枪射了出去，以此来表明我的身份，后来我下降去看他坠机，结果发现这个德国人驾驶的是一架非常特别的飞机——他们使用的巨型飞机之一——有5个引擎，里面有8个人。它发出一种不寻常的噪音，整个法国都在观看，包括来访的国王。[30]

——中尉阿奇博尔德·尤伊尔，151中队，皇家空军

他的受害者是在英国后方被击落的第一架巨型飞机。

在战争中，任何进攻行动通常都会引起反应，对伦敦的轰炸引发了英国人的报复性行动。独立空军（IAF）的成立是为了对德国心脏地带进行战略轰炸。起初，它结合了白天和夜间的突袭。1918年，罗伊·希林劳（Roy Shillinglaw）少尉仍然驾驶着一架可靠的老式双座FE2bs飞机。

我不认为有人故意轰炸平民住宅或平民。就我和我的同事而言，我们非常、非常渴望实现我们的目标。毫无疑问，我们对德国城镇的袭击——这些城镇的火车站和工厂——一定使一些平民居民感到沮丧。在夜间轰炸中，我们很难当时就看到轰炸的结果——只能看到一场大火正在燃烧，或者某个工厂发生了爆炸。但是第二天黎明时分，白天的轰炸机就会飞过我们的目标，给它们拍照，24小时内，我们就能看到目标的

照片，也许我们击中了什么地方，或者我们是否错过了什么，等等。因此，我们非常渴望击中目标，否则我们的错误出现在那些照片上——当局可不是在开玩笑。总的来说，我认为我们对于目标的轰炸相当准确。[31]

——少尉罗伊·希林劳，100中队，独立空军

空军也随着亨得利·佩奇轰炸机进入了现代社会。

人们绝对相信，德国人永远不可能击垮它。飞行员和观察员并排坐在前面，炮手在后面。他有两个平台：一高一低，有三把路易斯枪，一把在底部用来在尾部下面射击，两把在顶部。在前驾驶舱内，观察员有2门路易斯式火炮，还负责投放炸弹的设备。他几乎是趴在那里，像按门铃那样推了五下，有五盏灯——两盏红灯、两盏绿灯和一盏白灯。白色是中心，两个绿色意味着转向右边，等等。通过这种方法，飞行员能够准确地看到观察者想要什么，并尝试对准目标。[32]

——瞄准手威廉·沃德罗普（William Wardrop），
207中队，独立空军

炸弹所造成的实际损害可能无法证明轰炸机偶尔遭受的重大损失，也无法证明它们从西线的重要战术重要目标转移的理由是正当的。然而，空袭警报对德国工业引发的连锁反应，以及对平民士气的影响，这些都证明空袭是值得的。20世纪未来的战争形态正在形成。

德国人所到之处都受到来自空中的骚扰。他们的前线战壕和炮兵连遭到军机和皇家炮兵的无情攻击，后方阵地遭遇持续不断的侦察，供应链和增援部队遭到轰炸，通信基础设施受到威胁，甚至德国本土的工厂和居民也面临着现代战争无处不在的问题。截至1918年11月，英国皇家陆军航空队共有近30万名官兵，与1914年8月整个皇家陆军航空队和皇家海军仅有2000多名官兵形成了鲜明对比。

11

1918年：德国的春季攻势

第一次世界大战的结局是由1918年的西线战争决定的。这并不是忽视俄罗斯军队在消耗强大的德国军队——同盟国的核心和灵魂——的力量方面所起的重要作用。在1917年11月布尔什维克革命最终使这个国家屈服之前的三年里，俄国人一直在东线进行不懈的斗争。1914年至1916年中期，法国军队在西线几乎独自作战的巨大战役，也曾对德国人造成过威胁，但在经历了凡尔登（Verdun）的磨难和1917年4月尼维尔（Nivelle）攻势的失败后，法国人动摇了。由此而来的叛乱使他们处于严重削弱的状态。

1916年至1917年，英国人在索姆河和伊珀尔河遭受的苦难也耗尽了他们的精力。但是，如果说这三个伟大的盟国在1917年年底前几乎陷入僵局，那么它们共同努力的结果仍然显而易见：德国注定要灭亡。它的人力储备正在迅速减少，它的经济令人震惊，各种各样的原材料稀缺，人们陷于厌战的情绪之中。当美国在1917年4月站在同盟国一边参战时，德国的情况只会变得更糟。和大英帝国一样，美国将军事潜力转化为地面上的实际士兵需要一年多的时间，但到1918年夏天，数百万美国人将被招募、装备和训练，并最终被送到西线。兴登堡和鲁登道夫很清楚，如果德国不能在美国人强大起来之前结束战争，它就会被打败。德国人要么放弃，要么试图利用俄罗斯投降释放的人力发动决定性的春季攻势，将英国或法国赶出战争。因此，德国人准备在索姆河和阿拉斯河之间发动猛烈的进攻，目的是一劳永逸地把英国赶出战争。

不幸的是，英国首相大卫·劳合·乔治无法把握坚定的目标，该目标的实现需要集中资源，打一场迫在眉睫的西线决战。虽然劳合·乔治在战争的民用管理方面作出了重大贡献，但面对德军的正面进攻，他还是试图免于不可避免的巨大伤亡。到1918年，他对黑格作为英国远征军部队的指挥官失去了信心。遗憾的是，作为一个东部人，劳合·乔治不仅支持将重要资源浪费在对战争结果无关紧要的战役上，他也没有给西线补充援军，而面对不断增加的损失，这些援军是维持英国远征军实力所必需的力量。他后来辩称，这是为黑格在未来的进攻中节省人力，目前只是徒劳的和致命的演习。这样做的结果就是在英国远征军面临最大考验时削弱了它。

每天仍有新来者抵达西线，以填补在帕斯尚尔和康布雷激烈战斗中留下的缺口。在战争的这个阶段，他们大多数是义务兵。那些多年来一直站在前线的人，不能不带着一种有偏见的眼光来看待这些激动的新兵。老兵们并不觉得战争令人兴奋，他们觉得战争太可怕了。一些人发现他们的勇气已经被经历过的恐惧所侵蚀，就开始依赖人工兴奋剂来维持生活。二战老兵谢里夫（R. C. Sherriff）在其广受欢迎的战后戏剧《旅程的终点》中所描绘的年轻军官将恐惧淹没在酒精之中的画面，在现实中是有根据的。

我认识一两个依赖酒精的年轻人，可悲的是他们只有二十二三岁。奇怪的是，酒精并没有使他们醉得东倒西歪或诸如此类，只是治愈了引起恐惧的神经。每个人都有一定的勇气，程度因人而异。当你用完它，你必须用别的东西来代替它。军队的纪律和训练能让你在一定程度上坚持下去，剩下的就靠喝酒了。我的士气很好，足以让我继续前进：战争快结束的时候，我不太喜欢这样，我已经精疲力竭，我曾两次受伤，勇气也开始枯竭，但我还是坚持到了最后。我总是在我的水瓶里装些威士忌，但它更像是一种提神剂！我没有酗酒。[1]

——上尉诺曼·狄龙，坦克部队B营

英国远征军的士气并不高，因为大家都在抱怨，绝望开始悄悄降临。然而，总体而言，人们仍对他们最终会取得胜利抱有信心，尽管许多人已经失去了信心，不相信他们自己会亲眼目睹这一切。不知怎么的，他们中的大多数人继续前进。

更糟的是，他们周围的一切似乎都在改变。由于劳合·乔治坚持在英国保留急需的增援力量，英国远征军的人力下降到了如此程度，以至于其现有的组织结构遭到破坏，似乎有可能不得不打破整个部门，重新分配人手。于是，它决定重新组织这些旅，从4个营减少到3个营，并利用多余的营补充部队。这本身也许并不是一件坏事，3个营旅是许多军队的标准单位。问题是时间。单位之间建立已久的工作模式和关系被打破，需要时间来重建——但是德国人不会给予这份时间。与此同时，英国远征军要求吸收必要的新防御战术，以真正有机会阻止德国即将发动的进攻。简单的战壕现在已经过时了，在大规模火炮的巨大威力下变得不堪一击。战壕战要想有效，就必须有一个纵深防御系统，使大炮保持一定距离。前线将由一系列坚固的堡垒组成，铁丝网、机枪和大炮将覆盖缺口。在后面两三英里是战区的主要防线，再往后就是后方的战区。唯一的问题是军队普遍存在的人力短缺问题，这意味着劳动力短缺，而在德国人进攻之前还有很多工作要做。

在双方准备的同时，普通士兵继续进行致命的堑壕战。战斗从未停止过，哪怕是片刻的厄运也可能导致士兵死亡、伤残或受伤。1918年3月16日，最近晋升的一等兵伊沃·沃特金斯在后滨（Houplines）附近一个相对安静的地区经历了一次可怕的芥子气攻击。当时他正躲在地窖的防空洞里睡觉。

我们后面还有一个发射18磅炮弹的炮台。德国人在寻找炮台，开始用芥子气炮轰。我们的气体守卫一定是被炸死了，炮弹掉了下来，比空气还重的气体一定进入了地窖。早上醒来时，我们感到眼睛灼烧得厉害。我们以为是火盆里冒出的烟。自然地，我们开始揉眼睛——我们的所作所为就是把芥子气揉进了眼睛。味道闻起来很像辣根，我们意识到自己做了什么。眼睛不停地流泪，像地狱一样燃烧着，眼里流出的只是水。我只能看到前面有一团雾。我们爬上来，另一个部分的人抓住了我们，我们被紧急送往伤员清理站，从那里我们被送往埃塔普勒附近的加拿大第二医院。他们清洗了我的眼睛，进行了包扎——附在我身上的小票上写着："气体弹，非常严重！"[2]

——一等兵伊沃尔·沃特金斯，威尔士第15团

每当我看到约翰·辛格·萨金特（John Singer Sargent）在帝国战争博物馆拍摄的《毒气杀伤》（*Gassed*）照片时，我总会想起沃特金斯讲述他和朋友们安全返回的故事。四天之内，他就回到了布拉德福德的圣路加医院。

当我到达医院时，我看不见了。那是我最可怕的经历。当时我19岁——我将来能做什么——我的职业生涯结束了，我的整个人生都毁了。这对我打击很大，很大很大。我说不出他们做了什么：他们进行了大量的清洗，往眼睛里抹了一定量的药膏。我有一个苏格兰军队的妹妹，我一直记得她在吟诵："威尔士人，我会让你恢复视力的，别担心！"我没有闭上眼睛，但头一个月左右，我什么也看不到，然后是逐渐的阴霾。我得到了一副带金属细网格格栅的护目镜，以阻挡强光。经过一个逐渐的过程——我恢复了视力。这是我经历过的最可怕的事情，但它仍然被用作一种战争手段。他们现在还在生产芥子气，并把它卖给其他国家。这太恐怖了！太恐怖了！萨达姆用它对付库尔德人：烧伤、失明，这是我能想到的最可怕的芥子气。它必须被禁止！我要杀了制造它的人！[3]

——一等兵伊沃尔·沃特金斯，布拉德福德圣路加医院

1918年3月21日4时40分，德军开始进攻迈克尔，由6608门大炮和3534门重型堑壕迫击炮轰击，在由休伯特·高夫将军的第5军和朱利安·宾将军指挥的邻近第3军部队所控制的前线开辟了阵地。一波又一波的炮弹淹没了英军的阵地，这是一场破坏的交响乐，分阶段越过前线的堡垒、机关枪阵地和炮兵炮台，同时淹没了通信和指挥中心，以防止英军作出任何协调的反应。炮火非常猛烈，更糟糕的是，对英军的守军来说，早上9点40分德军进入无人区时，大雾笼罩了他们的视线。德国人向前推进，利用他们的精锐冲锋队员渗透到英军防线，在英军还不知道发生了什么事之前，他们就在抵抗中心之间穿行，想要袭击指挥部，占领炮台。在这种情况下，前线地区的许多阵地被切断，并在几乎没有有效抵抗的情况下被击溃，这是不足为奇的。中士乔·菲茨帕特里克和他的刘易斯枪械队一起站在支援线上。

我说道："来吧，准备好！"两个军官走了过来，我觉得他们已经酩酊大醉了，因为他们挥舞着左轮手枪，唱着歌："波什在这儿，波什在这儿，波什在这儿！"我想："你们这些愚蠢的家伙！"他们走到前面。我一直在等待。德国兵一定是从前线过来的，我左右看了看，看见他们从山谷里俯冲下来。中尉下了一道命令："告诉菲茨中士带20个人上来。"我找了大约一打人，然后说："跟我来吧。"我走在交通壕里，大脑一直在思索，我对自己说："你是个愚蠢的家伙——你在带路！"于是，我对送信的跑腿者说："快跑，告诉他我们来了。"不到半分钟，他就回来了，没戴钢盔，也没携带来复枪，"他们在这儿，中士，他们在这儿！"我看了看，看到了这个头，于是用来复枪进行了射击，砰的一声。我四处看了下，他们已经逃之夭夭了。我不怪他们，真的。我跑了回去，跟在刘易斯枪队的后面，说道："让那些混蛋待在那儿，守住那个洞口！"我左手拿着步枪和刺刀，突然砰的一声，我以为左手的手指都被打断了。我的鼻子撞到了地面上，滚进了战壕里面，我拿起小瓶碘酒，把它打碎，涂在上面，然后用绷带进行了包扎。我转过身来，拿起一把步枪，向左边进行射击。不需要瞄准。你只要直接向他们开枪就可以了。我大约打了100发，在枪管滚烫的时候换了枪支。我拿起了另一支枪，回头看下身后，他正从山谷跑过来，我想："好吧，我们在这里被毁了，真是受够了！"我转向左边，看到了一名德国军官，就在铁丝网的另一边，距离我大约30码。我总是把帽子别在衬衫上面，所以我扔掉了头盔，戴上帽子，扔掉了装备，穿过了铁丝网走向他。我们面对面站着，凝视着对方。他把左轮手枪对准了我的腹部，大约持续了一分钟。我想："这是我吃薯片的地方！"他看了看，说道："走。"于是，我就这样被抓住了。[4]

——中士乔·菲茨帕特里克，曼彻斯特第6团第2营

英国的计划包括：在确保战区安全后，由后备部队进行反击。随着德军迅速突破战线，这些为数不多的反攻部队发现自己被拖进了防御战，导致他们的计划崩溃。在整个战线，皇家炮兵竭尽所能提供帮助，但大多数情况下，因为浓雾笼罩，他们负责观察的军官无法进行工作，或者在开火之前已经被摧毁。欧内斯特·米勒德中尉在埃佩伊地区的经历非常典型。

当时，我在防空洞里，正躺在床上。他们已经获知我们的炮台方位，然后进行了炮轰。我们周围都是炮弹。那天早晨，雾气蒙蒙，非常浓厚，能见距离很短，的确是这样：事实上，我在防空洞和大炮之间迷路了！我发现自己站在了炮口的前面——但是没关系，都是4.5英寸的榴弹炮！我不得不走回炮台。我们站在紧急求救信号的线上，他们一开火，我们的火线正好就处于无人地带。因为没有观测，没有来自观测站的沟通；中尉拿起一支枪，开始扮演步兵的角色。没有进行任何反炮击的工作或者观察工作。[5]

——中尉欧内斯特·米勒德，D营，95旅，皇家野战炮兵

少尉西里尔·丹尼斯冒着猛烈的炮火，朝着圣昆廷前面的观察哨所走去。他发现，尽管这里遭到了轰炸，但是8英寸口径的大炮上有一根没有

切断的电话线。透过逐渐消散的雾气，他能够看到德国人正在集结——报仇雪恨的时候来到了。

我看到了灰色的人影，显然是德国人，他们在杜姆和迪伊的小树林中来回穿梭。我觉得这是一个值得进攻的目标，于是给旅部打了电话，报告说我看到德国人在这片丛林里集结。我想，他们是在准备攻击一个幸存的堡垒。于是旅部把所有留下的枪支都集中在这两个小树林那里。当烟雾消散的时候，我再也没有见到德国步兵；我希望已经抓住了他们，我真的有报仇雪恨了的感觉。早晨的时候，我吓坏了，现在是时候去吓唬别人了！[6]

——少尉西里尔·丹尼斯，212攻城炮兵连，皇家野战炮兵

接下来的几天，令人感到绝望，德国人充分利用了他们的优势进行推进，英国人则在相当混乱的情况下撤退了，而且仅仅勉强维持了战线。丹尼斯发现他们的胜利极为短暂，3月22日，很明显，德国人不仅突破了炮区，而且正在迅速接近他的炮位。

我向指挥我们的上尉建议，我可以到前面去，看看能观察到些什么，我们究竟能够进展多远！我走到前面，在相当长的一段距离外，看到我们的小部队一个接一个地慢慢地从一个阵地撤退到另一个阵地，后面跟着一大群德国人，很多机关枪，火力猛烈。我意识到我们的时间会很短。所以我回来说："看，我们最好把这些枪废掉，因为我们拿不走它们！至少可以阻止它们被使用。"上尉说道："是的，我们会这样做。"我们让所有的压力从气缸中释放出来，然后装满弹药，发射它们，这样它们就会击穿气缸！如果我们用冷凿子把缺口的螺丝部分凿开，就不可能把后膛关上！[7]

——少尉西里尔·丹尼斯，212攻城炮兵连，皇家野战炮兵

他们的枪支被毁掉之后，参加了总撤退。第50师是预备队中前进的一个师，他们试图阻止这一潮流。和他们在一起的是诺森伯兰郡燧发枪团第5团第1营的二等兵乔·皮卡德。

当他们攻击你时，那是一件伤脑筋的事。他们曾经像一座房子一样，紧密相连。我们进攻的想法是按一定的顺序进行的——每个人之间都有一定的距离——因此，如果一枚炮弹爆炸，可能只波及一个人，也可能波及两个人。德国人过来的时候，就像房子的一面都过来了一样，非常沉重，他们经常向领头人的臀部开枪。我想试着让你感到害怕，但效果并不明显；我的意思是，他们在一起越密集，子弹就越能击中他们——子弹能击中两个人而不是一个人。[8]

——二等兵乔·皮卡德，诺森伯兰郡燧发枪团第5团第1营

附近的某个地方有达勒姆轻步兵第5团第1营的二等兵乔治·汤普森。他们被困在一片火力薄弱的阵地上，德国人一眨眼就扑了上来。

德国人突然从死寂的地方出现在我们面前：事实上，这是一条位置很差的壕沟。他们笔直地向我们冲来，枪口固定，来复枪在射击。我们向后倒了下去——有那么多人——掉进了50码开外的沟里。我们从沟里对他们进行了反击。我们向他们开火，他们就停了下来。天亮前，我们退到后面的另一条壕沟里。然后，就在黎明时分，我们再次撤退，这一次是在一天的大部分时间里，就在索姆河对岸。它是作为一种撤退而进行的。你趴在地上，敌人一出现，你就向他们开火。这让他们倒下，然后你站起来撤退。然后你停了下来，停留一会儿，然后往后退——这种情况持续了一整天。[9]

——二等兵乔治·汤普森，达勒姆轻步兵第5团第1营

虽然大多数部队表面上保持着一定的秩序，但不可避免地会有一些掉队的人，而伤员们则被留在原地，尽其所能地往回走。第5军撤退时，一小群人奉命战斗到底，以掩护撤退。西约克郡第15团的二等兵沃尔特·黑尔（Walter Hare）发现自己陷入了这样一场绝望的掩护行动中。他能活下来是幸运的。

德军一波接一波地向前推进。我们的机关枪很少，主要用步枪向他们射击。我们缺乏火力，但尽了最大努力。我们知道我们给德国兵造

成了很大的伤害。他们不能得到更多的食物和弹药，这取决于我们，我们也是两天没有食物。德国人拿起了很多机关枪，火力非常猛烈。我们不停地站起来朝他们射击，然后又迅速蹲下来。我旁边的那个家伙站起来往后倒了下去，他的头中了一枪，死了。我想："不要，我最好不要开枪！"我们最大的问题是他们绕过了我们的侧翼。左边有一个农场，他们在那里有机关枪。我们不明白他们是怎么做到的，因为我们以为左边有一个警卫营，警卫营很擅长攻击。他们在这条路上向我们的后面开火。除了我们在河堤岸边挖掘的工事，什么遮挡也没有。军士长乔治·库辛（George Cussins）对我说："我们不能停留在这里，必须撤退，必须回去，下一次机枪扫射之后，我们就冲过去！"突然发生了一次猛烈的射击，军士长跑了起来。也许我跑得不够快，但是他跑了，我没有，我待在原地，想再冲一次。我看见他倒在我们后面的田里。我想，我最好等到天暗一点再走，然后再试着离开。但已经太迟了，那时德国兵部署在我们的周围，包围了我们。一个德国人拿着刺刀向我走来。我举起手，放下枪，在这种情况下你只能这么做。我很惊讶地看到我哥哥。两天前我们撤退时，有人告诉我他被杀了。大约有30个人举着双手向前走，但更令人吃惊的是，我的哥哥也在其中——我简直不敢相信！[10]

——二等兵沃尔特·黑尔，西约克郡第15团

几天后，威廉·柯林斯中士在勒哈梅尔（Le Hamel）遭遇了一场防御战。

我在勒哈梅尔的山顶上给伤员进行包扎。伤亡人员不断涌入我的岗位。斯旺（Swan）上尉，那位医疗官员，正忙着给伤员们的伤口敷药。我们就在前线；下面是一条壕沟，300名来自第16爱尔兰师的士兵正在用他们的路易斯枪射击。休息的时候，我去了刘易斯火炮射击手旁边的一个浅滩，他开枪了，我背朝浅滩，头朝后坐在那里。我戴上了钢盔——你看，我正在休息。一颗炮弹飞来，把我炸昏了。我不知道自己昏迷了多久，一定已经两三个小时了。我苏醒过来的时候，起身看了看河岸

的另一端，那里的步兵正在挖战壕。他们在我昏迷的时候把自己挖了进去。我站在那里看着他们。一位军官抬头看着我说："你以为你在干什么？走开，再往上走！"我非常虚弱，头昏眼花。我的钢盔压在头上，感受到严重的脑震荡，脖子后面和肩膀上都受了伤。我的大衣全被炸弹碎片弄破了。突然，一串机关枪子弹射击过来。我这辈子从没听过这么恐怖的声音。就像打开了一千个煤气龙头，"扑哧！嗞！嗞！嗞！扑哧！嗞！嗞！"那种嗞嗞的声音被放大了100倍！我的意识还算清醒——我趴在了地上——这是出于本能。我站起来，四处走动，最后我发现自己和野战救护车一起回来了。我非常震惊，这是毫无疑问的。头脑沉重，思维不清晰。直到今天，我仍然不能确切地告诉你我做了什么，但是听到任何声音都让我无法忍受。一根针掉下来我都受不了。每次爆炸，我的心似乎都要跳出来。仅仅3个星期，我几乎掉光了所有的头发。我曾经不得不牢牢地控制住自己，忍受它。这种情形逐渐减少。[11]

——中士威廉·科林斯，骑兵野战救护车第1号

1918年3月31日，二等兵乔·皮卡德面临着可怕的困境，他在莫雷尔（Moreuil）附近被德军密集的箱式炮弹击中。

敌人对我们进行了箱式包围，然后他们开始"耙"箱子——就像耙田地一样——用炮弹进行搜索。第一次还好，第二次的时候，我就被击中了。我记得看见一片大黑云沿着沟渠往上飘。我清醒过来的时候，正躺在路的后面，和许多死去的法国人在一起。有一个法国人，看起来就像一个胡椒罐击中了他的头。我笔直地跳起来——又笔直地往下跳，我想："好吧，腿受伤了！"我找到了自己被撞的地方，把裤子撕了下来。心想："好吧，如果我停留在这里，要么面对子弹，要么面对刺刀！"你知道，他们不会来找你的，他们负担不起，他们需要快速前进。我把急救包拿出来，里面只有很多纱布，一小管东西和一个大安全别针——这就是所有的急救物品。我把裤子撕下来；我的腿关节下面被击中了，我把它绑在那里。那片弹片切断了坐骨神经，切断了两个髋关节，打碎了

骨盆左侧，在膀胱上开了三个洞，我失去了鼻子——一片血淋淋的烂摊子。我手脚并用地沿着路爬行，在其中一个山脊上看见了一位熟人，我大声叫了他一声——一个叫克雷格（Craig）的家伙，来自达灵顿。他让两个小家伙，两个小达勒姆人出来。他们刚到我的肩膀。不知怎么的，他们弄来了担架，一辆红十字会的箱式车停在路的尽头。他们把我抬过第三次的弹幕，我上了马车，那家伙说："伙计，你会没事的！"救护车把我送到一所旧农舍，屋顶被炸掉了——还有其他的一切也是如此。我想喝一杯。他们不给我喝水——因为伤口在腹部。你就是得不到水。他们一定把我绑在那里了。当我苏醒过来时，天已经黑了，我躺在担架上。我不知道我怎么了——原来我身上盖着一条毯子，我被留下等死。老太太得到了我坟上的号码，我得到了国王和王后的感谢。[12]

——二等兵乔·皮卡德，诺森伯兰郡燧发枪团第5团第1营

皮卡德也许还活着，但他那可怜的、血肉模糊的身体处于一种可怕的状态。而失去了鼻子所造成的可怕毁容倒是他最不关心的事情。

我知道我的脸出了问题——这是注定的——我知道血在流淌。我从不为此烦恼。我的意思是，在这种情况下，你会想，你是否能活下去，然后去你的长相，见鬼去吧。[13]

——二等兵乔·皮卡德，诺森伯兰郡燧发枪团第5团第1营

一系列的手术将皮卡德腹部和腿部的弹片取出，在鲁昂医院待了6个星期后，他最终被转移到位于鲁昂的西部第三综合医院，在那里他将一直待到1919年1月。随着他的身体慢慢恢复健康，他开始对自己鼻子的剩余部分越来越感兴趣。

透过闪烁的绷带，你几乎总能看出我吃了什么饭——总是能看出来。我过去常在那里刮胡子。我受够了，所以有一天，当姐姐站在桌边和我聊天的时候，我说道："姐姐，你有镜子吗？"她说："有啊。"我说："借给我用下，可以吗？""也要借一下你的剪刀。"我把绷带剪掉了，看看鼻子。鼻子只有一半了，她对这种情况有点半信半疑，问

道："你怎么想的？""好吧，"我说道，"我能怎么办呢——它消失了，它没有了——我也不能沿着这条路线去找回它！"她说："你会好起来的！"[14]

——二等兵乔·皮卡德，西部第三综合医院，尼斯

与此同时，在索姆河前线，通往亚眠的道路一片混乱，但一个带有希望的迹象是，法国军队赶来帮助英国阻止德国的进攻。3月26日起，英、法两军各师被置于更集中的方向，这发生在任命之后——根据双方的协议，这不是劳合·乔治授意的行动，而是最高指挥官费迪德·福熙（Ferdinand Foch）元帅在8月份发动的政变。虽然黑格和贝当仍将保持相当大的自治权，但福熙将继续掌权，并确定总体方向，以确保法国、英国，以及最终的美国军队，能够团结一致。

皇家燧发枪团第9团是英军为填补德军进攻留下的缺口而开拔的部队之一。其中包括中尉吉姆·戴维斯。1918年早些时候，他所在的第8皇家燧发枪团在旅内重组时被解散，戴维斯随后被调职。当著名的"处女斜塔"在阿尔伯特终于被带到地面的时候，他声称自己也在现场。

我被射击了——一个家伙在我的左边被击中，子弹一定是从我身边经过，才打中他的脸。那是从阿尔伯特的"处女斜塔"上进行的纵向射击。我说道："这里有人能够跑得更快吗？"一个男孩回答说："我能。"他大约18岁，名字叫海耶斯（Hayes）。他跑了，我看到他下来了，我认为这比什么都可怕；他不是腿部中枪，而是手臂中枪。他起来，走了进来，说："我把信吃了！"我说："你一直在看那份'男孩们自己的报纸'！"我派去的第二名送信员沿着通信沟回到营部，后者通过旅部告知了炮兵部队，过了一段时间，开始炮轰处女斜塔，塔倒塌了。[15]

——中尉吉姆·戴维斯，皇家燧发枪团第9团

由于澳大利亚军团的到来，英军的防线更加坚固。澳大利亚军团

从加里波利战场上勇敢但缺乏经验的士兵，逐渐成为久经沙场、战功卓著、随时准备站在舞台中央的士兵。他们与英国军队的关系一直充满乐趣。

> 我喊道："站住，你是谁？"他回答说："他妈的澳大利亚人！你他妈的是谁？"我意识到他喝醉了，于是我说："你知道你在和一名军官说话吗？"他告诉我走开，叫我去他妈的。我的部队在看着这一切，我不知道该如何应对。你总不能说："来两个人，记住他的名字和编码！"所以我打了他，把他打倒了。我现在都能想见当时的场景：他坐着，膝盖朝上，头朝后。我再也没见过他；我不想这么做。他可能有一个模糊的印象，他被击中了，有人把他撞倒在泥里。这是唯一能做的事。[16]
>
> ——中尉吉姆·戴维斯，皇家燧发枪团第9团

但澳大利亚人有足够的战斗力，他们成功地稳定了亚眠前面至关重要的维莱布勒托讷（Villers-Bretonneux）防线。

德国春天对索姆河的进攻失败了。它没有把英国人赶出战争，没有突破阿拉斯以北的防线，没有在英法两军之间制造隔阂，没有到达亚眠铁路枢纽，也没有拿下任何具有战略意义的目标。德国军队所做的全部工作就是挖出一个40英里深的巨大球状突出物，总面积约1200平方英里，其中大部分被战争摧毁。这些毫无意义的收获将成为命运的人质，因为随着夏天美国军队成群结队地到来，它们在未来的盟军反击中不堪一击。时钟仍在无情地滴答作响。春天不会永远持续下去。

德国最高指挥部别无选择，只能再试一次。这一次，鲁登道夫决心在佛兰德斯发动进攻，试图用乔其特（Georgette）行动把英国人赶出战争。这里有一个真正的战略重点，关键的哈泽布鲁克铁路枢纽距离前线只有20英里，再往后一点就是重要的航道港口。德军将于1918年4月9日在阿尔芒蒂耶尔和拉巴斯运河之间发动进攻，第二天沿着梅辛山脊发起

进攻，目的是突破防线，包围整个伊珀尔突出部。黑格很清楚德国在佛兰德斯的任何进攻都是有威胁的，但是他的部队已经到了极限。德军于4月15日开始密集进攻，步兵于8点45分开始进攻，同样受到浓雾的影响。前线的葡萄牙军队（葡萄牙于1916年3月参战，向西线派出了两支比较弱的师）对一场他们无法轻易识别的血腥战斗几乎没有兴趣，而且他们也没有遇到多少有效的抵抗，尽管应该指出的是，在迈克尔行动中已经遭到重创的一些英军师并没有做得更好。德国人紧追不舍地发动了猛烈的进攻。4月18日，亨利·马博特（Henry Mabbott）中士在保卫拉巴斯运河时受伤。

我们回到了拉巴斯运河，运河的德国一侧有6门机枪，所有人都被疏散到另一侧。6减为4，减为2，再减为1。我只有一把路易斯枪，还有一个人和我在一起。当我开枪的时候，他帮我装子弹。到这个时候，另外5把枪已经能够开枪了，给了我一个过桥的机会。信号发出后，一切都豁然开朗，我跑过了桥。但就在我到达另一边之前，忽然出现了一道刺眼的白光，一秒钟后我就开始喝水了。我被撞击到了一边，被拉了出来，站起来要跑——但我的右腿出了点问题——我倒下去了。我又站起来要跑，又倒下去了，我从小腿中间的地方摸了摸我的腿——什么也没有摸到——它不在那里。当然，血流得很厉害，我割断防毒面具的绳子，把它绕在大腿上，尽可能地系紧。把短剑插回鞘里，插进去，再把它转过来，直到血止住了，我才松开它。有人发现了我，把我抬了一段距离，直到他们把我抬上担架。当时炮击声非常大，我花了很长时间才到达急救站。医生把针扎进我的手腕，我什么也不知道了。[17]

——中士亨利·马博特，卡梅隆高地一号

沉着冷静的黑格发布了“背水一战”的命令，试图坚定大家的决心。最后，防线守住了，德国人从哈泽布鲁克撤退。这是一场势均力敌的战斗，但德国人再次未能实现任何真正重要的目标，尽管他们竭力想结束战争。时间继续向前推进。

西线不能再被看作是徒劳的斗争了。每个人都能理解正在法国和比利时各地进行的致命战斗的根本重要性。然而，随着预备队被调集到前线，符合人类本性的是，并不是所有人都想去。令人奇怪的是，在当代的记述中，却没有那些不喜欢立即采取行动的人的故事，但口述历史突出了人们对号角呐喊的诸多不同反应。一些人在早些时候的战斗中受伤，一想到重返西线面对同样的危险，他们就退缩了。其中一位是萨帕尔·乔治·克莱顿，他当时在特福德地区的皇家工程师指挥仓库。

你必须通过挖掘测试。他们曾经记录下你挖一个洞再把它填满的时间。当你在限定的时间内完成这项工作，你就有资格再次回到法国。那时有很多人被遣送，他们不想回到前线——我就是其中之一！我知道，如果我在一定的时间内把它填满，就会回到法国。我从来没有跑去挖过洞。我在西线服役了两年半，已经履行了在前线的义务。我们必须去医学委员会。他们有我挖掘工作进展的记录，但我的成绩不太好。我以为我会被送回前线，因为我觉得自己很健康，看起来也很好，但我被解除了义务。他们给我们做了解除义务的标记——瓣膜心脏病——这就是我被遣散的原因。我得到了40%的退休金。我想我现在的心情比那时好多了！[18]

——萨帕尔·乔治·克莱顿，皇家工程师仓库，特福德

其他人，比如脾气暴躁的杰克·赫普斯通，只想自己选择时间回到前线。在西线服役后，他自愿加入了坦克部队，在韦勒姆营地接受驾驶训练。他的休假被取消时，他没有请假就走了。

他们说我们可以休假七天，但德国人向前推进，我们奉命迅速返回。我心想：“好吧，我自己行动吧。”我去了车站，坐上了去伦敦和谢菲尔德的火车，这就是我没有请假就离开的原因。他们把我关起来，宪兵来了，押送我回到韦勒姆。他们把我带出院子，让我站在勤务兵面前，询问缺席的原因。这个军士长从警卫中出来，走到我身边，说：“你就是缺席的那个人？你给我们带来了很多麻烦，就是你。你知道如果我能随心所欲，我想对你做什么吗？”我说：“不知道，如果我知道，我就

会写信回家告诉我的妈妈！”我认为这让他心烦。他说：“我会把你放在栏杆上，让德国人把你当作靶子！”我回击说：“他们已经这样做了3年，每次都把我错过了，但是我不会错过你！”打！我给了他一下子！那两顶红帽子从来没有试图阻止我——他们想让我再给他一些打击——他们没有这么说，但这就是他们的态度。他想要起来，于是我跳到他的身上，压住了他的膝盖，咬了他的耳朵。我被送去接受军事法庭审判。[19]

——二等兵杰克·赫普斯通，坦克部队，韦勒姆营地

惩罚是不可避免的，1918年4月，赫普斯通被判在梅布里克军事监狱服刑6个月。在这里，狱吏们非常不能容忍他对暴力的偏爱。

第一天真的很有趣。“脱掉衣服，什么都脱掉，你得洗澡。”好吧，我脱掉了所有的衣物，水是凉水，所以我泼了一些水，把头发弄湿——敲门说道：“我洗过了！”中士比利·威廉姆斯（Billy Williams）走了进来，他有点像伦敦人，说：“你洗过澡吗？”我说：“是的！”“你这个该死的骗子！”打，他在里面打了我，“啊哈哈！”我几乎喘不过气来。他们把我带到我要进去的牢房。你必须把装备放在架子上，像军队里一样折叠起来。我把它折叠起来，我认为它是完美的——它确实是。威廉姆斯中士走了进来，双手放在身后，环顾四周。说道：“这是你挂行李的方式吗？”他把行李全拖到地上，说：“再把它放上去！”我说：“好吧，你撞倒的，你把它捡起来！”他出去了，又带了三个人回来；他们关上门，给了我有生以来最大的一击。他说道：“我会永远记住你的！”另一个中士知道这一切，他说：“我给你看样东西！”他把我带到一楼，两间牢房被合成一间，那里有紧身衣，手铐，一根九尾鞭。他说：“我们可以在这里驯服狮子，这里不能容忍这种事——做个好孩子，你会好起来的！”[20]

——二等兵杰克·赫普斯通，梅布里克监狱

赫普斯通明智地放下了自尊，在余下的刑期里成了模范囚犯。

1918年夏天席卷全球的流感病毒的影响，使前线补充人员的紧急需

求变得更加复杂。死亡率高得可怕，伯德护士觉得不断举行葬礼令人深感沮丧。

我们有西班牙流感。每天早晨上班前，我们都要经过熏蒸室，晚上下班前也要经过熏蒸室。停尸间里挤满了人，我们让病人一个躺在另一个上面。葬礼进行了一整天；男孩们像苍蝇一样濒临死亡。从医院进出的时候，我们不得不忍受这一切，在葬礼经过的时候低下头。有时我花了很长时间才到达医院，有时我不得不放弃。太可怕了；葬礼一直在持续不断地进行。[21]

——护士伯德，科尔切斯特医院

流感大爆发从1918年初一直持续到1920年。这种疾病似乎会引发人体免疫系统的过度反应，这意味着它会反常地捕食年轻人和强者，也会捕食非常年幼的人、老人和那些被战争蹂躏得体弱多病的人。这是一个全球性的现象，比第一次世界大战严重得多。到流感结束之际，估计全世界有5000多万人死于该病毒。在所有被感染的人群中，约有10%的人死亡。仅在印度就有约1700万人死亡。这么多在战争的恐怖中幸存下来的人被一种微小的病毒击倒并摧毁，这太残忍了。

1918年春天和初夏，许多人被紧急征召入伍，但他们并不愿意应征入伍，从一开始就不愿意参军。二等兵吉姆·福克斯（Jim Fox）当然不认为自己是一名士兵，但1918年春天，当他乘船离开达勒姆的家时，他设法使自己相信他不会受到伤害。

我不得不到达勒姆车站的南侧去坐火车斯托克顿。那是一个阳光灿烂的早晨。就在我进车站之前，我转过身来，从那儿可以清楚地看到达勒姆城堡和大教堂。阳光明媚地照在那两座美丽的建筑物上，我对自己说，大声地说："我一定要回来看看我正在欣赏的风景！"你知道，我从来没有忘记过这一点。很多很多次，我处于被枪击的危险中，可能被炸成碎片，但我脑海里总是浮现出这样的想法："这永远不会发生在我身上，因为我一定会回来看看大教堂和城堡！”这个想法一直激励着我前进。[22]

——二等兵吉姆·福克斯，51营

当他到前线时，他被派往达勒姆轻步兵第11团，驻扎在当时相对“平静”的阿拉斯区。当时，社会上对是否应该让18岁的年轻人在前线作战的争议很大。福克斯和另一个年轻的士兵看到了机会。

我的朋友查理·福特（Charlie Ford）就是那个把我引入歧途的人。6月的一天早晨，我们被叫去接受检阅，目的就是：“任何未满19岁的人，向前走两步！”于是查理·福特立刻想：“好吧，这是摆脱困境的一种方法——我向前走两步！”他拉着我向前走。但问题是他4月份的时候就19岁了，现在是6月。我5月4日满19岁。今年6月，我们都19岁了，而不是18岁。下士过来问了各种各样的细节：“你的名字和生日？”我告诉他我的生日是7月4日，查理说是7月16日。我们都在说谎——我担心死了。当我们回到小木屋时，我说：“查理，你看，你向前走了两步，把我们俩都弄得一团糟。当局只要查一下记录就知道我们都19岁了。总有一天，在不久的将来，会有人抓住我们俩的后颈，把我们带到警卫室去受惩罚！”然而什么也没发生，大约10天以后，我们又被叫去接受检阅。军官说：“我现在念出名字的那些人，请向前走两步！”包括查理·福特和我的名字——总共大约有40个。[23]

——二等兵吉姆·福克斯，达勒姆轻步兵第11团

这40名年轻的士兵被送回伊塔普勒的步兵基地。他们在帐篷里接触到一名麻疹患者，结果福克斯和福特被送往隔离营。当他们终于回到伊塔普勒时，两个无可救药的冒牌货又试了一次。

我们不知道该怎么办，我对查理说：“如果我们报告说自己生病了，我们可能会在这里待上两三天！”第二天早晨，他照例又来了一句：“谁要是病了，就向前走两步！”查理和我向前走了两步。我们有四五十个人，来自不同团的成员都聚集在一起。负责的中士把我们押到伊塔普勒的医务室，让我们每个人脱光衣服，然后来到临时营房的大厅。我们等

了大约五分钟，等来了一位医疗官，他是一位非常粗暴的老上校。他只是顺势而下，没有在任何人面前停留太久。他看着和他在一起的下士，然后问道："福克斯，你怎么了？""好吧，先生，我的背部反复疼痛，我很难受！"他说道："具体是哪里？"我把手放在后背上，"上校，大概是这里！"他说道："疼痛经常发作吗？""是的！""什么时候疼得最严重，早晨、下午还是晚上？""不是一直疼痛，但是大部分时间都是如此，早晨、上午和晚上都是如此。"他停顿了大约五秒钟，好像有五分钟那么长，然后他说："看，你只有一件事不对劲，福克斯！""上校，那是什么事呢？""你的脑袋需要换血了！"这就是体检。我们根本没有得到同情——那是浪费时间。[24]

——二等兵吉姆·福克斯，基地仓库，伊塔普勒

当他们最终被送回达勒姆轻步兵第11团时，发现该部队在他们缺席的期间伤亡惨重。

其他人在违反军队纪律时就没那么幸运了。二等兵杰克·厄尔（Jack Earl）是兰开夏郡燧发枪团第7团第1营的成员之一，他在1918年因擅离职守而被处决。[25]

我们只有一个小伙子开了小差，擅离职守。他犯了两次罪，被判死刑。他们剥夺了他的奖章——他有一枚奖章——被判枪决。我们每个人都必须去看一看。这就好像是在说："现在你知道后果了吧！"就是这样。整个营都在观看，你是否闭上眼睛取决于你，但我们都在那里。我们都上了山，下面有个小舞台。我只是观看。过程只有一两分钟。舞台中央有一把椅子，他被带了出来，坐在椅子上，只穿了一件衬衫和一条裤子，证件在胸前晃来晃去。他一定要求被蒙上眼睛，他们确实蒙上了他的眼睛。行刑队是从他自己的排中挑选出来的，一共选了8个人，其中一个是他的助手。助手拒绝参与，但被告知如果他不这样做，将被送往军事法庭，得到一个非常糟糕的判决。他们告诉他："没什么好担心的，因为你不会开枪打死他的！"事实是有8支步枪和1颗假子弹，这8个

人都不知道是谁得到了假子弹。就像军官说的："你们每个人都有证据证明你们没有开枪打死他！"事实上，他们中的一些人肯定是故意没有射中他的，但这很不幸，因为他只是向前一倾，没有死。就在那时，宪兵长拿着左轮手枪向他开了枪。他就是一个住在离这儿不远的年轻人——杰克·厄尔。我感到很难过，因为他是我的一个朋友，是一个非常好的小伙子。他的麻烦是开小差的那一次——那是我们回去的时候——后来他又离开了。当然你不能两次都这样做，战争期间更是不行。第一次开小差，他是幸运的。但是第二次，他们不得不这样做，他差不多是自找的！我们没有为他举办任何哭诉派对或类似的活动。作为连队成员，我在顶班，我得给他的家人发封电报。当时的做法是，如果有人被杀，我通常会发这样的电报："我们很遗憾地通知你，你的儿子在行动中被杀了。"但是就他而言，我发送的电报只能写上"被杀"。没有实际行动的字眼。不幸的是，有个小伙子和他住在同一条街上，他休假回家时，他告诉年轻的厄尔的父母，厄尔因为擅离职守，被枪杀了。他做了一件最可怕的事情。这件事情传到了我们耳中，一两个小伙子狠狠地揍了这家伙一顿，把他打得鼻青脸肿。[26]

——二等兵约翰·格兰杰（John Grainger），

兰开夏郡燧发枪团第7团第1营

显而易见，格兰杰的情感呈现出双重性：既同情可怜的年轻厄尔，又认为判决是合理的，必须接受。

当新兵的新兵服到达前线时，他们发现自己加入了那些经受了太多磨难的部队。二等兵比尔·吉尔曼（Bill Gillman）在索姆河地区加入了伦敦第2团第2营。他的发现相当典型。

这是一个大杂烩。伤亡和替换人员如此之多，旧的汗衫所剩无几。大部分都是士官服装，我们比较喜欢。我有一个特别的朋友，来自伯蒙西，他受伤了，头上有个大凹痕。他回到了英国的家乡，又被送了出去。现在他是一个老头子了。我过去很尊敬那些人。因为他们见多识广，知道所有的障碍，知道该寻找什么——或当心什么！我以前听他们说话很小心。你很快就会发现你不知道所有的事情——有很多事情你不知道。如果你开始自暴自弃，别人会提醒你，你只能振作起来。[27]

——二等兵比尔·吉尔曼，伦敦第2团第2营

随着对战争的热情减退，英军士兵的素质可能一直在下降，但也有明确的证据表明，德军的力量正在减弱。

我注意到的一件事是，德国人和我们一样，也有这种感觉：我看到的德国军队和我们在卢斯战斗过的不是同一群人。他们不是同一类型的人，不像德国人通常的那样，不像在卢斯战役中有这么严格的纪律。他们的装备也很落后。他们快走到终点了。[28]

——中尉吉姆·戴维斯，皇家燧发枪团第9团

双方都在受苦。

1918年5月，当德国人在考虑他们逐渐减少的选择时，西线暂时平静下来。福熙试图建立一个战略储备，由英法两国的师组成，以应对德国的进攻。作为这一进程的一部分，一些精疲力竭的英国师作为法国第6军指挥下的14团的一部分，被派往当时相对平静的艾斯河前的圣母院区疗养。不幸的是，这正是德国人选择在1918年5月27日发动第三次大规模进攻的地方，此举即为布吕歇尔行动。轰炸于1时开始。

当我们进入圣母院区森林时，炮击开始了。我们一开始就进入了防空洞。这是一次可怕的轰炸，轰鸣持续不断。如果敌人轰炸你，就不能同时攻击你，否则他们自己也会被轰炸，所以你要等到轰炸平息后再出来。我们当时正站在战壕里，等着进攻的到来，突然遭到了来自左边而不是前面的猛烈的步枪射击。一颗子弹穿过我的肩膀，另一颗在我的脊柱旁边，从侧面射出去，把我打倒在战壕里。接下来我知道的是，两个德国红十字会的士兵冲过来，我想他们都是和我差不多大的小伙子。他们很讨人喜欢：虽然他们偷了我所有的香烟，但他们也包扎了我的伤

口。因为我的脊椎被子弹击中，所以腿部刚开始完全不能动弹。渐渐地，感觉又回来了，我能走路了——只不过走起来很困难。这两个人给我指明了前进的方向。我走回去，没过多久我就发现了一大群俘虏。各级官兵：军官、少校、士兵——全都是——俘虏！[29]

——二等兵乔治·汤普森，达勒姆轻步兵第5团第1营

信号员乔治·科尔也在被俘人员之列，他被安排使用临时担架抬回德国伤员，并被禁止抬回自己的英国伤员，这引起了令人不安的反应。

马克·卡尔（Mark Carr）和我抬着一个大个子德国人——噢，他是个大个子。没有担架；我们只是用毯子裹着他。他是一个又高又壮的伐木工。我们一直看着对方，想把他放下休息。他能说的只是："水！水！水！"他想喝一杯。当我们走到很远的那个地方时，有一个达勒姆第6团的家伙，也是我们的小伙子，受伤躺在一个血淋淋的大弹孔旁。我不假思索地说："马克，把他放下！"我向他做了个手势。我们把德国人放在了坑里，"进去那里！"他滚进了洞里，你会以为这是事先排练好的。我们把达勒姆第6团的那个家伙抬起来，然后拼命地跑掉了。即使是现在，我对自己所做的事也从不后悔。这只是常识，你必须先照顾好自己一方。[30]

——信号员乔治·科尔，炮兵A连，250旅，皇家野战炮兵

科尔和卡尔本可以因为他们无情的行为而被枪毙。但他们逃脱了惩罚。

英军和法军第6军后撤，放弃了达梅斯的圣母院，穿过埃纳河，然后在混乱中撤退，越过了连绵不断的山谷和山脊。随着新到来的一个法国师和两个美国师，德军的进攻最后被控制在马恩河上。狂乱的德国人将于6月9日再次推进格尼索行动，其目标是法国人，并设法扩大布吕歇尔行动留下的突出阵地。法国人起初撤退了，但在6月11日，他们恶毒地反击了暴露在外的德军西侧。突然间，1918年德军进攻的长期痛苦结束了。德国人已经耗尽了他们的人力储备，再也不能发动进攻。美国军队

开始把越来越多的师派往前线，占领了比较安静的地区，学习了堑壕战的残酷。在短时间内他们有很多东西要去学习，但是他们的数量多得可怕，新分裂的涓涓细流在1918年初夏变成了洪水。德国人终于忍无可忍了。

12

1918年：奔向胜利

索姆河地区的英国第4军已经意识到，他们面前的德国军队没有表现出通常的高军事效率标准。为了试探局势，亨利·罗林森将军命令约翰·莫纳什（John Monash）中将率领的澳大利亚军在当地发动攻击。1918年7月的这次袭击，也将考验英国军队一年多来一直在发展的“全武器战争”的新战术。这是20世纪战争的一个集体新愿景：在可能的情况下，用大规模火力和机械化武器取代脆弱和日益稀少的人力。

1918年，英军伤亡惨重，随着英军人数的减少，不得不节约人力。然而，尽管可供使用的步兵较少，但他们所拥有的武器远比他们的前辈装备精良。他们有大量的刘易斯轻机枪，大量的手榴弹，“大炮”形式的步枪手榴弹或迫击炮。在他们身后不远的地方，他们可以求助于重型迫击炮和维克斯机枪。他们不再排着队向前推进，而是排成一小队，前面有一排散兵。到1918年8月，皇家炮兵拥有充足的、各种口径的大炮和所需弹药。英国炮手现在可以统治战场，完全掌控他们的致命武器。他们的目标不是消灭敌人，而是压制德国军队发动有效抵抗的能力。德国枪手和编队总部被大量地投射毒气弹，通过空中侦察确定的据点遭到了无情打击，当英国步兵进入无人地带时，他们前面是错综复杂的匍匐炮击，将弹片和高爆炮弹连成帘子。步兵将由坦克陪同，坦克仍然不可靠，但在进攻中被赋予了现实的辅助作用，能够碾碎任何剩余的带刺铁丝网，处理任何幸存的机关枪发射点和碉堡。轻型战车坦克将在德国防御工事中寻找缺口，而同样重要的补给坦克可以在相对安全的情况下，将大量弹药运送到无人地带。在他们上方的是英国皇家陆军航空队，他们不仅拍摄、指挥炮兵和执行巡逻任务，现在还直接通过地面扫射进行干预，并试图通过轰炸任务切断德国的重要通信和运输联系。

1918年7月4日的哈默尔战役，作为一项实际试验，取得了巨大的成功。德军似乎在进攻面前溃不成军，目标很快就被占领，德军伤亡近2500人，许多人被俘虏，而盟军只损失了约1000人。1918年8月8日，这场令人震惊的胜利为使用同样原则的更大规模的进攻扫清了道路，这就是后来的亚眠之战。罗林森的计划最终将涉及整个坦克部队，包括约324辆重型坦克和96辆轻型战车——事实上，这将是一战中最伟大的坦克战。然而，尽管坦克是计划的重要组成部分，但不应混淆成功的关键在于炮手的表现，必须让德国大炮保持沉默。

英国人开发了一套可靠的系统来识别德国的炮台，不管德国人多么努力地试图隐藏他们的存在。航空摄影判读专家们的技术逐年提高，从空中看到的最细微的迹象都会迅速被发现。还有一些特种部队利用科学来挫败任何伪装企图。闪光灯就是一个例子。这听起来很简单——实际上这个概念确实很简单——但是各种各样的改进让它成了一门致命的科学，对于德国枪手来说，他们会发现自己突然被炮弹淹没，因为他们的“掩护”被炸开了。二等兵维克多·波尔希尔是这种新型科学的战士之一，他在被轻微毒气攻击后自愿加入皇家工程师观察小组，被派往伊珀尔北部布里伦的特罗斯城堡，那里有一座高得吓人的瞭望塔。

它长约112英尺，呈三角形，由大型钢缆支撑，以固定它的位置。我们分成三批。你会坐在这座塔底部的一个小座位上，另外两个会把你卷到靠近塔顶的一个小平台上。我爬上去的时候确实在想：“要是绳子或座位断了，掉下去摔死就惨了！”你可以看到一小块三角形的草地和这个缠绕装置。它上升的时候，我总是抓住两边，如果发生什么事，我就可以抓住侧面的支柱。你走到这个平台上，那里有一个绳梯，通向顶层，那里有经纬仪和长凳。那是在树顶之上，整个外面都被树枝遮掩着。你可以俯瞰对面的伊珀尔山脉，看到敌人大炮后面的山脊。经纬仪比双筒望远镜好得多。我们以德军后方的教堂为基点进行记录——确定一个点，并确保4件仪器都是整齐准确的。所以我们都知道所有东西的确切位置。你一看到开枪，就把经纬仪转过来，说："德国人向某某地开枪。"这样，其他3个哨所和指挥部知道枪炮在进攻。然后你大概知道它可能在哪里——不仅仅是方位——你可能会说它看起来像是在山脊上，甚至是哪种型号的枪炮，5.9英寸的，或者更大型号的炮。你可以从闪光的出现看出距离。当它响的时候，你按下了蜂鸣器，这样如果有其他的炮，他们就会知道我在看哪门。所以他们都转过身来，给了一个方位，我给了我的方位。总部有一块板，上面有穿过的线——每个柱子上都有一根线和一根别针。他们把线拔出来，插在轴承上，这个在轴承上，那个在轴承上，如果幸运的话，它们都在某一点相交。一切都在几秒钟内完成了。我估计，我们对于敌人大炮位置的判定误差不超过5码，特别是如果该地有两门以上大炮的话。[1]

——二等兵维克多·波尔希尔，

1号观察组，野外调查连队，皇家工程师

这种复杂的操作自始至终都在进行。声音巡视员使用了类似的系统，通过麦克风来精确确定枪支的位置。在步兵最终越过防线之前，英军已经用这些方法识别出德军530门大炮中有504门正对着第4军。

8月8日4时20分，澳大利亚军、加拿大军和英国第3军在索姆河以南发动攻击。那天，澳大利亚人和加拿大人势不可当，在索姆河分界线以南约8英里处向前冲去。德国人伤亡约27 700人，其中15 000人是战俘。他们还损失了400多门大炮和相当数量的迫击炮和机枪。鲁登道夫总结道："8月8日是德国军队在这场战争历史上的黑色日子。"[2]

坦克在前进，一个阵地接一个阵地前进，步兵跟在后面，即使德国人把大炮从他们的坑里搬了出来也无济于事，因为澳大利亚人已经完全包围了他们。德国战俘们朝我走来，我看到一名澳大利亚士兵竟然在戳一名德国准将的屁股——当时大家都觉得很好笑。这是一个胜利的早晨。你感到兴奋，甚至有些毛骨悚然，因为我们知道战争就要结束了。[3]

——上尉斯坦利·埃弗斯（Stanley Evers），

澳大利亚武装部队第30营

新型的轻型战车坦克发挥了重要作用，但来自我的家乡切斯特菲尔德的二等兵埃里克·波顿很幸运，他错过了战斗，在之前的一次事故中受伤。不久之后，他听说他的轻型战车在战斗中被炮弹击中，顿时感觉胃里翻江倒海。

我必须上去看看能从坦克里救些什么。我们得把仪器拿出来，把枪拿出来，尽力抢救一切。坦克被彻底粉碎，被直接击中了正面。在那之后的几年里，我再也没吃过牛肉了。坦克里到处都是飞溅的牛肉。爆炸和火灾。糟透了，实在是太糟糕。[4]

——二等兵埃里克·波顿，坦克部队第6营

在索姆河以北，第3兵团遇到了更多的问题，他们得到的坦克数量少得多，而且还面临着向索姆河下游延伸的一系列山脊。热情洋溢的中尉吉姆·戴维斯发现一切都笼罩在混乱之中。

我们晚上到达那里，又缺军官了。我们进入状态，但不知道会发生什么，不知道现在的目标是什么。我们发起了猛烈的攻击，一辆坦克出来继续前进。德国兵1号发出了求救信号，于是我下了决心。我向前走了大约十分钟。天很黑，我以前从来没见过战线的这一段。德国人在前面放了轻机枪，其中一把打中了我，把我的双腿都弄断了，我倒下去，我旁边的那个家伙被杀了，他躺在离我4英尺远的地方。我摘下围巾，在左腿系上止血带，用手枪穿过，然后勒紧。我躺在那里，天还没亮，就看见三四十个人回来了。我看不见他们的负责人，就大声问：“你们是谁？”他们是西肯特人。“你回来干什么？”他们说：“对于我们而言，他们太强大了。”我说：“并不是很强大，我的部队在前进，前进！”他们没有注意到我；我什么都做不了！一个中士和四个左右的火枪手出现了，不是我的连队，但我有一个精明的猜测，他们是“空投炮弹的人”。他们在进攻中被击败，他们没有忠诚，他们会掉进弹坑。我又受伤了，膝盖上有一块弹片，我告诉他们把我移到一个弹坑里。他们试图移动我，但那是痛苦的，我无法移动。其中一个男孩带着四名俘虏回来，包括两名德国担架手。他们开始看我的腿，有小块骨头都伸出来了。膝盖完全骨折了。我没有试图移动它，这是血腥的痛苦！我说：“没有希望了，别管它！”他们只有纸绷带。他们把我扛在肩上，带我下来。俘虏在炮击时开始逃跑，我向下士大喊，阻止这些家伙逃跑。我的担架上满是鲜血。[5]

——中尉吉姆·戴维斯，皇家燧发枪团第9团

当他终于到达伤病员清理站时，很明显，至少有一条腿已经没有希望了，现在只剩下一小块皮肤和筋了。截肢是不可避免的。

我不记得被脱下了衣服，也不记得去过手术室。但我记得来的时候看到桌子旁有个小伙子，他的一侧都是敞开的。有个姐姐在给我注射麻醉剂，她说：“谁来帮我把这个军官按住！”就这样。直到第二天早上9点左右我才知道更多。我全身裹着绷带，我做的第一件事就是把手伸下去，感觉摸到一个树桩。这个姐姐说道：“你需要些什么？”我说：“是的，我有点恶心！”她带了一个肾脏形的盆，里面有很多我的棕色东西。她说道：“你还需要别的什么吗？”“是的，我可以喝一杯威士忌吗？”她给我带了一大杯威士忌。这就像断头台上的斩断术，直接把骨髓塞进去，然后把它们全绑起来。[6]

——中尉吉姆·戴维斯，皇家燧发枪团第9团

尽管他的战争已经结束，戴维斯还是会在第二次世界大战期间再次入伍为国家服务。

进攻的第二天，二等兵比尔·吉尔曼在伦敦第2团第2营发动的奇皮利岭

（Chipilly Ridge）战役中上场。事实证明，战斗的前景令人望而生畏。

我们不得不进攻山脊，那是个相当长的山脊。我们所不知道的是，德国阵地上有10～20门重型机关枪。天哪，他真的开火了！他把它射向我们，刚刚横扫了我们。当我向前走的时候，向四周看了看，可以看到我们的人数在逐渐减少，周围的人都在减少。那些倒下的人仍然被子弹击中。没有命令——什么也没有，你无能为力。情况变得如此糟糕，当我迈步时，我想："下一个就会是它了！"但你当然不知道被击中的是什么。我朝这个大弹坑跳过去。幸运的是，弹坑是空的，里面没有水。如果有的话，我也不会介意，我已经跳进去了。我知道没有希望得到任何命令，因为没有人给任何命令。子弹打在弹坑的后面；子弹如雨般落下。我不知道我是怎么被错过的。[7]

——二等兵比尔·吉尔曼，伦敦第2团第2营

第3兵团艰难地翻越山脊，确实很艰难。即使是在河的南部，澳大利亚人和加拿大人也开始失去动力，因为德国人回到了战争早期被占领的战线上，提高了他们的储备。就在这一点上，在把"全武器战争"发展成最终赢得战争的制度方面迈出了最后一大步。当德国的反击势力开始变得强硬起来时，黑格的部队指挥官诱使德军把袭击的焦点转移到邻近的第3军，就在阿尔伯特面前的北面。这将使第4军重新组织起来，向前推进大炮，彻底侦察敌方的防御工事。福熙起初反对，但黑格坚持。攻击还会继续，但会进一步向北。

第一次世界大战的战术难题终于解决了。1918年有足够的大炮在前线的任何地方进行大规模的炮击，这在1916年是不可想象的。英国的5支军队都有足够的火炮资源发动毁灭性的攻击。从那时起，战争的节奏变得日益无情。在福熙和黑格的精心策划下，袭击的焦点不断转移，德国人发现他们一刻也不能放松。这是一场真正的策略战争。英国、法国和美国的军队在西线上到处发动进攻，成功地进入了德国最高指挥部的"指挥圈"，以至于鲁登道夫本人精神崩溃。德国人根本没有足够的

时间来计划如何应对最近的袭击。当他们弄清楚发生了什么、该怎么办的时候，攻击的焦点已经转移了，他们又一次抓住了救命稻草。

英军的炮声真是无处不在，每一次英军推进都是雷鸣般的场景。但步兵有时还是觉得很难前进。德国军队是坚定的敌人，虽然它的最终失败不再是一个疑问，但许多战斗仍有致命效果。英国人的伤亡率飙升，因为无情的攻击把他们从战壕中带出来，投入了公开的战争环境。1918年9月，二等兵比尔·吉尔曼在靠近兴登堡线的埃佩伊（Epéhy），在雾蒙蒙的条件下进行巷战，侥幸脱险。

你看不见自己在做什么。你的思想就像刀锋般锋利，任何的移动，甚至旋转的雾气看起来也像人一样。你可以清楚地看到三四码远的地方，声音也非常清楚，然后它又会旋转回来。你当时很好战，那拯救了我。浓雾消散之后，可以看出前面的花园里有两三个德国兵，各自拿着一把机关枪，一把血淋淋的枪正对着我。我首先开了枪，那是一瞬间的事情，路易斯的枪自动转了一圈，就这样——我救了自己的命。如果他们早点开枪的话，我就没命了，也不能坐在这里喝茶了——我就会完全不知道这件事情了。我很快地看了一眼，他们就完蛋了。[8]

——二等兵比尔·吉尔曼，伦敦第2团第2营

二等兵霍勒斯·卡尔弗特自1914年以来一直在军中服役，但由于年龄太小，1918年他最终被调回前线。加入英国近卫步兵第2团时，他只有18岁。9月，当他看到炮兵为即将攻击康布雷地区可怕的德国兴登堡防线所作的大规模准备时，感到很高兴。

我们向进攻北运河（那是一条干的运河）和兴登堡线的起跑点进发。在前进的过程中，18磅重的大炮轮子挨着轮子——我从来没有在前线看到那么多的大炮。弹药已堆积起来。忙着准备的炮手告诉我们，他们将在战壕上每隔3码放置一枚炮弹。他们说："如果我们能坚持下去，你们就不会有任何困难了！"[9]

——二等兵霍勒斯·卡尔弗特，英国近卫步兵第2团

最后，当他们进攻的时候，他们发现炮手是对的：德国的反对派不可能在这样的轰炸下坚持很久，等到卡尔弗特到达运河时，战斗已经结束了。

早上4点过5分，传来一声炮响，没有吹哨子，这是袭击的信号，我们出发了。弹幕打开了——震耳欲聋。冷溪卫队在前面——我们是他们后面的营队。有一条混凝土砌的空运河，大约有20英尺深。那里有攀爬的梯子，我们必须下去，然后带着全副装备爬上另一边。冷溪卫队做得很好，因为没有人反对我们。我们进入兴登堡战壕，冷溪卫队在前面，我们不得不转到侧翼去面对来自左边的任何进攻。我们朝布伦伍德望去。在远处，我们可以看到德军的大炮正从树林的外围被拔出来。他们拿着枪在路上飞奔，但我们无能为力；由于距离太远，无法进行有效的步枪射击，所以他们逃跑了。我穿过一片开阔的田野——没有树篱，只有开阔的田野。正中间是一个巨大的凹陷式榴弹炮阵地，你几乎要爬到上面才能看到它。它从未被使用过。它是兴登堡防线的防御工事之一，只在进攻时使用，但失败了。我们速度太快了。[10]

——二等兵霍勒斯·卡尔弗特，英国近卫步兵第2团

即使遇到了重大的抵抗，英国人仍然能够不屈不挠地前进。1918年，乔尔戴恩上尉作为第16师总部的一名低级参谋，负责指挥一个师部的前进。

这个师每隔一天向前推进10～15英里，几乎没有遇到反击力量。一天，所有人都出去了：GS02和GS01在绕着防线或者什么地方奔跑。由于某种原因，必须告诉师部明天前进10～15英里。很可能部门文书没有告诉我。“你最好拿点东西出来！”于是我下了命令，但忘了安排口粮。他们当然得到了口粮，但从正式的角度来看，并没有作出安排把口粮送到15英里以外的地方。当不同的人回来的时候，他们都指给我看——毫无疑问，如果我走得离队伍近一点，他们肯定会指给我看的。[11]

——上尉乔尔戴恩，总部，第16师

有时推进似乎很容易，但这完全是他们发动攻击时局部战术形势的问题——情况可能很糟糕。当军队在野外的时候，如果出了什么差错，哪怕是一瞬间，他们都非常脆弱。一声机关枪的突然开火，一颗放置良好的炮弹，就可能给一个人带来灾难。1918年10月8日，唐纳德·普莱斯下士在带领他的部队参加在考德利（Caudry）的攻击时受伤。

我们去了一个叫考德利的地方。我们走在一条下陷的路上。我们大约8个人！我们走过去的时候，我说："伙计们，你们看：你们要分散在这片土地上，当你们看到我刺刀上的这条卡其布手帕时，那就是我！"于是我们继续前进。情况不是太糟糕。有人说："必须拿到那个农场！"一辆坦克开过来，年长的"胆小鬼"埃德加和我，我们走到坦克后面。行程很顺利，几乎什么事也没发生。在山谷的另一边，我们可以看到三个德国人，他们刚刚从战壕里出来。年长的"胆小鬼"埃德加举起来复枪，开始射击。其中一个人摔倒了。就在我们到达山顶之前，我也遭遇了一个德国兵。一颗血淋淋的子弹打中了我的腿，它径直穿过我的腿，在我的背部炸了一个大洞——幸好并不致命。我被击中了，我倒是觉得很庆幸，我对"胆小鬼"说："我受伤了！"他脸色苍白，看起来不太好；他知道他杀死或者打中了什么人。我停下来，坐了一会儿，六个德国人扶我下来——我抢了他们的东西。我从这些家伙那里弄来了六块手表！我把它们放在沙袋里。我有这些手表。当我们到达这个急救站时，军官问："你在里面装了什么？"我说："哦，我有几块手表！"他说："好吧，给我一个！"[12]

——下士唐纳德·普莱斯，皇家燧发枪团第13团

普莱斯被送回了布洛涅的医院。在这里，他发现伤口虽然看起来很可怕，实际上并没有那么严重。但是，在履行了他的职责并在西线服了三年兵役之后，普莱斯现在决定尽可能地推迟他重返现役的时间。

前面只有一处小小的枪伤，麻烦的是后面，有一个大洞。子弹正好打在腿的中间，正好打在骨头上，从后面打了一个洞，但是没有把骨

头打裂。我是一个非常非常健康的孩子，伤口愈合得太快了。所以我决定把伤口打开。我试着打开夹板，把痂皮敲掉一两次，然后用牙刷把痂皮擦掉。但我很快就痊愈了；一切都好了。大约在11月10日，我步履蹒跚，仅此而已。[13]

——下士唐纳德·普莱斯，皇家燧发枪团第13团

二等兵吉姆·福克斯当时已经参与了相当多的战斗，但是至少可以这么说，他不是一位狂热的士兵。在一次势均力敌的事件中，他发现自己与一小群人孤立无援，因为在猛烈的炮火下，一场攻击爆发了。在这里，尽管他尽了最大的努力，却与一位不同情他的军官发生了冲突。

我们走到离村子80码的地方，三架德国机枪正在扫射。我们在第一次爆炸中损失了相当多的人，其余的人则冲进弹坑寻找掩护。那是一个大约10英尺深、底部有2英尺深水的大弹坑，让人很不开心。有人用纸和一块石头给我们发了信息，是扔进来的。上面写着："布莱克中尉：11点吹哨子，朝我们后面大约60码的战壕冲去！"我们在11点等着哨声。弹坑周围很滑，我挣扎着要从弹坑里爬出来，在努力的过程中，我的步枪从肩膀上滑到了弹坑的底部，所以我就把枪留在那里，没带枪就冲了出来。当我到达战壕时，邓恩（Dunn）中尉问我："你的步枪呢？""我很抱歉，它在路上从我的肩膀上掉到弹坑里去了！"他说："好吧，你现在没有枪怎么办？""有许多备用步枪，我们有几个小伙子被打死了，我可以用一个！""哦，不行，你不能这么做，这是有规则的！你必须回去，把枪取回来。"我匍匐前进了60码，绕过不同的弹坑，子弹不时地从我头上呼啸而过。我不得不返回60码做同样的事情！我花了超过三刻钟的时间做这件事。最终我回去了，拿到了自己的步枪。[14]

——二等兵吉姆·福克斯，达勒姆轻步兵第11团

然而，德国炮兵的射程很长，伤亡人员不只是在前线。对二等兵比尔·吉尔曼影响最大的事件发生在他们行军到被认为是安全地方的时候。

我们休息了几个星期。我们正沿着这条路往前走，老德国兵在攻击

一些远程的东西——在我们第3连队的正中央扔了一颗带血的炮弹！是一个大炮弹。这里变成了地狱！有18～20人伤亡。我们停了下来，立即躲了起来，以防这个射程之内落下更多的炮弹。你是自动这么做的，当一个血淋淋的炮弹像这样过来进入你们中间，你不会等着命令。我们低着头走到路边，我坐在路边，抽泣着，心都要跳出来了。在这些残局中，在战斗的日子里，我们不断地紧张，不断地行动，使我们对战争感到厌倦。让我震惊的是，我们逃了出来，重新出发，没有更多的伤亡，真的没有伤亡：事实上，我们正在唱歌，当这个血腥的东西过来的时候，我们正在路上，无忧无虑地离开前线，用你的手指扣动扳机准备战斗。然后他们从那么远的距离向我们发射炮弹，没有更多的，只有一枚。那孤零零的带血的炸弹！从几英里外，它就能击倒我们的同伴。经历了这么多，我想我不会哭了——但直到那时我仍然想哭。[15]

——二等兵比尔·吉尔曼，伦敦第2团第2营

吉尔曼是一个深思熟虑的人，他对积极服役的考验和磨难的反应思考了很多。

总的来说没有沮丧，这就是让我吃惊的地方。我们泰然自若地接受了这一事实，我想我们都被灌输了这样的观念：这是一场战争，我们必须杀死德国人。这是战争中常见的洗脑。他们说的是老英国人“汤米”——这是真的——他是不可征服的。这是不可理解的，因为在这种情况下，人们接受他们所做的事情似乎是不自然的。当然，德国军队也是如此——我想他们接受这个职位的方式是一样的。我不认为这仅仅因为我们是英国人。但是我们总是有办法在遇到困难的时候站起来。[16]

——二等兵比尔·吉尔曼，伦敦第2团第2营

但1918年11月，失败的并不是背井离乡的英国人。德国彻底完蛋了：军队奄奄一息，海军叛变，空军被压垮，经济崩溃，德国人民开始革命。这是一场多方面的战争，是第一次全面战争。最终，德国在各个层面都失败了。

战争的结束是以伍德罗·威尔逊（Woodrow Wilson）总统提出的十四点计划为起点进行谈判的。盟国领导人经过一番热烈的故作姿态，终于敲定了停战的条件。停战要求极为严格，要求德国放弃在俄罗斯和罗马尼亚的所有征服，立即撤出法国和比利时领土，交出阿尔萨斯—洛林，进行巨额财政赔偿。此外，德国军队将被精简到最低限度，以防止在可预见的未来发生任何军事行动。盟军将占领莱茵河西岸，在莱茵河东岸建立桥头堡和中立区。11月9日，德皇威廉二世退位，德国社会民主党领袖弗里德里希·艾伯特（Friedrich Ebert）接任总理，德国政府随之垮台。鲁登道夫也被取代：失败的缔造者被扫地出门。11月11日上午5时15分，在贡比涅森林的一节火车车厢里，签署了最后的停战协定。战争将在11月11日的最后一刻结束。

战斗一直持续到战争结束，许多人在漫长的痛苦即将结束时，一想到自己会被杀害或致残，不禁感到更加恐惧。

你不知道那是什么感觉。每个人都受了惊吓，很紧张，真的很害怕。10点到11点的时候，德国人开始炮击，用他们余下的炮弹进行一两次远程射击，而不是把炮弹带回去扔掉。我只好躲在路堤下；突然间，我感到钢盔上裂了一道缝，那是弹片造成的。我的头猛地一跳，让我有点头痛，但它没有穿透头盔本身。我抬头一看，一个女孩站在我身边。我想："天哪，我现在疯了！一个该死的女孩在战争中站在我身边！"不管怎么说，这个女孩好像是在当地的一个农舍里，听到了炮击声，看到我在路堤下飞奔，她也出来了，做了同样的事情。炮击正好在11点整结束。这并不能另作别论。[17]

——二等兵比尔·斯梅德利（Bill Smedley），伍斯特郡第14团

有些人就没那么幸运了。有些人将不得不做出最后的、最大的牺牲，即使一切都已结束。

从那天早晨6点左右开始，我们或德国人偶尔会发送一枚炮弹，也许一小时一颗。大约10点钟，一枚炮弹落了下来，炸死了我们的一名中

士，这名中士自1915年以来一直在外面服役，现在却被弹片炸死。我们认为这是非常不幸的——想想吧，他已经服了将近四年的兵役，然后在停战一小时内被杀了。[18]

——二等兵吉姆·福克斯，达勒姆轻步兵第11团

对我来说，停战日最奇怪的故事之一，来自刻板的航空机械师欧内斯特·汉考克。汉考克曾在意大利服役，但在那决定命运的一天，他回家休假，参观了位于卢顿的老工厂。

11月11日，我应沃克斯豪尔汽车公司董事的邀请，到工厂与他们共进告别午餐。早晨，我沿着工厂所在的肯普顿路向工厂走去，周围没有人。为了向董事会作自我介绍，我穿上了最好的制服。在工厂附近，卢顿汽车公司和沃克斯豪尔汽车公司到处都在鸣笛。现在才11点，距离吃午饭还早，我继续边走边看。突然，发生了令我恐惧的情况，一群女性，有女孩，有女士，老中青年龄各异，她们从工厂涌出来，像一窝蜜蜂一样向我袭来。因为我穿着海军制服，她们把我当作靶子来表达自身的喜悦：她们亲吻我，试图把我的纽扣扯下来，还几乎把我的裤子扯下来！我像疯子一样进行了反击，完全不知道是怎么回事！当她们告诉我已经宣布停战时，我吻了她们许多人！一切都结束了，我摇摇晃晃地走到工厂。[19]

——航空机械师欧内斯特·汉考克

大战结束了。对于那些幸存下来的人来说，总会思索这样一个问题：这一切究竟是为了什么？

13

战后残局

1918年11月11日，随着枪声逐渐沉寂，出现了许多不同的反应。在有机会的地方，狂放的酒醉庆祝是显著的特点，但这绝不是对停战的普遍反应。许多人对此无动于衷，不禁想到他们的家人、战前的朋友和那些没有幸存下来分享胜利的战友。庞大的帝国沦陷，数百万人死亡，还有数百万人致残。大多数男人似乎都觉得几乎不可能理清他们头脑中混乱的情绪。不再有泥巴和鲜血；子弹和炮弹中不再有绝望的攻击；不再有突然死亡；不再在地下的洞里勉强度日。然而，在这些自由的感觉中，最沉重的问题扑面而来：他们现在要做什么？战争期间，人们只是简单地认为，他们不会活着看到战争的结束，没有什么可期待的想法是他们心理防御的一部分——活着的人如果被杀了，也就没什么可失去的。一瞬间，他们的精神面貌发生了变化：他们有未来。但未来会是什么样的呢？

一件奇妙的轶事照亮了我对雷纳·泰勒采访的最后几卷，因为它让我与被公认为英国文学真正伟大人物之一的人产生了一种奇怪的情感联系。它还使许多人在战争结束后带着无法承受的痛苦回到国内。1918年底，泰勒在等待复员期间，因身体原因被降级，并被派往多个战俘营担任看守。在东苏塞克斯（East Sussex）的伯沃什（Burwash）附近，他下班后散步时遇到了一件奇怪的事。

我们一行四人，正走在一条乡间小路上，突然一位老先生拦住了我们。在我的脑海里，他的形象直到现在仍然清晰可见。他穿着诺福克的制服，一整天都和我们在一起，询问我们过得怎么样，我们在做什么，我们从哪里来。他说："我想知道，你们这些男孩子是否愿意和我一起喝杯茶？"试想一下，有人给你提供了一种文明的茶，而不是回去吃果酱和奶酪！"哦，当然！"他走回去，我们跟着他，到了一个大房子里。他对一位女士说："我们有四个男孩喝茶！"他带我们进了一个房间，那里有一张长桌子，我们坐着聊天。我注意到房间里到处都是画。我们聊了很多，我们做过什么，去过哪里，从哪里来。最后这位女士把茶具摆好，我们喝了茶，吃了切成薄片的涂着黄油的面包，吃了果酱和蛋糕，所有的东西都是无限量地供应。我站起来看这些照片，主要是历史上的战斗场面之类的东西，很有趣。有一幅画很特别，我在画廊里面见到过，那是一幅骑着白马的人的画；他向里面看了看，里面是布莱顿医生的照片，他是开伯尔山口唯一的幸存者。我绕过去，来到壁炉前，那里有一幅镶框的版画。还有一首诗。我站在那里，看着它。我知道这首诗，在心里面默念着这首诗歌。旁边传来一个声音："你喜欢它吗？""是的，喜欢！""你知道它吗？""是的！""你能背诵出来吗？"于是我开始了背诵。这首诗被称为《如果》，结尾是这样的：

如果你在赢得所有荣誉之后
然后孤注一掷再度冒险
哪怕可能因此失去一切
即使一无所有，也要坚持到底
对自己的损失只字不提
如果你能度过这无情的一分钟
用60秒跑完全程
那么你将拥有一切
更重要的是，我的孩子，你将成为一个真正的男子汉！

我背诵到最后，他说道："非常棒，你喜欢吗？"我回答说："是的！"他说道："我也是！事实上，我现在比我写它的时候更喜欢它！"吉卜林！即使我长命千岁，我也不会忘记。诗的这一部分说，"对自己的损失只字不提"。你知道吗，他从来没有说他失去了自己唯一的儿子——我们在那里的时候他从来没有提起过，但那的确是事实！[1]

——二等兵雷纳·泰勒

约翰·吉卜林（John Kipling）中尉于1915年在卢斯战役中阵亡，当时他没有坟墓。不管吉卜林是不是伟大的帝国诗人，他似乎对儿子的死感到相当内疚。在18岁的儿子最初被军队拒绝后，吉卜林曾利用关系在爱尔兰卫队为儿子谋得一份差事。吉卜林在他的《战争墓志铭》中写下了令人难忘的几句话，人们或许可以猜出他当时的想法："如果要问我们为什么会死，就告诉他们，因为我们的父辈撒了谎。"[2]在第一次世界大战中，大英帝国总共有956 703人在战争中丧生：可能涉及每个人的儿子、父亲或者挚爱的人。

对于那些幸存下来的人来说，战争是一种让他们无法承受的痛苦经历。一切都变了：初出茅庐的学生们现在成为坚强的战士；胆怯的职员成为有经验的军士或军官；勇敢的人被炮弹震得抽搐着变成残废；强壮的工人们为自己的体格感到自豪，却终身残疾。他们会想要回到平民的生活中去吗？这种生活曾经是一个遥远的田园诗般的梦想，在经历了所有疯狂的兴奋之后，在实践中却又往往被证明是一种枯燥乏味的生活。战争的结束是他们所有希望的顶点，但也是一个极大的挫折。

至少在一段时间内，由于继续在武装部队服役的需要，大多数士兵受到保护，无法适应战后生活的现实。德国人只有14天的时间撤离法国和比利时领土，他们似乎井然有序地撤退了，尽管其中至少有一个人被赋予了幽默感。

我们遭遇了一些心理战。当我们在等待的时候，有两三个人走进酒吧间去喝咖啡，那里有一个很漂亮的女孩。"你好，小姐！""先生，你可以吻我的屁股！”德国人教他们说，这种话是恰当的问候。[3]

——一等兵哈里·霍普金克（Harry Hopthrow），

信号服务处，总部，第30师

许多英军将驻扎在科隆莱茵兰桥头堡地区。1919年《凡尔赛和约》正式结束战争后，盟军在莱茵兰高级委员会的主持下继续占领该地区。以德国“良好行为”为条件的分阶段撤军，直到1930年盟军从莱茵兰最终撤离才宣告结束。

复员将是一个漫长的过程。几乎所有在英国军队服役的人都想尽快摆脱卡其军装的束缚，安全地回到平民生活中去。然而，这将被证明是一项艰巨的行政任务。数以百万计的人将不得不回到他们以前的工作岗位上，如果不认真处理这一问题，那么，经济混乱和大规模失业的阴影就会越来越大。任何遣散制度都必须透明公平并尽快执行。因此，复员小组决定，那些急需帮助补充国内关键工业劳动力的人将首先被遣送回国，之后，复员小组将根据类别和服役年限，优先考虑那些在战争早期自愿参军的人。正规士兵被要求服完兵役，而地方和征召的士兵则只能等待轮到他们的机会。在成千上万无聊的人中间，许多人对现在看来似乎是多余的纪律感到恼火，如果大多数军官、军士和士兵不保持冷静，这些骚乱很容易被定性为叛乱。12月，二等兵霍勒斯·卡尔弗特在哈弗勒尔军营目睹了一个典型的“麻烦点”。

我听到喊声，于是沿着大路往下走，看到了聚集在一起的大群士兵。参谋人员被很多军人包围——包括各种各样的兵团——他们想要每周支付工资——他们已经好几周没有得到工资了，他们想要进入勒阿弗尔的权利，他们想要军事警察宽松一点。有谣言说，最后一个被征召的人将是第一个被遣散的人，因为他们是推动工业发展的关键人物。这次骚乱中的一些家伙说他们已经四年没回家了，他们现在应该回家了。那引起了许多不愉快的感觉。他们对这些军官大喊大叫。我在郊区，没有加入。我听着他们的抱怨，心里想："我可不想和那些人混在一起！"我知道这些人是想以一种不恰当的方式提出他们的要求。有两三个罪魁祸首，他们不停地说话，挥手示意每个人都过来加入他们——那里有两三百人。我不认为这是叛乱或类似的事情，我认为这是动乱。官方最终设法驱散了他们，告诉他们不能做任何事情，必须和他们的上级处理这件事。最后的结果是把所有人都赶出了营地——在24小时内他们都排好队，上了火车又下了车——把所有人都赶了出来。[4]

——二等兵霍勒斯·卡尔弗特，英国近卫步兵第2团

男人憎恨继续服役，这并不奇怪，尤其是当军队很快回到它的默认状态：一个和平时期的政权，在那里是"口若悬河，溜光水滑的人"在统治，这些人不是"天生的"士兵。许多人是在战争期间参军的；其他人是在征兵的胁迫下加入的。这个制度在原则上可能是足够公平的，但不可避免的是，成千上万的个案最终落网。每个人都对似乎永远在持续的遣散进程感到不满。

当一名男子终于要复员时，他接受了医学检查，并获得了服役的书面证明。然后，他将被送往一个步兵基地的仓库，航行回到英国。到达英国后，他会去一个复员中心，在那里他会得到更多的文件，根据军衔和工龄发给他战争酬金，到当地车站的铁路通行证，以及一套"复员"套装（相当于52先令6便士）。然后，他将继续休假，仍然穿着军装，虽然从技术上来说，一个月之内他的身份仍然是士兵，但他实际上是自由的，可以开始他的平民生活。一场严重的国家紧急状态仍可能引发对士兵的召回，因为所有人仍被认定为"Z"级陆军预备役，尽管在实践中这将被证明是无关紧要的。

最终，所有的幸存者都将返回家园，最终获得自由，去寻找他们平民生活中难以捉摸的痕迹。变化太多了：世界在变，他们也在变。因此，许多人在重新适应平民生活方面遇到很大的困难。他们作为新兵所

经历的陆军训练计划，目的是把他们作为个人来分解，把他们作为士兵来重建：纪律严明，毫无疑问地、本能地服从命令，能够应付战争带来的身心上的暴力和压力。但是遣散的时候没有解除程序的设计方案。生活并没有在这种情况下停止，并不是所有的家庭都在心理上或身体上完好无损。当约瑟夫·纳皮尔回到家时，受到的接待多少有些冷淡。他的父亲在加里波利被杀，毫无疑问，他的母亲仍然受着精神上的创伤。

我回到家时，我从母亲那里得到的唯一的接待几乎是一种愤怒。她说："好吧，你现在要做什么？你们在军队里，衣食住行，都有报酬！而你却在这里无所事事！"[5]

——约瑟夫·纳皮尔

许多人也深切地意识到这些家庭在亲人离开时所遭受的痛苦。一位奥尔德姆的母亲，由于战争的压力，已经完全变成了她从前的影子。她有三个儿子在军中服役：阿尔伯特·泰勒加入了东兰开夏第7团，杰克·泰勒（Jack Taylor）在加里波利的皇家海军局服役，雷纳·泰勒加入了威尔士第24团，在西线作战。在漫长的四年里，每当有人敲门，这个可怜的女人就会受到折磨。

真令人震惊，你知道。战争期间，伤亡人员总是通过电报通知家人。随着战争的继续，如果路上出现了一个报童，会让每个人受到惊吓。他以前骑自行车来！他们常常停下来看看他要上哪条街。他要去哪里，因为你知道出事了。你知道他来过我们家几次吗？10次！现在试着想想。10次！我们的阿尔伯特4次受伤，我们的杰克3次受伤，我2次受伤。10次敲门声……那是在白天，爸爸在上班，总是妈妈来应门。她会去开门，她知道出事了。语言无法描述她打开电报发现他们只是受了伤时的感受。直到最后一次，她收到的消息是我们的阿尔伯特失踪了，据说是在1918年被杀的。我们都认为他已经死了；他的排长说，对他的生还不抱太大希望！我们想："没有机会了！"但我母亲不肯放弃。不，她一点也不放弃，坚信"他没有死"！有趣的是，她得到了唯灵论的支持。她参加过这些会议，有一次她回来甚至说他们告诉她他在某个地方是个俘虏。战争结束了，一个星期六，我在医院，杰克不在家，妈妈走到门口，我们的阿尔伯特在门口！她活了很长时间，看到我们回家，就这样——她变得非常虚弱，死于癌症。她花了三个月的时间痛苦地死去。[6]

——雷纳·泰勒

又一个战争受害者！

许多士兵带着他们在休假时怀上的孩子，或在入伍时还是婴儿、几乎不认识自己父亲的孩子，回到了当父亲的现实中。诺曼·柯比（Norman Kirby）从未见过他的父亲，他记得自己4岁那年第一次看到父亲休假回家时的那种恐惧。

我父亲当时在皇家西肯特和米德尔塞克斯的前线。他的生活环境就是泥浆和噪音——令人紧张的经历。我很小的时候不知道他的事。他参军的时候，我刚刚1岁，他也没有多少假期。这个人，非常肮脏，满身是泥，走进了我们的餐厅。我跑过去藏在落地窗的窗帘后面。我只是个蹒跚学步的孩子。我吓得要死，因为我从来没有见过这样满身是泥的人。他亲了我妈妈！我从窗帘后面走出来，喊道："你怎么敢亲我妈妈！"他碰她的想法太可怕了。多年以后，我想，对这个人来说，被拒绝是一件多么可怕的事情——他经历了帕斯尚尔的所有地狱。[7]

——诺曼·柯比

当然，人性就是这样。一些士兵回来后发现孩子可能不是他们自己的后代。

战争结束后，返回的士兵被迫在现实世界中谋生：这个世界充满了似乎毫无意义的工作和大规模失业的黑暗幽灵；是一个腐败的世界；是一个充满女人的世界，她们对一段关系的要求远比他们的战友高；这个世界似乎对他们的所有牺牲都不领情。在这一切的背后，隐含着一种深深的失望，作为退伍军人，他们的生活并没有"更好"。男人并没有真正地为"国王和国家"而战，也没有真正地为"结束战争的战争"而战。他们的真正动机通常要复杂得多，既有高尚的情感，也有更基本的兴奋欲望，而且太容易受到来自同龄团体的压力。但是现在战争结束了，他们中有太多的人不可能都被奉为英雄，因此复员的退伍军人回来的时候发现他在社会上没有什么特别的。退伍军人常常发现，在他们不在的时候，生活已经开始了。他们错过了接受更好教育的任何机会，失去了在工作中获得重大晋升的最佳机会，他们战前的美好抱负常常遭到残酷的打击。战前，詹姆斯·斯内汉姆曾梦想在职业足球领域发展。

战争让我痛苦，因为我被剥夺了活着的意义：足球。我开始和球队一起打球，但他们不是我想去的地方。我曾在普雷斯顿做过试验，但我坚持不下去了——疟疾和痢疾夺去了我的勇气。我能玩，但我不够强壮。[8]

——詹姆斯·斯内汉姆

足球是斯内汉姆生活的基石，他努力填补足球留下的空白。

在退伍军人努力适应平民生活的限制和微小耻辱的过程中，几乎没有人给他们发放津贴。

我申请了一份在英国政府劳工部的临时职员工作。我走到一个人的前面，他是董事长，一群留着胡子的老人组成了董事会。那些老人再度执掌政权，你没有什么机会。他说道："对不起，迪克森先生，你没有经验！"我没有大怒，只是站起来，说："对不起，先生，我比这个房间里的任何人都更有经验，但问题是，我选错了方式！1914年我参军时，我告诉征兵中士我不会骑马，他说：'血腥的事实很快就能教会你。'他们做到了，并为此不遗余力。显然我适合战争，但我不适合和平。下一次我就会知道应该如何选择，先生们！"[9]

——弗雷德·迪克森（Fred Dixon）

迪克森尽了最大的努力，至少还能控制局面；另一些男人发现，他们的脾气一触即发，面临压力的时候，很容易出现暴力行为。

我认为，战争让我有点精神错乱。有一天，领班来找我，他对我说了一点事情，我被难住了。我抓住他闪烁的衣领说："我要把你从上到下劈成两半！”我太愚蠢了。我认为他是这样想的：“这是一个从战争中走出来的疯子！”过了一会儿我平静下来。[10]

——阿尔伯特·伯特威斯尔（Albert Birtwhistle）

平民生活表面上的平静掩盖了其自身的压力，而士兵本能的暴力反应几乎从来不是恰当的。“创伤后应激障碍”（post-traumatic stress disorder，简称ptsd）等术语尚不为人所知，但在漫长的战争岁月中被压抑的恐惧和情绪，隐藏在一层不假思索的男性同志情谊之下，在复员后开始显现。诺曼·柯比还记得他父亲是如何挣扎的。

他的神经很不好。我不想说任何关于我父亲的负面话语，因为他是一个非常可爱的人，但他有时会变得非常暴躁。我曾经和妈妈说过：“妈妈，我们为什么要这样安静？”她会把手指放在嘴唇上，说道：“是因为爸爸的神经！”在学校里，男孩们也会问：“你爸爸怎么啦？”他从不暴力，是个温文尔雅的人，但他又总是很紧张，那时候叫作神经衰弱。他有一种忧患情结，总是焦虑不安。后来他好多了——我想这是家庭生活的温暖帮了忙。[11]

——诺曼·柯比

尽管如此，大多数退役军人都能挺住，但也有一部分人无法应付，甚至发生了可怕的家庭暴力事件。由于显而易见的原因，在口头采访中很少提到这一点，但是有成千上万的受虐待的妻子和被打的孩子，他们都是源于战争的挫折和创伤的受害者。

个体军人的反应有多种形式。有的只是有一种普遍的错位感，逐渐消失，没有真正的不良影响。也许他们喝多了一会儿，离开了以前的工作，或者只是花了一点时间安定下来。有些人有轻微的心理问题，比如前飞行员劳里·菲尔德就有过轻微的幽闭恐惧症。

我过去最注意到的是，在经历了大部分户外战争后，我无法忍受躺在床上和家里。当我和父母住在一起时，我们有一个五六十码的花园，花园的尽头有一个没有门的马厩，我在那里有床铺。我不能忍受待在家里。这种状况持续了两三个月；最后我受够了。[12]

——劳里·菲尔德

与战争有关的噩梦当然是一种常见现象，几十年后仍然会扰乱男性的睡眠。事实上，许多退伍军人发现，我们的采访引发了新一轮令人不安的梦，这是长期埋藏在心底的创伤的回音。人们也不再相信他们过去的信条。一些人丧失了爱国精神，转而反对他们认为导致自己遭受如此巨大痛苦的“王权和国家”责任的观念。人们也很难将宗教信仰、仁慈的神与他们所经历的极度恐怖相调和。

战争使我的思想发生了很大变化。我梳理了一遍祈祷书，找到了一半我不喜欢的东西。“主啊，求你在我们的时代赐平安，因为没有别人为我们争战。”我的意思是这没有任何意义。我经历了很多事情——肉体复活：我不相信——我看到过很多尸体。[13]

——埃里克·沃尔顿

一些人则走了另一条路，在宗教中寻求精神上的安全港湾，他们相信，即使在战争的混乱中，也一定有某种潜在的神圣目的。一些人绝望地转向唯灵论江湖术，他们似乎有机会与死去的人取得联系。

一些人发现战争留下的伤疤要深得多。有2 272 998人受伤（如果受伤两次，统计数字就重复计算）。大约有18.2万人因病退伍。事实上，许多人由于身体残缺，仍在为自己的生命而战。其中之一就是二等兵乔治·德雷，他于1916年在特伦斯伍德的北安普顿郡第6团服役时受了重伤。他的伤还没有完全愈合，他的儿子约翰·德雷（John Dray，我就他父亲在二战期间参加意大利战役一事采访了他）讲述了他父亲在最后一场战斗中是如何失败的。

他是伍尔维奇渡轮码头的副管理员。我1926年出生，1928年12月，我2岁，他下班回家，就在圣诞节前，他说：“我头疼，我要去睡觉了！”那是12月23日。我姐姐端着一杯茶走了上去，然后跑下来，说：“爸爸的眼睛有点奇怪！”他的一只眼睛鼓了起来。我们把他送到医院，血凝块从后面推着他的眼睛。医生把他的眼睛摘除了，这就是结果——他将成为“独眼乔治”。但是血块已经转了回去。第二天，12月24日，是我妈妈的生日。大约晚上8点，她去了医院。他昏昏欲睡，处于半昏迷状态。他突然变得很清醒了，说：“埃尔西，你把孩子们的袜子挂起来了吗？”她说：“还没有！”他说：“如果我是你，我就回家去做袜子——明天见！”在她到家之前，他已经死了——这个血凝块压迫了他的大脑，杀死了他。平安夜，我妈妈的生日，她已经怀上了我最后一个妹妹六个月了。[14]

——约翰·德雷

这是一个悲剧性的故事，但绝不是个案。在战后的20年里，由于在冲突中遭受的破坏，人体会在延迟反应中崩溃死亡。全国上下的医院病房里满是奄奄一息的男人，因为支气管炎或肺炎等疾病的致命影响，使毒气中毒的后遗症恶化到了致命的程度。20世纪20年代，到处都是残废的男人：没有胳膊，没有腿，可怕的伤口划破他们的身体，永远无法愈合。乔·皮卡德的腿伤和骨盆伤至少有部分恢复，但在失去了大半个鼻子后，他的面部仍然严重毁容。起初，当他躺在床上养伤时，他躲避着周围好奇和嘲笑的目光。

这是我第一次离开医院。我想下去看看那个地方。所有的房子都成排地建在山坡上。我沿着山底走，有几个孩子在附近玩耍。当我经过的时候，他们就起来从我身边飞驰而过。我走了两三条街，到了那里，眨眼间，街区里所有的孩子都聚集在一起说话，呆呆地看着你。我鼻子那里还有一点白色的塑料填充物，我本可以拿着拐杖打那些眨眼的家伙！我知道他们在看什么。于是我转身回到医院，谈论关于信心的问题。有一天，我坐在那里，心想：“好吧，这没什么用，我的余生都可以这样度过——总有一天我得面对它！”所以我又出去了——人们盯着我看——我转过身来看着他们。我发现如果你自己不过分关注这个问题，没有人会为它烦恼。[15]

——二等兵乔·皮卡德，西部第三综合医院，尼斯皮卡德最终成为幸运儿之一，因为他是锡德卡普玛丽女王医院早期整形手术的受益者。

他们切下了我的右肋骨，取出了很多软骨，然后把它埋在我的胃里，让它活着。然后，当他们想要的时候，他们就把它拿出来，切下一块，放在我的鼻梁上。第一批出了问题——它弯曲了——一定没有被妥善处理。基尔纳医生说道："你做了什么，它不应该是这样的！""啊，"我说道，"明明是你放置的！"他说："你想要哪种，威灵顿鼻子还是罗马鼻子？"我说："随便，哪个都行，有一个就好！"第二天早上9点，我走了进去，然后我记得是在第二天半夜醒来。夜班工作人员轮流下来，在我的鼻子上擦一擦——那是为了保持血液循环。他们常说要摸摸"幸运"的鼻子。我的一个朋友走过来对我说："天哪，你的鼻子真漂亮！"我没法把头从枕头上抬起——我有两只黑眼睛，一个方下巴。他走了，拿了一面镜子。他给我看放大镜的那一面——闪烁的鼻子似乎填满了镜子。我不在乎，只要我有一个就可以。你能想象没有鼻子的生活吗？[16]

——二等兵乔·皮卡德

他最终于1921年1月退伍。他的腿和骨盆都受伤了，不仅永远不能跑动，而且没有办法尝试任何形式的体育运动。但皮卡德是那种总是充分把控自己命运的人，他过着漫长而充实的生活。即使在1986年我采访他时，他胃里还有一块多余的软骨，他给我的感觉（或者更确切地说，是让我感觉到）——一块奇怪的小软骨和他身体对于过去的回声。但即使到了那时，他的鼻子看起来并不比大多数90岁老人的鼻子更奇怪。

那些失去双腿的人往往要等很长时间才能装上假肢。那么，重新学会走路可能是一件曲折的事情。有些人几乎没有任何帮助，不得不从零开始。

他们的测量从臀部到地板，从膝盖到地板，就像测量树桩一样。我们只是坐在这个肮脏的老病房里。一天，一个铁路工人进来问："托尔斯先生？”我说：“是的，是我！”“哦，对了，那是你的！”那就是腿，“这些是你的，这些是你的！”皮带和袜子！“在这里签名！”我签署了。我看了看，我拿这些干什么，没有说明。我试着穿上，试着穿上这些带子，我完全不知道它们的用法。下午的时候，医生来了，说道：“现在你有腿了，是吧？今天下午你可以回家了！”没人告诉我怎么做。不！必须找出答案！我穿上这条腿，我没有把它拉紧，只能拖着它；我拄着拐杖，还有个背包。乘电车要走四分之一英里，没人帮助我。我们能向谁抱怨呢？没有人想知道。但我得到了那条腿——我下定决心——我想走路。[17]

——驾驶员威廉·托尔斯

这是一个痛苦的过程，但他坚持了下来，很快就能靠拐杖行走数英里。1919年出院时，他发现家乡的大多数人都同情他的困境。但是，有一个非常令人讨厌的人把他激怒得如此厉害，以致他不顾一切，决心克服身体上的问题。

他上下打量着我，说：“我想你的余生都得靠别人的慷慨解囊过日子了吧？”我说：“好吧，我要的不是你那该死的慷慨。再见！”我走开了。我想：“好吧，如果没有别的人，我就给那个家伙看看——我不要他们的慷慨！”你知道吗，这的确激励了我。[18]

——威廉·托尔斯

像托尔斯这样的人不准备成为被动的受害者，他们寻求联合起来宣传他们的困境，以改善他们的处境。20世纪20年代，他在利兹市政厅参加无肢退伍军人协会（Limbless Ex-Servicemen's Association，简称LESMA）的成立大会时发现，事情并非一帆风顺。

“噢，比尔，市政厅要开会了，我们要组成一个工会！”“好的，我会去的！”我们去的时候，有个家伙在那里签下你的名字，让你成为LESMA的一员，LESMA是一个没有四肢的退役军人协会。你付了一先令的入场费，他们给你一个白色的小按钮，上面有红色的字母“LS”。

我们开了这个会，几个前军官都坐在那里：会计师、律师和大律师——都是大人物。我们在这里——普通士兵。我们都失去了一条腿、一条胳膊或一只眼睛。西里尔·史蒂文斯（Cyril Stevens）是一名会计师，他说："现在要提名某人担任董事长！"这一定是老生常谈了，因为有个聪明的人说："我提议霍尔顿先生！"一个家伙附和道："好吧，我第二次提名那个人！"霍尔顿先生是廉价假肢的制造商，我们在假肢装配方面遇到了很多麻烦。这就像一个大工厂组成了一个工会，让经理担任工会主席。他们打败了我。[19]

——威廉·托尔斯

但托尔斯坚持了下来，在他的余生中，他将继续致力于为没有四肢的退役军人争取更好的条件。

在一个几乎或根本没有福利国家概念的世界里，受重伤的人面临着极为不确定的未来。在战后的岁月里，男人只能靠自己谋生，或者只能靠微薄的养老金勉强度日。他们还必须不断接受复核，复核之后，如果认为他们的生活"有所改善"，养恤金可能会被削减或完全取消。乔治·皮克腿部受伤严重，最初获得了30%的伤残抚恤金。他回到了铸铁厂工作，但很快就被召回到医疗委员会面前。

我试着不用拐杖走路，我成功了。后来我不得不进入他们所谓的上议院董事会。应该由一名律师为我的案子辩护，但是我的一个律师朋友没有来。他们问我投票给谁，我说："那是我的事！"你知道，有点厚颜无耻。他们说："好吧！"于是他们取消了我的抚恤金——我已经领取了4年——他们取消了，只一次性给了我12英镑。那时，我一个星期可以得到12先令6便士，在那个年代，12先令6便士是一笔不小的数目。我没有抚恤金了。[20]

——乔治·皮克

许多男性被"提供"并接受一次性付款，之后他们的养老金将被停止发放。1920年，斯蒂芬·莫伊尔的养老金被医疗委员会取消。60年后，进一步的医学检查最终证明他的腿仍然有严重的骨和组织损失。

我接到利物浦公主路医疗委员会的通知。那里面有三个医生。我脱下衣服，在房间里走来走去，没有一瘸一拐的。他们互相嘀咕着，我穿好衣服就回家了。他们没有把手指放在我腿部的伤口上。在那之后，我得到了一个通知，这意味着我什么也没有得到。好吧，作为一个年轻人，重新活跃起来，能够做一些事情。“哦，见鬼去吧！”我说。直到1980年我才再次上诉。我提出了3次，也被拒绝了3次。承认有血管损伤后，他们最终给了我1600英镑的拨款——可爱！我放在存折里面了。然后又做了一次检查，又做了一次检查，又做了一次检查，他们决定给我30%的养老金。但他们告诉我，你不能两者兼得！因此，在这笔补助金被“吸收”之前，他们会阻止我从1980年至1981年领取退休金。我已经离开太久，不能完全责怪他们；这是我的错，因为我没有早点提出索赔。当你想到有多少像我这样的人从来没有抱怨过他们的生活时，我确实感到有点慌乱。[21]

——斯蒂芬·莫伊尔

莫伊尔说得对：许多退役军人都是骄傲的人，他们决心尽其所能地自立。因此，许多人寻求帮助的时候已经太晚了，因为他们发现，年龄的增长加剧了伤口造成的健康问题；事实上，许多人在没有领取他们本应领取的伤残养恤金的情况下死亡。我们经常批评20世纪20年代社会表现出的残忍和缺乏同情心，但80年代的社会对老兵的困境也没有更多的同情。

退伍军人永远不会忘记第一次世界大战，他们参加兵团协会，是为了纪念他们的服役，纪念他们的老战友，最重要的是纪念他们部队的一切成就。退伍军人从不向他人谈论战争，这曾经被认为是一个老生常谈的事实。现实情况是，他们的家人和战后的年轻人很快就厌倦了听他们的故事。一般来说，老兵们不会谈论“它”，因为没人想知道——至少在为时已晚之前不会。[22]但在兵团协会聚会上，他们除了谈论战争之外，几乎没有谈论别的事情：沉浸在所有的旧故事中，悼念一路上失去的朋友。很多协会委托他人对他们的行为做永久性的记录。埃里克·沃尔顿下定决心要写一部关于他的军队的历史。

我写这本书有一个主要的原因，那就是我决心不让萨福克第5团第1营的事迹被遗忘。它应该被记录下来。他们是一支出色的军队。我下定决心，将来一定会有一本书记载他们的名字和他们所做的一切。我去了沃利兵营，抄写了一份军营战争日记，这花了一个星期的时间，我可以得到所有的事实。把它们大致整理好，然后我对自己和其他人的记忆也帮助我完成了它。费尔斯（Fairs）住在新西兰，我过去常常写一份草稿寄给他，他会把他的意见都写进去，然后重写一遍，再寄给我。这是一份相当不错的工作。我下定决心，如果人们感兴趣的话，萨福克第5团将永远为人所知。[23]

——埃里克·沃尔顿

他的书是我买过的第一本关于军团的书，灵感来自1986年对沃尔顿本人进行了5个小时的采访。多年来，我花费了数万英镑，但我从未后悔迈出的第一步。最重要的是，它仍然是一本极具感召力的书，确实是对萨福克第5团人的一份崇高的敬意。

一些退伍军人远离战争，把和平主义作为对他们所目睹的恐怖的一种回答。维克多·波尔希尔就是这样一个人，尽管他的观点无疑是真诚的，但他的谈话暴露出，从任何公认的意义上讲，他都不是一个和平主义者。

我觉得自己反战。我失去了所有的朋友，和我一起上学的朋友都被杀了。我想："好吧，这完全是浪费！"所以我常去听唐纳德·索普（Donald Soper）的演讲，加入了"和平誓言联盟"（Peace Pledge Union）。我曾经认为，如果国际联盟（League of Nations）想做点好事，就必须在任何事情发生的时候介入。当日本进军满洲时，我想："我们该怎么办？我们什么都不做吗？”后来意大利人攻入阿比西尼亚，却没有人做什么。每个人都害怕做任何事。我想：“那不太好——那根本没什么！”当希特勒上任时，我认为应该对此采取一些措施。我想，与其让乔治·兰斯伯里（George Lansbury）说“解除武装”！索伯（Soper）说“裁减军备”！不如建立一支非常优秀的陆军和海军，那样希特勒早就可以被阻止了——但他当然有机会。我认为你必须关注其他国家正在发生的事情。[24]

——维克多·波尔希尔

波尔希尔所倡导的似乎类似于一种早期干预政策，以化解一种具有威胁性的国际局势。

20世纪20年代，战场旅游激增，但大多数男人非常贫困，负担不起这样的旅行。许多人从未走出家门去看他们年轻时待过的可怕战场；其他人只有在很老的时候才能再见到它们。1983年，马尔科姆·汉考克终于在86岁的时候来到加里波利的苏夫拉湾。汉考克到达了他在60号山附近的宿营地，开始寻找他们前线的踪迹。

我能够确定地雷在土耳其防线下爆炸的地点。找到那个弹坑后，我又往回走了25～30步，只找到了我们前线和机关枪阵地上的一些模糊凹痕。这么多年过去了，能再次见到它，真是一种解脱；简直就像放下了魔鬼一样。[25]

——马尔科姆·汉考克

他留下了一份他的位置的粗略图，将近20年后，即2000年，我和奈杰尔·斯蒂尔（Nigel Steel）在访问希尔60号山时，循着他的足迹走了回来。我们只能想象马尔科姆·汉考克再次出现在那里的情景。战争是那么久远的事了，但它的痕迹丝毫没有消失在雾霭中：犁地的时候还能找到子弹。我们甚至在墓地北侧的铁轨旁发现了一条瘦骨嶙峋的腿。也许汉考克在85年前就认识——或杀死——或埋葬了它的主人？

我采访的大多数男性都是80多岁和90多岁的人，他们回顾了自己的一生。到这时，不管怎样，他们中的大多数人已经能够正确评价他们的兵役生涯。例如，吉姆·福克斯知道自己是一名相当普通的士兵，但应征入伍后，他尽了最大的努力。

军队生活与其他领域的活动类似：有些人天生就是军人，有些人不是。有些职业军人似乎生来就是军人。这种有能力的人能忍受战争、痛苦的环境、泥泞、泥泞和鲜血。但我不是那样的人。我生来就不是当兵的料。几个月后，十分之九的男性会失去平衡感。我从来就不是一个具备军人素质的战士。虽然我尽了最大的努力，但我敢肯定，军队里有比我好很多的士兵。[26]

——吉姆·福克斯

当他们回首往事时，一些老兵开始把这场战争看作是整个人类犯下的巨大错误。在这方面，他们当然受到了民众对战争态度变化的影响。1928年黑格去世时，他的送葬队伍中挤满了人，其中大多数是退伍军人，他们非常渴望表达自己的敬意。黑格死后，他的声誉受到了劳合·乔治和丘吉尔等政治家的攻击，他们开始通过自己雄辩但充满怀疑的个人回忆录，重新讲述战争的故事。他们试图嘲笑黑格，提出一种幻想，认为只要有人听了他们把战争从西线转移开的绝妙计划，就不会有近乎痛苦的战争胜利。与此同时，在大量战争诗人的选集和一系列痛苦的回忆录的鼓动下，植根于可怕伤亡的深层次痛苦开始凝固。巴兹尔·里德尔·哈特（Basil Liddell Hart）引领的新闻评论员抓住了这种悲观情绪。随着时间的推移，公众舆论开始认为这场战争是完全徒劳的，最终形成了“驴领导的狮子”的思想。毕竟，第二次世界大战的悲剧似乎确实使人怀疑是否取得了任何有价值的成就。像乔治·阿什赫斯特这样的退伍军人开始怀疑他们这一代人所遭受的一切苦难的正当性。

我想，这是一次愚蠢的行程。那场战争绝对是愚蠢的，绝对是荒谬的。我从来不知道我在为什么而战。我甚至不知道那个皇储或者什么人被暗杀了。当我想到索姆河战役时，我觉得那是一个巨大的笑话——除了悲伤。[27]

——乔治·阿什赫斯特

但还有一种更古老、更自豪的传统，我发现它更真实地反映了我采访过的大多数老兵的内在精神。他们也许已被岁月所折服，也许已被20世纪后半叶所经受的考验和磨难所打倒，但他们仍为自己和战友在第一次世界大战中所取得的成就感到自豪。这些人并不认为自己是无助的受害者，仅仅是在一些毫无意义的游戏中被屠杀的人体模型，他们是尽其所能保卫国家、对抗强大敌人的士兵。对于这样的老兵，应该说最后一句话：

它使我成为一个男子汉！我一点也不后悔。我为自己的能力感到骄傲！

我在鲁斯战斗，我在索姆河战斗，1918年德国人闯进来时，我在帕斯尚尔战斗！

对我来说，这是一种荣誉。[28]

——理查德·特拉福德

致谢

首先，我要感谢长期以来一直担任帝国战争博物馆声音档案管理员的玛格丽特·布鲁克斯，她的前任管理员戴维·兰斯和现任科长托尼·理查兹。他们共同创造了一个精彩的档案，将继续为任何愿意作出努力的历史学家带来丰硕的成果。我还要感谢理查德·休斯、理查德·麦克唐纳、劳拉·卡梅尔、罗丝-玛丽·塔奇和詹姆斯·阿特金森，他们是我在帝国战争博物馆文献和声音档案馆的同事。我非常欣赏这里引用的其他口述历史采访者的专业精神和技巧，包括前面提到的玛格丽特·布鲁克斯和戴维·兰斯，还有林恩·史密斯、马丁·布莱斯、康拉德·伍德、彼得·西蒙斯、克里斯·西斯利威特和比尔·布鲁克，还有那些通常默默无闻的匿名采访者和技术人员，他们录制了英国广播电台（BBC）的伟大战争系列。我还要对我的老朋友约翰·贝勒和乔治·韦伯斯特的睿智表示敬意，他们非常善良，仔细阅读了文本，确保我没有偏离正义的道路！包括我的编辑塞西莉·盖福德和我的文案编辑彭妮·加德纳在内的资料团队非常出色，与他们共事非常愉快！还要感谢我可爱的家人：波莉、莉莉和鲁比。正如他们经常告诉我的那样，他们对我的许多缺点非常有耐心。拥有他们我感到非常幸运！但最重要的是，我要感谢那些了不起的人，他们才是这本书的真正作者——退伍军人们。

除另有说明外，所有采访均由作者进行。

注　释

1　圣诞节前结束战斗

1. William Holbrook Ac 9339 Reel 1.
2. William Collins Ac 9434 Reel 2.
3. Cyril Dennys Ac 9876 Reel 2.
4. 凯尔·哈迪（Keir Hardie）是第一个独立的工党议员，也是工党的杰出创始人。作为一个社会主义和平主义者，他参加了反对第一次世界大战的运动。
5. Harold Bing Ac 00358 Reel 1. 采访由玛格丽特·布鲁克斯（Margaret Brooks）录制。
6. Jim Davies Ac 9750 Reel 2，“男孩们自己的报纸”是当时在男孩中较为流行的一份报纸。
7. Jim Davies Ac 9750 Reel 2.
8. Horace Calvert Ac 9955 Reel 1.
9. Eric Wolton Ac 9090 Reel 1.

2 1914年：一支军队的阵亡

1. Thomas Painting Ac 212 Reel 3. 采访由马丁·布莱斯（Martin Brice）录制。
2. Basil Farrer Ac 9552 Reel 4.
3. Basil Farrer Ac 9552 Reel 5.
4. Euan Rabagliati, SR 4208 Reel 1. 1964年为BBC的大战系列所做的采访记录。这部开创性的26集纪录片系列是由BBC、ABC、CBC和帝国战争博物馆联合制作的。普遍认为，该系列是有史以来最好的纪录片之一。
5. 莫里斯·迪斯（Maurice Dease）中尉，皇家燧发枪团第4团成员，1914年8月23日因英勇保卫尼米大桥而被授予第一次世界大战中第一枚维多利亚十字勋章，安葬于圣辛波里恩军事公墓。
6. 二等兵西德尼·戈德利（Sydney Godley），皇家燧发枪团第4团成员，因其在保卫尼米大桥表现出来的勇气，被授予维多利亚十字勋章，1914年8月被德国人俘虏，战后幸存下来。
7. William Holbrook Ac 9339 Reel 7.
8. Henry Dally Ac 4070 Reel 1. 1964年为BBC的大战系列所做的采访记录。
9. 一等兵约翰·费尔（John Fair），原文中约翰尼·费尔（Johnny Fair）是昵称，阿盖尔郡和萨瑟兰高地第2团，死于1914年8月26日。拉费特-苏-朱阿尔纪念碑上有他的名字。
10. Charles Ditcham Ac 374 Reel 6. 采访由大卫·兰斯（David Lance）为帝国战争博物馆录制。
11. Thomas Painting Ac 212 Reel 4. 采访由马丁·布莱斯为帝国战争博物馆录制。
12. 第四龙骑卫队队长托马斯·布里奇斯（Thomas Bridges）在圣昆廷鼓舞了大批垂头丧气的士兵。
13. William Holbrook Ac 9339 Reel 7.

14. Thomas Painting Ac 212 Reel 4. 采访由马丁·布莱斯为帝国战争博物馆录制。

15. William Holbrook Ac 9339 Reel 8.

16. Thomas Painting Ac 212 Reel 5. 采访由马丁·布莱斯为帝国战争博物馆录制。

17. Joe Armstrong Ac 10920 Reel 2.

18. Joe Armstrong Ac 10920 Reel 3.

19. Joe Armstrong Ac 10920 Reel 3.

20. Thomas Painting Ac 212 Reel 6. 采访由马丁·布莱斯为帝国战争博物馆录制。

21. Joe Armstrong Ac 10920 Reel 3.

22. William Finch Ac 8280: edited from Reel 2–3.

23. William Finch Ac 8280: edited from Reel 2–3.

24. William Finch Ac 8280: edited from Reel 2–3.

25. William Finch Ac 8280: edited from Reel 2–3.

26. Thomas Painting Ac 212 Reel 6. 采访由马丁·布莱斯为帝国战争博物馆录制。

27. Thomas Painting Ac 212 Reel 6. 采访由马丁·布莱斯为帝国战争博物馆录制。

28. Thomas Painting Ac 212 Reel 7. 采访由马丁·布莱斯为帝国战争博物馆录制。

29. 诺曼·麦克马洪（Norman McMahon）上校，1914年11月11日阵亡。在普卢赫斯泰尔特纪念堂的第一组纪念碑上有他的名字。

30. William Holbrook Ac 9339 Reel 8.

31. Philip Neame Ac 48 Reel 8. 采访由大卫·兰斯录制。

32. George Ashurst Ac 9875 Reel 6.

33. Henry Williamson Ac 4297 Reel 1. 1964年为BBC的大战系列所做的采

访记录。

34. George Ashurst Ac 9875 Reel 6.

3 准备好参军了吗?

1. Horace Calvert Ac 9955 Reel 1.

2. Harold Hayward Ac 9422 Reel 1.

3. 的确如此。可以在这个东北部纪念战争的优秀网站上看到新锡厄姆游乐场的照片和纪念碑上的名字，网址为：http://www.newmp.org.uk/memorial_image.php? contentId=8564。

4. George Cole Ac 9535 Reel 1.

5. James Snailham Ac 9954 Reel 1.

6. Ernie Rhodes Ac 10914 Reel 1.

7. Raynor Taylor Ac 11113 Reel 3.

8. Raynor Taylor Ac 11113 Reel 3.

9. 萨帕·哈里·罗兹（Sapper Harry Rhodes），皇家工程师，战地17连，于1915年4月19日去世，23岁。门宁门纪念堂的墓碑上有他的名字。

10. Ernie Rhodes Ac 10914 Reel 1 and 4.

11. 伦敦第8团（邮局步枪队）步枪兵欧内斯特·考索恩于1915年5月17日逝世，享年22岁。欧内斯特·考索恩葬在费斯蒂贝尔邮局步枪队公墓。

12. Allen Short Ac 15353 Reel 1.

13. Victor Polhill Ac 9254 Reel 1.

14. Sibbald Stewart Ac 10169 Reel 1.

15. 我强烈推荐一本好书， Lyn Smith, *Voices Against War: A Century of Protest*（Edinburgh: Mainstream Publishing, 2009）。

16. Howard Marten Ac 00383 Reel 2. 采访由玛格丽特·布鲁克斯录制。

17. Howard Marten Ac 00383 Reel 2. 采访由玛格丽特·布鲁克斯录制。

18. Francis Meynell Ac 00383 Reel 4. 采访由玛格丽特·布鲁克斯录制。

19. Howard Marten Ac 00383 Reel 2. 采访由玛格丽特·布鲁克斯录制。

20. Thomas Baker Ac 8721 Reel 2.

21. Malcolm Hancock Ac 7396 Reel 2.

22. Joe Murray Ac 8201 Reel 2.

23. Henry Williamson Ac 4297 Reel 1. 1964年为BBC的大战系列所做的采访记录。

24. Arthur Watts Ac 8278 Reel 1.

25. Eric Wolton Ac 9090 Reel 1–2 and 11.

26. Joe Pickard Ac 8946 Reel 2.

27. Basil Farrer Ac 9552 Reel 13.

28. Raynor Taylor Ac 11113 Reel 6.

29. Malcolm Hancock Ac 7396 Reel 1.

30. George Thompson Ac 9549 Reel 1.

31. Norman Edwards Ac 14932 Reel 2.

32. John Grainger Ac 10768 Reel 7.

33. Norman Dillon Ac 9752 Reel 2.

34. Eric Wolton Ac 9090 Reel 2.

35. Reginald Johnson Ac 9172 Reel 1.

36. Ivor Watkins Ac 12232 Reel 3.

37. Thomas Baker Ac 8721 Reel 1.

38. William Davies Ac 8320 Reel 2.

39. Ernie Rhodes Ac 10914 Reel 6.

40. Tom Williamson Ac 9317 Reel 2.

41. Malcolm Hancock Ac 7396 Reel 2.

42. Company Sergeant Major George Harp，原文中 ‘Ginger’ Harp是他的昵称。

43. William Davies Ac 8320 Reel 2.

44. Jim Crow Ac 9118 Reel 2.

4 1915年：西部战线

1. John Wedderburn-Maxwell Ac 9146 Reel 4. 采访由林恩·史密斯为帝国战争博物馆录制。

2. William Underwood, Ac 4247 Reel 1. 1964年为BBC的大战系列所做的采访记录。

3. Jack Dorgan Ac 9253 Reel 9.

4. George Harbottle Ac 9474 Reel 3.

5. 加顿中尉，1915年4月26日被杀，门宁门纪念堂的墓碑上有他的名字。

6. George Harbottle Ac 9474 Reel 3.

7. 杰基·奥利弗，死于1915年4月26日，门宁门纪念堂的墓碑上有他的名字。

8. 鲍勃·杨，死于1915年4月26日，门宁门纪念堂的墓碑上有他的名字。

9. Jack Dorgan Ac 9253 Reel 10.

10. George Harbottle Ac 9474 Reel 3.

11. 威廉·沃森·阿姆斯特朗（William Watson Armstrong）写道："当鲍勃·杨被抬走的时候，他失去了双腿，他死前亲吻了妻子的照片，嘴里嘟囔着'蒂珀雷里'。这就是德国人没能打败的人——他们有着无法战胜的、不可被征服的精神。" *My First Week in Flanders*（London: Smith, Elder & co., 1916）, p. 20

12. Jack Dorgan Ac 9253 Reel 22.

13. George Ashurst Ac 9875 Reel 9.

14. Victor Hawkins Ac 4130 Reel 1. 1964年为BBC的大战系列所做的采访记录。

15. Alfred Bromfield Ac 4038 Reel 1. 1964年为BBC的大战系列所做的采访记录。

16. 威廉·蒂勒尔（William Tyrrell）是个有趣的角色。他在服预备役时，曾任医疗官员，后来晋升为英国皇家陆军军医学校的教官。战争结束后，他荣升为空军副元帅和英王乔治六世的名誉外科医生。

17. Victor Hawkins Ac 4130 Reel 1. 1964年为BBC的大战系列所做的采访记录。

18. 这段话选自*Report of the War Office Committee of Enquiry into 'Shell Shock'*，（London，帝国战争博物馆，2004）, p. 8.

19. George Ashurst Ac 9875 Reel 9.

20. 二等兵约翰·林恩（John Lynn），1915年5月2日被杀，当时年仅27岁。他被葬在格鲁特贝克英国公墓。

21. Victor Hawkins Ac 4130 Reel 1. 1964年为BBC的大战系列所做的采访记录。

22. Alex Thompson Ac 11460 Reel 4.

23. Martin Greener Ac 8945 Reel 2.

24. George Clayton Ac 10012: edited from Reel 5–6, 7 and 10.

25. Martin Greener Ac 8945 Reel 5–6.

26. Gordon Carey Ac 4050 Reel 1. 1964年为BBC的大战系列所做的采访记录。

27. Patrick Horrigan Ac 860 Reel 2. 1976年，安菲洛格夫所做的采访记录。

28. William Edington Ac 4093 Reel 1. 1964年为BBC的大战系列所做的采访记录。

29. John Palmer Ac 4198 Reel 1. 1964年为BBC的大战系列所做的采访记录。

30. Walter Cook Ac 9352 Reel 2. 采访由林恩·史密斯（Lyn Smith）为帝国战争博物馆录制。

31. Jim Davies Ac 9750 Reel 4.

32. William Hildred Ac 9199 Reel 1. 采访由林恩·史密斯为帝国战争博物馆录制。

33. Walter Spencer Ac 10170 Reel 2–3.

34. Walter Spencer Ac 10170 Reel 2–3.

35. Walter Spencer Ac 10170 Reel 2–3.

36. George Craic Ac 4116 Reel 1. 1964年为BBC的大战系列所做的采访记录。

5 向东突围：1914—1918年

1. William Jones Ac 4141 Reel 1. 1964年为BBC的大战系列所做的采访记录。

2. Thomas Baker Ac 8721 Reel 3.

3. Frank Brent Ac 4037 Reel 1. 1964年为BBC的大战系列所做的采访记录。

4. 1915年4月25日，澳大利亚武装部队第6营罗比·罗宾逊（Robert Robinson）中士阵亡。澳新军团唯一的松树纪念碑上有他的名字。

5. Frank Brent Ac 4037 Reel 1. 1964年为BBC的大战系列所做的采访记录。

6. Thomas Baker Ac 8721 Reel 3–4.

7. Joseph Clements Ac 11268 Reel 3.

8. Thomas Baker Ac 8721 Reel 3–4.

9. Thomas Baker Ac 8721 Reel 4.

10. Thomas Baker Ac 8721 Reel 4.

11. Sydney Hall Ac 10412 Reel 1.

12. Stephen Moyle Ac 8227 Reel 2.

13. Reginald Gillett Ac 7377 Reel 1. 1964年为BBC的大战系列所做的采访记录。

14. Joe Murray Ac 8201 Reel 7.

15. Joe Murray Ac 8201 Reel 7. 虽然指的是真实的人和真实的事件，但是在其书籍*Gallipoli–As I Saw It* (London: WilliamKimber, 1965) 里，乔·默里更改了他朋友的名字。

16. Frank Brent Ac 4037. 1964年为BBC的大战系列所做的采访记录。

17. Harold Pilling Ac 7496 Reel 2.

18. Joe Murray Ac 8201 Reel 11.

19. Joe Murray Ac 8201 Reel 12.

20. Stephen Moyle Ac 8227 Reel 4.

21. 这可能是二等兵约翰·米切尔（John Mitchell），死于1915年6月5日，他的出生日期不详。也可能是二等兵沃尔特·米切尔（Walter Mitchell），死于1915年8月7日。赫勒斯纪念碑上有他们的名字。另一种可能是兰开夏郡燧发枪团第8团第1营的二等兵马尔科姆·米切尔（Malcom Mitchell），死于1915年8月7日。

22. George Peake Ac 10648 Reel 4.

23. Joe Murray Ac 8201 Reel 9.

24. 雷蒙德·帕森斯（Raymond Parsons）中尉，1915年6月4日阵亡。赫勒斯纪念碑上有他的名字。

25. Joe Murray Ac 8201 Reel 9.

26. Joe Murray Ac 8201 Reel 10.

27. Thomas Baker Ac 8721 Reel 5.

28. 连长乔治·哈普（George Harp），死于1915年8月7日。他被埋葬在澳新军团湾的阿里·伯努公墓。

29. William Davies Ac 8320 Reel 4.

30. Joseph Napier Ac 7499 Reel 4.

31. Lieutenant Tudor Jenkins.

32. Joseph Napier Ac 7499 Reel 4.

33. 威廉·伦诺克斯·纳皮尔（William Lennox Napier）中校，死于1915年8月13日。他被葬在第七战地救护公墓。

34. Joseph Napier Ac 7499 Reel 4.

35. Ernest Haire Ac 10401 Reel 7.

36. Ernest Haire Ac 10401 Reel 8.

37. Ernest Haire Ac 10401 Reel 8.

38. Tom Williamson Ac 9317 Reel 2.

39. Arthur Bull Ac 10410 Reel 2.

40. Malcolm Hancock Ac 7396 Reel 4–8.

41. Eric Wolton Ac 9090 Reel 4.

42. Malcolm Hancock Ac 7396 Reel 6.

43. Malcolm Hancock Ac 7396 Reel 8.

44. Eric Wolton Ac 9090 Reel 5.

45. Joe Murray Ac 8201 Reel 27.

46. Joe Murray Ac 8201 Reel 28.

47. Jack Callaway Ac 3277 Reel 1.

48. William Finch Ac 4100. 1964年为BBC的大战系列所做的采访记录。

49. Jack Callaway Ac 3277 Reel 4–4.

50. William Finch Ac 4100. 1964年为BBC的大战系列所做的采访记录。

51. Joseph Napier Ac 7499 Reel 4.

52. James Snailham Ac 9954 Reel 5–6.

53. Ian Macdonald Ac 9149 Reel 3.

54. Joseph Napier Ac 7499 Reel 6.

55. Joseph Napier Ac 7499 Reel 6.

56. Ian Macdonald Ac 9149 Reel 3.

57. Henry Rich Ac 766 Reel 1. 这是一位匿名的被采访者。

58. Jack Callaway Ac 3277, Reel 4.

59. Charles Barber Ac 4005 Reel 1. 1964年为BBC的大战系列所做的采访记录。

60. Humphrey De Verd Leigh Ac 0037 Reel 3. 为帝国战争博物馆所做的采访记录。

61. Ralph Hockaday Ac 4123. 1964年为BBC的大战系列所做的采访记录。

62. Frank Ponting Ac 4203. 1964年为BBC的大战系列所做的采访记录。

63. Captain Edward Staples.

64. 队长都铎·詹金斯（Tudor Jenkins）——就是在加里波利差点刺杀纳皮尔的那位军官。

65. Joseph Napier Ac 7499 Reel 9.

66. C. T. Atkinson, *The History of the South Wales Borderers* (London: The Medici Society Ltd, 1931), p. 326.

67. Ernest Jones Ac 12678 Reel 8.

68. Ernest Jones Ac 12678 Reel 8.

69. Ernest Haire Ac 10401 Reel 12–13.

70. Terence Verschoyle Ac 8185 Reel 3.

71. Walter Ostler Ac 39 Reel 5. 采访由戴维·兰斯录制。

72. Walter Ostler Ac 39 Reel 6–7. 采访由戴维·兰斯录制。

73. 查尔斯·吉明厄姆上尉，1917年11月9日逝世。他被安葬在斯特鲁马军事公墓。

74. Walter Ostler Ac 39 Reel 6–7. 采访由戴维·兰斯录制。

75. Walter Ostler Ac 39 Reel 6–7. 采访由戴维·兰斯录制。

76. 中尉鲁道夫·冯·埃斯齐威格（Rudolf von Eschwege），1917年11月21日去世，年仅22岁。他的遗体原本埋葬在斯特鲁马军事公墓，1922年被移走。

77. Walter Ostler Ac 39 Reel 6–7. 采访由戴维·兰斯录制。

78. 如果你想了解更多萨洛尼卡的信息，我强烈推荐你阅读*Under the Devil's Eye: The British Military Experience in Macedonia 1915–1918* (Pen &Sword, Barnsley, 2011).

79. Lawrence Pollock Ac 4200 Reel 1. 1964年为BBC的大战系列所做的采访记录。

80. Eric Wolton Ac 9090 Reel 9.

81. Eric Wolton Ac 9090 Reel 10.

82. Lawrence Pollock Ac 4200 Reel 1. 1964年为BBC的大战系列所做的采访记录。

6 1916年：索姆河战役

1. Norman Edwards Ac 14932 Reel 7.
2. Montague Cleeve Ac 7310 Reel 3. 采访由戴维·兰斯录制。
3. George Ashurst Ac 9875 Reel 15.
4. Murray Rymer Jones Ac 10699 Reel 2.
5. Ralph Miller Ac 11961 Reel 4.
6. Frederick Glanville Ac 14720 Reel 1–2.
7. James Snailham Ac 9954 Reel 4.
8. George Ashurst Ac 9875 Reel 15.
9. Alfred Irwin Ac 211 Reel 1. 采访由马丁·布莱斯录制。
10. 威尔弗雷德·内维尔上尉死于1916年7月1日。他被葬在卡诺伊军事公墓。
11. Albert Hurst Ac 11582 Reel 7.
12. Stewart Jordan Ac 10391 Reel 4.
13. Norman Edwards Ac 14932 Reel 7.
14. Ms Llewellyn Ac 4163 Reel 1. 1964年为BBC的大战系列所做的采访记录。
15. Leonard Ounsworth Ac 332 Reel 6. 采访由戴维·兰斯录制。
16. Norman Edwards Ac 14932 Reel 8.
17. 1916年7月22日，阿瑟·劳顿·史密斯（Arthur Roughton Smith）因伤去世。他被安葬在阿罗约-贝隆公墓的扩建部分。
18. Richard Trafford Ac 11218 Reel 7.
19. Harold Hayward Ac 9422 Reel 11.

20. Harold Hayward Ac 9422 Reel 12.

21. Jourdain Ac 11214 Reel 3.

22. R. Feilding, *War Letters to a Wife* (London: The Medici Society, 1929).

23. Jourdain Ac 11214 Reel 3–4.

24. R. Feilding, *War Letters to a Wife*, p. 114.

25. R. Feilding, *War Letters to a Wife*, p. 119.

26. George Cole Ac 9535 Reel 4.

27. George Cole Ac 9535 Reel 4.

28. Stuart Hastie Ac 4126 Reel 1. 1964年为BBC的大战系列所做的采访记录。

29. Joe Murray Ac 8201 Reel 35.

30. Joe Murray Ac 8201 Reel 36.

31. 弗雷德里克·凯利（Fredenck Kelly）是一位著名的音乐家和赛艇运动员，1916年11月13日，36岁的凯利在博考特遇袭身亡。他被安葬在马丁萨特军事公墓。

32. Joe Murray Ac 8201 Reel 37.

33. Joe Murray Ac 8201 Reel 37.

34. Joe Murray Ac 8201 Reel 37.

35. Joe Murray Ac 8201 Reel 37.

36. Martin Greener Ac 8945 Reel 8.

7　海上的战斗岁月：1914—1918年

1. George Wainford Ac 9953 Reel 4 and 6.

2. Ernest Amis Ac 4003 Reel 1. 1964年为BBC的大战系列所做的采访记录。

3. Sylvester Pawley Ac 4189 Reel 1. 1964年为BBC的大战系列所做的采访记录。

4. John Ouvry Ac 9260 Reel 1. 采访由康拉德·伍德（Conrad Wood）录制。

5. John Ouvry Ac 9260 Reel 1. 采访由康拉德·伍德录制。

6. 陆军中尉戈登·斯蒂尔（Gordon Steele）后来被授予了维多利亚十字勋章。

7. George Hempenstall Ac 9534 Reel 3.

8. George Hempenstall Ac 9534 Reel 3.

9. George Hempenstall Ac 9534 Reel 4.

10. George Hempenstall Ac 9534 Reel 5.

11. Charles Falmer Ac 4096 Reel 1. 1964年为BBC的大战系列所做的采访记录。

12. Charles Falmer Ac 4096: edited from Reel 1. 1964年为BBC的大战系列所做的采访记录。

13. Alfred Blackmore Ac 4025 Reel 1. 1964年为BBC的大战系列所做的采访记录。

14. George Betsworth Ac 9004 Reels 1–2. 亨利·贝纳姆（Henry Benham）在1973年所做的采访记录。

15. John Ouvry Ac 9260 Reel 2. 采访由康拉德·伍德录制。

16. Brian de Courcy Ireland Ac 12243 Reel 6.

17. William Fell Ac 30917 Reel 1. 罗杰·希尔（Roger Hill）在1978年所做的采访记录。

18. John Ouvry Ac 9260 Reel 2. 采访由康拉德·伍德录制。

19. George Wainford Ac 9953 Reel 7.

20. George Wainford Ac 9953 Reel 7–8.

21. George Wainford Ac 9953 Reel 7–8.

22. 1916年6月1日，皇家海军猛攻队中校亚瑟·昂斯洛（Arthur Onslow）阵亡。

23. George Wainford Ac 9953 Reel 7.

24. Sid Bell Ac 10915 Reel 7–8.

25. William Piggott Ac 12235 Reel 7.

26. H. Clegg Ac 4062: edited from Reel 1. 1964年为BBC的大战系列所做的采访记录。

27. H. Clegg Ac 4062: edited from Reel 1. 1964年为BBC的大战系列所做的采访记录。

28. Brian de Courcy Ireland Ac 12243 Reel 8.

29. Brian de Courcy Ireland Ac 12243 Reel 8.

30. George Wainford Ac 9953 Reel 7.

8 战壕里的生活

1. Alfred West Ac 12236 Reel 4.

2. Donald Price Ac 10168 Reel 5.

3. George Harbottle Ac 9474 Reel 5.

4. Ivor Watkins Ac 12232 Reel 5.

5. Jack Dorgan Ac 9253 Reel 14.

6. Donald Price Ac 10168 Reel 4.

7. Horace Calvert Ac 9955 Reel 7.

8. George Ashurst Ac 9875 Reel 4.

9. Harold Hayward Ac 9422 Reel 5.

10. Horace Calvert Ac 9955 Reel 7–8.

11. Horace Calvert Ac 9955 Reel 8.

12. Jack Dorgan Ac 9253 Reel 15.

13. Horace Calvert Ac 9955 Reel 8.

14. Horace Calvert Ac 9955 Reel 10.

15. George Ashurst Ac 9875 Reel 19.

16. Edward Race Ac 13081 Reel 3.

17. Charles Austin Ac 11116 Reel 9.

18. Jim Davies Ac 9750 Reel 8.

19. Charles Gee Ac 13717 Reel 2–3 and 5.

20. 罗兰·布拉德福德（Roland Bradford）安葬在赫米斯军事公墓。

21. Jack Dorgan Ac 9253 Reel 19.

22. George Ashurst Ac 9875 Reel 3–4.

23. George Ashurst Ac 9875 Reel 4.

24. Alfred West Ac 12236 Reel 4.

25. William Collins Ac 9434 Reel 10.

26. Donald Price Ac 10168 Reel 6.

27. George Ashurst Ac 9875 Reel 7.

28. George Ashurst Ac 9875 Reel 7.

29. Alfred West Ac 12236 Reel 5.

30. Ivor Watkins Ac 12232 Reel 5.

31. 1917年9月25日，238机枪连的二等兵查理·里德（Charlie Reid）阵亡。他被葬在落叶松公墓。

32. Sibbald Stewart Ac 10169 Reel 6.

33. Alfred West Ac 12236 Reel 5.

34. Ralph Miller Ac 11961 Reel 4.

35. Norman Edwards Ac 14932 Reel 3.

36. Albert Hurst Ac 11582 Reel 6.

37. Ivor Watkins Ac 12232 Reel 6.

38. Joe Fitzpatrick Ac 10767 Reel 10.

39. John Mallalieu Ac 9417 Rcel 2.

40. William Holbrook Ac 9339 Reel 13.

41. Leonard Ounsworth Ac 332 Reel 10. 采访由戴维・兰斯录制。

42. Joe Pickard Ac 8946 Reel 7.

43. Philip Neame Ac 48 Reel 2.

44. Basil Farrer Ac 9552 Reel 8.

45. Joe Yarwood Ac 12231 Reel 5.

46. 二等兵罗伯特・邓希尔（Robert Dunsire）死于1916年1月30日，当时他正在皇家苏格兰第13团服役。他被安葬在马津加贝公墓。

47. William Collins Ac 9434 Reel 10.

48. William Collins Ac 9434 Reel 10–11.

49. William Collins Ac 9434 Reel 9.

50. Basil Farrer Ac 9552 Reel 16.

51. Joe Yarwood Ac 12231 Reel 4.

52. Nurse Bird Ac 7376 Reel 1–2.

53. Jack Dorgan Ac 9253 Reel 14.

54. 皇家燧发枪团第20团的二等兵理查德・韦斯特马科特（Richard Westmacott），原文中的Dick是他的绰号。

55. Donald Price Ac 10168 Reel 5.

56. Gunner Sidney Taylor Ac 10615 Reel 3.

57. 这个故事也许值得注意，因为它是口述历史上特别常见的一个例子，这种情况在现实生活中很少发生。但话说回来，二等兵詹姆斯・斯内勒姆是中校亚瑟・瑞克曼的送信人。

58. James Snailham Ac 9954 Reel 2–3.

59. Jack Dorgan Ac 9253 Reel 19.

60. Harold Hayward Ac 9422 Reel 6.

61. Jack Dorgan Ac 9253 Reel 19.

62. Ivor Watkins Ac 12232 Reel 6.

63. William Holbrook Ac 9339 Reel 12.

64. Jack Dorgan Ac 9253 Reel 18.

65. Jack Dorgan Ac 9253 Reel 18.

66. Jack Hepplestone Ac 9575 Reel 5.

67. Frank Raine Ac 9751 Reel 7.

68. 拉尔夫·赫西（Ralph Husey）中校是出了名的脾气坏！他曾指挥伦敦第5团，后来被提升为第8师第25旅的指挥官。1918年5月27日，在德国对艾斯尼的进攻中，赫西负伤被俘，三天后在被俘期间死亡。当时他36岁。

69. Victor Polhill Ac 9254 Reel 4.

70. Tom Bracey Ac 9419 Reel 5.

71. Donald Price Ac 10168 Reel 7.

72. William Holbrook Ac 9339 Reel 14.

73. 霍尔布鲁克（Holbrook）记录的这一事件可能发生在1917年。

74. George Harbottle Ac 9474 Reel 5.

75. Norman Dillon Ac 9752 Reel 10.

76. Edmund Williams Ac 10604 Reel 19. 采访由克里斯·西斯尔思韦特（Chris Thistlethwaite）录制。

77. Basil Farrer Ac 9552 Reel 14.

78. Joe Pickard Ac 8946 Reel 14.

79. Ernie Rhodes Ac 10914 Reel 5.

80. Frank Raine Ac 9751 Reel 5.

81. Ernest Millard Ac 14985 Reel 4.

82. Joe Yarwood Ac 12231 Reel 8.

83. Nurse Bird, Ac 7376 Reel 2.

84. William Holbrook Ac 9339 Reel 13.

85. James Watson Ac 11040 Reel 3.

86. Charles Gee Ac 13717 Reel 7.

87. 1916年5月29日，皇家燧发枪团第4团的二等兵威廉·罗伯茨（William Roberts）因擅离职守而被处决，葬于雷宁赫斯特公墓。

88. William Holbrook Ac 9339 Reel 14.

89. Jim Davies Ac 9750 Reel 8–9.

90. Ivor Watkins Ac 12232 Reel 5.

91. George Ashurst Ac 9875 Reel 8–9.

92. Tom Bracey Ac 9419 Reel 6.

93. Jim Davies Ac 9750 Reel 7.

94. Basil Farrer Ac 9552 Reel 8.

95. Joe Pickard Ac 8946 Reel 2.

96. Jack Dorgan Ac 9253 Reel 16.

97. Victor Polhill Ac 9254 Reel 3.

98. Jack Dorgan Ac 9253 Reel 16, 23.

99. Jack Dorgan Ac 9253 Reel 16.

100. Raynor Taylor Ac 11113 Reel 14.

101. 匿名采访。

102. George Ashurst Ac 9875 Reel 6.

103. Donald Price Ac 10168 Reel 4.

104. Alfred West Ac 12236 Reel 6.

105. George Ashurst Ac 9875 Reel 8.

106. Jack Dorgan Ac 9253 Reel 15.

107. George cole Ac 9535 Reel 17.

108. Joe Fitzpatrick Ac 10767 Reel 10.

9 1917年：西部战线

1. John Fell Ac 9151 Reel 3–4.
2. John Fell Ac 9151 Reel 4.
3. John Fell Ac 9151 Reel 4.
4. Robert Cook Ac 7397 Reel 3.
5. Martin Greener Ac 8945 Reel 8.
6. Kenneth Page Ac 717 Reel 2–3. 采访由彼得·西姆金斯（Peter Simkims）录制。
7. George Hancox Ac 4129 Reel 1. 1964年为BBC的大战系列所做的采访记录。
8. Victor Polhill Ac 9254 Reel 6.
9. 阿瑟·阿斯奎斯（Arthur Asquith）少校是赫伯特·阿斯奎斯（Herbert Asquith）首相的儿子，他在加里波利的胡德营服役，并在那里负伤。1916年12月，他被授予指挥第189旅的准将军衔，但因伤势严重，1917年12月被截肢。
10. Joe Murray Ac 8201 Reel 42.
11. Joe Murray Ac 8201 Reel 42.
12. Joe Murray Ac 8201 Reel 42.
13. Bryan Frayling Ac 4105 Reel 1. 1964年为BBC的大战系列所做的采访记录。
14. John Royle Ac 4215 Reel 1. 1964年为BBC的大战系列所做的采访记录。
15. John Royle Ac 4215 Reel 1. 1964年为BBC的大战系列所做的采访记录。
16. John Royle Ac 4215 Reel 1. 1964年为BBC的大战系列所做的采访记录。
17. Bryan Frayling Ac 4105 Reel 1. 1964年为BBC的大战系列所做的采访记录。
18. George Thompson Ac 9549 Reel 4.
19. Frederick Collins Ac 8229 Reel 4. 采访由莱恩·史密斯录制。
20. Ivor Watkins Ac 12232 Reel 5.
21. Horace Birks Ac 4024 Reel 1. 1964年为BBC的大战系列所做的采访记录。

22. Horace Birks Ac 4024 Reel 1. 1964年为BBC的大战系列所做的采访记录。
23. Ulrich Burke Ac 569 Reel 14–15. 采访由戴维・兰斯录制。
24. Ulrich Burke Ac 569 Reel 14–15. 采访由戴维・兰斯录制。
25. Ulrich Burke Ac 569 Reel 14–15. 采访由戴维・兰斯录制。
26. George Thompson Ac 9549 Reel 4.
27. Alan Hanbury-Sparrow Ac 4131 Reel 1. 1964年为BBC的大战系列所做的采访记录。
28. Alan Hanbury-Sparrow Ac 4131 Reel 1. 1964年为BBC的大战系列所做的采访记录。
29. Alfred Griffin Ac 9101 Reel 3.
30. 托马斯・马希特（Thomas Mashiter）中尉隶属于兰开夏郡燧发枪团第5团第1营。死于1917年8月31日。
31. 奥斯汀・哈德森（Austin Hudson）上尉死于1917年8月31日。
32. 虽然据报托马斯・马希特和奥斯汀・哈德逊于1918年8月31日被杀，但当天并无其他伤亡报告。1917年8月30日至1917年9月2日期间，只有五名士兵死亡。
33. George Horridge Ac 7498 Reel 7.
34. Sibbald Stewart Ac 10169 Reel 5.
35. William Collins Ac 9434 Reel 12.
36. Douglas Wimberley Ac 4266 Reel 1. 1964年为BBC的大战系列所做的采访记录。
37. Alfred Griffin Ac 9101 Reel 4.
38. Cyril Dennys Ac 9876 Reel 6–7.
39. Sibbald Stewart Ac 10169 Reel 7.
40. Charles Austin Ac 11116 Reel 8.
41. Donald Price Ac 10168 Reel 11.
42. William Towers Ac 11038 Reel 7–8.

43. William Towers Ac 11038 Reel 8.

44. William Towers Ac 11038 Reel 8.

45. William Bunning Ac 4046 Reel 1. 1964年为BBC的大战系列所做的采访记录。

46. 用笔名查尔斯·埃德蒙兹（Charles Edmonds）写的。

47. Charles Carrington Ac 4057. 1964年为BBC的大战系列所做的采访记录。

48. Bombardier John Palmer Ac 4198 Reel 1. 1964年为BBC的大战系列所做的采访记录。

49. Bombardier John Palmer Ac 4198 Reel 1. 1964年为BBC的大战系列所做的采访记录。

50. Joe Pickard Ac 8946 Reel 14.

51. 我当然要感谢布林·哈蒙德（Bryn Hammond），详见他的*Cambrai 1917: The Myth of the Great Tank Battle*, (Weidenfeld & Nicolson, London, in 2008).

52. Norman Dillon Ac 9752 Reel 11.

53. Eric Potten Ac 11042 Reel 2.

54. Norman Dillon Ac 9752 Reel 11.

55. Eric Potten Ac 11042 Reel 2.

56. Eric Potten Ac 11042 Reel 2.

57. Norman Dillon Ac 9752 Reel 11.

10　空中战争：1914—1918年

1. Cecil Lewis Ac 4162 Reel 2. 1964年为BBC的大战系列所做的采访记录。

2. Archibald James Ac 24 Reel 13. 采访由戴维·兰斯录制。

3. Archibald James Ac 24 Reel 9. 采访由戴维·兰斯录制。

4. Cecil Lewis Ac 4162 Reel 2. 1964年为BBC的大战系列所做的采访记录。

5. Harold Taylor Ac 307 Reel 1. 采访由戴维・兰斯录制。

6. Cecil Lewis Ac 4162 Reel 2. 1964年为BBC的大战系列所做的采访记录。

7. Cecil Lewis Ac 4162 Reel 2. 1964年为BBC的大战系列所做的采访记录。

8. 奥伯列塔纳特・曼弗雷德・冯・里希特霍芬（Oberleutnant Manfred von Richthofen）曾一举歼敌80人。

9. Gwilym Lewis Ac 11308 Reel 4. 采访由布拉德・金（Brad King）录制。

10. Gwilym Lewis Ac 11308 Reel 3. 采访由布拉德・金录制。

11. Cecil Lewis Ac 4162 Reel 1. 1964年为BBC的大战系列所做的采访记录。

12. Cecil Lewis Ac 4162 Reel 1. 1964年为BBC的大战系列所做的采访记录。

13. Cecil Lewis Ac 4162 Reel 1. 1964年为BBC的大战系列所做的采访记录。

14. Cecil Lewis Ac 4162 Reel 1. 1964年为BBC的大战系列所做的采访记录。

15. Cecil Lewis, Ac 4162, Reel 1. 1964年为BBC的大战系列所做的采访记录。

16. Frederick Powell SR 87 Reel 6. 采访由戴维・兰斯录制。

17. Cecil Lewis SR 4162 Reel 1. 1964年为BBC的大战系列所做的采访记录。

18. Ernest Haire Ac 10401 Reel 15.

19. Laurie Field Ac 11376 Reel 7–8.

20. Laurie Field Ac 11376 Reel 8.

21. 爱德华・曼诺克少校死于1918年7月26日。1919年，他被授予维多利亚十字勋章。

22. Frederick Powell Ac 87 Reel 8. 采访由戴维・兰斯录制。

23. Frederick Powell Ac 87 Reel 8. 采访由戴维・兰斯录制。

24. 传说将里希特霍芬结束的是一颗子弹。但遗憾的是，我从未采访过任何声称发射了“魔法”子弹的人。

25. James Gascoyne Ac 16 Reel 3. 采访由戴维・兰斯录制。

26. James Gascoyne Ac 16 Reel 3. 采访由戴维・兰斯录制。

27. James Gascoyne Ac 16 Reel 4. 采访由戴维・兰斯录制。

28. Laurie Field Ac 11376 Reel 9–10.

29. Archibald Yuille Ac 320 Reel 2 and 4. 采访由戴维・兰斯录制。

30. Archibald Yuille Ac 320 Reel 3. 采访由戴维・兰斯录制。

31. Roy Shillinglaw Ac 4224 Reel 1. 1964年为BBC的大战系列所做的采访记录。

32. William Wardrop Ac 29 Reel 3–5. 采访由马丁・布莱斯录制。

11　1918年：德国的春季攻势

1. Norman Dillon Ac 9752 Reel 12.

2. Ivor Watkins Ac 12232 Reel 8.

3. Ivor Watkins Ac 12232 Reel 8.

4. Joe Fitzpatrick Ac 10767 Reel 13.

5. Ernest Millard Ac 14985 Reel 6.

6. Cyril Dennys Ac 9876 Reel 10–11.

7. Cyril Dennys Ac 9876 Reel 10–11.

8. Joe Pickard Ac 8946 Reel 11.

9. George Thompson Ac 9549 Reel 5.

10. Walter Hare Ac 11440 Reel 8–9.

11. William collins Ac 9434 Reel 14–15.

12. Joe Pickard Ac 8946 Reel 16–17.

13. Joe Pickard Ac 8946 Reel 17.

14. Joe Pickard Ac 8946 Reel 17.

15. Jim Davies Ac 9750 Reel 13.

16. Jim Davies Ac 9750 Reel 13.

17. Henry Mabbott Ac 860 Reel 1. 1976年，采访由M. E. 安菲洛格夫

（M. E. Aufilogolff）录制。

18. Sapper George Clayton Ac 10012 Reel 12.

19. Jack Hepplestone Ac 9575 Reel 7.

20. Jack Hepplestone Ac 9575 Reel 7.

21. Nurse Bird Ac 7376 Reel 2.

22. Jim Fox Ac 9546 Reel 4–5.

23. Jim Fox Ac 9546 Reel 5.

24. Jim Fox Ac 9546 Reel 5.

25. 二等兵杰克·厄尔（Jack Earl）曾在兰开夏郡燧发枪团第7团第1营服役。1918年5月27日，他被行刑队处决，葬在沃林考特公墓。

26. John Grainger Ac 10768 Reel 8.

27. Bill Gillman Ac 9420 Reel 4–7.

28. Jim Davies Ac 9750 Reel 13.

29. George Thompson Ac 9549 Reel 5.

30. George Cole Ac 9535 Reel 13.

12 1918年：奔向胜利

1. Victor Polhill Ac 9254 Reel 11.

2. E. Ludendorff, *Ludendorff's Own Story: August 1914–November 1918* (New York & London: Harper & Bros, 1919), p. 326.

3. Stanley Evers Ac 4099 Reel 1. 1964年为BBC的大战系列所做的采访记录。

4. Eric Potten Ac 8946 Reel 17.

5. Jim Davies Ac 9750 Reel 13.

6. Jim Davies Ac 9750 Reel 13.

7. Bill Gillman Ac 9420 Reel 12.

8. Bill Gillman Ac 9420 Reel 11–12.

9. Horace Calvert Ac 9955 Reel 16.

10. Horace Calvert Ac 9955 Reel 16.

11. Jourdain Ac 11214 Reel 6.

12. Donald Price Ac 10168 Reel 14.

13. Donald Price Ac 10168 Reel 14.

14. Jim Fox Ac 9546 Reel 5.

15. Bill Gillman Ac 9420 Reel 12.

16. Bill Gillman Ac 9420 Reel 4, 6.

17. Bill Smedley Ac 10917 Reel 9.

18. Jim Fox Ac 9546 Reel 6.

19. Ernest Hancock Ac 8950 Reel 5.

13 战后残局

1. Raynor Taylor Ac 11113 Reel 17–18.

2. R. Kipling, *The Years Between* (London: Methuen & co., 1919), p. 137.

3. Harry Hopthrow Ac 11581 Reel 14.

4. Horace Calvert Ac 9955 Reel 17 and 18–19.

5. Joseph Napier Ac 7499 Reel 15.

6. Raynor Taylor Ac 11113 Reel 3 and 19.

7. Norman Kirby Ac 16084 Reel 1.

8. James Snailham Ac 9954 Reel 5–6.

9. Fred Dixon Ac 737 Reel 15. 采访由B. P. 威尔金斯（B. P. Wilkins）录制。

10. Albert Birtwhistle Ac 11970 Reel 10.

11. Norman Kirby Ac 16084 Reel 1.

12. Laurie Field Ac 11376 Reel 11.

13. Eric Wolton Ac 9090 Reel 11.

14. John Dray Ac 9090 Reel 11.

15. Joe Pickard Ac 8946 Reel 18.

16. Joe Pickard Ac 8946 Reel 18.

17. William Towers Ac 11038 Reel 9.

18. William Towers Ac 11038 Reel 9.

19. William Towers Ac 11038 Reel 10.

20. George Peake Ac 10648 Reel 9.

21. Stephen Moyle Ac 8227 Reel 6.

22. 对于80多岁和90多岁的退伍军人来说，两小时的录音是一项艰巨的工作，他们必须下定相当大的决心才能把工作做好。

23. Eric Wolton Ac 9090 Reel 11.

24. Victor Polhill Ac 9254 Reel 13.

25. Malcolm Hancock Ac 7396 Reel 14.

26. Jim Fox Ac 9546 Reel 1, 5.

27. George Ashurst Ac 9875 Reel 22.

28. Richard Trafford Ac 11218 Reel 8.